Ingeborg Villinger

Carl Schmitts Kulturkritik der Moderne

Ingeborg Villinger

Carl Schmitts Kulturkritik der Moderne

Text, Kommentar und Analyse
der „Schattenrisse“
des Johannes Negelinus

Akademie Verlag

Gedruckt mit freundlicher Unterstützung der
Prof. Dr. Alfred Schmid Stiftung, Zug (Schweiz).

Die Deutsche Bibliothek – CIP-Einheitsaufnahme

Villinger, Ingeborg:
Carl Schmitts Kulturkritik der Moderne : Text, Kommentar und Analyse der „Schattenrisse" des Johannes Negelinus / Ingeborg Villinger. – Berlin : Akad. Verl., 1995
Zugl.: Freiburg (Breisgau), Univ., Diss., 1994
ISBN 3-05-002668-5
NE: Schmitt, Carl: Schattenrisse
Vw: Negelinus, Johannes [Pseud.] → Schmitt, Carl

Der Akademie Verlag ist ein Unternehmen der VCH-Verlagsgruppe.

Gedruckt auf chlorfrei gebleichtem Papier.
Das eingesetzte Papier entspricht der amerikanischen Norm ANSI Z.39.48 – 1984 bzw. der europäischen Norm ISO TC 46.

Lektorat: Peter Heyl
Satz und Gestaltung: Petra Florath, Berlin
Druck: GAM Media GmbH, Berlin
Bindung: Verlagsbuchbinderei Dieter Mikolai, Berlin
Einbandgestaltung unter Verwendung eines Einbandelements der Erstausgabe der „Schattenrisse" von 1913.

Printed in the Federal Republic of Germany

Inhaltsverzeichnis

Vorbemerkung

Der junge Gerichtsreferendar Carl Schmitt veröffentlichte im Jahre 1913 unter dem Pseudonym „Johannes Negelinus" in einem Straßburger Verlag die „Schattenrisse". Sie enthalten zwölf Kurzportraits, die in teilweise ironisch-polemischer Zuspitzung, meist aber in absichtsvoll banaler Wiedergabe mit Literatur, Wissenschaft und Politik der Jahrhundertwende ins Gericht gehen. Die im „Börsenblatt des deutschen Buchhandels" als Reiselektüre empfohlene, jedoch bis heute nahezu unbeachtet gebliebene Schrift existiert nur in wenigen Exemplaren und wird mit dem vorliegenden Band wieder zugänglich gemacht. Der vollständige Text der Erstausgabe der „Schattenrisse" wird hier zeilengenau wiedergegeben. Da die originale Bleisatzschrift eine gänzlich andere Laufweite hat, an die sich die hier verwendete moderne Satzschrift nicht problemlos angleichen ließ, wird der Text Carl Schmitts im Flattersatz wiedergegeben. Die am linken Satzspiegelrand marginal mitlaufende Zählung vermerkt jeweils die Paginierung der Originalausgabe. Zudem ist jede Texteinheit mit einem jeweils neu beginnenden Zeilenzähler versehen worden, auf den die nachfolgende Kommentierung Bezug nimmt. Einige wenige offensichtliche Druckfehler sind stillschweigend berichtigt, sämtliche Eigenarten der Schreibung und Interpunktion wurden jedoch beibehalten. Die Haupttitelseite und das am Schluß der broschierten Erstausgabe als Annonce abgedruckte „Preisausschreiben" wurden dem Original entsprechend nachgebildet.

Sämtliche Verweisungen auf die „Schattenrisse" im zweiten, analysierenden Teil dieses Buches beziehen sich auf die Ausgabe von 1913 und deren Seitenzählung.

Der leicht lesbaren und doch heute schwer verständlichen Schrift ist ein Kommentar beigefügt worden. Er versucht, einen diesem sehr enigmatischen Text angemessenen Mittelweg der Editionsphilologie einzuschlagen: zwischen der „Unanfechtbarkeit des Handwerklichen" und der „Deutungsarbeit des Hermeneuten, der demgegenüber allen Gefahren der Spekulation ausgeliefert" ist, wurde die Form einer wechselseitigen Korrespondenz zwischen beidem gewählt.[1] Deshalb wurden überall da, wo ein reiner Stellennachweis für das Verständnis unzurei-

1 Gerhard Neumann, Edition und Interpretation, in: Freiburger Universitätsblätter, 21. Jg., Heft 78, Dez. 1982, S. 10.

chend schien, in gebotener Knappheit erläuternde Hinweise als Grundlage der Interpretation beigefügt. Dabei wurde darauf geachtet, daß eine Überkommentierung unterbleibt. Die Textstellen, die nicht den „Unsinn" der Kultur um 1900 abbilden, sondern selbst Unsinn oder, wie Schmitt in einem Brief an seine Schwester ausführt, „ein Spaß" sind, blieben als nicht kommentierfähig unbearbeitet.[2]

Um den Erfordernissen der einzelnen Schattenrisse, die kleine in sich geschlossene Texteinheiten bilden, zu entsprechen, wurde die Gewichtung von reinem Stellennachweis und Erläuterung diesen jeweils angepaßt. Das heißt, daß der Kommentar keinem einheitlichen Schema folgt. Dabei unterscheidet sich der Kommentar zum Schattenriß „Eberhardt Niegeburth" ganz prinzipiell von allen anderen, da es sich hier nicht um die Wiedergabe der Struktur von Werk oder Leben einer real existierenden Person handelt. Dieser Text ist vielmehr eine Montage vielfältiger Elemente, die teils Personen und deren Werke, vorwiegend aber zeittypische Strömungen anhand von Namen und Begriffen verarbeitet. Deshalb mußte hier neben die philologischen Nachweise gleichwertig eine Rekonstruktion des geistesgeschichtlichen Zusammenhangs treten, so paradox dies auch auf den ersten Blick scheinen mag. Die unterschiedlich gewichtete Kommentierung versucht damit einen diesem singulären Text gemäßen Weg zu gehen. Daß die „Schattenrisse" weit mehr als ein bloßer „Studentenulk" des damals zugleich an der Universität Straßburg lehrenden Carl Schmitt sind, zeigt bereits die präzise Textbasis auf der sie aufbauen. Um deren Rekonstruktion zu erleichtern und um zugleich die Lesbarkeit des Kommentars zu erhalten, wurden die Nachweise in Form von Fußnoten ausgelagert.

Der Kommentar enthält des weiteren, dank der freundlichen Genehmigung von Prof. Joseph H. Kaiser, Notizen und Briefe aus dem Nachlaß Carl Schmitts, den das Nordrhein-Westfälische Hauptstaatsarchiv, Düsseldorf, erwerben konnte.

Der zweite, analytische Teil dieses Buches beleuchtet auf der Basis des Kommentars, bezogen auf die von Carl Schmitt hervorgehobenen Merkmale und entlang der einzelnen Texteinheiten der „Schattenrisse", die Beschaffenheit der angesprochenen Werke und Motive. Die Strukturen des dabei sichtbar werdenden Kulturpanoramas werden an das Werk von Carl Schmitt selbst rückgekoppelt. Die Einleitung des analytischen Teils situiert die „Schattenrisse" im Horizont der bisherigen Carl Schmitt-Forschung; das Schlußkapitel versucht, die Erkenntnisse aus der Bearbeitung der „Schattenrisse" an diesen Stand anzuschließen und wendet sich vor allem einer Klärung der zuletzt aufgeworfenen Fragen nach der Ästhetik des Werkes von Carl Schmitt zu.

2 Vgl. dazu die Analyse des Schattenrisses „Gottfried von Bouillon".

Vorbemerkung

Die vorliegende Arbeit wurde von der Universität Freiburg als Dissertation angenommen. Ich habe für vielfach gewährte Hilfe bei konkreten Fragen herzlich zu danken. Allen voran gilt mein Dank meinem stets ebenso geduldigen wie aufmerksamen und gesprächsbereiten Doktorvater, Prof. Wolfgang Jäger. Ebenso danken möchte ich den zahlreichen Freunden und Kollegen, die mir über manche Klippe hinweggeholfen haben. Stellvertretend für viele: Frau Dr. Ulla Renner-Henke, die mir mit kunsthistorischer und germanistischer Sachkenntnis zur Seite stand; Prof. Gerd Krumeich, der Fragen zur französischen Geschichte klären half; Frau Christel Gnirss und ihre Kolleginnen der Universitätsbibliothek Freiburg, die mit geduldiger Phantasie schwierige Fernleih- und Informationswünsche erfüllten und nicht zuletzt die Mitarbeiter des Seminars, besonders aber Frau Gislinde Mohr und Herr Christoph Haas, die großen Anteil an der Unterstützung haben, die mir zuteil wurde. Trotz allem hätte die Arbeit ohne die Förderung durch ein Stipendium der Universität Freiburg nicht entstehen können; danken möchte ich dafür der Frauenbeauftragten der Universität, Frau Prof. Renate Zoepffel. Die Arbeit wurde angeregt durch den Carl-Schmitt-Arbeitskreis am Kulturwissenschaftlichen Institut in Essen; ich habe seinem Vorsitzenden, Prof. Reinhart Koselleck, ebenso zu danken wie Prof. Joseph H. Kaiser, der großzügig Einblick in den Nachlaß von Carl Schmitt gewährte und die Rechte zur Veröffentlichung der „Schattenrisse" zur Verfügung stellte.

JOHANNES NEGELINUS

MOX DOCTOR:

SCHATTENRISSE

Der Schatten ist lebendig.
Dr. Mises.

1913

SKIAMACHETEN=VERLAG

(AUSLIEFERUNG DURCH OTTO MAIER, G.M.B.H., LEIPZIG)

INHALT

des nicht mit dem Schillerpreis gekrönten Werkes.

SYSTEMATISCHE TABELLE.

A. Leidende Deutsche:
- Gottfried von Bouillon.
- Mein Bruder.
- Thomas Mann.

B. Liebende Deutsche:
- Anatole France.
- Wilhelm Schäfer.
- Eberhardt Niegeburth.

C. Grinsende Deutsche:
- Wilhelm Ostwald.
- Fritz Mauthner.
- Herbert Eulenberg.

D. Tote Deutsche:
- Richard Dehmel.

E. Nicht=Deutsche:
- Walther Rathenau.

7

VORWORT.

Es handelt sich bei dem vorliegenden Werk um einen ersten Versuch. Um eine provisorische Zusammenstellung, die – falls sie den Beifall der Gebildeten finden sollte – fortgesetzt werden wird. Ein Blick auf das Inhaltsverzeichnis dürfte genügen, um, worauf es uns ankam, darzutun: in zwangloser Reihenfolge den überquellenden Reichtum westeuropäischer Kultur und deutscher Geschichte im Zusammenhang mit dem tiefen Ernst nordischen Wesens (vgl. Nr. 5), sowie gallischer Leichtigkeit (vgl. Nr. 10) zu bannen. Auf und nieder steigen die Eimer der Gegenwart und Zukunft (vgl. Nr. 7, verbunden mit Nr. 9), und da gilt es, den seelenlosen Menschen des mechanistischen Zeitalters wieder mit der Gewißheit zu erfüllen, daß der Wellenschlag der Kultur auch über uns Gegenwärtige hinwegbraust und jedes Ding seine Zeit hat[1].

Ist es doch unserer Zeit vorbehalten gewesen, daß lüsterne Franzosen die geheiligte Form des menschlichen Leibes sowie der Dinge überhaupt zu zerbrechen suchten, um unseren Auge durch eine kleinliche Aneinandersetzung von Farben – von ihnen in dünkelhaftem Hochmut „Farbenkultur“ genannt – aufs tiefste
8 zu beleidigen[2]. Nein! Dieser unser Auge, der, durch den steten Anblick herrlicher Frauen erzogen, die von der Natur gegebenen Formen sich nicht rauben lassen will, der geblendet und entzückt über den tiefblauen Mälarsee, an der roten Heide vorbei zur gelben Zitrone unter der grünen Pinie schweift, er wird sich dieser zynischen Selbstbescheidung nicht unterwerfen!

---

1 Für Juristen, Allopathen und Referendare ist daher ein besonderer Band vorgesehen.

2 Wir meinen natürlich Cézanne und den noch schlimmeren Picasso.

Aber auch der geheiligten Form des deutschen Liedes, der kraftstrotzenden Ballade, der strengen und wuchtigen Form des Dramas droht Gefahr! Durch verschrobene, unverständliche, dilettantische, anmaßliche, dickleibige Werke sucht man uns den mühsam erworbenen Maßstab zu verrücken, wird der sauer verdiente Feierabend blasphemisch geschändet. Von der anderen Seite aber fordert der unheimlich unterirdisch unaufhaltsam arbeitende Prozeß der Differenzierung, dem sich der einzelne im Verhältnis zu sich wie zur Gesamtheit als auch in der Familie und selbst auf denkerischem Gebiete (vgl. Nr. 12) wehrlos ausgeliefert sieht: dieser Prozeß erfordert mehr als je ein Sichselbstbesinnen auf die großen Relationen. Und so wird es denn klar, worauf wir hinauswollen: *der Relativismus ist nicht tot, der Naturalismus lebt, und auch dem Kinde gehört das Jahrhundert noch!* Diese Kräfte, diese Wollungen, diese Leitsterne aller Kultur[3], die den Menschen voran-
9 geleuchtet haben, soweit der Auge reicht, werden allen Angriffen gewachsen sein.

Und nun genug der einleitenden Worte! Wir eröffnen die Sammlung und überreichen dem Publikum unsere ersten bescheidenen Risse, in dem Wunsche und in der Erwartung, daß das Entgegenkommen und der Beifall der Leser[4] uns das Weiterarbeiten an dem verdienstvollen Werke ermöglichen werde, zum Wohle und Gedeihen allseitiger Geistesfrische, harmonischer Persönlichkeitsdurchbildung und moderner Kultur.

---

3 Wir sprechen natürlich nicht von China und der altafrikanischen Kultur.

4 Die „Schattenrisse“ müssen Gemeingut aller Gebildeten werden.

10 1. Wilhelm Ostwald.

Es gibt auf dieser weiten Welt,
Die nie ein Gott geschaffen,
Nur eins, was sie zusammenhält,
Sonst müßte sie zerklaffen.
Das ist die große Energie,
Sie lebt und webt – und ohne sie
Fiel alles auseinander.

Der liebe Gott hat keinen Bart,
Es gibt nur Energien,
Die in dem Weltraum aufgespart
Zum Heile uns gediehen.
Das lehrt uns ja die Wissenschaft:
Die Energie ist nicht mit Kraft,
Wie Büchner meint, identisch.

Ich danke Gott, daß als Monist
Mein Vater mich erzeugte,
Daß nie der Kirche Hinterlist
Mein Herz zur Schwachheit beugte.
O, Ostwald, dem ich nachgelebt,
O, Haeckels Geist, der mich umschwebt,
An Euch will ich mich halten!

Innig drangen die Klänge dieses Chorals, den die Deutsche Monistengemeinde, Abteilung Sachsen, Nr. 3, anstimmte, in das Schlafzimmer des Landhauses „Energie“. Der große Gelehrte reckte sich vor dem Spiegel und traf die Vor- und Zubereitung für die Sonntags-
11 predigt, die durch obigen Choral eingeleitet wurde. Mit gemessener Würde schwang er – augenscheinlich um sich zu üben – eine große silberne Glocke ohne Klöppel. Mit gemessener Würde, wie gesagt. Nur das Auge des großen Geistes irrte unruhig im Zimmer umher, als ob er etwas suche.

„Schon wieder fehlt die Hauptsache, das ist gemein[1]!“ sagte er.

In diesem Moment verstummte der Choral.

„Um Gottes willen, Frau!“ schrie der große Gelehrte, „das Bäffchen, das Bäffchen!“

12

2. Walther Rathenau.

Mit aller gemanischen Innigkeit hatte Melchior Lechter die hohen gotischen Fenster geformt, durch die feierlich das fein gesiebte Licht und abgedämpft der Lärm des mechanistischen Zeitalters in das Privatkontor des Bankdirektors drang. Die Fußstapfen keiner Innenkunst hatten diesen Raum unbeleckt gelassen. Düster grinste aus jeder Ecke ein von Peter Behrens entworfenes Möbelstück; in schwerer Wucht hing Olbrecht von der Decke herab; Pankok krümmte sich im Friese, und immer wieder stieß das Auge auf Konturen, Gegenstände und Vasen, die in achselzuckender Resigniertheit erklärten, daß auch sie von Künstlerhand entworfen wären.

Ein Teppich, reif und reich wie Indiens Reisfelder vor wie nach der Ernte, dämpfte das wuchtige Stapfen der Prinzessinnen und Damen des hohen Adels, die den Bankdirektor an seiner Arbeitsstätte zu besuchen pflegten. Wie ein Felsblock aus schwarzem Granit bot der Schreibtisch dem Eindringen der Entgeistigung, der Entseelung, der fortschreitenden Mechanisierung höflich aber energisch die Spitze. Aus jedem Stuhlbein quoll die Quintessenz doppelschichtiger Kulthur, jede Maser war mit maßvollem Formempfinden gemästet; dem von Peter Behrens entworfenen Kanarienvogel sang die Bildung aus allen Knopflöchern, und dem prachtvollen schottischen Schäferhund hing sie in bannerartig geflammter Zunge wie ein roter Wimpel zum Halse heraus.

1 Gemeingut aller Gebildeten müssen auch die „Schattenrisse“ werden. Anmerkung des Herausgebers.

Mit ernstem Augenzwinkern sah ein von Liebermann mutig gemaltes Porträt auf die beiden struppigen *13* Voyous von Edvard Munch, die wohl zu ahnen schienen, wie wenig sie würdig waren, der ausbalancierten Synthese griechischer Sophrosyne, römischer Virtus und germanischer Zweckfremdheit, die sie hier überwuchtete. Denn von der großen Längswand glühte in finsterer Farbenpracht, in gebändigter Unheimlichkeit der flächige Mythos eines Böcklin; in gleißender Sinnenfreude sprühte eine kostbare Farbenfontäne Franz von Stucks – ganz abgesehen von ihrem denkerischen Inhalt (vgl. Nr. 12) –, eine sandige Grunewaldlandschaft von Leistikow träumte gegenüber und führte die Kunst zu einer solch monumentalen Höhe, daß der Bankdirektor niemals umhin konnte, sich den Sand aus den Schuhen zu schütten, wenn er seine Andacht davor verrichtet hatte[1]. Daneben schwieg ein bluttriefendes Stilleben von Corinth, und auf der anderen Seite verstand es Max Klinger, Philosoph zu bleiben. Die religiöse Schlichtheit eines Fritz von Uhde aber erhob sich über den Zwiespalt der Konfessionen in diesem Zimmer und schien zu beten:

Herr, erlöse uns von dem Übel!

*   *
*

Walther, der an diesem Tage neben seinen geschäftlichen, literarischen und kulturellen Erfolgen auch das

1 Vgl. Apelles. Wie klein erscheinen dagegen El Greco und Cézanne! Oder hat der Herr Meier-Gräfe schon einmal vor einer Wiese von Cézanne Heuschnupfen bekommen? Die Frage nebenbei, ob die vielbesprochenen Vögel des Apelles Amseln oder Enten gewesen sind, ist schon deshalb abzulehnen, weil noch nicht feststeht, durch was für Früchte die pp. Vögel angelockt worden sind. Übrigens ist sie aufs gründlichste beantwortet durch Bankdirektor Rathenau: Denkschrift über den Entenschnabel in Kamerun. Berlin 1912 bei Vahlen. Kap. XIX, passim. – Mit dem Entenschnabel ist nicht etwa das Fräulein Ellen Key gemeint, wie sich aus dem Zusatz „in Kamerun“ deutlich ergibt.

14 vierzigste Lebensjahr erreicht hatte, legte die Goldfeder aus der Hand, mit der er soeben ein Kapitel über Kautschuk und Thranszendenz elegant beendigt hatte. Der Aufsatz war für ein vielgelesenes Weltblatt und somit bestimmt, Gemeingut aller Gebildeten zu werden[2]. Dann griff er in die unterste Schublade des Felsblockes und tat bald darauf in wohliger Entspannung zwei Züge aus einer von Peter Behrens entworfenen Upmann, die er dann unnachsichtlich in einer Onyxschale zerdrückte. Darauf suchte das Auge des Bankdirektors die Fäden, die in seinem Zimmer zusammenliefen. Er ergriff sie, und so saß er nun wieder vor seinem Felsblock, die Fäden in der Hand nüchtern, ehern, konziliant.

15 3. Gottfried von Bouillon.

Der alte Recke saß nachdenklich im Klubsessel, den er im Abzahlungsgeschäft unter Eigentumsvorbehalt gekauft hatte, und sah mißgestimmt dem Rauch einer selbst für seine Verhältnisse schlechten Zigarre nach. Es ging dem alten Kolonialkämpfer sehr dreckig. Die Zionisten mißgönnten ihm seine Erfolge im Heiligen Lande und agitierten gegen ihn, so daß er bei keiner Bank Kredit bekam. Selbst der Kaiser[1] hatte ihn mehrere Male geschnitten. Gottfried erhob sich brummend, schnallte die Beinschienen an und ging an die frische Luft, um die Pfändung wertvoller Familienandenken nicht mit eigenen Augen ansehen zu müssen.

Kleinmütig schritt er durch die Straßen seiner Heimatstadt Münster i. W. und sah ahnungsvoll zu den Käfigen der Wiedertäufer hinauf, die den Turm der Lambertikirche zierten. In seinen Reflexionen

2 Dies ist auch die Bestimmung der „Schattenrisse“. Anmerkung des Herausgebers.

1 Gemeint ist Lothar von Supplinburg. Vgl. Andrae Handatlas, Seite 10.

unterbrach ihn jedoch das Gejohle eines Haufens halbwüchsiger Fabrikarbeiter, die die Pfändungssiegel auf seiner Rüstung entdeckt hatten. Da er außerdem jenseits des Marktplatzes einen seiner Gläubiger, der den Zwangsvergleich immer wieder hintertrieb, auftauchen sah, ergriff er die Flucht und versteckte sich unter einem Brückenbogen der Aa und versank in dumpfes Brüten.

Da trat ein Greis vor ihn hin, ein Bettler, anscheinend ein Invalide, auch einer von denen, die nichts von den fünf Milliarden Kriegsentschädigung
16 abbekommen hatten. Der sprach ihn um eine Gabe an. Traurig setzte Gottfried seine prekäre Lage auseinander. Der Bettler sah ihn jedoch mit seinen Säbelbeinen so herzzerbrechend an, daß Gottfried angestrengt nachdachte, wie er dem Armen helfen könnte. Endlich griff er in die Tasche, nahm einen Stempelbogen heraus und schrieb darauf mit seiner Füllfeder folgenden Vertrag:

„Ich, Gottfried, übertrage und zediere hiermit die mir aus der am 15. Februar 1066 erfolgten vorsätzlichen und rechtswidrigen mittels eines Morgensternes, eines gefährlichen Werkzeuges, vorgenommenen Körperverletzung gegen den Moscheenhüter Ibrahim Pascha, Stambul, Halbmondgasse 3, part. links, zustehende, in vierteljährlichen Raten von 15 Piastern vorauszuzahlende Rente unwiderruflich mit allen Rechten und Sicherheiten an Überbringer dieses und bekenne, Valuta empfangen zu haben. Münster i. W., ohne Datum."

Das Auge des Bettlers überflog das Papier. Als er zu der Stelle: „Valuta empfangen" kam, brach ein heller Strahl aus seinem Auge; seine Beine streckten sich und wurden gerade; Gottfried bemerkte an der Uhrkette des Bettlers einen großen Schlüssel und begriff sofort, daß er dem heiligen Petrus gegenüberstand. In wonniger Erleichterung schwanden ihm die Sinne; im Traum erschien ihm der Heilige und sprach: „Für dein gutes Werk wird man dich in die ‚Schattenrisse' aufnehmen, die Gemeingut aller Gebildeten werden sollen."

Bald darauf verhungerte Gottfried von Bouillon. Der Heilige aber hat, wie ein Blick in unser Inhaltsverzeichnis lehrt, sein Versprechen gehalten.

17 4. Mein Bruder.

Hochverehrtes Fräulein!

Gestatten Sie einem jungen, aber unverdorbenen[1] Gemüte aus tiefster Brust[2], daß es sich Ihnen mit einer brennenden Frage naht. Peter Gas und Ihr Hornneffe haben in diversen Publikationen vernachlässigt, den Finger auf einen Punkt zu legen, der sich schon lange in meinem Unterbewußtsein breit macht, auf den das vollerwachte Auge zu lenken aber der tiefschürfenden Lichtfülle Ihrer Vorreden vorbehalten war. Die Beziehungen Ihres genialen Herrn Bruders zur Aviatik, insbesondere zum starren System, in ein halbstarres System zu bringen, gelang erst Ihrem Adlerblick in Ihren kleinformatigen Vorreden, die mir erst das geistige Auge von den Schuppen befreiten, mit dem eine barbarische Seminarbildung dasselbe umschanzt hatte. Liegt es doch auf der blanken Hand, daß den größten deutschen Tatmenschen Zeppelin[3] a priori eine traute Wahlverwandtschaft mit dem größten Genie auf denkerischem Gebiete (vgl. Nr. 9) verbinden muß und beide sich in das Lorbeerblatt teilen, mit dem bekanntlich keines Medizäers Güte unsere nordische Ebene überschattet hat!

Hochverehrtes Fräulein! Auch dafür danke ich Ihnen! Aber noch bedrückt ein Zweifel meine Brust: in welchem und was für einem Verhältnis stehen nun
18 die beiden obigen Punkte, Aviatik und denkerisches Genie zum tief verangelten Knotenpunkt der Offen-

1 Anlage 1: Leumundszeugnis.

2 Anlage 2: Militärpapiere.

3 Dieser bescheidene Mensch hat nicht einmal einen Vornamen!

barungen Ihres genialen Herrn Bruder, zur Lehre von der ewigen Wiederkunft? Auch mir nämlich ist mein treuer Hund Zarathustra entlaufen, und möchte ich wissen, wann ungefähr ich denselben zurückerwarten darf.

Hochverehrtes Fräulein, und wenn ich mich nun zurückbegebe an meinen bescheidenen Posten im großen Heere der Kämpen um völkische Aufklärung und Vermehrung, so weiß ich doch: einmal in meinem Leben habe ich den erhabenen, mutstählenden Mächten die Hand gedrückt, die über meinem Stande leuchten, als welcher besonders berufen sein dürfte, die ideale Forderung zu verwirklichen: die Lehren Ihres genialen Herrn Bruders müssen Gemeingut aller Gebildeten werden[4], womit ich verbleibe

in verehrungsvollem Hinaufschauen
Ihr hochachtungsvoller
Wilhelm Pannitzki,
Lehrer in Dünneborn b. Grimma, Fichtelgebirge.

*　　*
*

Mein lieber junger Freund!

Wenn mein Bruder noch den Empfang Ihres Geehrten ohne Datum erlebt hätte, so würde die Hand meines Bruders einen Augenblick im Geiste auf Ihrer Schulter geruht haben. Und so auch ich! Denn Ihr Brief ist mir ein neuer Beweis, daß die Wahrheit auf
19 dem Marsche ist und daß das Geschlecht, das aus dem Dunkeln in das Helle strebt, nicht verloren ist wie Polen, nicht ausstirbt wie Frankreich.

Gern, mein verehrter junger Freund, bin ich bereit, Ihnen die Lehre meines Bruders betreffende Fragen zu beantworten; denn nicht nur in Vorreden, sondern auch in Briefen fühle ich mich verpflichtet, dem deutschen Volke im ganzen und im besonderen die Lichtströme meines Bruders unter die Nase zu reiben.

---

4 Die „Schattenrisse" aber auch! Anmerkung des Herausgebers.

Anlangend nun die Beziehungen meines Bruders zur Aviatik, bemerke ich vorweg: alles, was Overbeck und Bernoulli hierüber veröffentlicht haben, ist erstunken und erlogen (vgl. den bekannten Aphorismus Nr. 19 meines Bruders). Wissen sie etwa, daß mein Bruder bereits in der Wiege das stahlharte Summen der Propeller mit dem Munde nachzuahmen pflegte? Aber auch später flog er über ein abgerissenes Stiefelband schmerzhaft die Treppe hinab – mein Bruder pflegte sich nie die Stiefel ordentlich zuzubinden – und um mir die Fallgesetze zu demonstrieren, schleuderte mein Bruder am 23. Februar 1854 einen Stein, der mir ins Auge flog.

Parallel mit dem Erblühen des Geistes meines Bruders ging denn auch sein Interesse für reine und angewandte Aviatik eng verflochten Hand in Hand, das sich dann in dem berühmten Ausruf aufgipfelte: „Auf die Schiffe!“ Es steht außer Frage, daß mein Bruder hier und gerade an dieser Stelle Luftschiffe meinte.

Lassen Sie mich ausnahmsweise etwas Persönliches einflechten. Am 30. Mai 1884 schreibt mein Bruder aus Genua: „Liebes Lama! Deine Hoffnung,
20 daß die Melone als Laxativ wirken würde, hat sich erfüllt. Grazias! Den Gillette heute morgen definitiv in die Ecke geworfen; auch Zeppelin trägt einen Schnurrbart. Bin ich ein – Engländer? Empor, empor! Genua, Genua! Fritz.“

Und nun wieder zur Sache! Was bedeutet der geflügelt (aha) gewordene Ausspruch meines Bruders: „Nicht fort sollt ihr euch pflanzen, sondern hinauf!“ anders, als einen Weckruf, Luftschiffe zu bauen? Oder was dachten Sie?

Ich greife hinein in die posthume Schieblade und flamme Ihnen, mein junger Freund, als erstem entgegen den Aphorismus 109:

„Steigt in die Luft, segelt in Wolken! Nur so werdet ihr euer geronnenes Wasserdunstmorallentando los! Sind die Vögel moralisch?

Der höchste Gott? – O, ihr Götter!
Der tiefste Spott? – Ihr Spötter!“

Ihre wohlgewogene
FRAU Elisabeth Förster-Nietzsche.

P. S. Wann Ihr Hund wiederkommt, kann ich nicht genau sagen.

21 5. Richard Dehmel

„Glauben Sie mir, mein junger Freund, niemand in Deutschland wartet ängstlicher darauf, daß ich mich ausgeschrieben haben werde, als ich selbst.“

„Also doch“, dachte der junge Freund.

„Endlich einmal“, fuhr der Dichter fort, „werde ich diesen Lyrismus überwinden, der beständig meinen philosophischen und politischen Studien ein Bein stellt.“

„Wie bitte?“ fragte der junge Freund.

„Sie wissen, daß die unselige Hochschutzzollpolitik die ständige Ausbreitung der Schlafkrankheit im Zusammenhang mit dem Abflauen der Dissidentenbewegung bereits das lyrische Kartell erschüttert haben.“

„Wieso denn?“ fragte der junge Freund.

„Aber auch die Persönlichkeit ist in Gefahr, das freie Ausleben des Individuums, das sich vor keinem Teufel fürchtet –“

„Ach, Sie meinen zwei Menschen?“

„Jawohl, wir Welt.“

Der Dichter lächelte verlegen und streifte die Asche von seiner düsterglimmenden Zigarre auf den Kies des wohlgepflegten Gartens, in dessen Hintergrund des Dichters rotes Haus weit über die Elbe schaute.

„Ich kann ja nicht in Abrede stellen,“ sagte er leise, „daß einige meiner Gedanken sich bereits in meine Dichtungen eingeschlichen haben. Aber“ – und hier schwoll seine Stimme an – „dieser beständige Kampf gegen das innere Singen, das gewalttätige Ringen des Ich –“

„Zu zwein?“ fragte der junge Freund. ...

22 „um eine adäquate Betätigung im Sinne der Vervollkommnung aller, die Sehnsucht zur ganzen Welt, die ekstatische Hingabe an das Schicksal der Gattung –“

„Zu zwein?“ fragte der junge Freund.

„die uns die Wonnen des Einzelschicksals ertragen lehrt –“; er unterbrach sich plötzlich und sagte unvermittelt: „Sehen Sie, ich habe geheiratet.“

„Zu zwein?“ fragte der junge Freund.

„Auch das. Noch bedürfen tausend große Gedanken einer heftigen Predigt, müssen, obwohl sie längst ausgesprochen sind, dem Bürger in die Ohren gegellt werden. Der Leser, mein Freund, ist ein ausgekitzeltes Vieh – – –. Aber die Unfähigkeit des deutschen Bürgers, aus Pfaffentum und Zölibat – –“

„– ? –“ dachte der junge Freund.

„sich herauszuschmeißen, würgt mich. Denn sehen Sie, das ist das Geheimnis, und dieser Gedanke kann nicht geschrieben, gepredigt, gebrüllt, durch Autodafés blutig bezeugt werden, sondern er muß, wie alles Fruchtbare, ejakuliert werden.“

Der junge Freund fragte nichts.

Der Dichter, ergriffen und erschöpft, sank auf seinen Stuhl zurück, führte die Zigarre an die Lippen und blies Rauch energisch in die Luft.

„Doch sehn Sie“, fuhr der Dichter fort:

„Schon singt der volle Mond in Kiefern,
Und auch der Sand ist still erwacht,
Raschelnd rinnte er in immer tiefern
Akkorden, drin die Sehnsucht lacht.
Ich bin allein in meiner Stärke,
Was nur, wer einsam ist, vermag,
Und alle meine hohen Werke
Sind herrlich, wie am ersten Tag.“

23 „Sie sind ja übrigens jetzt gesammelt“, sagte der junge Freund aufatmend.

„Jawohl, in zehn Bänden bei Fischer,“ erwiderte

der Dichter, „und sie müssen Gemeingut aller Gebildeten werden[1].“

Das Auge des Dichters erglänzte feucht vor Ergriffenheit. Schweigend drückte er dem jungen Freund die Hand und begab sich in das rote Haus, in dem ein Licht erglommen war und aus dem eine Stimme erscholl: „Übermorgen lesen wir in Mannheim!“

Der junge Freund aber fuhr kopfschüttelnd mit dem Vorortzug nach Hause.

24 6. Herbert Eulenberg.

Auch große Männer rasieren sich. Vielleicht ist das gerade das Geniale. Nicht als ob sich nur unbedeutende rasieren ließen, große aber sich selbst rasierten, sondern die Tatsache des Rasierens überhaupt steht zur Behandlung. Die Frage ist tief, rührt an den Grund von Abgründen, es bedarf zu ihrer Lösung eines Komitees und einer Broschüre aus einem Nachlaß. Erschütternde Probleme, wie Ehebruch und Detumeszenz, Abtreibung und Verwandtes, bedürfen einer unbeirrten Genialität, eines hemdsärmeligen Schwunges und das Problem des Rasierens wird durch keine andere Strategie zur Strecke gebracht werden können. Immer genial, wenn’s auch schwer wird! Aber es wird leicht. Hütet euch vor Hebbel! Scheut Schiller! Geht mir mit Goethe! Kleist kann mir geklaut werden! Pfeif’ auf Virgil!

Doch hat das Problem noch eine andere Seite. Eine großartigere, ergreifendere, licht- und freudvollere, kurz, eine künstlerische. Diese Seite der Sache erfährt ihre endgültige Erledigung durch folgende Verse, deren historische Genesis in einem besonderen Schattenriß vor Augen gestellt zu werden verdient. Die Verse lassen die tiefen Zusammenhänge zwischen künstle-

1 Genau wie die „Schattenrisse“. Anmerkung des Herausgebers.

rischer Schaffenstätigkeit und bürgerlicher Lebenseleganz deshalb außerordentlich deutlich erkennen, weil sie während des Rasierens entstanden sind.

Während des Rasierens? Freilich, während des Rasierens! Während der große Künstler sich selbst rasierte? Jawohl, während er sich selbst rasierte! Ist *25* das etwa nicht ergreifend? Kolossal! Gehört das nicht in einen Schattenriß und eine Matinee? Jawohl, es gehört in einen ...

Zur Sache. Während die Vormittagssonne blitzende Perlen in das Badezimmer säte und den Rasierapparat in eine Symphonie von Silber, eine Sonate von Sonnenglanz, ein Fugato von Funkellichtern, ein Passacaglia von Alpakakristallen[1] verwandelte, saß der große Künstler vor dem Rasierspiegel, unentwegt schabend und schaffend, denn sein Geist, vielleicht der beweglichste von der Welt, ruhte nie. So schoß es durch sein Gehirn: Abtreibung und Ehebruch, Schattenbild und Festreden, Dramen, bitte sehr, Dramen! Was ein richtiges Drama ist, will überlegt sein. Sodann schossen durch sein Gehirn: zwei Gemälde, mehrere Sonntagspredigten, vier Wanderbücher und etwa 25 geniale Menschen der Vergangenheit, an denen er seinen Schnabel noch nicht gewetzt hatte. Das schoß nur so. Das Auge des großen Künstlers spiegelte die innere Bewegtheit seines Geistes. Aber noch saß er da; unentwegt schabend und schaffend, denn das Bestreben jedes großen Künstlers ist es, Gemeingut aller Gebildeten zu werden[2], und auch das will überlegt sein und ist nicht so einfach.

---

1 Wir verstehen noch viel mehr von Musik, müssen uns aber auf diese Andeutung beschränken. In der Anmerkung für Ungebildete wird man Näheres finden. Wer nicht weiß, was Passacaglia ist, sollte das Wort wenigstens gebrauchen, sonst blamiert er sich.

2 Da dies auch die Bestimmung der „Schattenrisse" ist, so ist es nur logisch, daß auch sie Anspruch darauf machen können, Gemeingut aller Gebildeten zu werden.

In der Seele eines großen Künstlers gehen geheimnisvolle Dinge vor sich und Aufgabe eines Schattenrisses *26* muß es sein, diese geheimnistiefen Schlünde jedem Gebildeten, jedem, der der allgemeinen Schulpflicht nicht entgangen ist – und wir haben in Deutschland höchstens 130 Analphabeten und nicht viel mehr Anabiturienten – allen geistig hochstehenden Gymnasiasten beiderlei Geschlechts, kurz, jedem Leser möglichst eindrucksvoll zu versetzen und seinem Herzen und Niveau näher zu bringen. Die vorliegenden Schattenrisse, die ihre Inspiration durch den hier in Frage stehenden großen Künstler erhalten haben, können daher nicht umhin, ihm an dieser Stelle ihren ehrerbietigsten Dank auszusprechen, insbesondere für die Belehrung über die Aufgabe eines richtigen Schattenrisses. Denn ein Schattenriß ist nicht so leicht, und ohne Genialität läßt sich wohl einer, lassen sich aber nicht 12 oder 50 schreiben.

Noch immer saß der große Künstler vor dem Rasierspiegel, unentwegt schabend und schaffend, und geheimnisvolle Dinge gingen in seiner Seele vor. Er litt an Problemen, von denen der einfache Bürgersmann keine Ahnung hat. Überhaupt sollte der Bürgersmann lieber respektvoll Bücher kaufen und die großen Künstler in ihrem schmerzzerrissenen oder je nachdem jauchzend glückseligen Skandalieren bewundern, statt seine Krämernase in die hohe Kunst zu stecken. Der Bürger hat seine Aufgabe erfüllt, wenn er durch seine bloße Existenz einigen Mitbürgern die Möglichkeit gegeben hat, sich abzusondern und immer von neuem zu wiederholen, daß sie keine Bürger sind. Aber einen Blick in die erhabenen Schlünde einer Künstlerseele darf er nur dann tun, wenn ein von Künstlerhand geschriebener Schattenriß ihm dieselben schaudernd enthüllt, wie das hier vorbildlich geschieht.

Denn noch immer saß der große Künstler vor dem *27* Rasierspiegel, unentwegt schabend und schaffend, und die Dinge, die in seiner Seele – vielleicht der umfassendsten der Welt – vor sich gingen, waren, wie gesagt, fabelhaft. Dieser Schattenriß wird daher des freudigen Dankes aller Gebildeten gewiß sein, denn nicht jeden Tag sind solch tiefe Einblicke in große Seelen zu tun. Wir wiederholen, daß es schwer ist, sie zu begreifen. Einen Augenblick zum Beispiel blitzte der Gedanke durch den genialen Kopf, daß die Rasierseife nicht preiswert sei, und schon eine weitere Sekunde später entwarf er den Plan zu einem biblischen Drama! Alles derselbe Mensch! es wäre natürlich lächerlich, das mystisch zu nennen, dafür stehen die Schattenrisse viel zu fest mit ihren gesunden Beinen auf der Mutter Erde und bejahen das Leben, auch die Industrie und den modernen Handel und Verkehr, aber fabelhaft, großartig sind solche Sachen doch wahrhaftig, und wer das nicht einsieht, sollte sich den Teufel um die Kunst scheren.

Und dennoch! Noch immer saß der große Künstler vor dem Rasierspiegel, unentwegt schabend und schaffend. Da blitzte ein Sonnenstrahl, das Auge des großen Künstlers desgleichen, er sprang auf und ergriff den bereitliegenden Bleistift. Die Muse war da! Hurra, die Inspiration!

Die eifrig zitternde Hand des großen Künstlers notierte:

Das Leben ist nur Seifenschaum;
das Leben ist aber auch ein Traum;
drum ist der Seifenschaum auch Traum,
und aller Traum ist Seife.
Seh zu, wer das begreife.

28 7. Pipin der Kleine.

„Auguste," sagte Pipin, „ich glaube nicht, daß Lorbeer das richtige ist. Besser wäre schon Hollunder – wir können es ja versuchen –, vielleicht nimmst du auch Muskat, wenn du nicht Sellerie respektive Zwiebel vorziehst. Ich will natürlich nicht sagen, daß ich etwas gegen Schnittlauch habe und lasse dir auch hinsichtlich des Lorbeers freie Hand. Überhaupt stelle ich dir alles ganz anheim und empfehle nur, im Kochbuch nachzuschlagen. Inzwischen will ich den Gartenzaun nachsehen, der seit dem Einfall der Hunnen noch offen steht. Bekanntlich erspart die Axt im Haus den Zimmermann.“

Und er ergriff den schweren Hammer, mit dem bereits sein Vater Karl Martell die Sarazenen niedergeschmettert hatte, pfiff seinen beiden Söhnen Karl und Karlmann und verließ den Schauplatz dieses Schattenrisses.

Moral: Mit welch herzgewinnender Schlichtheit und Einfachheit bewegt sich nicht dieser große Mann, der nur durch einen Zufall in diese Schattenrisse geraten ist, im Familienkreise! Soeben hat er noch, nur weil er den Stoffmangel der deutschen Lesebücher ahnte, einen Löwen erschlagen, und ohne viel Aufhebens davon machen, ohne den Lorbeer, der ihm von rechtswegen zukommt, auf die Stirn zu stülpen, stellt er vielmehr anheim, den Löwen damit anzurichten!

So war Pipin!

Wir können uns auch noch nicht von diesem sympathischen Menschen trennen und folgen ihm auf
29 seinem Wege zum Gartenzaun. Derselbe führte ihn an dem toten Löwen vorbei. Pipin stand still. Der Auge des Königs der Franken blickte einen Augenblick sinnend in den gebrochenen Auge des Königs der Wüste. Dann sagte Pipin: „Karlmann, laß die Finger von dem Schwanze des erlegten Löwen; man weiß ja nicht, ob das Biest noch lebt. Karl der Große, willst du wohl runter, du Lümmel, du machst mir ja das ganze Fell dreckig!“

So war Pipin! Streng, gerecht, intelligent!

Noch einmal wiederholen wir unser Bedauern, den großen König in diese Gesellschaft gebracht zu haben; doch da man uns allein die Schuld hierfür zuschreiben wird, sehen wir uns genötigt, die Zusammenhänge aufzudecken.

Bald nach dem bekannten Naumburger Festbankett begegneten wir dem König in der Straßburger Orangerie. Er war wie gewöhnlich unauffällig gekleidet und fragte, ob wir nicht seine Brille gefunden hätten. Da der Verfasser in der Lage war, dies bejahen zu können, kam das Gespräch bald auf die bekannten Naumburger Vorfälle[1]. Der Monarch bedauerte, daß seine Familienverhältnisse die Zerklüftung der deutschen Wissenschaft noch vergrößert hätten; so schmeichelhaft es für ihn sei, Gegenstand von Kontroversen zu bilden, so bedauere er doch, infolge seines hohen Alters sich an nichts mehr erinnern und infolgedessen auch nichts zur Sache sagen zu können.

Nach dieser offenherzigen Erklärungen hielt auch der Verfasser nicht mehr zurück. „Majestät," sagte er, „wenn ich die hohe Ehre haben werde, diese Worte *30* Ew. Majestät der Nachwelt zu übermitteln, so bedauere ich doch, daß diese Veröffentlichung – da ich sonst nichts mehr publizieren werde – in den Schattenrissen geschehen muß. Ich weiß wohl, welches Unrecht Ew. Majestät damit geschieht, daß ich Ew. Majestät in die Gesellschaft der hier Umrissenen und derer, die es ebenfalls verdienten, bringe. Es sind, wie Ew. Majestät sehen werden, alles schlechtweg Talente, Leute nicht ohne Fähigkeiten, die sich nur dem Irrtum hingeben, es gehöre zu jeder Begabung ein Publikum, zu jedem Einfall ein Auditorium, das dazu trampelt. Der Selbsterhaltungstrieb wird ihnen ewig die Erkenntnis verschließen, daß es nur eine Einteilung der Menschheit gibt: Volk und Genie – und daß, wer sich nicht ehrlich und ohne Narrheit für ein Genie halten darf, schweigend und selbstverständlich zum Volke treten muß. Anstatt, wie sie vermeinen, dem Volke Führer zu sein, stehen sie ihm nur im Lichte und im Wege. Durch ihr gegenseitiges Sichanpreisen, durch Lob wie Tadel, verflachen sie das allgemeine Urteil. Mit dem Lächeln des Menschen, dessen

1 Vgl. die Anmerkungen für Ungebildete.

Wahrheitsdrang Genüge geschah, wenn er einen Blick hinter selbstgebaute Kulissen tun durfte, nennen sie sich Relativisten, so die einzig ihnen erreichbare Philosophie bekennend. Und in demselben Augenblick bestehen sie als fanatische Absolutisten auf der Allgemeingültigkeit des ihrer Flachheit entnommenen Maßstabes. Dieser Maßstab gibt ihnen eine objektive Zusammengehörigkeit, auf der ihre assimilierende Kraft beruht, das Kleine hinauf, das Große
31 hinab auf ein zulässiges Erreichbares zu ziehen. Dieselbe Gemeinsamkeit wendet sich mit reflektorischer Sicherheit gegen jede neue Gefahr; in lautem Geschnatter und korybantischem Lärmen soll die Stimme des Genies verlorengehen. Denn eine gleiche Furcht und eine gleiche Schuld hält sie zusammen."

„Jawohl," sagte Pipin, „ich kenne diese Art. Sie stellen sich zueinander, suchen sich gegenseitig zu überschreien, und jeder meint, es wüchsen ihm Hörner, wenn er so brüllt."

32

8. Wilhelm Schäfer.

Wohl nicht jeder kann sich des Glückes rühmen, aus der nach landläufigen Vorstellungen bescheidenen Position eines Beamten der Wach- und Schließgesellschaft oder der eines Briefträgers zum gehobenen Unterbeamten emporzusteigen. Und doch hat eines schönen Tages ein junger frischer Landbriefträger vom Rhein dies Glück gehabt; leider zu seinem eigenen Verderben, wobei denn die geheimnisvollen Fußangeln des Schicksals, an dessen Gittern wir machtlos kratzend uns die Hände wundreiben, mit erschütterndem Zaunpfahlwinken in die Erscheinung treten.

An dem Tage seiner Beförderung nämlich machte der Briefträger jenseits Bingens seinen Rundgang und schritt mit munterem Fingerschnalzen von Häuschen zu Häuschen. Da sich aber die frische Sommermorgenluft mit der Wirkung mehrerer Gläschen Kirschwasser belebend verband, so ging er, ohne sich dessen zu versehen, immer tiefer in das Wasser hinein, bis er von den Strudeln des Rheins erfaßt und stromabwärts fortgetrieben wurde, häufig rülpsend und nicht ohne Gewissensbisse. Dagegen wäre nun an sich nichts einzuwenden gewesen, wenn er nicht auf dieser Fahrt eine seltsame Begleitung gefunden und eine geheimnisvolle Unterhaltung geführt hätte.

Unterhalb Vallendars schloß sich der Leiche des Briefträgers die eines Kunstmalers an, der im Unterschied zu dem jugendfrischen Briefträger mit freitöterischer Absicht zu der Reise sich entschlossen hatte. Der Beweggrund zu dieser Tat war ebenso einleuchtend
33 wie ungewöhnlich: der einflußreichste Kunstschriftsteller des schwarzen Erdteils hatte ihn gelobt und seine Werke als Äußerungen einer knorrigen Begabung zum Ankauf empfohlen, unter besonderer Hervorhebung seiner schlechten Vermögenslage.

Die beiden Leichen schwammen langsam und ohne Eile den Rhein herunter, öfters belästigt durch eifrige Rheinuferaufsichtsbeamte, die sich in den Kopf gesetzt hatten, sie zu bergen. Außerdem wären sie diesseits Mehlems beinahe in den Angelhaken eines jungen verschlossenen Engländers geraten, der, aus der Erkenntnis, daß man Fische am besten mit faulen Fischen fängt, mit ergötzlichem Geschäftssinn Kapital schlagend, ein Buch über den „Schriftsteller“ als Köder an die Angel band. Endlich stürzte bei Vallendar eine große Wagenfuhre Maßstäbe in den Rhein, und die Maßstäbe trieben stromabwärts. Im ganzen aber verlief die Unterhaltung der beiden Leichen ziemlich ungestört folgendermaßen:

„Erlauben Sie mal,“ fragte der Kunstmaler, „haben Sie in Ihrem Leben auch mit Kunstschriftstellern zu tun gehabt?“

„Möglich, aber höchstens unter anderen“, erwiderte der Briefträger schlagfertig.

„Wie allgemein versichert wird, sollen solche Menschen ein notwendiges Übel sein“, sagte der Kunstmaler.

„Sie sind übler als notwendig“, erwiderte der Briefträger.

„Erlauben Sie mal, wenn wir in diesem Tone weiterreden, so muß die Anekdote aufhören.“

„Wieso?“ fragte der Briefträger.

34 „Sie sind kein Mensch von Formenkultur. Wissen Sie überhaupt, was eine Anekdote ist? Eine Anekdote mit Pointen, mit Witz und Kurzweil, mit Geist (hier wurde der Briefträger geschmeichelt etwas schamrot), mit Dialog und sonstigem Aufwand; eine Anekdote, die etwas anderes ist als geschniegelte Ideenlosigkeit und verpinselte Gedankenarmut – kennen Sie das?“

„Wie meinen Sie das?“ fragte der Briefträger.

„Ich meine gekämmte Trivialität und dekorierter Mangel an Phantasie –“

„W i e meinen Sie das?“ fragte der Briefträger.

„Ich meine, Sie sollten eine Anekdote schreiben!“

* *
*

Wenn in die große Tabakspfeife des Weltenbaumeisters ein Mensch nach dem andern hineingesteckt wird und so Millionen schönheitstrunkener Existenzen den sorglich stopfenden Mittelfinger einer höheren Macht auf dem Kopfe fühlen, dann kann auch der Stärkste nicht viel mehr tun, als mutlos die Hände sinken zu lassen und den tödlichen Stoß mit schmerzlicher Grimasse zu quittieren. Nicht viel anders erging es den beiden Leichen, die in anmutiger Unterhaltung den Rhein heruntergetrieben waren. Sie landeten schließlich am Acheron und trafen dort auf eine große Menge ernster Schatten, die der Überfahrt harrten[1].

1 Von ihnen ist hier keiner gerissen, weil uns nur lebende Schatten interessieren. Ein so vielfach verkannter Mann wie Gottfried von Bouillon mußte freilich eine Ausnahme machen.

Denn der alte Charon hatte die letzte Fuhre, den Jahrgang 1872–1892, noch nicht erledigt und war noch nicht zurück. Diese Anekdote aber ist 1912 ge-
35 schrieben und muß so schnell wie möglich Gemeingut aller Gebildeten werden[2].

Unter den Schatten bewegte sich einsam ein übel aussehender Holländer mit hoher Stirn und rotem Bart, auf den der Kunstmaler sofort zueilte, um ihm mitzuteilen, daß die Hausse in seinen Bildern ihren Kulminationspunkt erreicht habe. Sodann fügte er hinzu, es sei soweit gekommen, daß die Kunstschriftsteller ihn, den übel aussehenden Holländer, als Vorwand gebrauchten, um zu zeigen, was sie von der Kunst verständen. Einer feile sogar Satz auf Satz zu seinem Lobe und behaupte, es sei ihm, dem übel aussehenden Holländer, gelungen, in das farbige Land der Schönheit hinabzustürmen.

„Wieviel Uhr ist es?“ fragte der übel aussehende Holländer.

„1912“, erwiderte der Kunstmaler.

„Kein Wunder“, grunzte der Holländer. „Jetzt legen sie los. Immer zehn Jahre hinterdrein und mit einem Gesicht, als wären sie hundert voraus. Immer mit einem Gesicht, als hätten sie damals nur dabei sein müssen, und alles wäre anders geworden; und trotzdem passiert immer wieder dasselbe und ihr Gesicht bleibt immer dasselbe.“

„Wie meinen Sie das?“ fragte der Briefträger.

Das Auge des Kunstmalers traf ihn mit einem Blick, in dem sich ein sprudelnder Abgrund von Dolchen der Empörung spiegelte. Dann sagte er laut:

„Ich meine, Sie sollten eine Anekdote schreiben.“

Alle Schatten, vor allem aber der Schatten kühler Denkungsart, drehten empört die Halswirbel herum.

36 Ein Polizeibeamter schrieb den Namen des Kunstmalers auf.

---

2 Und zwar nicht nur diese Anekdote, sondern die „Schattenrisse“ überhaupt. Anmerkung des Herausgebers.

Dann war alles still. – Der schwere Flügelschlag einer riesigen Eule schrieb den armen Schatten die tiefe Weisheit hinters Ohr, daß niemand seinem Schicksal entgeht, das Leben nicht so leicht und alles Genie nur gesteigerter Leichtsinn ist[3].

37 9. Eberhardt Niegeburth.

Der Tag seiner Geburt steht nicht genau fest, und man wird gut daran tun, die zahllosen Hypothesen darüber auf sich beruhen zu lassen. Nur eins steht von ihm fest: er ist unsterblich und wird immer da sein, er war ein großes Genie und wurde von allen im vorliegenden Werke Umrissenen dafür gehalten. Denn seine Begabung lag auf der einen Hand, und mit der anderen schrieb er Novellen, wie sie nur der große Gottfried[1] schrieb, Operntexte, wie sie nur der kolossale Fulda, Anekdoten, wie sie nur der fabelhafte Schäfer in nie dagewesener Monumentalität jeder in seiner Branche von sich gibt. Mit der einen Hand dichtete er lyrische Gedichte, kurzatmig genug, um selbst von einem Gebildeten verstanden zu werden, mit der anderen versenkte er sich tief in die idyllischen Seligkeiten des Darwinismus. Mit der einen Hand kratzte er sich wund an den Gittern seiner Begabung und in das Fäustchen der anderen lachte er sich, wenn ihm ein Kunstwerk geraten war. Nie hat er sich eine Blöße zuviel gegeben, nie ein Werk geschrieben über

3 Dieser letzte Ausspruch des fabelhaften Schäfers findet sich in seinem Roman „Karl Stauffer-Bern", S. 96, und ist so leichtsinnig, daß er wohl nur zu dem Zweck getan ist, um eben dadurch die eigene Genialität darzutun. Anmerkung des Herausgebers.

1 Gemeint ist nicht etwa Gottfried von Bouillon, der keine Novellen schrieb, sondern das Heilige Land eroberte. Gemeint ist der Schweizer Idylliker Gottfried Keller, der Novellen schrieb und nie ein heiliges Land erobert hat.

200 Druckseiten Oktav[2], nie einen Gedanken zuviel gehabt und immer die Tradition hochgehalten, daß man gegen die Mitgenies und Konkurrenten, wenn *38* man sie nicht ignorieren kann, wüten soll wie eine Petroleuse. Aber eben immer nur mit der einen Hand. Denn mit der anderen muß man dafür sorgen, daß der Büchermarkt mit der Zeit fortschreitet und die allmeine Schulpflicht einen Inhalt bekommt.

So war Eberhardt Niegeburth.

Schon sein erster Roman „Der Schwan am Lande“ erwarb ihm die ungeteilte Sympathie der literarischen oberen Vierhundert. Die Fortsetzung des Romans „Die Ente auf dem See“ machte seinen Namen den oberen Zehntausend der Literatur bekannt und sein Ullsteinbuch, „Der Mann mit dem einen Schweißfuß“, konsolidierte seine Unsterblichkeit beim Publikum in seiner großen Allgemeinheit und unbeschränkten Beschränktheit. Die lyrischen Gedichte zeigten eine deutliche Steigerung seines Geschmacks. Während die erste Sammlung unter dem Titel „Erlebtes und Erlauschtes aus einem Kinderwagen“ (ein Pendant zu des fabelhaften Schäfers gewaltigem Epos „Fritz und Paul auf der Bürgerschule“) erschien und noch die zweite „Gehobeltes und Ungehobeltes“ hieß, lautete die dritte „Seele, Säle und Kanäle“ und die vierte „Schwälende Tennen“. Dieser letzte Buchtitel deutet die großartige Synthese modernen Mystizismus und urgesunder Heimatkunst an. Denn auch Eberhardt Niegeburth bejahte alles, was ihm vor die Füße lief, er war ein Allgutheißer, auf denkerischem Gebiete ein großartiger Verneiner, und da er ein echt moderner Mensch war, so umfaßte das Harmonium seiner Gefühle sämtliche Register von Bourdon 16’ bis Oboe 4’ gedeckt, d. h. also vom Pithekanthropen bis Thomas

2 Da auch die „Schattenrisse“ nicht mehr Druckseiten haben, so steht nichts im Wege, daß auch sie Gemeingut aller Gebildeten werden. Anmerkung des Herausgebers.

Mann erectus. Denn der moderne Mensch ist der Kulminationspunkt der Entwicklung, und die differen- *39* zierte Reizsamkeit seiner Psyche ermöglicht es ihm, sich in die Seelen sämtlicher Kulturen einzufühlen und ihnen zu beweisen, daß er mehr kann, als sie alle zusammen. Da er außerdem noch Luftschiffe baut und Wasserklosette anlegt, so wird man gut daran tun, seine tausend Seelen, die sich zudem durch Teilung und Spezialisierung vermehren, nach den Prinzipien moderner Arbeitsorganisation sparsam, unter Ausnutzung jeder Kraft und Vermeidung unzuträglicher Friktionen, funktionieren zu lassen.

Dies war auch die Maxime Eberhardt Niegeburths: kurz und gefeilt; nur nicht imponieren lassen; getrennt schreiben, vereint kritisieren; was du nicht willst, daß man dir tu, das laß dir unter keinen Umständen gefallen`.

Indem Eberhardt aus der Vogelschau seiner Genialität die Bomben seiner Produktivität auf die Mitmenschen niederplatzen ließ, an Problemen leidend und allgutheißend, fand er in Mariechen Werwolffsohn die Gefährtin seines Heldentums. Sie litten nun selbander an Problemen und hießen selbander all' gut[3]. Aus der Wechselwirkung ihrer großen Seelen, aus den Wechselbeziehungen ihrer Innerlichkeiten, aus der lierarischen Wechselreiterei ihrer den modernen Handel und Verkehr bejahenden Geschäftspraxis entsproß als kräftiger, strammer Wechselbalg das Drama „Zu klein geraten", das bei seiner Uraufführung im Deutschen Theater zu Berlin zwar nur einen negativen Erfolg *40* hatte, demgegenüber aber das Publikum um so glänzender durchfiel. Neugestärkt unternahm jetzt Eberhardt Niegeburth die große Tat seines Lebens.

---

3 Sie hießen natürlich mit bürgerlichem Namen Herr und Frau Niegeburth. Der im Text angegebene Name ist nur ein sogenanntes Pseudonym. Auch der Herausgeber der „Schattenrisse" bedient sich eines solchen, jedoch ist sein Pseudonym etwas geschmackvoller.

Alles, was das Farbenspektrum der modernen Psyche an Sensationen aufzuweisen hat – und daneben erscheint der Nervenhorizont eines Griechen enger als der eines Protisten –, alles was die differenzierte und bis in unendliche Feinheiten nuancierte Objektivität des Kulturmenschen der Gegenwart zu leisten vermag, sein genialer Ästhetizismus, seine Überlegenheit über jeden Wert, alles das fand einen imposanten Ausdruck in dieser großen Tat seines Lebens. Inspiriert durch die ermunternden Adhortationen seiner heldischen Gefährtin, gestärkt durch die Lektüre einer Biographie Cesare Borgias, entwarf er den Plan zu einem Verbrechen; kühn, tierisch, kristalleiskalt. Er war fest entschlossen. Er trank zwei Glas Zypernwein und steckte einen Revolver in die Tasche. Mir nichts, dir nichts. Um 10½ Uhr abends verließ er seine Wohnung, um 11 Uhr stand er auf dem Schauplatz der großen Tat seines Lebens. –

Die Tochter eines bolivianischen Reitergenerals, Carmencita de los Canonares, bewohnte mit ihrer Großtante, der Baronin Rothschild-Rudolstadt und Begleitung die Beletage des Hotels zu den drei Tahitianern. Die hohen Gäste hatten pro Tag und Person etwa 900 Pesetas auf der Rechnung. In ihrem Gefolge befand sich der kleine Mohammed, ein Neger, der Taschentücher aus einem leerstehenden Zimmer holte und ein Verhältnis mit der vierzehnjährigen Bankierstochter Gabriele Simon unterhielt. Mehrere Papageien von verblüffender Farbenpracht vervollständigten das lebende Inventar der Carmencita de los *41* Canonares. Ihr Smaragdenschmuck repräsentierte den Wert eines Kapitals, dessen Rente Eberhardt Niegeburth in die Lage versetzt hätte, einen Verlag mit nur eigenen Werken zu gründen. Die Dame besaß außerdem mehrere Paar Schuhe, Zähne, Kämme, Leibwäsche und Parfüme von unbeschreiblichem Werte und exotischer Pracht.

Eberhardt Niegeburth hatte folgenden Plan. Wenn die phantastische Dame aus der Oper zurückkehrte

– es wurde an diesem Abend, dem 19. März des Jahres 26 seit Fischers Verlag, das Glöckchen des Eremiten gegeben – und die überirdisch kleinen Füße aus dem von einem echten Somalineger gesteuerten Automobil setzte, wollte er einen echten Manilastock vor ihre göttlichen Beine werfen. Die exotische Dame würde zu Boden stürzen. Eberhardt Niegeburth würde den hinzueilenden Dienern zuvorkommen und der himmlischen Erscheinung vom Boden aufhelfen mit den Worten: „Ihre Schönheit ist groß und Eberhardt Niegeburth ist ihr Prophet." Dann würde er den Mittelfinger ihrer linken Hand küssen und ohne Spur verschwinden. Erstaunt und erschreckt würde dann die schöne Dame in den Träumen der Nacht Eberhardt Niegeburths Name rufen, seine mysteriöse Erscheinung würde sie von Stadt zu Stadt verfolgen und endlich könnte es nicht ausbleiben, daß sie an allen Litfaßsäulen, in allen gelesenen Tageszeitungen folgende Erklärung veröffentlichte:

> *Ein Dichter wird gesucht. Ein großer Künstler und schöner Mann. Carmencita de los Canonares sucht ihn. Eberhardt Niegeburth ist sein Name. Schön ist seine Gestalt. Hinreißend sein Organ. Carmencita de los Canonares wartet auf ihn.*

42 Der Wortlaut dieser Erklärung war von Mariechen Werwolffsohn entworfen und von Eberhardt Niegeburth gebilligt und genehmigt. Eberhardt aber würde als echtes Genie nicht darauf reagieren, sondern an allen Litfaßsäulen und mit angemessener Lichtreklame folgende Gegenerklärung veröffentlichen:

> *Eberhardt Niegeburth weiß, was er sich schuldig ist. Eberhardt Niegeburth wird Carmencita de los Canonares ruhig warten lassen. Zu ihm soll sie kommen. Er wird milde verfahren und wohnt Binsenplatz 11, Hths., 3. Etg. rechts, dreimal klingeln.*

Der Wortlaut dieses seigneurialen Manifests war ebenfalls von Mariechen Werwolffsohn entworfen und von

Eberhardt Niegeburth gebilligt und genehmigt. Eines Tages, im Herbst, wenn die Blätter fallen und die Bürger Kohlen kaufen, würde es dann abends gegen sechs Uhr dreimal schellen. Mariechen Werwolffsohn, gekleidet wie die Tochter Tizians[4], würde öffnen und Eberhardt Niegeburth in malerischer Ruhe die unruhig eintretende Carmencita de los Canonares mit den Worten begrüßen: „Ich wußte, daß Du kommen würdest. Das weitere wird sich finden.“ –

Das war der Plan Eberhardt Niegeburths. –

Am 19. März des Jahres 29 p. S. F., abends gegen 11 Uhr also, stand Eberhardt Niegeburth auf dem Schauplatz der großen Tat seines Lebens, den echten Manilastock in der Hand, die sensationelle Situation und sich selbst genießend. Denn das war sein einziges Gesetz und seine Moral: sei dir selbst genug und Genuß! Die Zeit verging ihm schnell; er machte eifrig Notizen *43* über seine psychologischen Selbstbeobachtungen und schätzte den Ertrag des erlebnisreichen Abends auf fünf Novellen, dreizehn Anekdoten, fünf bis sechs lyrische Gedichte und mindestens fünfzehn Aphorismen. Das Automobil der großen Schönheit kam leise surrend heran; der echte Somali machte aber mit der Huppe einen schauderhaften Lärm, damit Eberhardt Niegeburth aus dem Wege ginge und schrie: „Achdung, Bazi, damiger!“ Eberhardt Niegeburth sah mit der ihm eigenen Geistesgegenwart ein, daß er diese Sensation, den Lärm der Automobilhuppe und die Ansprache des Negers nicht in Rechnung gezogen hatte. Damit aber war der Zusammenhang und die geschlossene Kette der Sensationen unterbrochen. Würdevoll faßte er daher, die Situation mit der Sicherheit eines Nick Carter überschauend, den Entschluß, zunächst die Fülle der Erlebnisse dieses fruchtbaren Abends zu verarbeiten und künstlerisch zu gestalten. Denn schließlich war er kein Kuli und kein Oberbayer,

4 Deren Name dem Verfasser dieses Schattenrisses im Moment entfallen ist.

sondern ein Stimmungsmensch, dem es nicht darauf ankommt, etwas zu tun, zu bewirken, zu erreichen, sondern zu erleben und im Erlebnis zu genießen. Daher nannte er auch vom 19. März des Jahres 26 ab diesen Abend nicht mehr die große Tat, sondern das große Erlebnis seines Lebens. Außerdem sind fünf Novellen, dreizehn Anekdoten, fünf bis sechs lyrische Gedichte und mindestens fünfzehn Aphorismen für einen Abend genug. Langsam begab er sich in seine Wohnung zurück.

„Ist alles geglückt?“ fragte ihn Mariechen Werwolffsohn aufgeregt.

„Jawohl,“ erwiderte Eberhardt, „fünfzehn Novellen, dreizehn Anekdoten, fünf bis sechs lyrische Gedichte
44 und mindestens fünfzehn Aphorismen sind so gut wie fertig.“

„Dann können wir die Plakate für unser Manifest wohl schon bestellen?“ meinte Mariechen.

„Das wird sich zu finden haben“, erklärte Eberhardt Niegeburth in seiner abdominalen Sprechweise. –

Viele Jahrzehnte nach dem großen Erlebnis brach der Auge des großen Eberhardt. Er starb mit dem Rufe: „Die Schattenrisse müssen Gemeingut aller Gebildeten werden.“

45

10. Anatole France.

Die berühmte Ulme, in deren Schatten der Abbé Lantaigne mit Herrn Professor Bergeret die Fleischpreise des Schlachters Lafolie zu erörtern pflegte, ist für die Zwecke dieses Schattenrisses in den Zoologischen Garten versetzt worden.

Meine jungen Freunde, glaubt doch nicht, daß es hierzu eines Wunders bedürfe! Wer das Mittelalter so gut kennt, wie der Verfasser dieser Schattenrisse[1],

1 Schon deshalb müssen die „Schattenrisse“ Gemeingut aller Gebildeten werden. Anmerkung des Herausgebers.

weiß wohl, was es mit den Mirakeln und aller Mystik für eine Bewandtnis hat. Die Erde fliegt in ewigem Rhythmus um ihre Mutter, die Sonne; die Sonne rotiert mit ihrem Planetensystem im Weltenraum; der Weltenraum kreist irgendwo verloren im Winkel einer kosmischen Mansarde, und das Haus, in dem diese Mansarde nicht viel mehr bedeutet als ein Atom, ist vielleicht nichts als ein zusammengeknülltes Butterbrotpapier, das, von dem Wärter behutsam mit der gegabelten Zange gepackt, unauffällig in dem großen Abfallkorb eines anderen Jardin d'Epicure verschwindet. Das traurige Lächeln, mit dem Alexandre Robespierre die Nachricht von der Vermählung seiner ältesten Tochter entgegennahm, das schmerzhafte Stirnrunzeln, das den Auge Evariste Gamelins verdunkelte, als man ihm seine letzte Wohnung in der Rue de l'Echelle kündigte, kommen sie nicht an Größe der Gebärde, an Heroismus des Unverständlichen allen anderen
46 Staatsaktionen gleich, die unser Dichter seinem Volk nebst Nachbarnationen in ihrer bourgeoisoiden Abgründigkeit bescheinworfen hat?

Nun wohl, meine jungen Freunde, ein so geläuterter Rationalismus wird die relativ bescheidene Umsetzung einer simplen Ulme weder verständlich nach unverständlich finden, wie er die Menschen weder als gut noch als böse, weder als durchaus zweibeinig, noch als schlechtweg mikrozephal betrachtet, sondern sie einfach für Wesen ansieht, die vermöge der Tatsache, daß sie Namen tragen, in Romanen und kosmischen Phantasien figurieren können.

Unter der nunmehr stabilisierten Ulme, die – aus guten Gründen – dem Eisbärenkäfig gegenüber ihre Äste in zärtlicher Gravität von der feuchten Luft umfluten ließ, daß der Abbé Jérôme Coignard, in seine Lieblingslektüre, den großen Plötz, versenkt. Er hatte ihn wie immer unwillkürlich auf Seite 141 aufgeschlagen und las:

« Par le moyen d'une petit canule. Le père mesurant le danger de cette opération, préférait attendre la sortie naturelle. Mais la durchesse, animée par les délices de la foi, demandait l'application immédiate. ‹Vous craignez›, dit-elle à son mari, ‹que je ne succombe à la douleur. Mais croyez-moi, mon ami, je devrai à cette circonstance d'éprouver enfin cette union suprême, cette synthèse mystique de ma foi et de ma chair.› Et elle s'adressa au prêtre: ‹Monsieur,› dit-elle, ‹le baptême commencera tout de suite. Nous avons choisi le nom Anatole – – –›»

Der Abbé Coignard ließ das Buch auf seinen Schoß sinken und sank auch seinerseits in tiefe Betrachtungen. So dachte der gute Abbé: unter den Bouquinisten der
47 Quais findet man nur noch Freimaurer, in die Bombenfabrikation mengen sich allmählich liberale Elemente, und es ist Tatsache, daß sich viele Juden auch in reiferem Alter nicht mehr beschneiden lassen. O Republik, die ich so zärtlich geliebt habe! Auch die Affaire hat mir nur vier Bände abgeworfen, und wer, wer möchte sich erdreisten, aus der gegenwärtigen politischen Lage Schlüsse auf buchhändlerische Erfolge zu ziehen? Man müßte die Bücher wirklich schon gleich auf Deutsch erscheinen lassen.

Und vor seinem Auge erschien ein Frankreich, das vielleicht doch anders war, als er gedacht. Ein leises Geräusch entriß ihn glücklicherweise seinen Träumen ... er blickte auf ...

Unterhalb des Eisbärenkäfigs war noch ein kleiner Zwinger; an dessen Gitter reckte sich ein trotz aller Kleinheit stattliches Tier empor; zu beiden Seiten des gewölbten weißen Bauches klappten drohend Flügelstümpfe; das rote Auge im spitzen Vogelkopf blickte verächtlich auf den guten Abbé. Jetzt drehte das Tier ihm den schwarzen, glänzenden Rücken zu; watschelnd und scheltend ging der Pinguin davon; deutlich konnte der Abbé sehen, wie er eine kleine weiße Spur zurückließ.

48

11. Thomas Mann.

Exzentrischer Sketch.

Mann (eine kleine Militärtrommel rührend vor einem Wandspiegel, ad spectatores während des Rührens):

Die subtile Malice des modernen Kulturmenschen läßt ihn auch vor gröberen Effekten nicht zurückschaudern, wie denn in selbstvernichtender Konsequenz aus der Zartheit eine zarte Unzartheit, aus der Vornehmheit eine vornehme Unvornehmheit, aus der Feinheit eine feine Brutalität zu entwickeln, nicht außerhalb jeder Möglichkeit liegt. Von diesem Gesichtspunkt aus läßt es sich rechtfertigen, daß ich ein verhältnismäßig naturvölkisches Instrument, wie es eine Militärtrommel in gewissem Sinne darstellt, in einer Weise behandle, die mit der banalen und phantasiearmen Bezeichnung „Rühren" nicht ohne ein etwaiges Recht qualifiziert (Pfui!) werden kann. Immerhin steht mein Ruf als vornehmer Künstler auf zu unvornehm breiten Füßen, als daß ich mich nicht darauf verlassen könnte, die Nachbarschaft werde den Mangel der Ernstlichkeit in meinem Trommeln nicht verkennen. Ich würde es jedoch trotzdem als kränkenden Einwand betrachten müssen, wenn einer der Herren mein Trommeln anders als einen Ausbruch gewalttätiger, aber ziselierter Produktivität deuten wollte. Ich würde nicht anstehen, ihn aufs strengste zurechtzuweisen, denn ich bin des bis zur Trivialität wiederholten Vorwurfs müde. Ich bin kein Hündchen mit gesammelter Miene, sondern ein gewalttätiger Künstler, und
49 werde kein Bedenken tragen, das durch eine weithin sichtbare Tat zu dokumentieren.

(Er schlägt einen Wirbel.)

(Es klopft laut und roh an die Tür, man hört Fußtritte.)

Mann (mit breitem Humor): Herein, wenn's kein Schneider ist.

(Kip und Tip treten ein. Kip im Cutaway und Fischer-Verlag, Tip im Smoking und ohne Monokel. Tip mit champagnerfarbenen Strümpfen und Krawatte; Kip entsprechend. Begrüßung.)

Kip (haranguierend): Verehrter Meister von Mann, Rechnung tragend den diversen Schreien, die unser Jahrhundert qualifizieren (unus ex spectatoribus: Pfui!), und ausgehend insbesondere von der Tatsache, daß uns bisher der Wurzelboden gesunder Volkstümlichkeit abging, bekennen wir, das heißt mein verehrter Freund Tip und ich, uns hiermit, und zwar von dieser Stunde ab, zu einer uneingeschränkten Urwüchsigkeit und erheben hiermit einen neuen Schrei, den nach der Banalität. Wir hoffen, damit nicht nur ein für allemal dem Vorwurf blutleeren Ästhetentums, der uns wenig schert, die Spitze abgebrochen und den Boden entzogen bzw. demselben den Garaus gemacht zu haben, sondern auch einem dringend gefühlten Bedürfnis nachgekommen zu sein. Bitter not tut uns eine große Banalität!

(Mann schlägt einen Wirbel.)

Tip (Kips Rede fortsetzend): Pfeifen es doch schon die Spatzen von den Dächern, daß eine übergeschliffene Kulturgesättigtheit in ihrem Indifferenzpunkt einer ausgehöhlten Barbarei mit Augurenlächeln zuzwinkert, und muß es daher heiligste Pflicht jedes exklusiv denkenden Menschen sein, der Gefahr einer Banalität eben durch die Banalität zuvorzukommen *50* und in der Banalität Schutz vor der Banalität zu suchen. Die scheinbare Dialektik dieser Argumentation löst sich auf durch die banale Erkenntnis, daß es heute mit Recht nicht so sehr auf die Kunst als auf den Verlag ankommt. Meine Herren, schlagen Sie irgendeine jener zierlichen Veranstaltungen wohlgesinnter Verleger auf und betrachten Sie die wohlerzogenen Damen und Herren, die dort ihren Geist abschlagen. Lesen Sie, meine Herrschaften, lesen Sie und fragen Sie sich, ob nicht das einzige, was uns von diesen unterscheiden kann, der Mut zum offenen

Bekenntnis der Banalität ist; denn das allein ist heute keine Banalität mehr und die einzige Flucht vor der Banalität ist der Sprung in dieselbe. In diesem Sinne schließe ich mich den nach Inhalt und Form gleich ausgezeichneten Ausführungen meines Freundes Kip nicht nur rückhaltlos, sondern auch voll und ganz an, und mache ich dieselben zu den meinigen.

Mann (die Trommel gerührt bei Seite legend): In trautem Beisammensein dieser herzerhebenden Stunde drücke ich Ihnen die Hand. Die Herren spectatores werden bezeugen, daß sie mit Ihren glänzenden Ausführungen Gedanken ausgesprochen haben, die ich kurz vor Ihrem Erscheinen selber entwickelt habe. Ist es mir doch Schicksal und Beruf, das, was alle wissen, ebenfalls nicht zu übersehen und diese Sonderstellung niemandem zu verschweigen. Und im Vertrauen, meine Herren, man hat es mir für übel genommen, daß ich mich für den größten lebenden Künstler Deutschlands halte. Ich lächle darüber; in Wahrheit liegt die Sache so, daß ich viel zu rücksichtsvoll bin, um die hohen Erwartungen, die meine zahllosen Verehrerinnen auf mich setzen, zu enttäuschen. So kommt *51* es denn, daß ich mich zwar für den größten Künstler halte; nicht, weil ich mich davon mit Gründen überzeugt hätte oder weil ich eitel wäre, sondern weil eine herzlose Mißachtung der heiligsten Empfindungen meiner Verehrerinnen darin läge, mich nicht für den größten zu halten. Nachdem somit die Situation klargestellt ist, umarme ich Sie herzlichst, bin vergnügt und singe.

(Umarmung. Mann nimmt die Trommel wieder auf und rührt sie. Alle drei ziehen ab nach der Melodie: „Komm in meine Liebeslaube“, laut johlend):

Schiel ich nach den Ruhmeskränzen
Großer Kunsthero'n
Darf ich nicht herumscharwenzen
Um den guten Ton.
Jawohl, die Liebe
Zur Kunst, die wahre, echte Liebe,

Die spricht dem vornehmen Getriebe
Aus vollem Hi-Ha-Halse Hohn!
(con ottava): Ja, Hohn!

(Exeunt.)

52

12. Fritz Mauthner.

Das Wörterbuch der Philosophie von Fritz Mauthner ist jetzt seit zwei Jahren im Buchhandel. Die überraschenden Aufklärungen, die darin über die Zusammenhänge zwischen den letzten Problemen der Philosophie und einer intentionalen Grammatik gegeben werden, haben das zweibändige, im ganzen gut und gern 1000 Seiten starke Werk zu einer Lieblingslektüre des Volkes der Dichter, Denker und der allmeinen Schulpflicht gemacht[1]. Damit ist zugleich der Beweis erbracht, daß die Wissenschaft, um populär zu werden, durchaus nicht von der eisigen Höhe herabzusteigen braucht, auf welche sich heute der jüngste Privatdozent zu versteifen beliebt.

Einige Verehrer haben den großen Schriftsteller nun darauf aufmerksam gemacht, und zwar in einem Briefe, der – wie so vieles andere – ebenfalls zu seinen schönsten Erinnerungen zählt, daß die tiefen Untersuchungen seines Wörterbuches noch nicht ganz vollständig zu sein schienen, und ihn gebeten, noch einige Feuilletons herzustellen. Der große Schriftsteller kam diesem Ansuchen noch am selben Nachmittag nach, und wir sind in der angenehmen Lage, dem deutschen Publikum schon heute eine Probe aus den Bürstenabzügen mitzuteilen.

Mit Vergnügen wird man wahrnehmen, wie der Bekenntnischarakter des Werkes, der für manchen
53 getroffenen Universitätsprofessor als Einwand herhalten mußte, hier völlig unterdrückt ist. Wir geben nun den Artikel:

1 Den „Schattenrissen" darf es nicht anders gehen. Anmerkung des Herausgebers.

Schmarrn. Schmarrn ist ein Lehnwort, macht sich aber trotzdem gerade heute sehr breit und verhilft zu buchhändlerischen Erfolgen, wo nicht aufs Katheder. Übrigens habe ich das alles schon in meiner Kritik der Sprache, an der Hand des überraschenden Materials, bewiesen. Denken ist Sprechen, Sprechen ist Muskelbewegung, Muskelbewegung ist Anstrengung, Anstrengung ist unangenehm, unangenehm ist Aristoteles, Aristoteles ist Schmarrn, folglich ist Denken Schmarrn. Ich habe das alles, wie gesagt, im einzelnen gelehrt und darf darauf verweisen. Wollte man mir nun einwenden, daß infolgedessen auch mein Denken Schmarrn sei, so gebe ich das ohne weiteres zu, muß aber zur Widerlegung auf meinen Artikel a=a und die darin bewiesene Problematik des Identitätssatzes überhaupt Bezug nehmen. Es ist dem deutschen Volke dadurch die denkerische Möglichkeit gegeben, meine Ausführungen in ihrer ganzen Größe zu würdigen. Ich benutze die Gelegenheit, um zu wiederholen, daß Kant, Goethe und Beethoven die größten Deutschen sind und daß mir auf dem Piaristengymnasium schon die ganze Kritik der Sprache deutlich geworden ist an folgendem jüdischen Witz: Man wird aufgefordert, einen Satz von sechs Wörtern zu bilden, in dem zweimal das Wort Bodensee vorkommt. Die Antwort ist dann: Boden Se kalt oder boden Se warm? Die Sehnsucht, die in diesem Satz ergreifend zu Wort kommt, hat sich für mich in jeder Weise erfüllt: ich wohne nämlich am Bodensee und bade lauwarm.

54 Es bedarf des ganzen bornierten Hochmuts der Hochschulprofessoren, um das nicht einzusehen. In Walchs Wörterbuch allerdings kommt das Wort nicht vor. Immer hat es mich ergriffen, wenn ich des wackeren Uhland prachtvolle Verse las:

Singe, wem Gesang gegeben!

55

SCHLUSSWORT.

Wir stehen am Ende einer mühsamen Wanderung. Kaleidoskopartig haben sich auf diesen Blättern Bilder von verschiedenartigster Schattierung, aber alle von schillerndem Reichtum – wie dies in der Vorrede verheißen war – vorübergewälzt. Und wenn die Kraft des Verfassers auch in umgekehrt proportionalem Verhältnis zur Größe der Aufgabe stand, so glaubte er doch angesichts der nunmehr nachzuweisenden sachlichen Bedeutung der Schattenrisse ihr sich entziehen zu dürfen, nicht das Recht zu haben. Die Bescheidenheit, die sich in diesem offenen Bekenntnis ausspricht, bezweckt, uns das Wohlwollen und das entgegenkommende Interesse des gebildeten Publikums – zu dem die hier Umrissenen zu rechnen wir kein Bedenken tragen – bis zum letzten Augenblick zu sichern. Gröbere Mittel haben wir peinlich vermieden. Hat doch auch der Auge unserer großen Vorbilder niemals buhlend auf die aura popularis geschielt, und ist doch die Frucht dieser Selbstzucht nicht ausgeblieben: die Aufnahme in die Schattenrisse! Auch unser höchstes Ziel ist es, unsere Schattenrisse dermaleinst zum Gegenstand von Schattenrissen und so um so sicherer und in derselben Weise zum Gemeingut aller Gebildeten gemacht zu sehen, wie die hier umrissenen Herrschaften durch die vorliegenden Schattenrisse Gemeingut aller Gebildeten geworden sind. Der Schattenriß aber, der unsere Schattenrisse umreißt, darf schon deshalb – eben weil er sie umreißt – sicher darauf rechnen, dermaleinst seinerseits wieder Gegenstand eines Schattenrisses
56 zu werden und in dem Maße, wie die Zahl der in den letzten Schattenrissen enthaltenen Schattenrisse steigt, wird ihr Wert und damit die Gewißheit wachsen, daß sie alle auch ihrerseits Gegenstand immer neuer Schattenrisse werden. Damit aber ist der Beweis für die Unsterblichkeit der Gattung erbracht: denn vergegenwärtigt man sich, daß die jedesmal vorangangenen Schattenrisse der Geschichte angehören

und insofern durch den sie behandelnden Schattenriß ausgewickelt werden, zugleich aber, insofern sie sein Gegenstand sind, als in denselben eingewickelt erscheinen, so ist damit der Weg zu der idealen Synthese von Einwicklung und Auswicklung, d. h. von Evolution, Devolution und Revolution, gewiesen. Mögen viele ihn beschreiten! Das walte Gott!

57

ANHANG.

I. Anmerkungen für Ungebildete.

Wenn in diesen Schattenrissen gelegentlich erwähnt ist, daß sie Gemeingut aller Gebildeten werden müssen, so ist damit noch nicht ihr eigentlicher Endzweck gegeben; denn jedes neue Werk, jedes neue Feuilleton, jeder neue Aphorismus, jeder neue Gedankensplitter, jede auf irgendeine neuverwegene Art gesetzte Interpunktion erhöht das Maß der Forderungen, die – um zu den Gebildeten gezählt zu werden – zu erfüllen sind. Insofern also werden Verfasser und Setzer der Schattenrisse im Augenblick ihres Erscheinens die einzig Gebildeten, alle übrigen Menschen aber Ungebildete sein. Um also Mißverständnissen und dem Irrtum vorzubeugen, als wollten die Schattenrisse mit dieser Forderung besagen, daß die Kenntnis derselben auf Verfasser und Setzer beschränkt bleiben soll, sei hier nun die authentische Interpretation gegeben, daß die Schattenrisse Gemeingut *aller bis dahin* Gebildeten werden müssen.

Damit aber ist, wie bereits einleitend bemerkt wurde, der Endzweck der Schattenrisse noch nicht erreicht. Denn daß die bis dahin Gebildeten es verabsäumen werden, diese wenigen Seiten – ganz abgesehen von ihrem denkerischen Inhalt – durchzusehen, so daß sie nie wieder als Gebildete angesprochen werden können, ist nicht anzunehmen. Die Schattenrisse wollen mehr! Sie sollen nicht nur als bloßes
58
Plus dem bereits vorhandenen Bildungsstoff beitreten – sowie neuerdings etwa „Ausgewählte Seiten aus Thomas von Mann“ in die Lesebücher der höheren Unterrichtsanstalten aufgenommen wurden, woraufhin denn der um seine Nase wehende Wind zwar schwächer, seine Selbstzucht aber erhabener wurde, und sein Stil jene köstliche Synthese von Prägnanz, Präziosität und Ehrbarkeit erhielt –, sie sollen zugleich einen Ersatz bieten für vieles Voraufgegangene, so daß nach ihrer

Lektüre nicht nur die bis dahin Gebildeten, sondern vor allem und gerade die bis dahin Ungebildeten, wieder zu den Gebildeten zu zählen sind. So wird, um nur ein Beispiel zu geben, durch die Schattenrisse die Beschäftigung mit den Werken der von ihnen Umrissenen vollkommen überflüssig! Wir nehmen höchstens die Wiegenlieder des fabelhaften Schäfer und die unsterblichen Briefe des Gottfried von Bouillon an seinen Masseverwalter Ewald Oskar Kohn aus. Um der Erreichung dieses Zieles desto gewisser zu sein, haben wir uns entschlossen, Anmerkungen für Ungebildete hinzuzufügen, da im Text selbst doch die eine oder andere Auslassung mit unterlaufen sein kann.

Zur Vorrede.

Die Vorrede steht am Anfang des Werkes, stünde sie am Schlusse, so wäre sie ein Schlußwort. Der Verfasser konnte die Vorrede um so eher an den Beginn stellen, als er auch ein Schlußwort geschrieben hat. Dieses geht den „Anmerkungen" unmittelbar voraus. Es enthält einen regressus in infinitum und kann den Ungebildeten leider nicht erläutert werden.

59 Der Auge. Teil des menschlichen Körpers, wird zum Sehen benutzt. Er teilt sich ein in den rechten und den linken Auge. Beim Beschauen von Bildern kneift man abwechselnd den einen, den anderen und beide zu.

Der Mälarsee. Liegt in Schweden und umspült die Stadt Stockholm, die deshalb auch in der sogenannten poetischen Sprache die Königin des Mälarsees genannt wird. Vgl. Strindberg.

Die Pinie. Ein gründer, schlanker Baum, der auch im Winter grün bleibt. Er erweckt bei allen Deutschen die ihnen tief eingeborene Sehnsucht nach Italien und wurde deshalb häufig von dem Maler Arnold Böcklin gemalt, der deshalb die tief eingeborene Sehnsucht der Deutschen nach Italien, je nachdem erregt oder beschwichtigt und dessen Produkte infolgedessen nach oberflächlicher Schätzung 3876,69 Quadratkilometer

Wandfläche in deutschen Museen einnehmen, ganz abgesehen von ihrem denkerischen Inhalt. Näheres siehe unter Böcklin.

Steter Anblick herrlicher Frauen. Wie recht hat doch der tiefe Joannes Nevizanus mit seinem Ausspruch, der hier im ursprünglichen keuschen Latein wiedergegeben sei: Alii dicunt quod in muliere Deus bene fecit mamillas, ventrem et alia quae sunt dulcia et amicabilia: sed de capite noluit se impedire, sed permisit illud facere daemoni (Sylvae nuptialis, Lugduni MDLXXII, lib. I, S. 22).

Zu Wilhelm Ostwald.

Energie. Auch die Lektüre der Ostwaldschen Werke können wir den Ungebildeten nicht ersparen. *60* Gelingt es ihnen, sie durchzulesen, so wissen sie, was Energie ist.

Büchner. Bekannter Kraftstoffel.

Der liebe Gott. Bekannte Interjektion.

Häckels Geist. Existiert, wie aus diesem Gedicht hervorgeht.

Glocke ohne Klöppel. Vorkehrung, um die Glocke zu schonen.

Sonntagspredigt. Etwas, das Herr Professor Ostwald jeden Sonntag hält, alle halbe Jahre sammelt und drucken läßt. Vgl. Peterspfennig.

Herr Professor Ostwald regt die Deutschen nebenbei nicht nur zum Denken, sondern auch zum Dichten an. Wir fühlen uns an dieser Stelle verpflichtet, die Distichen eines jungen Mannes, der keinen Verleger finden konnte, abzudrucken, befürchten jedoch, daß dieser das fünfte derselben auf irgendeine Weise aus dem Tagebuche des großen Gelehrten abgeschrieben hat.

An einen Jüngling.

Oftmals, sagtest du, zweifelst du an der Energetik,
Aber der Zweifel, mein Freund, ist er nicht auch [Energie?

* * *

Energetiker tummeln sich stolz im Familienluftbad; –
Selten und schamhaft daheim wäscht sich der Kantianer
[die Füß'.

* * *

Menschen bekreuzt euch, von heut ab, nur noch reform-
[energetisch,

* * *

Weil das bisherige Kreuz wissenschaftsloser Mumpitz.

* * *

Macht der Liebe? Nun ja! ich fühl' sie; oft bring'
[ich ihr Opfer,
Opfernd jedoch mit Aplomb, wirk' ich aus Liebe zur
[Macht.

61 Gespräch.

„Vater, Rentier, populär, das wird man nur energetisch."
„Ich hatte andres zu tun", tönt's kategorisch zurück.

Zu Gottfried von Bouillon.

Kredit. Etwas, das nach der Rechtsprechung des Reichsgerichts selbst dann gepfändet werden kann, wenn es nicht vorhanden ist. Vorsichtige Leute verzichten daher darauf.

Frische Luft. Durchweht die Sonntagspredigten Wilhelm Ostwalds, seitdem er zum Ehrenpräsidenten der deutschen Pfadfinderbewegung ernannt ist.

Zwangsvergleich. Derselbe ist tatsächlich gescheitert. Der Brief, in welchem der Konkursverwalter Ewald Oskar Kohn dem Gemeinschuldner dieses mitteilt, kam einige Stunden vor dessen Ableben an; er lautet:

Hochgeehrter Herr!

Muß Ihnen leider mitteilen, daß Akkord – miese Sache – wo nicht gescheitert, so doch mißglückt ist. Ich habe Inen ja immer gesagt, daß auf Peter von Amiens kein Verlaß – Kinderkreuzzug ist auch ne Pleite – und waigert er sich, mir Extrahonorar zu geben, und würde er sicher schwören. Für ainen neuen Kreuzzug fehlt Reklamematerial; der Schwindel mit dem Jordanwasser zieht auch nicht mehr. Ihre faulen Transaktionen erledigen Sie gefl. selber. In der Masse liegen nunmehr:

62 1 Lanze,
1 Adreßbuch von Jaffa,
3 Pfund libyscher Wüstensand,
7000 Flaschen Jordanwasser,
3 gefangene Berbermädchen von 18–40 Jahren (Futterkosten habe ich vorgestreckt),
1 junger Löwe (do.).

Abhanden gekommen ist:

1 Füllfederhalter, mit dem ich dieses schreibe,

Haißt e Quote!

Achtungsvoll
Ewald Oskar Kohn,
Konkursverwalter und Aufsichtsrat.

Zu Walther Rathenau.

Innenkunst. Sammelname für die modernen künstlerischen, hygienischen und ethnologischen Bestrebungen, denen bei Neuetablierung Rechnung zu tragen ist. Der weitverbreiteten Ansicht, daß wahre Innenkunst nur auf Abzahlung zu haben sei, kann nicht beigepflichtet werden.

Peter Behrens. Bedeutender Innen- und Außenkünstler, lebt in Berlin.

Pankok. Ebenfalls bedeutender Innenkünstler, krümmt sich im Friese.

Liebermann. Der deutsche Isaacs, der Berliner Raffael, der jüdische Defregger usw.

Sofrosyne. Wird heutzutage häufig als weiblicher Vorname gewählt, in Erinnerung an die historische (?) Sofrosyne, die letzte bezeugte (?) Suffragette im vorperikleischen Athen. Nach ihrem Untergange wurde
63 den Frauen dann das Stimmrecht entzogen. (Ut nulla ulterius ferrent suffragia, Augustinus, de civ. dei 18,9.)

Böcklin, vgl. die Anmerkung unter Pinie.

Johannes Negelinus

Zu Richard Dehmel.

Ausgeschrieben haben werde: Der Ungebildete wird fragen, was Ausschreiben bedeutet; denn seiner Erfahrung nach schreiben die Dichter alle weiter. Diese Ignoranz aufzuklären, ist nicht unsere Sache, denn dem Volke muß die Religion erhalten bleiben.

Lyrisches Kartell. Den Dichtern macht ein langes Gedicht bei dem fortgeschrittenen Stande der Technik nicht mehr Mühe als ein kurzes, so daß sie billig für das eine nicht weniger Honorar als für das andere verlangen können. Da der Geschmack des Publikums heute möglichst kurze Gedichte verlangt, haben sie durch Abschluß eines Kartells Vorkehrungen getroffen, um die Preise zu halten. Sie wollten sich nicht so überraschen lassen, wie die Arbeiter der Seidenfabriken. diese wurden bekanntlich brotlos, als die Mode der engen Röcke auftauchte, die ihrerseits der Phantasie der Dichter zugute kam.

Zwei Menschen. Scil. verschiedenen Geschlechts.

Zu Herbert Eulenberg.

Passacaglia. Kein Käse, sondern ein Tanz. Hat nichts mit dem jüdischen Ostern, eher schon etwas mit „Kaljes“ zu tun. Sapienti sat. Überhaupt. Bei
64 dieser Gelegenheit: Die im Anfang des „Schattenrisses“ erwähnte Broschüre stammt aus dem Nachlaß eines *jüdischen* Rechtsanwalts.

Lassen sich nicht aber 12 oder 50 schreiben. Man beliebe die Zahl unserer Schattenrisse festzustellen; es sind, um es gleich zu sagen, 12.

Schattenbilder. Mit feinem Takt hat Eulenberg die Gefahr beschworen, daß man diesen Titel zu einem Schüttelreim benutzen könnte. Der Verfasser der Schattenrisse, in dem Bestreben, sich durch etwas Originalität von seinem großen Vorbilde zu unterscheiden, hat leider zu spät gemerkt, daß er dieser

Gefahr nicht entronnen ist. Er appelliert daher an das Wohlwollen seiner Leser und Leserinnen mit der Bitte, sich der Bildung eines etwa möglichen Schüttelreims tunlichst zu enthalten. Sollte jemand nicht wissen, was ein Schüttelreim ist – um so besser; übrigens wird bei passender Gelegenheit ein solcher gebildet werden.

Die Bedeutung der Schattenbilder sei den Ungebildeten noch einmal eingeprägt. Der Künstler gebiert das Kunstwerk; schmerzhaft zerreißt er die Nabelschnur, die ihn bis zur Geburt damit verband. Niemand kümmerte sich bisher um dieselbe. Erst Eulenberg hat sie wieder zu Ehren gebracht!

Was macht er mit der Nabelschnur?
Er wetzt dran seinen Schnabel nur.

Bassewitz. Eulenbergs großer Antipode, dessen Drama „Judas“ zu Unrecht in Neutomischl durchfiel. Von ihm stammt auch folgendes Distichon:

Wenn die Biologie der Kunst den Dudelsack
[weitet,
Springt, beim Quetschen darauf, lieblich ein
[Drama heraus.

65 Zu Pipin der Kleine.

Naumburger Festbankett. Einer der wenigen wissenschaftlichen Vorfälle, die der Geschichte angehören.

Wir bringen den Bericht des *„Naumburger Intelligenzblattes“*, dessen Begründer bekanntlich Johann Huß ist, bekanntlich das erste Opfer des berüchtigten Spruchkollegiums.

Man weiß, daß die auf dem berühmten Bankett angebahnte Versöhnung der beiden großen historischen Schulen bereits im Keime abgetrieben wurde. Da der Gegensatz – die Ethnologen wußten es lange, hüllten sich aber bezeichnenderweise in Schweigen – im wesentlichen identisch ist mit dem zwischen gallischer und germanischer Rasse, beschloß die Festleitung, die Versöhnung durch ein Hoch auf Karl den Großen zu besiegeln. Die Idee dünkte allen glänzend. Der Fortbestand der historischen Wissenschaft schien gesichert. Zukunftsfreudige Gelehrte sahen schon, wie man sich gemeinsam an die Bewältigung des unter dem Namen „Saalburg“ zusammengefaßten Problemkomplexes machte. Um so bedauerlicher war es – von einem höheren Standpunkt aus ist es als katastrophal zu bezeichnen –, daß sich einige Legitimisten in die Gesellschaft eingeschlichen hatten. Sowie sie von der beregten Absicht erfuhren, wußten sie in geschickter Weise das Gerücht zu versprengen, Karl der Große sei nur ein unehelicher Sohn Pipins des Kleinen.

Diese beispiellose Verleumdung fand auf beiden Seiten Glauben. Eine Auseinandersetzung wurde für dringend notwendig erachtet, und die allgemeine Verwirrung, man kann sagen, Entrüstung, war auf dem
66 Höhepunkt, als es der Autorität eines berühmten Historikers einer sächsischen Universität gelang, sich Ruhe zu folgender Rede zu erzwingen:

> „Meine sehr geehrten Herren Kollegen!
>
> Wenn es sich darum handelt, das Zeitalter, auf dessen Boden sich unsere Kontroverse bewegt, mit einem Wort in seiner Wesentlichkeit zu erfassen, so haben wir das Auge vor allem auf die bisher fast unbeachtet gebliebene Tatsache zu richten, daß jene Zeit von Regengüssen besonders heimgesucht war, daß aus den Händen des heiligen Bonifazius ganze Ströme voll Taufwasser die Gemüter odingläubiger Sachsen in helle Verwirrung brachten. So hat die Erkenntnis ein Erstgeburtsrecht, welch hochbedeutende wissenschaftliche Tat es ist, wenn ich das Zeitalter das der Abspülbarkeit nenne. Sobald aber im Norden das Zeitalter der Abspülbarkeit sich in den ersten Holzkirchen aufrichtete, und selbst die Sachsen ergriff, war es klar, daß auch im Süden und Westen Überschwemmungen nicht ausbleiben konnten. Und schon waren die

> Sarazenen bis Poitiers vorgedrungen, als ein Pipin auf dem Plane erschien.
>
> Damit kommen wir aber zu unserem Problem. – So wenig es von Bedeutung ist, daß die moderne Geschichtswissenschaft sich mit ihren Kontroversen in die Brennesseln eines noch so einwandfreien Stammbaumes des noch so verdienstvollen Hausmeier-Geschlechts setzt –."

Nur der beispiellose Weltruf des sächsischen Gelehrten hatte die Versammlung bisher zurückgehalten. *67* Nun aber ließ sich die Tatsache, daß man im Jahrhundert der Reizbarkeit lebte, nicht länger eindämmen. Ein schwerverständlicher Berliner Soziologe machte über einige simple Pragmatiker hinweg die Hocke aufs Katheder; aber es gelang ihm nicht, den Lärm zu übernäseln, wo doch die Soziologie, wie überall, so auch hier, zu einer Lösung geführt hätte. Die Fetzen eines weißen Bartes, ohne den sich kein deutscher Student einen bekannten, kürzlich in den Grafenstand erhobenen Hofhistoriographen vorstellen kann, flatterten durch den Saal, und erst der schnell herbeigerufenen Feuerwehr gelang es nach opfermütiger Tätigkeit, den Saal und die deutsche Wissenschaft in einen Zustand äußerlicher Ruhe zurückzuversetzen.

Zu Wilhelm Schäfer.

Übelaussehender Holländer. Bekanntlich ist übelaussehender Holländer der beste. Es ist auffallend, daß die Kunstschriftsteller das nicht gewußt haben. Bei dieser Gelegenheit:

Käseglocke. Ein näheres Eingehen auf die Symbolik der Käseglocke müssen wir uns im Hinblick auf die Beschränktheit (nicht der Käseglocke, ihrer Symbolik oder ihres Entdeckers, sondern des Raumes) versagen.

Johannes Negelinus

Zu Eberhardt Niegeburth.

Mariechen Werwolffsohn hieß mit Vatersnamen Lene Quast; auch Werwolffsohn ist ein Pseudonym. Schon früh zeigte sie literarische Bestrebungen, die in
68 dem Roman „Photographien der Qual; Szenen, Töne und Radierungen aus dem Leben eines gefolterten Geheimrats“ ihren Niederschlag fanden. Sie wollte aber zu hoch hinaus, denn als Jacques Dalcroze, die trotz ihrer Bescheidenheit nunmehr bekannte Kulturprimel, ihre Glossen über „Rhythmik im Säuglingsschrei“ nur zweispaltig für den „Kunstwart“ empfahl, mit der Begründung, daß die einspaltigen Artikel Ewigkeitswert haben müßten, zog sie sich in die soziale Fürsorge zurück und wurde Vormund der unehelich geborenen Hilde Fräß. In dieser Eigenschaft versuchte sie eines Tages vor dem Jugendgericht zu plädieren, wurde aber von einem Schutzmann abgeführt. Darauf faßte sie den Entschluß, Eberhardt Niegeburth zu heiraten und tat es.

Zu Anatole France.

Robespierre, bekannter Jakobiner, fiel aber selbst der Revolution zum Opfer und starb mit dem Rufe: „Die Schattenrisse müssen Gemeingut aller Gebildeten werden![1]“

1 Es wird auch dem Ungebildeten auffallen, daß Robespierre mit demselben Rufe stirbt wie Eberhardt Niegeburth. Aber die Zahl der bedeutenden Männer, die mit diesen Worten auf der Lippe aus dem Leben scheiden, wird heute leider noch bedeutend unterschätzt.

69 II. Reimregeln für ganz Ungebildete.

Zweisilbige Wörter auf e – r
Bezeichnen einen Schriftsteller.
Drum stellen, daß die Regel trifft,
Mauthner und Schäfer emsig Schrift.

—

Repräsentant der Eleganz
Ist Anatole, der welsche France.

—

Das deutsche lyrische Kartell
Vertritt der Lyriker Dehmel.

—

Es paßt hierher nicht ganz genau
Der Kaufmann Walther Rathenau,
Wohl aber Ostwald sicherlich
Als tiefer Energeterich.

—

T. Mann bezeichnet eine Niete
auf belletristischem Gebiete.

—

Den seltnen Reim auf Beulenzwerg
Gewährt uns Herbert Eulenberg.

70 # III. Satzungen der Schattenrißakademie.

I. Der Zweck der Schattenrißakademie bedarf keiner näheren Angabe.

II. 1. Wer 1–1000 Mark bezahlt, bekommt das Recht, sich für einen anständigen Menschen zu halten, denn jede gute Tat trägt ihren Lohn in sich.

2. Wer 1000–10 000 Mark bezahlt, bekommt das Recht, einen blauen Frack zu tragen, mit goldenen Knöpfen, die ihrerseits den Stempel „Sch. R.“ tragen. Er erhält den Titel: Hofrat.

3. Wer 10 000–25 000 Mark bezahlt, bekommt das Recht, gelegentlich gesprächsweise anzudeuten, daß er der Verfasser der Schattenrisse sei und erhält für den Fall, daß Zweifel daran geäußert werden, ein Autogramm des Verfassers gegen Vorauszahlung auf seine Kosten hergestellt und geliefert. Er trägt einen karierten Zylinder und führt den Titel: Vogt. Seiner wird in den Anmerkungen für Ungebildete tunlichst Erwähnung getan.

4. Wer 25 000–50 000 Mark bezahlt, bekommt das Recht, einen gelben Frack mit violetten Knöpfen zu tragen, der statt auf Seide auf Originalkorrekturen der „Schattenrisse“ gearbeitet ist. Auf der rechten Schulter trägt er eine Epaulette mit der Aufschrift „Klasse IV nil admirari“. Er führt den Titel: arimannus.

71 5. Wer 50 000–100 000 Mark bezahlt, wird von Johannes Negelinus auf ernstes Verlangen adoptiert, sofern er in gerichtlicher oder notarieller Erklärung auf den Pflichtteil und fortgesetzte Gütergemeinschaft verzichtet bzw. sich bereit erklärt, einen nicht anfechtbaren Enterbungsgrund nach § 2333 BGB. zu geben. Er trägt diagonal gestreifte Kniehosen, keine Strümpfe,

grüne Lederpantoffel, einschößigen Frack und Handschuhe aus Haifischleder nur solcher Haie, die auf Kosten der Klassen II bis IV in deutschen Küstengewässern gefangen sind. Er führt den Titel: Kapitular.

6. Wer 100 000 bis 200 000 Mark bezahlt, bekommt eine Grammophonplatte, die der Verfasser eigenhändig mit den Worten besprochen hat: Die Schattenrisse müssen Gemeingut aller Gebildeten werden; hurra, hurra, hurra!

   Er trägt eine gelbseidene Krawatte, tonsura Petri, und eine Art Pallium aus garantiert reiner Wolle von Merinoschafen, die von Hofdamen des Dalai-Lama spätestens 8 Tage nach dem Tage geschoren sind, an dem die erste Einzahlung auf Klasse 6 einläuft, bzw. die Benachrichtigung des Bankiers zugeht. Er führt den Titel: Zentenar.

7. Wer 200 000 bis 500 000 Mark bezahlt, bekommt das erbliche Recht, in Urkunden, die zum Beweise von Rechtsverhältnissen von Erheblichkeit sind, sowie bei Angabe seines Namens vor Behörden, in polizeilichen Anmeldungen, literarischen Publikationen, Streitverkündungen, bei Zeichnungen von Gemälden und Aktien,
72 sowie auf Kuverts und Briefbogen seinem Namen den Zusatz „Sch-R Klasse VII" beizufügen.

   Das Recht vererbt sich in gerader Linie auf den Mannesstamm und kann durch testamentarische Bestimmung nur dann abgeändert werden, wenn ein Fall kanonischer Erbunwürdigkeit gegeben ist. Beim Aussterben des Mannesstammes ruht die Anwartschaft bis zum Wiederaufblühen, bei juristischen Personen erlischt sie in diesem Falle.

   Die Zahl der Mitglieder der Klasse VII ist auf eine von den ersten sieben Mitgliedern dieser Klasse zu bestimmende Anzahl beschränkt. Im Fall, daß wegen Vollzähligkeit trotz erfolgter Einzahlung die Aufnahme in diese Klasse nicht erfolgen kann, werden 10 % der geleisteten Einzahlung abzüglich Spesen und üblicher Provision zurückvergütet.

Der Spielraum von 200 000 bis 500 000 Mark ist deshalb so weit belassen, um auch Minderbemittelten den Eintritt zu ermöglichen. Erfolgt jedoch eine Einzahlung unter 500 000 Mark, so hat der Einzahlende unter Vorlage seiner Geschäftsbücher, der Steuerquittungen der letzten zehn Jahre, eines Auszuges aus dem Strafregister sowie durch Leistung eines körperlichen Eides glaubhaft zu machen, daß ihm eine höhere Einzahlung als die geleistete ohne unmittelbare Gefährdung seines oder seiner pflichtteilberechtigten Anverwandten notwendigen Lebensunterhalts nicht möglich ist. Verweigert er oder mißlingt die Glaubhaftmachung, so verfällt die geleistete
73 Einzahlung samt einer Konventionalstrafe im dreifachen Betrage der Einzahlung, ohne daß Aufnahme erfolgt. Für die Konventionalstrafe wird auf das richterliche Ermäßigungsrecht ausdrücklich verzichtet.

Die Mitglieder der Klasse VII führen den Titel Geheimer Oberschattenrißmajor vom Stuhl.

III. Der Ankauf eines Exemplars der „Schattenrisse“ gilt als Einverständnis mit diesen Bedingungen.

75

PREISAUSSCHREIBEN!

Welchen Schatten halten Sie für den gerissensten?

❖ ❖
❖

Für die am besten begründete Antwort auf diese Frage setzen wir einen Preis aus, der die Hälfte derjenigen Summe ausmacht, die dem Verfasser der „Schattenrisse" als Preis für das vorliegende Werk zufallen wird. Die Antworten sind unter Beifügung des auf dieser Seite befindlichen Coupons an Herrn Johannes Negelinus, Hauptpostlagernd Breslau, zu senden.

❖ ❖
❖

Hier abtrennen.

COUPON

für die Beteiligung am Preisausschreiben der „Schattenrisse".

Kommentar zu den „Schattenrissen"

Titelblatt

Negelinus: Pseudonym, das den „Epistolae obscurorum virorum ad venerabilem virum Magistrum Ortvinum Gratium Daventriensem Coloniae Agrippinae bonas litteras docentem varijs & locis & temporibus missae ac demum in volumen coactae", den sog. Dunkelmännerbriefen, entnommen wurde.[1] In dem 1515 anonym erschienenen ersten Teil dieses Briefwechsels schreibt den 18. Brief der Magister Petrus Negelinus. Die „Epistolae" waren im sog. „Judenbücherstreit" von ihren beiden Verfassern Johannes Grotus Rubeanus [d. i. Johannes Reuchlin] und Ulrich von Hutten als ergänzendes und unterstützendes Gegenstück zu Johannes Reuchlins Schrift „Clarorum virorum epistolae" gedacht. Die Schriften bildeten den Auftakt zum letzten Höhepunkt in einer Auseinandersetzung, die als Kölner Pfefferkorn-Reuchlin-Streit begann und sich zu einem „wissenschaftlichen Richtungsstreit" zwischen den „Alten" und den „Modernen" ausweitete.[2]

Johannes: Der Vorname ist nicht mit dem des Magisters Negelinus identisch; er entspricht aber dem erst durch Walther Brecht 1904 geklärten Verfasser des ersten Teiles der Dunkelmännerbriefe: Johannes Reuchlin.[3] Ob das zusammengesetzte Verfasser-Pseudonym zugleich auf einen zweiten Mit-Verfasser der „Schattenrisse" verweist, kann bisher anhand von Dokumenten nicht nachgewiesen werden.[4] Im Text selbst ist stets nur von „dem Herausgeber" bzw. dem „Verfasser" im Singular die Rede. Der Schattenriß „Gottfried von Bouillon" gibt einen Hinweis auf Eislers Mitautorschaft, zumindest für diesen einen Kurztext.[5]

---

1 Für diesen Hinweis danke ich Ernst Hüsmert; er erhielt ihn in Gesprächen von Carl Schmitt selbst.

2 Peter Amelung, Nachwort zu „Briefe der Dunkelmänner", München 1964, S. 261.

3 Walther Brecht, Die Verfasser der Epistolae obscurorum virorum, Straßburg 1904.

4 Neben der Erwähnung bei Tommissen in: Une ridiculisation pre-surrealiste d'Anatole France, in: Gradiva. Symbolisme, surrealisme, poesie, vol. 1, no. 4/1973, berichtet Ernst Hüsmert, ein langjähriger Freund Carl Schmitts, daß Eislers Mitautorschaft von Schmitt erwähnt wurde.

5 Vgl. dazu Kommentar zu „Gottfried von Bouillon". Zur möglichen Mitverfasserschaft von Eisler siehe: Piet Tommissen, Über die satirischen Texte Carl Schmitts, in: Festschrift

Mox Doctor: Carl Schmitt legte bereits am 24. Juni 1910 sein Doktorexamen in Straßburg ab und war zum Zeitpunkt des Erscheinens der „Schattenrisse" Gerichtsreferendar am Königl. Preußischen Amtsgericht Lobberich, Oberlandesgerichtsbezirk Düsseldorf.[6] Der Zusatz legt nahe, die „Schattenrisse" als polemische ‚Dissertation' zu lesen, die dem Kultur- und Universitätsbetrieb die Diagnose stellt.

Schattenrisse: Aus dem Anhang der „Schattenrisse" geht hervor, daß der Titel sich auf die von Herbert Eulenberg (1876–1949) herausgegebenen „Schattenbilder. Eine Fibel für Kulturbedürftige in Deutschland" bezieht.[7] Die aus Anlaß der im Düsseldorfer Schauspielhaus abgehaltenen Matineen, die sich als säkulare Gottesdienste für Gebildete verstanden, herausgebrachten „Schattenbilder" erschienen erstmalig 1909 im Verlag Bruno Cassirer, Berlin, und erlangten bereits 1912 die neunte Auflage.[8]

Der Schatten ist lebendig. Dr. Mises.: Pseudonym von Gustav Theodor Fechner (1801–1887), Psychophysiker und Philosoph, der unter diesem Namen satirische Abhandlungen veröffentlichte. „Der Schatten ist lebendig" ist der Titel von Kapitel I, S. 165ff. seiner 1846 erschienenen Schrift „Vier Paradoxa".[9] Dort heißt es u. a.: „Benutzt man ja doch sogar Schattenrisse, den Charakter der Menschen festzuhalten".

Titelvignette: Dieses Zeichen, das sich aus dem Drucker- zum Verlegerzeichen entwickelte, ist immer ein Hinweis auf den herausgebenden Unternehmer.[10] Gedruckt wurden die „Schattenrisse" in einem bisher nicht näher zu spezifizierenden Straßburger Verlag.[11]

1913: Aufgrund der ‚Kampfschrifttendenz' der „Schattenrisse" muß das Erscheinungsjahr als Chronogramm gelesen werden. 1913 war das Jahr der Feiern

---

für Hans-Joachim Arndt zum 70. Geburtstag am 15. Januar 1993, Bruchsal 1993, S. 340 und 375. Da weitere Klärungen nicht möglich sind, wird in bezug auf die Autorschaft stets von Schmitt als Autor im Singular gesprochen.

6 Vereidigung am 25. August 1910.

7 Schmitt, Schattenrisse, S. 64.

8 Insgesamt veröffentlichte Eulenberg 48 „Schattenbilder"; sie reichen von Homer bis Nietzsche, dem auch im vorliegenden Text eine zentrale Rolle zukommt.

9 In der Ausgabe „Kleine Schriften", unveränd. Aufl., Leipzig 1913, Kap. V, 2.

10 Vgl. dazu Paul Heichen, Die Drucker- und Verlegerzeichen der Gegenwart, Berlin 1892, Vorbemerkung, ohne Seitenangaben. Der Vignette konnte bis jetzt kein Verlag zugeordnet werden.

11 Vgl. dazu das wöchentliche Verzeichnis der erschienenen Bücher des „Börsenblattes des deutschen Buchhandels" vom Juli/August 1913. Diese Ausgabe listet unter den Druckor-

und der programmatischen politisch-kulturellen Selbstvergewisserung: Jahrhundertfeier der Befreiungskriege und Feier des 25jährigen Regierungsjubiläums von Wilhelm II., die beide im Schatten des Sedantages standen.[12]

Skiamacheten-Verlag: Verlagsphraseonym, das sich in eine lange Tradition der fingierten Druckorte[13] einreiht und dessen sich auch die beiden Verfasser der „Epistolae obscurorum virorum", Johannes Grotus Rubeanus und Ulrich von Hutten, bedienten. Das erste, zwischen 1848 und 1854 in Paris herausgegebene, weit verbreitete und daher auch Carl Schmitt zugängliche, umfassende Wörterbuch der griechischen Sprache, der „Thesaurus Graecae Linguae", verweist unter dem Stichwort „Skiamacheo" bzw. „Skiamachein" (eingedeutsche Version: Skiamacheten) auf zwei, an erster Stelle genannte, Literaturangaben: 1. Platon: Apologie des Sokrates (p. 18, D. 6): „Es ist geradezu ein Kampf gegen Schatten, den ich führen muß, und meine Widerlegung verhallt in der Luft, denn es gibt niemanden, der antwortet."[14] 2. Platon: Der Staat (7. Buch, 520), Platon im Dialog mit Glaukon: „Und so werden wir und werdet ihr eine wirkliche Staatsverfassung haben, keine bloß traumhafte, wie sie jetzt die meisten Staaten haben infolge der Schattengefechte ihrer Leiter und ihrer Parteikämpfe um die Herrschaft, als wäre diese wer weiß was für ein herrliches Gut."[15]

Auslieferung durch Otto Maier, Leipzig: Der Otto Maier Verlag (vormals Dorn'sche Buchhandlung), Ravensburg, ließ in Leipzig durch den Commissions-Verlag Bernhard Hermann ausliefern.

Literaturnachweise

Erwähnungen: 1. Peregrin Steinhövel [d. i. Franz Blei], „Bestiarium literaricum, das ist: Genaue Beschreibung derer Tiere des literarischen Deutschland", München 1920 (Verlag Georg Müller). Dort heißt es im Vorwort: „meinem verehrten Freunde Dr. Negelinus".
2. In dem mit „Quellschriften" betitelten Literaturverzeichnis derselben Schrift: Johannes Negelinus, Schattenrisse, Leipzig 1913.

---

ten die erschienenen Bücher auf. In der Regel wird dabei der Verlag vermerkt, was jedoch bei den „Schattenrissen" nicht der Fall war. Nach Auskunft der Bibliothekare der Universität Freiburg muß man deshalb davon ausgehen, daß der Verlagsort durch Autopsie ermittelt wurde.

12 Vgl. zu Wilhelm II. auch den Schattenriß „Gottfried von Bouillon".

13 Vgl. dazu Emil Weller, Repertorium der falschen und fingierten Druckorte, Leipzig 1864.

14 Zit. nach Platon, Sämtliche Dialoge, hrsg. von Otto Apelt, Bd. I, Hamburg 1988, S. 25.

15 Platon, Sämtliche Dialoge, Bd. V, S. 277f.

Rezensionen: 1. „Der Zwiebelfisch", 5. Jg., Heft 4/1913 (Franz Blei war seit April 1909 Mitherausgeber dieser Zeitschrift), S. 153;
2. „Das litterarische Echo", 16. Jg., 1913/14, Sp. 679ff.;
3. „Die Aktion", 3. Jg./1913, S. 802f.

Widmungen von Carl Schmitt: Das Exemplar des Literaturarchivs Marbach der „Schattenrisse" aus dem Nachlaß von Podach trägt folgende handschriftliche Widmung von Carl Schmitt: „Herrn Dr. E. F. Podach von Johannes Negelinus eigenhändig überreicht. Berlin, Schlachtensee 24. Juli 1945. ‚Der Schatten ist tatsächlich lebendig.'"

Nachlaß Carl Schmitt

Notizen: Anmerkung von Carl Schmitt auf der Abhandlung von Piet Tommissen, Une ridiculisation presurrealiste d'Anatole France, aus: Gradiva. Symbolisme, surrealisme, poesie, vol. 1, no. 4/1973: „Die Schattenrisse sind eine Attacke auf die damalige Prominenz, die den armen Däubler (Genie und Volk) auf ihre Weise infam tolerierte; Richard M. Mayer (Das literarische Echo) 16. Jg. (1913), Spalte 684, rühmte diese Schattenrisse als ‚weit über dem Durchschnitt dieser an billigen Parodien im Stile Meyrinks reiche' Zeit."

Briefe: Brief von Wilhelm Stapel an Carl Schmitt vom 12. März 1939:
„Sehr geehrter Herr Staatsrat.
Die ‚Schattenrisse' habe ich teils an der Elbe, einsam Kaffee trinkend, teils beim Rotwein abends in der Stube gelesen. Also unter zwei entscheidenden Bedingungen.
Ich habe den sprachlichen Hohn genossen: ‚rührt an den Grund von Abgründen'. Ich habe mich ergötzt an dem ‚Lächeln des Menschen, dessen Wahrheitsdrang Genüge geschah, wenn er einen Blick hinter selbstgebaute Kulissen tun durfte'. Und besonders an dem, der ‚wünscht, es wüchsen ihm Hörner, wenn er so brüllt'. Die ‚gekämmte Trivialität' ist herrlich, ebenso die ‚Überlegenheit über jeden Wert'. Das ‚Zeitalter der Abspülbarkeit' ist eine Prägung, die in der Tat Gemeingut aller Gebildeten werden sollte. Die Bemerkung über den ‚Bürger' S. 26 werde ich in meine zu schreibende Morphologie des deutschen Volkes aufnehmen.[16] Der Eulenberg war ja seinerzeit, 1913, eine beliebte Angelegenheit. Alles amüsierte sich mit Eulenberg. Jetzt ist von ihm nur Ihr Schüttelreim übriggeblieben: Beulenzwerg.

---

16 Vgl. dazu Wilhelm Stapel, Die drei Stände. Versuch einer Morphologie des deutschen Volkes, Hamburg 1941, S. 75–151. Für die Druckerlaubnis des Briefes danke ich Frau Gudrun Stapel.

Daß Sie damals schon den Wilhelm Schäfer vorgenommen haben, freut mich besonders, seit er in diesem Winter einen Theoderich-Roman, das Schauerlichste an [...] Kitsch, publiziert hat.
Es ist in Deutschland so selten, daß ein Gelehrter auch ein guter Schriftsteller ist. Hoffentlich aber kommt das Propaganda-Ministerium nicht dahinter, daß die französische Literatur als Literatur eine Weltmacht ist; sonst würden unsere Gelehrten bald auf Hervorbringung besserer Qualitätsliteratur geschult werden. Mit dem einen Auge müßten sie auf ihr Werk sehen, mit dem anderen auf die Studenten, woher sollen sie ein drittes Auge, mit dem die Literatur zu betrachten wäre, nehmen?"

handschr. Anmerkung von Carl Schmitt: „Schattenrisse, Heinrich Muth, Hist. Z., Beiheft 1, 1971, S. 75–1451: [...] Persilschein [...] Abspülbarkeit [...] prognostische Schattenrisse, Seite 66".

Inhaltsverzeichnis

Untertitel: *des nicht mit dem Schillerpreis gekrönten Werkes:* Anspielung auf die durch die Preisvergabepolitik von Wilhelm II. ausgelösten Auseinandersetzungen um den preußischen und den 1902 gestifteten oppositionellen Volksschillerpreis.

Systematische Tabelle

Nachahmung von Moeller van den Brucks Kategorien seiner Reihe „Die Deutschen", die in den Jahren 1904 bis 1910 im Verlag Bruns, Minden, erschienen ist: Bd. I: Verirrte Deutsche, Bd. II: Führende Deutsche, Bd. III: Verschwärmte Deutsche, Bd. IV: Entscheidende Deutsche, Bd. V: Gestaltende Deutsche, Bd. VI: Goethe, Bd. VII: Scheiternde Deutsche, Bd. VIII: Lachende Deutsche.

Vorwort

1f.: *Auf und nieder steigen die Eimer der Gegenwart und Zukunft:* Hinweis auf „Pipin der Kleine" (Nr. 7) und „Eberhardt Niegeburth" (Nr. 9) und Anspielung auf die hier anhand von Nietzsche thematisierte „Wiederkehr des Gleichen".[1]

13f.: *den seelenlosen Menschen des mechanistischen Zeitalters:* Anspielung auf Walther Rathenaus „Kritik der Zeit", Berlin 1912. Diese Monographie Rathenaus wurde von Carl Schmitt unter dem gleichnamigen Titel besprochen.[2]

15: *Wellenschlag der Kultur:* Grundmotiv von Schmitts Kulturkritik und Anspielung auf Nietzsches Wiederkehr des Gleichen, auf die Wilhelm Ostwalds 47. „Monistische Sonntagspredigt" von 1911 eingeht.

19f.: *geheiligte Form des menschlichen Leibes [...] zu zerbrechen:* Anspielung auf Picassos „Demoiselles d'Avignon", die 1907 entstanden sind und als Auftakt des Kubismus gelten.[3]

21f.: *kleinliche Aneinandersetzung von Farben:* Hinweis auf Cézannes Verhältnis zur Farbe, der er in Überwindung des abschreibenden Naturalismus eine zentrale Funktion für die Form zuwies.

24: *Dieser unser Auge:* Diese mehrfach wiederkehrende Wendung verweist auf den Stand der ‚Kulturgeschichte des Auges': Von der Romantik als Spiegel der Seele mit Natur und Leben erfüllt, wird es um 1900 zum austestbaren Träger der inneren Natur des Menschen.[4]

25–31: ironische Darlegung der realistisch-naturalistischen Farb- und Formgebung.

35f.: *verschrobene, unverständliche [...] Werke:* Aus einer Notiz im Nachlaß von Carl Schmitt geht hervor, daß er sich hier auf Theodor Däublers „Nordlicht" bezieht.

40f.: *Prozeß der Differenzierung:* Neben dem sich vollziehenden Differenzierungsprozeß der Gesellschaft, den Schmitt mit Darwin in Beziehung setzt,[5] An-

---

1 Vgl. dazu Kommentar und Analyse dieser beiden Schattenrisse.

2 Carl Schmitt, Kritik der Zeit, in: Die Rheinlande, 22. Bd., 1912, S. 323f.

3 Vgl. zu Picassos Hauptwerk des beginnenden Kubismus u. a.: Christa Lichtenstern, Pablo Picasso, Denkmal für Apollinaire. Entwurf zur Humanisierung des Raumes, Frankfurt/M. 1988, S. 13.

4 Vgl. dazu Jean Starobinski, Das Leben der Augen, Frankfurt/M. 1984. In diesem Zusammenhang sei an das von Fechner übernommene Eingangsmotto erinnert, dessen Experimente ein wesentlicher Beitrag zur Entwicklung des Augenspiegels für die objektive Vermessung des Augenhintergrundes waren.

5 Vgl. dazu den Schattenriß „Eberhardt Niegeburth".

spielung auf Georg Simmels „Über soziale Differenzierung. Soziologische und psychologische Untersuchungen", Leipzig 1905.

48f.: *auch dem Kinde gehört das Jahrhundert noch:* Anspielung auf die schwedische Pädagogin Ellen Key und ihr 1902 ins Deutsche übertragene Werk „Das Jahrhundert des Kindes". Key war eine in Deutschland viel rezipierte Vertreterin der Reformpädagogik.

Fn. 3: *nicht von China und der altafrikanischen Kultur:* Bezieht sich auf Walther Rathenaus „Kritik der Zeit",[6] sowie auf die Konjunktur des Exotismus um 1900.[7]

Fn. 4: *Die „Schattenrisse" müssen Gemeingut aller Gebildeten werden:* Dieser, die gesamte Abhandlung durchziehende Topos karikiert den Bildungsbegriff und greift Werner Sombarts Äußerung über Walther Rathenaus „Kritik der Zeit" auf. Sombart stellt fest, daß die „Betrachtungsweise" Rathenaus, die „Geschichte der europäischen Gesellschaft in der neueren Zeit unter dem Gesichtspunkte fortschreitender Mechanisierung anzusehen" so „beliebt geworden" ist, daß „man heute fast sagen kann: sie sei Gemeingut aller Gebildeten".[8]

1. Wilhelm Ostwald

1–21: Ironische Zusammenfassung von Ostwalds energetischem „Glaubensbekenntnis"; vgl. dazu Ostwalds Abhandlung „Energetische Grundlagen der Kulturwissenschaft".[1]
Der Begriff ‚Energie' wird hier zum grundlegenden Prinzip aller Wissenschaften und Erkenntnismöglichkeiten erhoben, auf dessen Basis er eine neue Weltanschauung entwickelt. Die Choralform spielt auf Ostwalds „Monistische Sonntagspredigten" an.

13f.: *Energie ist nicht mit Kraft, / Wie Büchner meint, identisch:* Hinweis auf Ostwalds Vorwurf des Materialismus und Dualismus an die Adresse Ludwig Büchners und dessen These, daß „Keine Kraft ohne Stoff – kein Stoff ohne Kraft" sein könne. Für Büchner bleibt die elektrische Energie an den Stoff gebunden und kann deshalb „lediglich als Veränderungen der Zustände der gemeinen Materie"

---

6 Rathenau, Kritik der Zeit, S. 23.

7 Vgl. dazu den Schattenriß „Eberhardt Niegeburth".

8 Werner Sombart, Das europäische Wirtschaftsleben im Zeitalter des Frühkapitalismus, 1903/1908; zit. nach: 2. Bd., 2. Aufl., Berlin und Leipzig 1916, S. 1076.

1 Leipzig 1909.

angesprochen werden.[2] Gegen diesen „Schneidenden Dualismus“[3] beharrt Ostwald auf der Energie, die als monistisches, einheitliches Prinzip imstande sei, alle Phänomene zu umfassen.[4]

15f.: *als Monist / Mein Vater mich erzeugte:* Hinweis auf Haeckel, in dem Ostwald seinen ideellen Vater sieht; vgl. dazu Ostwalds 35. (1911/12) Monistische Sonntagspredigt: „Haeckel und Ostwald“.

17: *nie der Kirche Hinterlist:* Anspielung auf Ostwalds Verhältnis insbesondere zur katholischen Kirche. Er forderte: „Trennung von Kirche und Schule; vollständige Verweltlichung des Staates“, „Befreiung der Schulen und sämtlicher öffentlichen Unterrichtsanstalten und der Lehrerseminare von kirchlicher Bevormundung und Beeinflussung. Aufhebung der theologischen Fakultäten und Einordnung des religionswissenschaftlichen Stoffes in die philosophischen Fakultäten. Vereinfachung des Kirchenaustritts und Regelung desselben soweit noch nicht geschehen, durch entsprechende Landesgesetze. Aufhebung des Zwanges zu einer religiösen Eidesformel.“[5]

23: *Deutsche Monistengemeinde, Abteilung Sachsen, Nr. 3:* Anspielung auf die Gliederung des Monistenbundes in Ortsgruppen, deren Benennung nach ihrem regionalen Sitz erfolgte; die Numerierung dagegen findet in der Organisationsform des Monistenbundes kein Äquivalent. Sie entspricht einer Regimentsnumerierung, die eine paramilitärische Tendenz suggeriert.[6]

---

2 Vgl. dazu Ludwig Büchner, Kraft und Stoff oder Grundzüge der natürlichen Weltordnung nebst einer darauf gebauten Moral oder Sittenlehre in allgemeinverständlicher Darstellung, Frankfurt/M. 1855; zit. nach: 16. Aufl., Leipzig 1888, S. 4ff.

3 Wilhelm Ostwald, Die Einheit der Natur, Leipzig 1912, S. 29.

4 Zum Thema ‚Energie‘ befindet sich im Nachlaß ein Ausschnitt aus dem „Spiegel“ vom 19. März 1979, der unter dem Titel: „Kostspielige Sache“ von den Problemen der neuen europäischen Energiepolitik berichtet. Schmitt schrieb hier an den Rand: „Das ist die große Energie 1979“ (Nachlaß RW 265–363).

5 Wilhelm Ostwald, Flugschriften des Deutschen Monistenbundes, Nr. 24/1912. In Ostwalds 53. „Monistischer Sonntagspredigt“ vom 1. April 1912, S. 6, heißt es zum Thema „Kirchenaustritt“ u. a.: „Jeder Monist nun, der äußerlich noch in der Kirche verbleibt, macht sich, ohne daß er das beabsichtigt, durch dieses Verbleiben zu einem Mithelfer der Orthodoxie.“

6 Die Ortsgruppen des Monistenbundes schlossen sich auf der Grundlage einer einheitlichen Satzung zusammen und wurden organisatorisch durch eine Geschäftsstelle betreut. Sie unterhielten eigene Bibliotheken und Versammlungsräume und entfalteten in den ersten Jahren ihres Bestehens eine rege wissenschaftliche Vortragstätigkeit, in die die allgemeine Öffentlichkeit – gemäß ihres Programms, die „zerstreuten Kräfte“ mit deren Unterstützung ein „praktisches Bewußtsein“ geschaffen werden könne zu sammeln – mit einbezogen wurde.

24f.: *Schlafzimmer des Landhauses „Energie“:* bezieht sich auf Ostwalds Monistische Sonntagspredigt: „Der Monismus als Schlafmittel“, in: Monistische Sonntagspredigten, Leipzig 1911; ‚Landhaus Energie‘ nannte Wilhelm Ostwald sein Haus in Gross-Bothen, in dem er seine Naturphilosophie in die Praxis einer den monistischen Anschauungen entsprechenden Lebensform umsetzte.[7]

26f.: *Sonntagspredigt:* Hinweis auf Ostwalds „Monistische Sonntagspredigten“, die er in halbmonatlicher Erscheinungsweise nach Übernahme des Vorsitzes des Monistenbundes von 1911–1915 herausgab.

37: *Bäffchen:* Collare Sacaerdocum; verortet Wilhelm Ostwalds „Monistische Sonntagspredigten“ im protestantischen Pfarrhausmilieu.

Anmerkungen für Ungebildete „Zu Wilhelm Ostwald“ (S. 59f.)[8]

24: *Familienluftbad:* Anspielung auf die Freikörperkultur der Jahrhundertwende.

27: *das bisherige Kreuz wissenschaftsloser Mumpitz:* wiederholte Anspielung auf den Anspruch des Monismus, die bisherige christliche Religion durch eine wissenschaftliche „Religion“ zu ersetzen.

31: *Rentier, populär, das wird man nur energetisch:* Anspielung auf die Forderung des Monistenbundes, Lebens- und Rentenversicherungen einzuführen, die er teilweise selbst ins Leben rief.

Nachlaß Carl Schmitt

handschr. Anmerkung von Carl Schmitt: „Hierzu / Ostwald vgl. Max Webers Aufsatz ‚Energetische Kulturtheorien‘ Archiv f. Sozialwissenschaften und Sozialpolitik, Bd. 29, 1909 (aufgenommen [...] Aufsätze zur Wissenschaftslehre [...] J. Winckelmann 1951, S. 400–406 [...], vgl. [...])“

Zeitungsausschnitt: „Kausalität“ von Hedwig Conrad-Martius, „Frankfurter Zeitung“ vom 23. März 1941, S. 7f., mit Unterstreichungen und nicht entzifferten stenographischen Notizen.

Zit. nach: H. Schmidt, Die Gründung des Deutschen Monistenbundes, in: Das Monistische Jahrhundert, Heft 22, 1913, S. 748.

7 Vgl. dazu Wilhelm Ostwald, Lebenslinien. Eine Selbstbiographie, 3. Teil: Gross-Bothen und die Welt 1905–1927, Berlin 1927, S. 98ff.

8 Die Anmerkungen werden nur soweit sie nicht durch den Haupttext bereits erwähnt wurden bearbeitet.

2. Walther Rathenau

1f.: *Melchior Lechter die hohen gotischen Fenster:* Lechter entwarf Glasfenster für verschiedene Villen, das Landesmuseum Münster und den Neubau des Kaufhauses Wertheim. Er wurde von der Kunstkritik anläßlich der ersten Gesamtausstellung seiner Werke am 8. November 1896 in der Galerie Gurlitt als Erneuerer der Gotik gefeiert.[1]

7f.: *von Peter Behrens entworfenes Möbelstück:* Behrens, der sich vor allem als Architekt und Kunstgewerbler betätigte und 1907 zum „künstlerischen Beirat" in der AEG berufen wurde, entwarf die Innen- und Außenausstattung zahlreicher Häuser vom Mosaikfußboden über die Zimmereinrichtung bis zum Hohlziegel.

8f.: *in schwerer Wucht hing Olbrecht:* Josef Maria Olbrich (1867–1908), Architekt und Kunstgewerbler, war von maßgeblichem Einfluß auf die Erneuerung der deutschen Geschmackskultur und konzentrierte sich auf die dekorative Ausgestaltung von Innenräumen. In seinem Spätwerk, dem Kaufhaus Tietz in Düsseldorf, hingen Lampen von „schwerer Wucht".[2]

9f.: *Pankok krümmte sich im Friese:* Bernhard Pankok, Kunstgewerbler, Architekt und Graphiker, der auch der „ornamentale Poet" genannt wurde, stand dem „Gedankengut des pantheistischen Naturalismus" nahe und wurde vor allem durch seine Buchgraphik und Raumgestaltung bekannt.[3] Neben Hermann Obrist einer der wichtigsten Bahnbrecher der Stilbewegung, zeichnen sich seine Arbeiten durch eine lebhafte Jugendstil-Pflanzenornamentik aus. 1907 wurde Pankok durch Liebermann zum außerordentlichen Mitglied der Berliner Secession ernannt.

16f.: *Prinzessinnen und Damen des hohen Adels:* Rathenau wurde in Berlin in die Gesellschaft der Diplomaten, der Industriellen, der Bankiers, des Hofes und schließlich beim Kaiser selbst eingeführt.[4]

28f.: *von Liebermann mutig gemaltes Porträt:* Max Liebermann zeichnete 1912 ein Porträt[5] von seinem Vetter Rathenau, der die Qualität der Arbeiten Lieber-

---

1 Vgl. dazu Annegret Müller, Melchior Lechter (1865–1937). Leben und malerisches Werk, Siegen 1982 (Diss.), S. 27.

2 Vgl. dazu Tilmann Buddensieg, Industriekultur. Peter Behrens und die AEG, Berlin 1979, S. 85, Fn. 149.

3 Bernhard Pankok. Ein Lebensbild, in: Bernhard Pankok 1872–1943. Ausstellungskatalog des Württembergischen Landesmuseums, Stuttgart 1973, S. 255.

4 Vgl. dazu Ernst Gottlieb, Walther-Rathenau-Bibliographie, Berlin 1929, S. 21.

5 Vgl. dazu H. J. Imiela, Max Liebermann als Zeichner, Mainz 1970, Nr. 70, Abb. 13.

manns – einem der wichtigsten Inauguratoren der naturalistischen Malerei und ab 1899 Präsident der neugegründeten Berliner Secession – hoch schätzte.[6]

29f.: *beiden struppigen Voyous von Edvard Munch:* Rathenau besaß von Munch „ein Doppelbildnis des Malers Paul Herrmann und des Arztes Paul Contard" von 1897;[7] 1907 wurde Rathenau von Munch porträtiert. Er gehörte zu den ersten Förderern des norwegischen Malers, den er bereits seit 1893 kannte.[8]

36: *der flächige Mythos eines Böcklin:* Arnold Böcklin, der im Zusammenspiel von meist mythischen Figuren und Landschaft zu einem einheitlichen Stimmungsausdruck den für seine Malerei charakteristischen Stil gefunden hat, wurde 1905 von Walther Rathenau in seinem in Hardens „Zukunft" erschienenen Artikel „Von neuzeitlicher Malkunst", mit Nachdruck verteidigt, da man dessen Werke „zu verunglimpfen" suche.[9] Rathenau bezieht sich damit auf den 1905 ausgebrochen Richtungsstreit zwischen moderner und völkischer Kunstauffassung, der durch Julius Meier-Graefes „Entwicklungsgeschichte der modernen Kunst"[10] und seine gegen Böcklin verfaßte Philippika „Der Fall Böcklin und die Lehre von den Einheiten" ausgelöst wurde.[11] Die Angriffe auf Böcklin wurden durch die Vorlesungen von Thode, der anhand von Thoma und Böcklin eine spezifisch deutsche Ästhetik zu entwickeln versuchte, in den Kontext der Berliner Secession gerückt.[12]

37f.: *kostbare Farbenfontäne Franz von Stucks:* Stuck, der eine stark auf dekorative Wirkungen ausgehende Koloristik und Farbsymbolik verwendet und den Meier-Graefe in einem Atemzug mit Böcklin nennt,[13] war ebenfalls bei der ersten Ausstellung der Berliner Secession vertreten.[14] Er gestaltete neben seiner Malerei kunsthandwerkliche Arbeiten und zeichnete 1889 den seit 1893 als ständiges Plakat der Münchener Secession verwendeten Profilkopf der behelmten Minerva.

39f.: *sandige Grunewaldlandschaft von Leistikow:* Anspielung auf die naturalistisch-realistische Darstellung von Leistikows Bild „Grunewaldsee", dessen Zu-

---

6 Wolfgang Schumann, Erinnerungen an Walther Rathenau, zit. nach: Walther Rathenau Gesamtausgabe, hrsg. von Ernst Schulin, München – Heidelberg 1977ff., Bd. II, S. 745.

7 Buddensieg, Industriekultur, S. 86, Fn. 152.

8 Vgl. dazu Rathenau Gesamtausgabe, Bd. VI, S. 501.

9 Walther Rathenau, Von neuzeitlicher Malkunst, in: Die Zukunft, 1905, S. 19.

10 Bd. 3, Stuttgart 1904; vgl. dazu die Neuausgabe München – Zürich 1987, S. 381–385.

11 Stuttgart 1905.

12 Peter Paret, Die Berliner Secession. Moderne Kunst und ihre Feinde im Kaiserlichen Deutschland, Berlin 1981, S. 255f.

13 Meier-Graefe, Entwicklungsgeschichte der modernen Kunst, S. 701.

14 Vgl. dazu Paret, Berliner Secession, S. 127.

rückweisung durch die Große Berliner Kunstausstellung 1898 den ersten Anstoß zur Secession gab.[15] Leistikow war Mitglied „der Elf" der Berliner Secession.

45: *bluttriefendes Stilleben von Corinth:* Anspielung auf Corinths Stilleben in Fleischerläden. Obwohl Corinth verschiedene Phasen der impressionistischen Entwicklung durchlief, blieb seinen Akten, Porträts und Stilleben stets die naturalistisch-pamphletistische Tendenz erhalten. Er war neben Liebermann einer der wichtigsten Vertreter der Berliner Secession.

46f.: *verstand es Max Klinger, Philosoph zu bleiben:* Anspielung auf Klingers Gemälde „Der Philosoph" sowie auf dessen sog. Griffelkunst, mit der sowohl seine Maltechnik wie auch die poetische Erzählhaltung und die philosophischen Topoi seiner „Gedankenmalerei" (Avenarius) bezeichnet wird. Klingers Suche nach einem Gesamtkunstwerk stand in der Tradition der naturalistischen Darstellungsform und bemühte einen teilweise „übertrieben theatralischen" Stil; er war Mitglied „der Elf" der Berliner Secession.[16]

47f.: *religiöse Schlichtheit eines Fritz von Uhde:* Uhde, der zu den Begründern der Münchner Secession gehörte (ab 1899 Erster Vorstand), wandte sich seit 1880 unter dem Einfluß von Max Liebermann dem Naturalismus und der Pleinairmalerei, nach 1883 nahezu ausschließlich religiösen Bildthemen zu. 1908 wurde er zum Ehrendoktor der theologischen Fakultät Leipzig ernannt.

53–55: *vierzigste Lebensjahr [...] über Kautschuk und Thranszendenz:* Anspielung auf das Jahr 1907, in dem Rathenau mit Dernburg, dem Staatssekretär des Reichskolonialamtes, eine Expedition nach Deutschostafrika unternahm. Rathenau schrieb über diese Reise eine Denkschrift, die erst am 25. August 1908 in der „Zukunft", erheblich gekürzt und mit einer Vorbemerkung von Harden, in der er Rathenaus Pseudonym ‚Ernst Reinhart' preisgab, erschien. In der ungekürzten Fassung trägt ein Kapitel die Überschrift: „Kautschuk (Manihot Glaziowii)".[17]

56f.: *vielgelesenes Weltblatt:* Anspielung auf Maximilian Hardens „Zukunft".

Fn. 1: *Wie klein erscheinen dagegen El Greco und Cézanne:* Wiederholung der ironischen Argumentationsfigur des Vorworts.[18]

Fn. 1: *Oder hat Herr Meier-Gräfe schon einmal vor einer Wiese von Cézanne Heuschnupfen bekommen?:* Hinweis auf die nicht-naturalistische Malerei von Cézanne.

Fn. 1: *die vielbesprochenen Vögel des Apelles [...] passim:* Nach Plinius hat Apelles „Alle Maler, die jemals gelebt haben und jemals leben werden" übertrof-

15 Vgl. dazu auch: Paret, Berliner Secession, S. 87f.

16 Paret, Berliner Secession, S. 63.

17 Erschienen Leipzig 1908/1912; vgl. dazu: Rathenau Gesamtausgabe, Bd. VI, S. 547.

18 Vgl. dazu Kommentar und Analyse zum „Vorwort".

fen.[19] Bekannt vor allem durch seine Porträtkunst, besaß er die „wunderbare Fähigkeit, die Natur treu wiederzugeben".[20] Neben der Anspielung auf eine naturgetreue Wiedergabe ist die Frage nach den Früchten und Vögeln ein Hinweis auf Naturalismus und Positivismus. Die zur Charakterisierung von Rathenaus „Andacht" vor dem Naturalismus zitierten Vögel sind jedoch in einer Anekdote überliefert, die sich nicht auf Apelles, sondern auf Zeuxis bezieht: Zum Ärger des Zeuxis versuchten Vögel von seinem Bildnis eines Knaben an den Trauben, die dieser in der Hand hielt, zu picken, woraus er schloß, daß die Trauben naturgetreuer gemalt waren als der Knabe, da sonst die Vögel sich vor ihm gefürchtet hätten.[21]

3. Gottfried von Bouillon

2: *Abzahlungsgeschäft unter Eigentumsvorbehalt:* Hinweis auf das Gesetz vom 16. Mai 1894, durch das die sog. Verwirkungsklausel (Eigentum fällt im Falle des Verzugs des Käufers unter Einbehaltung des bereits bezahlten Kaufpreises an den Verkäufer) entfällt; im Kontext Warnung vor dem finanziellen Risiko der Kolonialpolitik.

5: *dem alten Kolonialkämpfer:* Diese Bezeichnung für Gottfried von Bouillon parallelisiert die Kreuzzüge mit der Kolonialpolitik von Wilhelm II., der im Herbst 1898 zu einer „Pilgerfahrt" nach Palästina aufbrach, um die Erlöserkirche in Jerusalem einzuweihen.[1] Anläßlich dieser weltweit beachteten symbolischen Aktion, mit der sich Wilhelm II. als Repräsentant der deutschen Protestanten und der Chri-

---

19 Gustav Wustmann, Apelles. Leben und Werke, Leipzig 1870, S. 94. Vgl. dazu auch Ludwig von Sybel, Weltgeschichte der Kunst bis zur Erbauung der Sophienkirche, Marburg 1888, S. 272f.

20 Dziatzka, Apelles, in: Paulys Real-Encyclopädie der classischen Altertumswissenschaft. Neue Bearbeitung, hrsg. von Georg Wissowa, 1. Bd., Stuttgart 1894, Sp. 2691.

21 Vgl. zur Künstleranekdote: Wustmann, Apelles, S. 79. Wustmann weist darauf hin, daß es erst im Verlauf des 18. Jahrhunderts, als die Kunst anfing, sich dem Subjektiven zuzuwenden, zu einem verstärkten Interesse an der Person des Malers kam, das sich in einer Blüte der Künstleranekdote zeige.

1 Als ‚moderner Kreuzritter' in Glaubensfragen wird Wilhelm II. auch anläßlich seiner Rede über „Die konfessionelle Uniformierung des Menschengeschlechtes" bezeichnet, in der er im Hinblick auf die Türkei folgende „echt christliche Worte gespendet" hatte: „Den Ungläubigen muß die Religion – beigebracht werden". Heinrich Ilgenstein, Moderne Kreuzritter, in: Die Gegenwart, 40. Jg., Bd. 80/1911, Nr. 46, S. 765f.

stenheit im allgemeinen in Szene setzte, erschien im „Simplicissimus", unter dem Titel „Palästina", eine von Thomas Theodor Heine gezeichnete Karikatur mit einem Spottgedicht, das mit „Hieronymus", dem Pseudonym von Frank Wedekind unterzeichnet ist.[2] Die Karikatur zeigt Gottfried von Bouillon und Barbarossa, eine preußische Pickelhaube haltend, vor den Kulissen von Jerusalem, mit folgendem Kommentar Gottfrieds: „Lach' nicht so dreckig, Barbarossa! Unsere Kreuzzüge hatten doch eigentlich auch keinen Zweck."[3] Diese Ausgabe des „Simplicissimus" wurde beschlagnahmt und der Herausgeber Albert Langen, der Zeichner Th. Heine und Wedekind zu Haft bzw. hohen Geldstrafen verurteilt.[4]

7f.: *agitierten gegen ihn, so daß er bei keiner Bank Kredit bekam:* Die „Kreditgefährdung" zitiert Friedrich Eisler, der 1911 eine Dissertation zum Thema „Rechtsgut und Erfolg bei Beleidigung und Kreditgefährdung"[5] veröffentlichte; er war vermutlich Mitautor dieses Schattenrisses. Darüber hinaus ist dies ein Hinweis auf die zögerliche Kreditgewährung zur Erschließung der Kolonien durch die Großbanken im Rahmen der Marokko-Krise.[6]

10: *schnallte die Beinschienen an:* Weitere Anspielung auf Wilhelm II., der durch einen Geburtsfehler mit Folgeschäden für den linken Arm gezwungen war, ein regulierendes Stützwerk zu tragen. Die Behinderung von Wilhelm II. war im Hinblick auf seine Eigenschaft als oberster Kriegsherr ein vieldiskutiertes Problem.

10f.: *ging an die frische Luft:* Schmitts „Anmerkungen für Ungebildete"[7] verweisen auf Wilhelm Ostwalds Monismus; er suggeriert eine monistisch geprägte Umgebung des Kaisers.

---

2 Simplicissimus, 3. Jg., 1898–1899, S. 54f.

3 Schmitts und Eislers Rückgriff auf Gottfried entspricht einer expliziten Absage der Selbstinterpretation Wilhelms II., der in der offiziellen Chronik seiner Palästinareise sich auf einer Vignette neben Barbarossa auf gleicher Rangstufe abbilden ließ. Vgl. dazu: Weigend/Baumunk/Brune, Keine Ruhe im Kyffhäuser. Das Nachleben der Staufer. Ein Lesebuch zur deutschen Geschichte, Stuttgart – Aalen 1978, S. 163.

4 Vgl. dazu Kofiz Holm, ich – kleingeschrieben, München 1932, S. 80ff., sowie: ders., Farbiger Abglanz, München 1940, S. 52f.; Thomas A. Kohut, Wilhelm II and the Germans. A Study in Leadership, New York – Oxford 1991, S. 148, sowie Eugen Roth, der darauf hinweist, daß die Beschlagnahme der „Palästina"-Nummer die Auflage der Zeitschrift verdoppelte, in: Simplicissimus. Ein Rückblick auf die satirische Zeitschrift, Hannover 1954, S. 101 und 18.

5 Breslau 1911. Referent war van Calker, Straßburg. Vgl. dazu auch den Kommentar zu Zeile 2 sowie zum Verfasserpseudonym auf dem Titelblatt.

6 Vgl. dazu Willibald Gutsche, Wilhelm II. Der letzte Kaiser des Deutschen Reiches, Berlin 1991, S. 140f.

7 Schmitt, Schattenrisse, S. 61.

11: *Pfändung wertvoller Familienandenken:* Anspielung auf den 1912 mit Unterstützung des Zentrums eingebrachten Antrag, zur Finanzierung der angesichts der Marokko-Krise verabschiedeten Heeres- und Flottenvorlage eine Reichserbschaftssteuer einzuführen.

14–16: *Münster i.W. [...] Käfige der Wiedertäufer [...] Turm der Lambertikirche:* Diese, mit dem Brückenbogen der Aa (Zeile 23), Hinweise auf Münster legen einen Zusammenhang zwischen Wilhelm II. und den Wiedertäufern nahe, die hier als Chiffre für den in Münster sehr heftig verlaufenen Kulturkampf stehen. Sie betonen das nach wie vor gespannte Verhältnis zwischen Wilhelm und dem Katholizismus.[8]

17f.: *Gejohle eines Haufens halbwüchsiger Fabrikarbeiter:* Hinweis auf die zunehmenden Schwierigkeiten, die Wilhelm II. mit der stark anwachsenden Sozialdemokratie und den Forderungen der Arbeiterschaft hatte. Hier, im Zusammenhang mit dem Kulturkampf, ein Hinweis auf das zentrale Spannungsfeld: christlich-monarchische Ordnung versus politischer Radikalismus und soziale Demokratie.[9]

22: *ergriff er die Flucht und versteckte sich:* Zitiert mit umgekehrten Vorzeichen Wilhelms Reisen nach Münster, wo er in den Jahren 1889 und 1902 einen außerordentlich prunkvollen Einzug hielt.[10]

23: *versank in dumpfes Brüten:* Anspielung auf den Zustand Wilhelm II. während der 1908 durch die Daily-Telegraph-Affäre und den Eulenburg-Skandal ausgelöste sog. „Kaiserkrise", die vor dem 1. Weltkrieg einen Tiefpunkt seiner Regierungszeit markierte.[11]

---

8 Vgl. dazu Eduard Schulte (Hrsg.), Der Kulturkampf in Münster. Aufzeichnungen des Kreisgerichtsrates Ludwig Ficker, Bd. V der Quellen und Forschungen zur Geschichte der Stadt Münster i.W., Münster 1928. – Zu den Käfigen der Wiedertäufer sammelte Schmitt noch bis zum Jahre 1982 (spätester Nachweis) Materialien. Ein Zeitungsausschnitt (Zeitung nicht spezifizierbar) vom 9. Februar 1982 berichtet unter dem Titel „Und das Gottesreich fliegt" von einer Kunstausstellung in Münster, in der die Wiedertäufer-Käfige von Stephan Huber, mit Flügeln versehen, an der Decke des Raumes ‚schweben' (Nachlaß: RW 265–363).

9 Vgl. dazu Schulte, Kulturkampf, bes. S. 350f.

10 Diese Besuche Wilhelms in Münster stehen im Zusammenhang mit dessen ungewöhnlich lebhafter und aufwendiger Reisetätigkeit, die der sog. „Reisekaiser" zur Demonstration seiner persönlichen Herrschaft und Macht einsetzte. Er versuchte damit, die nationale Zusammengehörigkeit der Deutschen demonstrativ zu unterstreichen, um auf diese Weise dem Gefühl der Reichsverdrossenheit zu begegnen.

11 Vgl. dazu John C. G. Röhl, Kaiser, Hof und Staat. Wilhelm II. und die deutsche Politik, München 1987, S. 108f.

25: *anscheinend ein Invalide:* Anspielung auf die durch Wilhelm II. bei der Eröffnung des Reichstages am 22. November 1888 angekündigte Vorlage eines Alters- und Invalidengesetzes.

26: *fünf Milliarden Kriegsentschädigung:* Höhe der von Frankreich an Deutschland gezahlten Entschädigung nach dem Krieg von 1870/71.

39f.: *Moscheenhüter Ibrahim Pascha:* Vermutlich Anspielung auf die im Rahmen von Wilhelms II. „Pilgerfahrt" in Damaskus stattgefundene Begegnung mit dem Sultan der Türkei, Scheich Abdul Hamid II., der aufgrund seiner Schreckensherrschaft auch das „Ungeheuer von Yildiz Kiosk" genannt wurde. Wilhelms II. Erwiderung auf die Begrüßungsrede des Sultans wurde von England, Frankreich und Rußland als Provokation aufgefaßt.

45–55: Schildert den Ausverkauf des royalistischen Kapitals an Petrus, den Inhaber der „Schlüsselgewalt" über den Versammlungsort der ‚Gebildeten', die „Schattenrisse".[12] Die Figur des Petrus ist eine weitere Anspielung auf die Differenz zwischen Wilhelm II. und seinem selbsternannten Vorbild Barbarossa, zu dem in einer nach 1901 populären Sagen- und Historiensammlung St. Peter gesandt wird, um ihn heimzuholen, was dieser aber im Gegensatz zu Gottfried mit dem Hinweis auf den guten Zustand des geeinten Deutschlands und seiner beginnenden Weltgeltung verweigert.[13]

4. Mein Bruder

Übernahme von Elisabeth Förster-Nietzsches Bezeichnung von Nietzsche, die sie im Vorwort der ersten Ausgabe des „Willens zur Macht" explizit betont.

4: *Peter Gas:* Gemeint ist damit Heinrich Köselitz (1854–1918), den Nietzsche Peter Gast nannte. Der Musiker Köselitz war ein Schüler und Freund Nietzsches, sowie zeitweilig Herausgeber seiner Werke am Nietzsche-Archiv.[1] Er kompilierte

---

12 Ein Zusammenhang, auf den Schmitt noch 1947 hinweist; vgl. dazu: Schmitt, Der Zugang zum Machthaber, ein zentrales verfassungsrechtliches Problem (1947), in: ders., Verfassungsrechtliche Aufsätze, Berlin 1958; 3. Aufl., Berlin 1985, bes. S. 431.

13 Ergötzliche Historien und Sagen von der alten Burg Kyffhausen und vom Kaiser Barbarossa. Gesammelt und in Reime gebracht vom Kyffhäuserbarden, Frankenhausen o. J. (1901); vgl. dazu: Weigend u. a., Kyffhäuser, S. 81.

1 Zum Verhältnis von Peter Gast und Friedrich Nietzsche: E. F. Podach, Gestalten um Nietzsche. Mit unveröffentlichten Dokumenten zur Geschichte seines Lebens und seines Werkes, Weimar 1932, S.68–124.

mit Elisabeth Förster-Nietzsche aus dem Nachlaß Nietzsches angebliches philosophisches Hauptwerk „Der Wille zur Macht".

4: *Ihr Hornneffe:* Anspielung auf die Brüder Ernst (1871–1954) und August Horneffer (1875–1955), philosophische Schriftsteller, die im Auftrag von Elisabeth Förster-Nietzsche, zusammen mit Peter Gast, die erste Fassung des „Willens zur Macht" im Jahre 1901 zusammenstellten und herausgaben.

5: *in diversen Publikationen vernachlässigt:* Hinweis darauf, daß den Brüdern Horneffer bereits vor der ersten Ausgabe bewußt war, daß „die systematische Zusammenstellung des Nachlasses zu einem vierteiligen Hauptwerk", dem „Willen zur Macht", wissenschaftlich unhaltbar war.[2] Sie wiesen darauf aber erst zur Zeit des Erscheinens der zweiten, kanonisch gewordenen Auflage im Jahre 1906/07 hin.[3] Deren Erweiterung von ursprünglich 483 Aphorismen der ersten Ausgabe von 1901 auf 1067 geschah auf Betreiben von Elisabeth Förster-Nietzsche.[4]

10: *Beziehungen Ihres genialen Herrn Bruders zur Aviatik:* Anspielung auf Nietzsches Begriff des Übermenschen, den er in „Also sprach Zarathustra" entwickelt. Nietzsches Mythos vom Übermenschen wurde nach 1900 zur in Literatur und Philosophie vielzitierten Metapher für den in die Lüfte sich erhebenden Menschen. Bereits mit seiner „Morgenröte" wird Nietzsche zum Visionär und philosophischen „Flugbereiter", dessen aviatorische Terminologie auch von der technischen Flugliteratur aufgenommen wurde.[5]

11f.: *starren System, in ein halbstarres System:* Anspielung auf das Luftschiff des Grafen Zeppelin, das erste Fahrzeug des sog. starren Luftschiffsystems, das die bisherigen halbstarren Systeme ablöste.

---

2 David Marc Hoffmann, Zur Geschichte des Nietzsche-Archivs, Berlin – New York 1991, S. 16. Diese Erkenntnis hielt aber die Brüder Horneffer nicht davon ab, zusammen mit Elisabeth Förster-Nietzsche, auf der Basis von Nietzsches „Willen zur Macht" eine neue „Religion" zu entwerfen, deren Credo die Entwicklung des Willens ist. Vgl. dazu: Steven E. Aschheim, After the Dead of God: Varieties of Nietzschean Religion, in: Nietzsche-Studien, Bd. 17/1988, S. 240ff. Wichtigstes publizistisches Organ war die Zeitschrift „Die Tat", in der Ernst Horneffer bereits in der ersten Nummer – mit Max Klingers heroischer Nietzsche-Büste auf dem Titelblatt – unter dem Titel „Unsere Ziele" das neue Programm verkündete. Vgl. Die Tat, Nr. 1, April 1909, S. 2.

3 Vgl. dazu August Horneffer, Nietzsche als Moralist und Schriftsteller, Jena 1906, S. 68f. und 79–81, sowie: Ernst Horneffer, Nietzsches letztes Schaffen, Jena 1907, S. 83–87.

4 Vgl. dazu Mazzino Montinari, Vorwort zu Bd. 13 „Kommentar", in: Friedrich Nietzsche, Kritische Studienausgabe, München 1988, S. 11.

5 Vgl. Hans Dominik, Die Eroberung der Luft. Ein Handbuch der Luftschiffahrt und Flugtechnik, Stuttgart – Berlin – Leipzig 1909, S. 284.

13: *kleinformatigen Vorreden:* Die ersten Nietzsche-Ausgaben enthalten ein kurzes Vorwort von Elisabeth Förster-Nietzsche, in denen sie zum „Verständnis der geistigen Entwicklung des Autors“[6] dem Leser Nietzsches „Der Wille zur Macht. Versuch einer Umwerthung aller Werthe“ als Hauptwerk nahezulegen versucht.[7]

14f.: *barbarische Seminarbildung:* Anspielung auf Pannwitz’ Verhältnis zur Universität und Universitätsbildung.[8]

17: *deutschen Tatmenschen Zeppelin:* Hinweis auf Ferdinand Graf von Zeppelin (1838–1917), dessen Luftschiff „Z“ 1908 von der preußischen Militärbehörde für Kriegszwecke[9] angekauft wurde; suggeriert einen Zusammenhang zwischen Luftschiffahrt und Nietzsches Kulturkritik, die von Pannwitz als „eine tat“ bezeichnet wurde.[10]

18f.: *Wahlverwandtschaft mit dem größten Genie auf denkerischem Gebiete (vgl. Nr. 9):* Hinweis auf den Schattenriß „Niegeburth“, der damit in den Kontext von Nietzsche eingerückt wird.[11]

21: *Medizäers Güte unsere nordische Ebene:* Vermutlich Anspielung auf den Nietzsche-Verehrer Ernst Thiel, schwedischer Bankier und Industrieller, der ab 1905 bis zum Tode von Elisabeth Förster-Nietzsche im Jahre 1935 sie und das Nietzsche-Archiv finanziell absicherte.[12]

30: *treuer Hund Zarathustra entlaufen:* Zur Treue des Hundes heißt es bei Nietzsche im Aphorismus 312 im 4. Buch der „Fröhlichen Wissenschaft“: „Mein Hund. – Ich habe meinem Schmerze einen Namen gegeben und rufe ihn ‚Hund‘, – er ist ebenso treu, ebenso zudringlich und schamlos, ebenso unterhaltend, ebenso klug, wie jeder andere Hund – und ich kann ihn anherrschen und meine bösen Launen an ihm auslassen: wie es Andere mit ihren Hunden, Dienern und Frauen machen.“[13]

---

6 Elisabeth Förster-Nietzsche, Vorbericht zu: Friedrich Nietzsche. Nachgelassene Werke aus den Jahren 1869–1872, Leipzig 1903, S. VII.

7 Elisabeth Förster-Nietzsche, Nachgelassene Werke. Unveröffentlichtes aus der Umwerthungszeit 1882/83–1888, Leipzig 1903, S. VII und IX.

8 Vgl. Rudolf Pannwitz, Der Volksschullehrer und die deutsche Kultur, Berlin 1909, S. 144f.

9 Dominik, Die Eroberung der Luft, S. 277.

10 Rudolf Pannwitz, Einführung in Nietzsche. Flugblatt Nr. 8, München 1920, S. 1; vgl. zum Begriffspaar ‚Geist‘ und ‚Tat‘ den 1910 erschienenen, gleichnamigen programmatischen Essay von Heinrich Mann.

11 Vgl. dazu den Kommentar zum Schattenriß „Eberhardt Niegeburth“.

12 Vgl. dazu H. F. Peters, Zarathustras Schwester. Fritz und Lieschen Nietzsche – ein deutsches Trauerspiel, München 1983, S. 260ff.

13 Vgl. dazu auch: Also sprach Zarathustra III. Vom Gesicht und Räthsel 2. Der im Angesichte des Hirten, dem „eine schwarze schwere Schlange aus dem Munde hing“, heulende

33–35: *bescheidenen Posten im großen Heere der Kämpen um völkische Aufklärung und Vermehrung:* Anspielung auf Rudolf Pannwitz' pädagogische Tätigkeit und seine in den Jahren 1907 bis 1909 veröffentlichte Schriften über Erziehung. Pannwitz war ein Verfechter der Reformpädagogik und „entfachte die Emanzipationssehnsüchte der Elementarlehrer, indem er ihnen Freiheit von jeglicher Reglementierung verhieß".[14] Seine Propagierung der Natur und eines „natürlichen Lebens", die im Verein mit „bündischer Begeisterung [...] den Protest gegen die städtische, industrielle Zivilisation radikalisierte", ging mit einem „leidenschaftlichen Nationalismus" einher, zu dem auch ein „erotisierter Führerkult" gehörte.[15]

36f.: *mutstählenden Mächten [...] die über meinem Stande leuchten:* Hinweis auf Pannwitz' Inanspruchnahme der Philosophie Nietzsches für seine neue Pädagogik.

44: *Wilhelm Pannitzki:* Anspielung auf Rudolf Pannwitz (1881–1969), dessen Name mit einem zweifachen Hinweis auf Friedrich Wilhelm Nietzsche, der sich in seinen letzten Lebensjahren nach seinen polnischen Vorfahren „Nietzky" nannte, verbunden wird.

53f.: *nicht verloren ist wie Polen:* Förster-Nietzsche zitiert damit den Diskurs der Germanisierungspolitik des Deutschen Reiches, die 1908 – mit der „auch nach damaligem Recht verfassungswidrigen Enteignungsermächtigung" von polnischem Grund und Boden sowie der Verabschiedung des Reichsvereinsgesetz, „dessen Sprachparagraph (§ 5) eine neue gesetzliche Grundlage für das polnische Versammlungswesen schuf" und den „Gebrauch einer nichtdeutschen Sprache" regelte – einen ersten Höhepunkt erfuhr.[16]

54: *nicht ausstirbt wie Frankreich:* Förster-Nietzsche zitiert den Topos der Vorkriegszeit von der „unbestreitbaren physischen Dekadenz" Frankreichs, die sich in der stagnierenden Bevölkerungszahl zeige. Die damals gängige These vom

---

Hund, weckt in Zarathustra das Mitleid, dessen er spottet und das zu Vertreiben eines der wichtigsten Themen im „Zarathustra" ist. Vgl. dazu: Zarathustra. „Auf dem Oelbergell" sowie „Das Zeichen".

14 Erwin Jaeckle (Hrsg.), Rudolf Pannwitz. Eine Auswahl aus seinem Werk, Wiesbaden 1983, S. 197.

15 Hans-Ulrich Wehler, Probleme des Imperialismus, in: Das deutsche Kaiserreich 1871–1918, Göttingen 1973, S. 127f.

16 Hans-Ulrich Wehler, Von den „Reichsfeinden" zur „Reichskristallnacht": Polenpolitik im Deutschen Kaiserreich 1871–1918, in: Krisenherde des Kaiserreichs 1871–1918, Göttingen 1970, S. 192 und 194.

„aussterbenden Frankreich“ habe zu einer verhängnisvollen Unterschätzung der „französische(n) Gefahr“ geführt und den deutschen Kriegseintritt erleichtert.[17]

63f.: *alles, was Overbeck und Bernoulli hierüber veröffentlicht haben:* Franz Overbeck kritisierte Elisabeth Förster-Nietzsches Biographie über ihren Bruder, sowie ihre Nachlaßpläne, als „gewissenlose“ und „unerwünschte Ausbeutung“.[18] Carl Albrecht Bernoulli wies in seiner zweibändigen Studie „Franz Overbeck und Friedrich Nietzsche“ nach, daß „Overbecks Bruch mit dem Nietzsche-Archiv“, und das heißt mit Förster-Nietzsche, „etwas Grundsätzliches und Notwendiges“ und „prinzipiell Unvermeidliches“ war.[19] Der Bruch war die Ursache für eine Spaltung der Nietzsche-Forschung in eine Weimarer und eine Basler Tradition. Der zweite Band von Bernoullis Studie konnte aufgrund der durch Förster-Nietzsche erwirkten gerichtlichen Verfügung nur mit vielfach geschwärzten Stellen erscheinen.[20]

65f.: *bekannten Aphorismus Nr. 19:* Anspielung auf den Aphorismus Nr. 19 aus der „Fröhlichen Wissenschaft“: „Das Böse“.

66–74: Anspielung auf die von Elisabeth Förster-Nietzsche verfaßte Biographie „Der junge Nietzsche“. Dort heißt es: „In der Tat beschäftigte sich mein Bruder mit wahrer Leidenschaft mit dieser Kriegswissenschaft und ich mich natürlich mit ihm. Wir schenkten dem Krimkrieg unsere ganze Aufmerksamkeit [...] Mein Bruder schreibt in seiner kindlichen Biographie über dieses warme Interesse und den endgültigen Abschluß: ‚Alles was wir damals über Kriegswissenschaft fanden, wurde vollkommen geplündert, so daß ich mir eine ziemliche Kenntnis erwarb.‘“[21]

79: *„Auf die Schiffe!“:* Anspielung auf den Aphorismus Nr. 289 im 4. Buch der „Fröhlichen Wissenschaft“.

---

17 Wilhelm Bolze, Was haben wir von Frankreich zu erwarten?, in: Die Gegenwart, Nr. 32, 1914, S. 498.

18 Hoffmann, Nietzsche-Archiv, S. 14.

19 Carl Albrecht Bernoulli, Franz Overbeck und Friedrich Nietzsche. Eine Freundschaft, Jena 1908, Bd. I, S. XII, sowie: Bd. II, S. 401–429; vgl. dazu auch: Hoffmann, Geschichte des Nietzsche-Archivs, S. 15, und Kap. IV. Kampfzeit: Von Overbecks Tod bis zum Prozeß gegen Bernoulli und Diederichs (1905–1908), S. 59–77. Rudolf Pannwitz betont, daß die „Interessierten“ durch „das Jenaer Gerichtsurteil vom 27. Mai 1908 in Bernoullis Werk die getilgten Stellen“ sehr genau kannten. Zit. nach: ders., Nietzsche-Philologie?, in: Merkur 11/1957, S. 1075.

20 Zum Briefwechsel zwischen Nietzsche und Overbeck vgl. auch: E. F. Podach, Ein Blick in die Notizbücher Nietzsches, Heidelberg 1963, S. 184–190.

21 Leipzig 1912, S. 53.

83f.: *Am 30. Mai 1884 schreibt mein Bruder aus Genua:* Ein Brief mit diesem Datum an die Schwester ist nicht bekannt. Nietzsche befand sich zu dieser Zeit in Venedig.

88: *Bin ich ein – Engländer?:* Diese im Kontext mit Zeppelin aufgeworfene Frage verweist auf Nietzsches Konzeption des Übermenschen und seine in diesem Zusammenhang stehende Polemik gegen Charles Darwin, die er auf die gesamte englische Nation ausdehnte. Nietzsche sah in Darwin ein Beispiel des „Geistes achtbarer, aber mittelmäßiger Engländer". An anderer Stelle heißt es: „Darwin hat den Geist vergessen, das ist englisch";[22] sowie im folgenden Aphorismus: „Man muß Engländer sein, um glauben zu können, daß der Mensch immer seinen Vorteil sucht."[23]

89: *Genua, Genua!:* Anspielung auf Nietzsches „Zarathustra", dessen erster Teil in Genua entstand. In „Aus der Zeit der Morgenröte" heißt es zu Genua: „Ich dürste nach Menschen, welche nicht angesichts eines Ganges auf den befestigten Höhen über Genua klein werden."[24]

92: *„Nicht fort sollt ihr euch pflanzen, sondern hinauf!":* Abgewandeltes Zitat aus „Also sprach Zarathustra", Kapitel „Von Kind und Ehe".

95: *posthume Schieblade:* Hinweis auf die durch Elisabeth Förster-Nietzsche posthum herausgegebenen Aphorismen, die sie zum „Willen zur Macht" kompilierte.

97: *Aphorismus 109:* In der ersten, 1901 von Peter Gast und Ernst und August Horneffer herausgegebenen Fassung des „Willens zur Macht" lautet der Aphorismus 109: „Diese nihilistische Religion sucht sich die décadence-Elemente und Verwandtes im Alterthum zusammen; nämlich: a) die Partei der Schwachen und Missrathenen (den Ausschuss der antiken Welt: Das, was sie am kräftigsten von sich stiess ...); b) die Partei der Vermoralisierten und Antiheidnischen; c) die Partei der Politisch-Ermüdeten und Indifferenten (blasierte Römer ...), der Entnationalisierten, denen eine Leere geblieben war; d) die Partei Derer, die sich satt haben, – die gern an einer unterirdischen Verschwörung mitarbeiten –"

---

22 Friedrich Nietzsche, Jenseits von Gut und Böse. Zur Genealogie der Moral, Leipzig o. J., S. 187, 252 bzw. ders., Der Fall Wagner in: ders., Götzendämmerung. Der Antichrist. Ecce homo. Gedichte, Leipzig o. J., S. 140, 14. Vgl. auch zur Auseinandersetzung Nietzsches mit Charles Darwin: Ernst Benz, Nietzsches Bild des Übermenschen, in: ders. (Hrsg.), Der Übermensch. Eine Diskussion, Zürich – Stuttgart 1961, S. 113–148.

23 Friedrich Nietzsche, Der Wille zur Macht, 2. Bd. (Bd. XVI der Kröner-Großoktavausgabe), S. 324.

24 Nietzsche, Bd. XI der Kröner-Großoktavausgabe, S. 387.

5. Richard Dehmel

3: *ausgeschrieben haben werde:* Anspielung auf Dehmels umfangreiche literarische Produktion sowie auf seine Auffassung, daß Lyrik sich aus der Stimmung des Dichters fortlaufend selbst erzeuge.[1]

6: *Lyrismus überwinden:* Dehmels Dichtung ist vorwiegend in lyrischer Form geschrieben, deren spezifisches Merkmal „ekstatische Vibration" und „lyrischer Rhythmus" ist.[2] In seinem 1892 erschienenen Aufsatz „Die neue deutsche Alltagstragödie", in dem er seine Hinwendung zum Drama begründet, heißt es: „Die Lyrik hängt mir zum Halse 'raus, ich brenne wie ein Pennäler aufs Dramendichten"; er sei „nur infolge der verwahrlosten Bühnenwirtschaft so maßlos lyrisch (und manchmal auch lyrisch maßlos) geworden".[3]

13: *das lyrische Kartell:* Auf Anregung von Arno Holz schuf Dehmel zusammen mit anderen Autoren das „Kartell lyrischer Autoren" zum Schutz gegen unberechtigten und unbezahlten Nachdruck.[4]

14f.: *die Persönlichkeit [...], das freie Ausleben des Individuums:* Anspielung auf zwei zentrale Themen im Werk von Richard Dehmel.

17: *zwei Menschen:* Hinweis auf Dehmels gleichnamigen „Roman in Romanzen".[5]

18: *wir Welt:* Anspielung auf Dehmels Roman „Zwei Menschen", dessen „Leitlied" mit der hybriden Formel: „Wir Welt!" endet. Dehmel folgt damit seiner Gedichtsammlung „Weib und Welt", die die Entwicklungsstufen der Liebe, vom instinktiven Leben zur All-Mensch-Verbundenheit, aufzeigt. Den Ruf „Wir Welt" hört Dehmel – ähnlich wie Däubler den „Urlaut" „RA" im Schrei der Möwen[6] – anläßlich eines Aufenthaltes auf der Insel Sylt. In „WRWLT" vernimmt er aus „den Wellen den Urlaut aller wahrhaften Erotik, den Wirbel, der jedes Individuum aus seiner Einsamkeit hinüberschleudert in das herrliche Gefühl des Weltganzen, ins Weltglück".[7]

---

1 Vgl. dazu Richard Dehmel, Dichtung und Vortragskunst, in: ders., Betrachtungen über Gott und die Welt, Gesammelte Werke, Bd. 8, Berlin 1909, S. 136f.

2 Dehmel, Dichtung und Vortragskunst, S. 138.

3 Zit. nach: Julius Bab, Richard Dehmel, Leipzig 1926, S. 296. Vgl. auch zu Dehmels Verhältnis von „Tragik und Drama": Harry Slochower, Richard Dehmel, Dresden 1928, S. 178.

4 Vgl. dazu Bab, Dehmel; sowie: Wolfgang Martens, Lyrik kommerziell. Das Kartell lyrischer Autoren 1902–1933, München 1975.

5 Berlin 1903.

6 Vgl. dazu Carl Schmitts Abhandlung zum RA-Drama in Däublers „Nordlicht".

7 Bab, Dehmel, S. 225. Vgl. dazu auch den „Zweiten Umkreis" in Dehmels Roman „Zwei Menschen", Gesammelte Werke, Bd. 5, S. 115. Arno Holz schrieb auf dieses Werk Dehmels

22: *rotes Haus:* Hinweis auf Dehmels Wohnsitz in Blankenese, der nach seinen Vorstellungen erbaut und ihm von Freunden, u. a. auch Walther Rathenau, zum fünfzigsten Geburtstag geschenkt wurde.[8]

24f.: *einige meiner Gedanken sich bereits in meine Dichtungen eingeschlichen haben:* Anspielung auf Dehmels Prosa-Lyrik, in die häufig Reflexionen eingestreut sind; sie trägt zugleich stark bekenntnishafte und programmatische Züge. Dehmel selbst betont, daß gerade seine „eigentümlichsten Gedichte" stark mit „epischen und dramatischen Elementen durchsetzt" seien.[9]

27f.: *innere Singen, das gewalttätige Ringen des Ich:* In seinem „Offenen Brief" (August 1902) an den Herausgeber der „Kultur" betont Dehmel, daß seine „ganze künstlerische Tätigkeit" identisch sei mit der „rhythmischen Bändigung allgemein menschlicher Leidenschaften", die jedem Titel ihre „tiefere Bedeutung" gibt.[10]

30–34: Anspielung auf zentrale Themen im Werk von Richard Dehmel.

36: *habe geheiratet:* Dehmel war seit 1889 mit Paula Oppenheimer und ab 1901 in zweiter Ehe mit Ida Auerbach verheiratet. Das Spannungsverhältnis von erotischer Ekstase und Bindung in der Ehe ist ein vielfach variiertes Thema in Dehmels Lyrik.

41f.: *Der Leser [...] ist ein ausgekitzeltes Vieh:* Möglicherweise Anspielung auf Nietzsches Diktum: „Freilich thut [...] Eins vor allem noth, was heutzutage gerade am Besten verlernt worden ist – und darum hat es noch Zeit bis zur ‚Lesbarkeit' meiner Schriften –, zu dem man beinahe Kuh und jedenfalls nicht ‚moderner Mensch' sein muss: das Wiederkäuen."[11]

63–65: *jetzt gesammelt [...] in zehn Bänden bei Fischer:* Anspielung auf Dehmels „Gesammelte Werke" in zehn Bänden, Berlin 1906–1909, Verlag S. Fischer.

72: *lesen wir in Mannheim:* Dehmel, der häufig Vortragsreisen unternahm, war bekannt für den nachhaltigen Eindruck, den seine Lesungen beim Publikum hinterließen.[12] Er lebte nach der Trennung von seiner ersten Frau mit Ida Auerbach längere Zeit „mit Blick auf Mannheim", wo er zur Sicherung seiner finanziellen Lage Vortragsabende abhielt.[13]

---

eine Satire in seiner „Blechschmiede", in der er den ganzen Roman auf die sexuelle Thematik hin einengt. Das Werk Arno Holz, 10 Bde., Bd. III, Berlin 1924/25, S. 118.

8 Richard Dehmel, Vita, Leipzig 1922, S. 35.

9 Richard Dehmel, Bekenntnisse, Berlin 1926, S. 134.

10 Zit. nach: Dehmel, Bekenntnisse, S. 134f.

11 Friedrich Nietzsche, Ende der Vorrede „Zur Genealogie der Moral".

12 Vgl. dazu den Bericht von Carossa über die Lesungen Dehmels in München: Hans Carossa, Der Dichterabend, Hameln o. J. (1941), bzw. ders., Das Jahr der schönen Täuschungen, in: Gesammelte Werke, Bd. 2, o. O. o. J., S. 327–335.

13 Nahezu alle von Dehmel in seinen „Bekenntnissen" veröffentlichten Buchkritiken waren

6. Herbert Eulenberg

1: *Auch große Männer rasieren sich:* Anspielung auf Eulenbergs „Selbstkonterfei", in dem er seinen Dichteralltag, beginnend „mit Seifenschaum und grauem Wasser", in Versen detailliert schildert.[1]

7f.: *einer Broschüre aus einem Nachlaß:* Anspielung auf den von Eulenberg anonym herausgegebenen Lebensbericht eines Anwalts: „Das keimende Leben. Aus dem Nachlaß eines jungen jüdischen Rechtsanwalts. Herausgegeben von einem Freunde".[2] Der Anwalt wurde aufgrund eines Plädoyers zur Verteidigung einer professionellen Abtreiberin – ein Gewerbe, das die Ehe und das Glück schütze – aus der Anwaltskammer ausgeschlossen und begeht Selbstmord, den er in seinem Bericht begründet. Er definiert hier das menschliche Leben rein biologisch und betont, daß es keine „unsterbliche Seele" gebe, die vom Himmel „in die fest umschlossene Hülle des Säuglings flattern könnte";[3] er bezeichnet die Justiz als Maschine und „schmähliches Gewerbe"[4] und sieht in der gerichtlichen Ahndung der Abtreibung den „Niederschlag des frauenfeindlichen kanonischen, katholischen Rechtes".[5]

8: *Erschütternde Probleme, wie Ehebruch:* Anspielung auf Eulenbergs Abhandlung: „Du darfst ehebrechen! Eine moralische Geschichte. Allen guten Ehemännern gewidmet".[6] Eulenberg ruft hier (ausschließlich) den Mann zum Ehebruch auf, da Untreue seinem Glück diene; dies aber sichere den Bestand der Ehe, da der einzige Wunsch der Ehefrau das Glück des Mannes sei.

14: *Hütet euch vor Hebbel!:* Eulenbergs gleichnamiger Text erschien erstmals 1919 in: „Mein Leben für die Bühne";[7] das Zitat spielt auf Eulenbergs Matinee zu Hebbel und seinen Aufsatz „Hebbels Frauen" an.[8] Hier heißt es: „hütet euch",

---

für die „Neue Badische Landeszeitung" Mannheim geschrieben. Vgl. dazu die Schlußangaben von Ida Dehmel in: Richard Dehmel, Bekenntnisse, Berlin 1926.

1 Herbert Eulenberg, Selbstkonterfei, in: Die Rheinlande, 1911, S. 105–107.

2 Leipzig 1910.

3 [Herbert Eulenberg], Das keimende Leben. Aus dem Nachlaß eines jungen jüdischen Rechtsanwalts. Herausgegeben von einem Freunde Leipzig 1911, S. 4f.

4 Eulenberg, Das keimende Leben, S. 9 und 14.

5 Eulenberg, Das keimende Leben, S. 40.

6 Berlin 1909.

7 Berlin 1919; wiederabgedruckt in: Berliner Hefte für geistiges Leben, 1/1946, S. 241–246.

8 Veröffentlicht in: Masken, Düsseldorf 1907, 2. Jg., Nr. 33, S. 530–532. Vgl. dazu auch: Herbert Eulenbergs Abhandlung über Hebbel in: Schattenbilder, Berlin 1912, S. 70–74. Aufgrund von Eulenbergs Vortrag kam es zwischen ihm und Julius Bab zu einer in der „Schaubühne" ausgetragenen Auseinandersetzung. Vgl. Die Schaubühne, 8. Jg., 1912.

Hebbels „Form der Tragödie als einzige und allein selig machende zu preisen", da sie aufgrund seines Dualismus von kriegerischen Elementen geprägt sei. Diesem Dualismus stellt er seinen und Richard Dehmels Optimismus und Monismus entgegen.[9]

14f.: *Scheut Schiller!:* Hinweis auf Eulenbergs Rede: „Schiller. Eine Rede zu seinen Ehren. Gesprochen bei der Feier des Schillervereins im Alten Theater Leipzig, Nov. 1909",[10] sowie auf sein Schattenbild „Schiller", in dem er Schiller als ganz auf „Wirkung, Effekt" ausgerichteten Dichter schildert.[11]

15: *Geht mir mit Goethe!:* Anspielung auf Eulenbergs Schattenbild „Der junge Goethe"[12] sowie auf seine Rede „Goethe und die Frauen. Zum Abschluß der Matineen für diese Spielzeit".[13] Er erkennt in Goethe den „größten Deutschen",[14] der mit seinem Tode „nach Walhalla zu den germanischen Göttern entrückt ward".[15]

15: *Kleist:* Hinweis auf Eulenbergs Schattenbild „Heinrich von Kleist". Eulenberg nimmt hier die Nachricht von Kleists Selbstmord, die Christoph Martin Wieland „im gepolsterten Lehnstuhl" sitzend erreicht habe, zum Anlaß, den Bürger gegen das in „Heiterkeit und Frivolität" aus dem Leben scheidende Genie abzugrenzen.[16]

23–25: *tiefen Zusammenhänge zwischen künstlerischer Schaffenstätigkeit und bürgerlicher Lebenseleganz:* Hinweis auf Eulenbergs „Selbstkonterfei".

31: *Schattenriß und eine Matinee:* Eulenberg veranstaltete im Düsseldorfer Schauspielhaus Matineen, aus denen seine sehr populären „Schattenbilder" hervorgegangen sind; sie erreichten in den Jahren 1910–1920 bereits 62 Auflagen.

42: *Dramen:* In den Jahren 1899 bis 1918 schrieb Eulenberg eine Fülle von Dramen, die sein Bild als Dramatiker in Kritik und Literaturgeschichte prägen.

---

9 Eulenberg, Hebbels Frauen, in: Die Schaubühne, 5. Jg., Nr. 37/1912, S. 253.

10 Leipzig 1910. Vgl. zu den Einzelheiten: Frank Thissen, „Edle Arznei für den Alltag". Herbert Eulenbergs Düsseldorfer Morgenfeiern und die Romantikrezeption um 1900, Köln u. a. 1990, S. 78ff.

11 Herbert Eulenberg, Schiller, in: ders., Schattenbilder, S. 45. Seine Rede auf Schiller wurde von der Presse als „Schillerdemolierung" und „brutale Brandmarkung Schillers" bezeichnet, so Egbert Delpy, in: Leipziger Neueste Nachrichten, Nr. 312, vom 12. November 1910. Vgl. dazu auch Hedda Eulenberg, Im Doppelglück von Kunst und Leben, Düsseldorf 1952, S. 133f.

12 Eulenberg, Schattenbilder, S. 22–42.

13 In: Masken, Düsseldorf 1906, 1. Jg., Heft 38, S. 1–4.

14 Eulenberg, Schattenbilder, S. 33 und 25.

15 Eulenberg, Schattenbilder, S. 27.

16 Eulenberg, Schattenbilder, S. 56ff.

Sich an Shakespeare orientierend wollte er den Zuschauer der banalen „Natürlichkeit des Lebens“ entziehen und ihm eine gesteigerte Existenzform des Daseins vorzuführen.[17]

44: *zwei Gemälde:* Eulenbergs „Schattenbilder“ enthalten Abhandlungen zu Raffael, Michelangelo, Albrecht Dürer und Rembrandt.[18]

44f.: *mehrere Sonntagspredigten:* Hinweis auf den sakralen Anspruch der von Eulenberg im Rahmen seiner Matineen am Düsseldorfer Schauspielhaus gehaltenen Künstlerreden, mit denen er – ähnlich den „Monistischen Sonntagspredigten“ von Ostwald – „dem Volk an seinen Sonntagen den Gottesdienst ersetzen“ wollte.[19] Ganz in diesem Sinne trägt Eulenbergs Schattenbild „Nachfolge Goethes“ den Untertitel „Eine Laienpredigt“.

45: *vier Wanderbücher:* Eulenberg schrieb „Rund um Düsseldorf. Ein Wanderbuch. Mit Wanderfreunden zusammengest. u. hrsg. Nebst 1 Wanderkarte u. 14 Abb.“, Düsseldorf 1910.

45f.: *etwa 25 geniale Menschen der Vergangenheit:* Anspielung auf Eulenbergs zahlreiche Kurzabhandlungen „eines großen Mannes“, die er bei den Matineen im Düsseldorfer Schauspielhaus vortrug und in seinen „Schattenbildern“ veröffentlichte.[20]

63: *Die vorliegenden Schattenrisse:* In seinen „Anmerkungen für Ungebildete“ weist Schmitt darauf hin, daß Eulenbergs „Schattenbilder“ das Muster seiner „Schattenrisse“ sind, das er zugleich über die Modifikation des Titels karikiert, indem er die Bildung eines Schüttelreimes nahelegt.

74f.: *Problemen, von denen der einfache Bürgersmann keine Ahnung hat:* Eulenbergs „skizzenhafte Darstellung“ des einzelnen Künstlers wollte „nicht wissenschaftlich genau und haarscharf dem Vorbild getreu“ sein, sondern schildert dem einfachen Bürger zum besseren Verständnis die „großen Männer“ in alltäglichen Lebenszusammenhängen.[21]

---

17 Herbert Eulenberg, Wie ich gespielt werden möchte, in: ders., Mein Leben für die Bühne, Berlin 1919, S. 17. Vgl. dazu auch: Paul Fechter, Das Europäische Drama, Bd. 2, Mannheim 1957, S. 323.

18 Eulenberg, Schattenbilder, S. 193–206.

19 Herbert Eulenberg, Vorwort zur zweiten Auflage seiner „Schattenbilder“, S. XXIf., Berlin 1912.

20 Eulenberg, Schattenbilder, S. XXII.

21 Eulenberg, Schattenbilder, S. XVII und XXIII. In dieser Manier des Alltäglichen – die besonders kraß bei der Abhandlung zu Eulenberg zur Anwendung kommt – schrieb Schmitt seine „Schattenrisse“, um auf diese Weise den Zustand der aktuellen Kunst und Kultur abzubilden.

79–87: Karikierende Zuspitzung des Bildungsbürgers und der priesterhaften Sonderstellung Eulenbergs.

89: *unentwegt schabend und schaffend:* „Wem Leben und Dichten der nämliche Vorgang ist, der schafft wie er atmet“ – so Eulenberg in seiner Lebensbeschreibung von 1932.[22]

100: *biblischen Drama:* Anspielung auf Eulenbergs „Simson. Eine Tragödie nebst einem Satyrspiel“, Berlin 1910.

7. Pipin der Kleine

1–12: Anspielung auf Lamprechts Kulturgeschichtsschreibung und die Ausführungen zu Pippin in seiner „Deutschen Geschichte“.[1] Unter der Kapitelüberschrift „Familien- und Hofleben“ schildert Karl Lamprecht das Familienleben des „großen Kaisers“ und dessen „Gemütstiefe“; Pippin sei „nicht ohne geistige Interessen, voll Verständnis namentlich für Naturwissenschaften und Musik, im persönlichen Umgange freundlich, zu mild fast gegenüber den Fehltritten der Männer, die ihm nahestanden“.[2] Karikiert Lamprechts Begriff der Kulturzeitalter, das zur Zeit Pippins durch Naturalwirtschaft geprägt und auf die Familie, die ursprünglichste Form der Vergesellschaftung, zentriert sei.[3] An Lamprechts Feststellung: „der Lehnsstaat des fränkisch-deutschen Reichs war ein Erzeugnis der Naturalwirtschaft“ entzündete sich unter anderem die Diskussion um die neue Kulturgeschichtsschreibung, die Gegenstand dieses „Schattenrisses“ ist.[4]

13: *ergriff den schweren Hammer:* Anspielung auf Nietzsche, den Philosophen mit dem Hammer, auf den sich Lamprecht zur Begründung seiner Kulturgeschichte und insbesondere zur Schilderung des gegenwärtigen Zeitalters der „Reizsamkeit“ beruft.[5]

---

22 Herbert Eulenberg, Gestalten und Begebenheiten, Dresden 1932, S. 279.

1 Karl Lamprecht, Deutsche Geschichte, 5 Bde., Berlin 1892–96.

2 Lamprecht, Deutsche Geschichte, Bd. 1, S. 13.

3 Vgl. auch zu Lamprechts Begriff der Naturalwirtschaft: Max Lenz, Lamprecht's Deutsche Geschichte, 5. Bd., in: Historische Zeitschrift, NF, Bd. XLI, 3. Heft 1896, S. 9f.

4 Karl Lamprecht, Fürsten und Territorien im späteren Mittelalter, in: ders., Deutsche Geschichte, Bd. 4, S. 304.

5 Friedrich Nietzsche, Der Hammer redet, in: ders., Götzendämmerung, Kritische Studienausgabe, Bd. 6, hrsg. von Colli/Montinari, München 1988, S. 161; vgl. dazu: Karl Lamprecht, Ergänzungsband 1 zur „Deutschen Geschichte“, Berlin 1912, S. 464–471.

18–21: Anspielung auf den im Rahmen des Streites der Geschichtswissenschaft mehrfach erhobenen Vorwurf, daß Lamprechts sozial-psychologische Methode das Besondere der individuellen Einzelpersönlichkeit nivelliere und diese ganz in typisierten Gesetzmäßigkeiten aufgehen lasse.

22: *Stoffmangel der deutschen Lesebücher:* Hinweis auf Lamprechts Bemühungen um eine pädagogische Reform des Geschichtsunterrichts an Schulen und Universitäten, die die Differenz zwischen akademischem Bildungsideal und Brotstudium aufheben und dem technisch-naturwissenschaftlichen Bildungsprinzip der praktischen Verwertbarkeit des Wissens eine geistige Fundierung geben sollte.[6]

45: *dem bekannten Naumburger Festbankett;* Zeile 50f.: *bekannten Naumburger Vorfälle*; Anmerkungen für Ungebildete: *„Naumburger Intelligenzblattes", dessen Begründer bekanntlich Johann Huß ist, bekanntlich das erste Opfer des berüchtigten Spruchkollegiums:* Anspielung auf das jährliche Festbankett der drei Universitäten Halle, Leipzig und Jena, das in Bad Kösen bei Naumburg bis 1914 regelmäßig stattfand.[7] Die Verlagerung des Banketts nach Naumburg in Verbindung mit Johann Huß erfolgt gemäß des Studentenliedes von Karl Friedrich Seyfert: „Die Hussiten zogen vor Naumburg über Jena her und Camburg". Mit dem „berüchtigten Spruchkollegium" – eine Bezeichnung die der Jurist Wilhelm Kahl für das Spruchkollegium der altpreußischen unierten Landeskirche prägte – wird das Disziplinarurteil der Spruchkammer gegen den evangelischen Pfarrer Jatho zitiert.[8] Das Kollegium diente der Entscheidung über die Beanstandung der Lehre evangelischer Geistlicher in Altpreußen (sog. Irrlehregesetz vom 16. März 1910) und Nassau (Kirchenverfassung vom 5. Dezember 1922), die das Verhältnis zwischen geistlicher Lehre und Landeskirche regeln sollte. Das „Naumburger Intelligenzblatt" spielt auf die von Jatho herausgegeben Blätter an.[9] Die Ersetzung des

6 Vgl. dazu Louise Schorn-Schütte, Karl Lamprecht. Kulturgeschichtsschreibung zwischen Wissenschaft und Politik, Göttingen 1984, S. 209–256.

7 Vgl. dazu Berthold Litzmann, Im alten Deutschland, Berlin 1923, S. 332, sowie: Hans Lietzmann, Glanz und Niedergang der deutschen Universität. 50 Jahre deutscher Universitätsgeschichte in Briefen an und von Hans Lietzmann 1892–1942, Berlin – New York 1979, Brief 147, 290 und 281. Für diesen und den Hinweis auf das Spruchkollegium danke ich Pfarrer Walther Pachali und Roger Chickering, dem Biographen Lamprechts.

8 Vgl. dazu Wilhelm Kahl, Das neue preußische „Irrlehregesetz" (Deutsch-Evangelisch), o. O. 1910, S. 21–47.

9 Der Fall ‚Jatho' ging als „Kölner Kirchenstreit" in die Geschichte ein. Für den Zeitraum 1816/17 bis 1849 nachweisbar. Im 19. Jahrhundert waren sämtliche Zeitschriften mit dem Titel „Intelligenzblätter" an die „gebildeten Stände" adressiert. Jatho gab seine Predig-

Namens Jatho durch Johann Huß aktualisiert die durch Huß aufgeworfenen Glaubensfragen und transformiert sie zu einem modernen Glaubensstreit zwischen Universitäten und kirchlicher Lehre, entzündet am geschichtswissenschaftlichen Streit zwischen der „alten" politischen Geschichtsschreibung und der vor allem durch Lamprecht militant vertretenen neuen Kultur- und Sozialgeschichtsschreibung, der auch durch den Antagonismus von Katholizismus und Wissenschaft geprägt war.[10] Erinnert wird damit weiter an den durch ein Schiedsgericht beigelegten Streit zwischen Lamprecht und Below, das – nach einer Zurücknahme der Vorwürfe durch Lamprecht – beiden ein Schweigegebot auferlegte und sich wieder auflöste.[11]

51–53: *Der Monarch bedauerte, daß seine Familienverhältnisse die Zerklüftung der deutschen Wissenschaften noch vergrößert hätten:* Das mittelalterliche Kaisertum stand bereits in der Mitte des 19. Jahrhunderts in der zwischen Sybel und Ficker ausgetragenen Debatte im Zentrum der Kontroverse der Geschichtsschreibung. Sie wurde im Vorfeld der Reichsgründung 1870 auf politischem Forum im Rahmen der „für den heraufziehenden Kulturkampf berühmt gewordenen Adreßdebatte" wiederholt.[12] Im um 1900 entfachten Streit um Lamprechts Kulturgeschichte stand ebenfalls die Deutung des Mittelalters und die deutsche Kaiserpolitik im Zentrum.[13]

67–100: Diese im Originaltext durch Sperrdruck hervorgehobene Passage, gibt ganz unmittelbar die Schmittsche Position wieder. Der „Selbsterhaltungstrieb" spielt auf die ungeheure Ausweitung des Lehrkörpers („Dozentenschwemme") um 1900 an den Universitäten an und auf die Rolle der Person des Historikers, die Lamprechts Kulturgeschichtsschreibung diesem zuschreibt.

---

ten und Andachten in Schriften unter dem Titel „Fröhlicher Glaube" (1910/11) heraus und wurde nach dem Urteil 1911 seines Amtes enthoben.

10 Vgl. dazu Martin Baumeister, Von der „Parität zur „Inferorität": die Schlüsselfrage des „katholischen Bildungsdefizits", in: ders., Parität und katholische Inferiorität. Untersuchungen zur Stellung des Katholizismus im Deutschen Kaiserreich, Paderborn u. a. 1987, S. 39–72.

11 Vgl. dazu Gerhard Oestreich, Die Fachhistorie und die Anfänge der sozialgeschichtlichen Forschung in Deutschland, in: Historische Zeitschrift, Bd. 208/1969, S. 347.

12 Elisabeth Fehrenbach, Wandlungen des deutschen Kaisergedankens 1871–1918, München 1969, S. 29; sowie: Theodor Schieder, Das Deutsche Kaiserreich von 1871 als Nationalstaat, Köln – Opladen 1961, S. 81.

13 Vgl. dazu auch Ernst Engelberg, Zum Methodenstreit um Karl Lamprecht, in: Joachim Streisand (Hrsg.), Die bürgerliche Geschichtsschreibung von der Reichseinigung von oben bis zur Befreiung Deutschlands vom Faschismus, Berlin 1965, S. 136–152.

74f.: *daß es nur eine Einteilung der Menschheit gibt: Volk und Genie:* Formulierung von Schmitts dualistischer Position gegen die Perhorreszierung des „Subjektivismus“ und dessen Tendenz, jedem Einzelnen (eine zumindest potentielle) Genialität zuzuschreiben.

Anmerkungen für Ungebildete „Pipin der Kleine“ (S. 65ff.)

8–10: *Man weiß, daß die auf dem berühmten Bankett angebahnte Versöhnung der beiden großen historischen Schulen bereits im Keime abgetrieben wurde:* Anspielung auf Lamprechts philosophischen Gewährsmann Nietzsche, der wie Lamprecht Schüler in Schulpforta war und lange Jahre in Naumburg lebte; an ihm schieden sich die Geister der beiden historischen Schulen.[14]

10–14: *Da der Gegensatz [...] identisch ist mit dem zwischen gallischer und germanischer Rasse:* Anspielung auf die französische Geschichtsschreibung, die früher und weniger kontrovers als die deutsche Geschichtswissenschaft einen Paradigmenwechsel vollzog. Durkheim, Berr, Monod und Blondel – letzterer würdigte in einer Rezension Lamprechts „Deutsche Wirtschaftsgeschichte“ – wandten sich bereits früh den „sozialpsychischen Einheiten“ von Gruppen und Gesellschaften zu.[15] Ähnliches gilt für die Mentalitätengeschichte der Schule der Annales (Marc Bloch, Lucien Febvre). Nach dem ersten internationalen Historikerkongreß im Jahre 1900 in Paris vertieften sich die Kontakte zwischen Lamprecht und den Vertretern der kulturhistorischen Methode Frankreichs.[16]

32f.: *Autorität eines berühmten Historikers einer sächsischen Universität:* Anspielung auf Karl Lamprecht und die Universität Leipzig.

35–61: Karikatur von Lamprechts Klimageographie und seiner Lehre von den Kulturzeitaltern. Der Begriff „Abspülbarkeit“, der für die Restitution eines ‚sauberen‘ Tableaus steht, charakterisiert die Kulturgeschichte als Methode, alle Konflikte oder Zustände durch Erklärungen zu „beseitigen“.

---

14 Vgl. dazu Schorn-Schütte, Lamprecht, S. 22.

15 Vgl. dazu Karl Lamprecht, Der Ausgang des geschichtswissenschaftlichen Kampfes, Berlin 1897, S. 196. Lamprecht beruft sich hier zur Rechtfertigung seiner Kulturgeschichte auf das Urteil des Auslandes, denn dieses „urtheilt unparteiisch und aus einer Perspektive, die den Dingen das Zufällige und Persönliche abstreift. Kein Urtheil ist hier aber von größerem Interesse als das Frankreichs.“

16 Vgl. dazu Schorn-Schütte, Lamprecht, S. 309ff., sowie: E. Schulin, Traditionskritik und Rekonstruktionsversuch. Studien zur Entwicklung von Geschichtswissenschaft und historischem Denken, Göttingen 1979, S. 149f.

64f.: *die Tatsache, daß man im Jahrhundert der Reizbarkeit lebte:* Hinweis auf den von Lamprecht geprägten Begriff des „Zeitalters der Reizsamkeit", mit dem er die sozialpsychologische Struktur der Gegenwart beschreibt. Der Begriff wird hier auf Lamprecht, der persönlich als außerordentlich „reizbar" galt, selbst angewendet.

66: *Ein schwerverständlicher Berliner Soziologe:* Anspielung auf Georg Simmel, dessen kulturphilosophische, entwicklungstheoretische und sozialpsychologische Ansätze Lamprecht ab 1890 in seiner „Deutschen Geschichte" aufgreift.

73f.: *kürzlich in den Grafenstand erhobenen Hofhistoriographen:* Anspielung auf Otto von Gierke, dessen Hauptwerk „Das deutsche Genossenschaftsrecht" nachhaltig Lamprechts „Deutsche Geschichte" beeinflußte. Die polemische Bezeichnung „Hofhistoriograph" verweist auf Gierkes Erhebung in den Adelsstand.[17]

8. Wilhelm Schäfer

8–11: *geheimnisvollen Fußangeln des Schicksals [...] uns die Hände wundreiben:* Anspielung auf Schäfers Auffassung von der schicksalhaften Vorbestimmheit des Menschen. Konkretes Zitat aus: Wilhelm Schäfer, Karl Stauffers Lebensgang.[1]

13: *Briefträger:* In verschiedenen Texten von Schäfer, so z. B. in „Die Mißgeschickten", taucht der Briefträger als Überbringer von schicksalhaften Ereignissen auf.[2]

16: *Wirkung mehrerer Gläschen Kirschwasser:* Anspielung auf Schäfers Stellungnahme zu einer Umfrage der Zeitschrift „Das literarische Echo" zum Thema „Dichterische Arbeit und Alkohol", in der er die schöpferische Wirkung des Weines im Gegensatz zu jeglicher Art von Schnaps betont.[3] Die bäuerlichen Gestalten in Schäfers Anekdoten dagegen trinken Schnaps; Bier und Wein gelten als „städtische" Getränke.[4]

---

17 Die Identifizierung von Gierke stützt sich auf eine Notiz im Nachlaß von Carl Schmitt. Gierke wurde in die Friedensklasse des Ordens Pour le mérite aufgenommen und in den erblichen Adelsstand erhoben; vgl. dazu Hans Boldt, Otto von Gierke, in: Hans-Ulrich Wehler (Hrsg.), Deutsche Historiker, Göttingen 1982, S. 9.

1 München – Leipzig 1912; zit. nach: München 1923, S. 134.

2 Wilhelm Schäfer, Die Mißgeschickten (1909), München 1932, S. 53.

3 Heft 9, 1906/07, S. 124f.

4 Vgl. dazu Schäfers frühe Anekdoten „Mannsleut. Westerwälder Bauerngeschichten", Elberfeld o. J. [1894].

30f.: *der einflußreichste Kunstschriftsteller des schwarzen Erdteils:* Anspielung auf Wilhelm Schäfers vielbeachtete Tätigkeit als Kunstschriftsteller, die sich vorwiegend auf die katholischen Rheinlande konzentrierte.

32: *Werke als Äußerungen einer knorrigen Begabung:* Hinweis auf Schäfers frühes und vehementes Eintreten für den Maler Hans Thoma. Neben zahlreichen Kurzhinweisen in der von ihm herausgegebenen Kunstzeitschrift „Die Rheinlande", schrieb Schäfer in der Zeitschrift „Nord und Süd" eine Abhandlung über den „Sonderling" Thoma und betont vor allem dessen „Volkstümlichkeit".[5]

39: *diesseits Mehlems:* Hinweis auf Schäfers Anekdote „Der Jüngling zu Mehlem". Die kurze Anekdote ist ein typisches Beispiel für Schäfers Auffassung von der schicksalhaften Vorbestimmtheit des Menschen.[6]

43: *Buch über den „Schriftsteller":* Wilhelm Schäfers Abhandlung „Der Schriftsteller" erschien als 39. Band in der von Martin Buber herausgegebenen Reihe „Die Gesellschaft".[7] Schäfer schildert den Schriftsteller als bürgerlichen Brotberuf mit allen institutionellen Sicherungen, der den bisherigen Stand des Dichters ablösen müsse.

44f.: *bei Vallendar eine große Wagenfuhre Maßstäbe in den Rhein:* Anspielung auf Schäfers Herausgebertätigkeit für die Zeitschrift „Die Rheinlande" und seine Gründung des Verbandes der „Kunstfreunde in den Ländern am Rhein", die er ab 1908 von seinem Wohnsitz in Vallendar aus organisierte.

74–76: *Tabakspfeife des Weltenbaumeisters [...] Millionen schönheitstrunkener Existenzen:* Anspielung auf Schäfers Artikel in der Zeitschrift „Die Rheinlande": „Der Tabak in Kunst und Natur".[8] Er weist hier anläßlich einer Festschrift des Tabakfabrikanten Josef Feinhals auf die durch Peter Behrens in Zusammenarbeit mit der AEG gestaltete kunstgewerbliche Erziehung und deren vorbildhaften Charakter für die ästhetische Gestaltung des Lebens- und Wohnbereichs hin.[9] Zum festen Bestandteil dieser Ästhetik zählt Schäfer in Anlehnung an die Festschrift die Tabakspfeifen.[10]

---

5 Vgl. Nord und Süd, 130. Bd., 33. Jg., 1909, S. 423–440.

6 Wilhelm Schäfer, Der Jüngling zu Mehlem, in: ders., Rheinsagen, Berlin 1908, S. 93ff.

7 Frankfurt/M. 1911.

8 In: Die Rheinlande, 1911, S. 239.

9 Im Vorwort der Festschrift wird im Hinblick auf die Verpackung der Tabakprodukte vom „Individualismus der Moderne" gesprochen, der das Gelingen der „unbedingten Wertung der Persönlichkeit" sicherstelle. G. E. Lüthgen, Moderne Packungen, in: Festschrift für Josef Feinhals, o. O. o. J. [1911], S. 64.

10 Den Begriff des „Weltbaumeisters", der die „Unklarheit des Kausalitätsbegriffs enthalte", erwähnt Schmitt im Zusammenhang mit dem „législateur", in: Carl Schmitt, Politische Theologie, München – Leipzig 1922, S. 61; vgl. dazu auch den Schattenriß „Walther Rathenau".

86: *der alte Charon:* Hinweis auf die durch Otto zur Linde herausgegebene Zeitschrift der „Charon“, dem ab 1912 „Die Brücke“ als aktuelle „Monatsschrift für Zeitinterpretation“ an die Seite gestellt wurde.[11] Programm des „Charon“ ist die „Einheit des Menschengeschlechts“, und er machte sich zur Aufgabe – ähnlich wie der „Kunstwart“ –, in jedem Individuum den Künstler zu fördern.[12]

97f.: *übel aussehender Holländer:* Anspielung auf Schäfers zahlreiche Abhandlungen zu Van Gogh in seiner Zeitschrift „Die Rheinlande“.

107f.: *Immer zehn Jahre hinterdrein und mit einem Gesicht, als wären sie hundert voraus:* Anspielung auf Schäfers konservative und rückwärtsgewandte Beurteilung von Kunst und Literatur, die sich zugleich als Überwindung der industriellen Moderne verstand.

120f.: *Ein Polizeibeamter schrieb den Namen des Kunstmalers auf:* Anspielung auf Schäfers Anekdote „Der blaue Christian“.[13]

125f.: *alles Genie nur gesteigerter Leichtsinn ist:* Korrektes Zitat aus Wilhelm Schäfers „Karl Stauffers Lebensgang. Eine Chronik der Leidenschaft“. Dieser Satz gibt in nuce Schäfers Genie-Definition wieder; sie ist eine Absage der Definition des Genies als das besondere und singuläre Individuum.[14]

9. Eberhardt Niegeburth

1–3: *Der Tag seiner Geburt steht nicht genau fest, und man wird gut daran tun, die zahllosen Hypothesen darüber auf sich beruhen zu lassen:* Hinweis darauf, daß ‚Niegeburth‘ eine fiktive Gestalt ist, gestaltet als Collage aus typischen Merkmalen des Künstlers und der Literatur um 1900. Der Name ist eine kryptische Anspielung auf Nietzsche (den philosophischen Gewährsmann der in den Schattenrissen dargestellten Personen) im Sinne einer „Nietzsche-Geburt“.

---

11 Otto zur Linde gilt nicht zuletzt aufgrund seiner zahlreichen Zyklen, in denen er Alltagssituationen in „natürlichem Sprechrhythmus“ aufzeichnet, als „Vorläufer des Expressionismus“. Silvio Vietta, Expressionismus, München 1975, S. 267 und 259.

12 So einer der Herausgeber des „Charon“, Otto zur Linde, Andeutender Versuch einer Einreihung der Charonbewegung in die Kunst unserer Zeit, in: Der Kunstwart, 25. Jg., Heft 4/1912, S. 77.

13 In: Wilhelm Schäfer, Gottlieb Mangold. Der Mann in der Käseglocke, Berlin 1901, S. 59–100.

14 München – Leipzig 1912, S. 96. 1892 wurde die Biographie von Otto Brahm „Karl Stauffer-Bern. Sein Leben. Seine Briefe. Seine Gedichte“, Stuttgart 1892, von Fritz Mauthner, der mit Stauffer befreundet war, besprochen, in: Das Magazin für Litteratur, 62. Jg., 1893, S. 79.

8f.: *Novellen, wie sie nur der große Gottfried schrieb:* Keller gewinnt „Freiheit und Distanz“[1] erst in der Novellistik seiner 1878 veröffentlichten „Zürcher Novellen“. Sein „Übergang vom Roman zur Novelle“ ist ein „Übergang vom Schreiben des Schreibens zum Schreiben des Redens“; er folgt damit dem Topos, mit dem Schmitt die Romantiker charakterisiert.[2]

9f.: *Operntexte, wie sie nur der kolossale Fulda:* Ludwig Anton Salomon Fulda (1862–1939) lebte als freier Schriftsteller ab 1898 in Berlin, gab vielbeachtete Übersetzungen von Molière, Rostand und Shakespeares Sonetten heraus, war Mitglied des „Zehnmännerkollegiums“[3] an der von S. Fischer mitbegründeten „Freien Bühne“, kämpfte 1900 mit Sudermann gegen die ‚Lex Heinze‘ und trat früh dem „Kartell lyrischer Autoren“ bei, das Schmitt hier u. a. bei Dehmel erwähnt.[4] Eine Vertonung von Texten Fuldas ist nur in einem Fall nachweisbar: der Berliner Komponist Ferdinand Hummel (1855–1928) vertonte Fuldas „Schlaraffenland“, Märchenspiel 3, im Jahre 1899, das in Berlin uraufgeführt wurde.[5] Das Märchen entwirft ein banales romantisches Erziehungsprogramm. Die zahlreichen Theaterstücke Fuldas wurden zumeist mit großem Erfolg am Deutschen Theater Berlin aufgeführt.[6] Die Hervorhebung der Operntexte, die bei Fulda nicht der realen Praxis entspricht, muß als Hinweis auf die den Fuldaschen Texten eigentümliche Melodramatik verstanden werden,[7] die die damalige Tendenz der ‚Veroperung‘ des

1 Die Aufnahme der Novellen durch die Kritik war ‚eine ungeteilt freudige“; zit. nach: Jakob Baechtold, Gottfried Kellers Leben. Seine Briefe und Tagebücher, 3. Bd.: 1861–1890, Berlin 1897, S. 258.

2 Gerhard Kaiser, Gottfried Keller. Das gedichtete Leben, Frankfurt/M. 1981, S. 271 und 273.

3 Vgl. dazu Bernhard Gajek, Theater als Gebrauchskunst. Überlegungen zu den Bühnenstücken von Ludwig Fulda, in: Gajek/Wedel (Hrsg.), Gebrauchsliteratur, Interferenz, Kontrastivität. Beiträge zur polnischen und deutschen Literatur- und Sprachwissenschaft, Frankfurt/M. – Bern 1982, S. 145f. Neben den Gebrüdern Hart, Theodor Wolff und Gerhart Hauptmann war auch Fritz Mauthner Mitglied des Kollegiums. Vgl. dazu: Ruth Freydank, Theater in Berlin. Von den Anfängen bis 1945, Berlin 1988, S. 328ff.

4 Vgl. dazu Fuldas Abhandlung: Die Reform des Urheberrechtes, Berlin 1928.

5 Ludwig Fulda, Schlaraffenland. Märchenschwank in drei Akten, Stuttgart 1900; Aufführungsort ist nicht belegt, vgl. dazu Franz Stieger (Hrsg.), Opernlexikon, Bd. III: Librettisten, Tutzing 1979, S. 325.

6 Norbert Jaron/Renate Möhrmann/Hedwig Müller, Berlin – Theater der Jahrhundertwende. Bühnengeschichte der Reichshauptstadt im Spiegel der Kritik (1889–1914), Tübingen 1986, S. 152.

7 Vgl. dazu Fritz Martini, Ludwig Fulda, in: Neue Deutsche Biographie, Bd. 5, S. 727.

Theaters widerspiegelt und die umgekehrt auch zu einer „Literarisierung der Oper“ führte.[8]

10f.: *Anekdoten, wie sie nur der fabelhafte Schäfer:* Vgl. dazu den Kommentar zum Schattenriß „Wilhelm Schäfer“.

15f.: *versenkte er sich tief in die idyllischen Seligkeiten des Darwinismus:* Neben Nietzsche ist Darwin der wichtigste Bezugspunkt aller in den Schattenrissen abgehandelten Personen.

17: *kratzte er sich wund an den Gittern seiner Begabung:* Anspielung auf Wilhelm Schäfer und dessen Genie-Begriff.[9]

21: *Oktav:* Achtel-Bogen, der um 1900 mit der Massenproduktion zum gängigen Buchformat wurde.

26: *Petroleuse:* Bezeichnung für die weiblichen Kommunarden, die während des Pariser Kommuneaufstandes 1871 u. a. die Tuilerien und das Stadthaus mit Hilfe von Petroleum niederbrannten.[10] Das „blutige Trauma“ des Aufstandes wurde durch Lissagarays Werk „Histoire de la commune de 1871", dessen zweiter Auflage der Untertitel „Auf dass man es wisse“ beigefügt wurde, um die Jahrhundertwende viel rezipiert.[11]

28f.: *die allgemeine Schulpflicht einen Inhalt bekommt:* Anspielung auf die um 1900 heftig geführte Diskussion um den Lesestoff in der Volksschule. Sie richtete sich gegen das Bildungsideal der Klassik, da deren Texte „nicht einmal mehr in der volksechten Wegelinie, sondern abseits auf einem toten Gleise“ stehen.[12] Zur Grundlage der allgemeinen Volksbildung wurde nun das „Prinzip der Arbeitsschule“ erhoben, das in enger Verbindung von reformpädagogischen mit völkischen Bestrebungen „wieder zu den ‚echten Volkstumswerten‘“ zurückführen solle.[13] Die Textauswahl orientierte sich an der Darstellung der ‚einfacheren‘ Lebens- und Gesellschaftsverhältnisse; Autoren wie Hauptmann, Dehmel, Wildenbruch,

---

8 Mit Hilfe von „übersteigertem Sprechgesang“ und einem „dichten Stimmengeflecht“ wurde versucht, eine „kühne ‚Nervenkontrapunktik‘“ zu setzen. Joseph Müller-Blattau, Oper und Dichtung. Probleme des zeitgenössischen Musiktheaters, Bremen 1965, S. 13 und 6.

9 Vgl. dazu den Kommentar zum Schattenriß „Wilhelm Schäfer“.

10 Jacques Rougerie, Y eut-il des pétroleuses?, in: ders., Procès des Communards, Paris 1964, S. 118ff., sowie: Edith Thomas, Les ‚Pétroleuses‘, Paris 1963.

11 Jean Cassou/Emil Langui/Nikolaus Pevsner, Durchbruch zum 20. Jahrhundert. Kunst und Kultur der Jahrhundertwende, München 1962, S. 5f.

12 Severin Rüttgers, Über die literarische Erziehung als ein Problem der Arbeitsschule, Leipzig – Berlin 1910, S. 37.

13 Horst Joachim Frank, Geschichte des Deutschunterrichts. Von den Anfängen bis 1945, München 1973, S. 541 und 542.

Bierbaum, Ricarda Huch, Evers, Keller, Avenarius, Sudermann u. a. waren paradigmatisch für den neuen Kanon.[14]

35–46: Anspielung auf die durch die Zeitungen des Ullstein-Verlages abgedruckten Fortsetzungsromane, die sich einer großen Popularität erfreuten. Das Medium des Zeitungsromans erfordert und bedingt eine literarische Form, in der Novelle und Journal eine spezifische Einheit eingehen.[15]

40f.: *„Erlebtes und Erlauschtes aus einem Kinderwagen":* Hinweis auf das durch Ellen Key ausgerufene ‚Jahrhundert des Kindes' sowie Anspielung auf Richard Dehmels Bücher für Kinder, die die neue Reformpädagogik widerspiegeln.[16] Dehmels Dichtung erschloß unter Umsetzung des Lamprechtschen Geschichtsbegriffs der ‚Reizsamkeit' das Kind als Gegenstand der naturalistischen Dichtung.[17]

42f.: *Schäfers gewaltigem Epos „Fritz und Paul auf der Bürgerschule":* Unter diesem Titel beschreibt Wilhelm Schäfer die Erfahrungen zweier auf dem Lande aufgewachsenen Schüler mit dem bürgerlichen Milieu, dem sie aufgrund des Schulbesuchs ausgesetzt werden. Der sprachlich wie inhaltlich banale Text ist ein Abgesang auf das einfache ländliche Leben, dem das bürgerliche die ‚Unschuld' raubt. Zugleich enthält der Text eine Anleitung zur Heranbildung der Dichter-Existenz: Die Schüler schreiben Tagebuch, „wie alle großen Männer".[18]

47f.: *Synthese urgesunden Mystizismus und urgesunder Heimatkunst:* Hinweis auf Anatole France und Wilhelm Schäfer, deren heterogene Merkmale in der fiktiven Person ‚Niegeburth' ihren gemeinsamen Nenner erhalten.

50–53: Wiederholung der Motive der Romantikkritik Schmitts.

54f.: *vom Pithekanthropen bis Thomas Mann erectus:* Die von Haeckel geprägte Bezeichnung für eine von ihm gedanklich erschlossene Übergangsform vom Menschen zum Affen, übernahm E. Dubois für eine in Java gefundene Variante, die er ‚Pithekanthrop erectus' nannte.

---

14 Vgl. dazu J. Loewenberg (Hrsg.), Vom goldenen Überfluß. Eine Auswahl aus neuern deutschen Dichtern für Schule und Haus, Leipzig 1910 (1. Aufl. 1901).

15 Vgl. dazu Reinhart Meyer, Novelle und Journal. Bd. 1: Titel und Normen, Stuttgart 1987.

16 Im Jahre 1901 erschien von Paula und Richard Dehmel „Fitzebutze. Allerhand Schnickschnack für Kinder"; 1904 „Der Buntscheck. Sammelbuch für Kinder" und 1908 „Der Kindergarten. Gedichte, Spiele und Geschichten für Kinder und Eltern jeder Art".

17 Vgl. dazu auch Text und Anmerkungen zum Schattenriß „Pipin der Kleine".

18 Wilhelm Schäfer, Fritz und Paul, Berlin 1894, S. 5. Die beiden Protagonisten benutzen als Informationsquelle, die das Geschehen steuert und Material für das Tagebuch bereitstellt, ein Ofenrohr, mit dem sie die im Hause stattfindenden Gespräche abhören. Ebenda, S. 21ff.

57: *Reizsamkeit seiner Psyche:* Anspielung auf Karl Lamprecht, der diesen Begriff prägte und ihn unter Rückgriff auf Nietzsche zur Grundlage seiner neuen Kulturgeschichtsschreibung erhob. Lamprecht beschreibt damit das Merkmal der allgemeinen Seelenverfassung der Gegenwart, die geprägt sei durch die Kernerscheinungen des freien Unternehmertums.[19]

60: *Luftschiffe baut:* Hinweis auf Friedrich Nietzsche und den Schattenriß „Mein Bruder".[20]

62–66: Anspielung auf Darwins Entwicklungstheorie, die hier als Modell der modernen Arbeitsorganistion und im Sinne der Normierung des Menschen eingesetzt wird.

68f.: *getrennt schreiben, vereint kritisieren:* Variation des Mottos des ‚Kartells lyrischer Autoren': „Getrennt dichten, vereint kassieren"; Hinweis auf den Schattenriß „Richard Dehmel".[21]

69f.: *was du nicht willst, daß man dir tu:* Anspielung auf Fuldas Märchenkomödie „Der Sohn des Kalifen".[22]

72f.: *Vogelschau seiner Genialität:* Anspielung auf Friedrich Nietzsches „Zarathustra".

75: *Mariechen Werwolffsohn:* Vgl. dazu den Kommentar der Anmerkungen zum Schattenriß „Eberhardt Niegeburth".

82–86: *das Drama „Zu klein geraten", das bei seiner Uraufführung im Deutschen Theater zu Berlin zwar nur einen negativen Erfolg hatte, demgegenüber aber das Publikum um so glänzender durchfiel:* Hinweis auf Richard Dehmels Gedicht „Zu eng", das programmatisch für die sog. „Armeleutepoesie" des Naturalismus ist.[23] Anspielung auf die zeitgenössische Theaterkritik, die weniger die Dichter als den Geschmack des Publikums kritisierte. So betont Hermann Bahr, daß „alle demselben Trieb" gehorchen, „was groß ist oder groß sein will, klein und lächerlich zu machen. Das scheint das größte Vergnügen zu sein, das man

---

19 Vgl. dazu Karl Lamprecht, Deutsche Geschichte, Neue Folge, Bd. II, Berlin 1913, S. 20f.

20 Vgl. dazu den Kommentar zu „Mein Bruder".

21 Fritz Richert, Der organisierte Poet, in: Jochen Kelter/Jürgen P. Wallmann (Hrsg.), Ich bin nur in Wörtern. Johannes Poethen zum sechzigsten Geburtstag, Warmbronn 1988, S. 68. Vgl. dazu auch den Kommentar zu Richard Dehmel. Mit seiner Variation setzt Schmitt Kritik und Kommerz in eins.

22 Fedor von Zobelitz, Ludwig Fulda, in: Velhagen & Klasings Monatshefte, Jg. 1898/99, II. Bd., S. 331.

23 Kurt Kunze, Die Dichtung Richard Dehmels als Ausdruck der Zeitseele, 26. Heft der Beiträge zur Kultur- und Universalgeschichte hrsg. von Karl Lamprecht, Leipzig 1914, S. 83.

dem deutschen Bürgertum bereithen kann."[24] Das „Deutsche Theater zu Berlin" wurde von 1894 bis 1904 von Otto Brahm geleitet. Im November 1904, nach einem kurzen Intermezzo von Hans Lindau, ging die Leitung an Max Reinhardt über. Unter Otto Brahm war der Spielplan nahezu ausschließlich den naturalistischen Stücken verpflichtet.[25] Ein Programmschwerpunkt, der im April 1895 zur Kündigung der königlichen Loge durch Wilhelm II., jedoch nicht zum Schaden beim bürgerlichen Publikum führte.[26] Mit dem zum Ensemble von Otto Brahm gehörenden Max Reinhardt begann mit dessen Übernahme des Deutschen Theaters eine Phase der Inszenierung von Gegenwartsdramen und Klassikern, die sich vor allem am psychologischen Stimmungs- und Symbolgehalt der Dramen orientierte.[27]

88f.: *Farbenspektrum der modernen Psyche:* Anspielung auf die psychophysischen Experimente der Sinnesphysiologie und Psychologie, die davon ausgehen – so vor allem zuerst Ernst Mach –, daß die Farbe, wie andere Elemente, das ‚Ich' des erkennenden Subjekts erst bildet.[28] Machs „Psychophysischer Monismus", der das Reale in Empfindungskomplexe auflöst, wurde u. a. auch von Wilhelm Ostwald, der ihm seine „Vorlesungen über Naturphilosophie" (1902) widmete, aufgenommen.[29]

---

24 Hermann Bahr, zit. nach: Gajek, Theater als Gebrauchskunst, S. 151. Zu der an ‚kapitalistischen' Bedingungen orientierten Produktion und deren Auswirkung auf die aufgeführten Stücke, vgl. Jaron u. a., Berlin – Theater, S. 9. Vgl. dazu den Schattenriß „Pipin der Kleine".

25 Herbert Henze, Otto Brahm und das Deutsche Theater in Berlin, Berlin 1929, S. 13. Brahm legte sich damit auf seinen Ausgangspunkt der Freien-Bühnen-Bewegung fest.

26 Ruth Freydank, Theater in Berlin. Von den Anfängen bis 1945, Berlin 1988, S. 338.

27 Max Reinhardt, Etwas über meine Methode (1911), in: Knut Boeser/Renata Vatková (Hrsg.), Max Reinhardt in Berlin, Berlin 1984, S. 12.

28 Ernst Mach, Analyse der Empfindungen und das Verhältnis des Psychischen zum Physischen, Jena 1885, S. 2.

29 Vgl. dazu auch die lucide Abhandlung in den von Wilhelm Wundt herausgegebenen „Psychologischen Studien" von Florian Stefanescu-Goanga, Experimentelle Untersuchungen zur Gefühlsbetonung der Farben, VII. Bd., 1912, S. 284–333. Stefanescu, der auf G. Th. Fechners Ausführungen in dessen „Vorschule der Ästhetik" (2. Aufl. 1897) aufbaut, zeigt anhand der Darlegung seiner Methode paradigmatisch die Wendung, die mit der Ausdifferenzierung der Naturwissenschaften vollzogen wird: statt nach der bisherigen sog. Eindrucksmethode zu verfahren, wendet er die sog. Ausdrucksmethode an, die die individuelle sinnliche Wahrnehmung in objektive Kategorien und Erkenntnisse zu überführen ermögliche. Diese Wendung findet besonders deutlich in der Kunst des Expressionismus ihre Parallele. Paul Klee, dessen Malerei sich an anderen Parametern orientiert, bezeichnete Ostwalds Farbenlehre als „mörderische Praxis dieser Einheitsbestimmung". Paul Klee, Das bildnerische Denken, Basel – Stuttgart 1956, S. 522.

91: *enger als der eines Protisten:* Nach Haeckel: einzelliges Lebewesen.

94f.: *sein genialer Ästhetizismus, seine Überlegenheit über jeden Wert:* Anspielung auf Friedrich Nietzsche.

98f.: *Lektüre einer Biographie Cesare Borgias:* Borgia, um den stets die Legenden eines zweifachen Heldentums – des Staatsmannes und des Frauenhelden – blühten, rückte im frühen 20. Jahrhundert durch Jacob Burckhardts kulturhistorische Werke erneut ins Zentrum des Interesses.[30] Er dispensierte den „Gewaltmenschen" Borgia aufgrund seines politischen Handelns für eine Einigung Italiens von seinen Verbrechen und stilisierte ihn zum großen allgemeinen Individuum und unterstreicht dessen politisches Ziel der Vernichtung des Kirchenstaates.[31] Beides wird durch Nietzsche aufgegriffen, radikalisiert und gegen die Christusgestalt gestellt.[32] Der in England bereits im frühen 17. Jahrhundert anhand der Gestalt Borgias etablierte Diskurs des Antikatholizismus[33] findet hier seine kontinentale Ausformung und erfährt um die Jahrhundertwende eine neue Blüte in der Trivialliteratur.[34]

101: *trank zwei Glas Zypernwein:* Hinweis auf den ‚König von Zypern', Pygmalion, und dessen Erschaffung einer ‚schönen Frau' durch die Erweckung seiner Statue. Das Motiv wurde durch die Jahrhunderte hindurch variiert und erfuhr durch Karl Immermanns „Der neue Pygmalion" (1823) eine erste ‚bürgerliche' Bearbeitung im Sinne eines erotisch-pädagogischen Lehrstücks. Hinweis auf die gegenwärtige Ausformung dieses Schöpfermythos.

102–105: Suggeriert den Auftakt eines Kriminalromanes. Vgl. dazu auch den Kommentar zu Zeile 195f.

106–124: Das Carmen-Motiv in Verbindung von Geld und Adel (Rothschild), Exotisches in Verbindung mit einem (süd-)amerikanischen Land, entspricht den Grundelementen der am 2. November 1907 in Wien uraufgeführten Operette von Leo Fall „Die Dollarprinzessin",[35] die ein ‚Renner' der Operettenbühne wurde

---

30 Insbesondere durch seine „Kultur der Renaissance" (1867) und die „Weltgeschichtlichen Betrachtungen" (1905); vgl. dazu: Marion Hermann-Röttgen, Die Familie Borgia. Geschichte einer Legende, Stuttgart – Weimar 1992, S. 207ff.

31 Burckhardt, Renaissance, S. 106 und 103.

32 Vgl. dazu Hermann-Röttgen, Borgia, S. 216f.

33 Vgl. dazu Hermann-Röttgen, Borgia, S. 196ff.

34 Vor Veröffentlichung der „Schattenrisse" erschien das Drama von L. Gräfin von Uxküll „Cäsar Borgia. Ein dramatisches Charakterbild", Berlin 1907; sowie von Schubert-Soldern, Die Borgias und ihre Zeit, Dresden 1902.

35 Libretto von A. M. Willmer und Fritz Grünbaum.

und als eine der ersten und erfolgreichsten Publikationen des hier ebenfalls erwähnten Ullstein-Verlages eine ungewöhnlich breite Publikumsresonanz fand.[36]

109f./112/116/131: Der Name des Hotels „Zu den drei Tahitianern", der „kleinen Mohammed", die Papageien und der Manilastock, zitieren exotische Motive. Die Exotik erfährt um 1900 eine neue Intensivierung und eine einseitige, ästhetisierende Einschränkung: sie nimmt die „‚Psyche' des Schwarzen zum Ausgangspunkt".[37] In der bildenden Kunst durch Gauguin vorbereitet, wird vor allem von Matisse und Picasso in der Negerplastik ein „ungeschminkter Ausdruck der Primitivität" positiv bewertet und in ihrem Einfluß ein „retour aux sources" gesehen, da Kunst und Lebensform der Schwarzen als gesunder Ausdruck primitiver „Naturen" gelten, die „unbelastet von der Erziehung des weißen Mannes" seien. Sie werden zum Gegenmodell von Dekadenz und Zivilisation stilisiert.[38] Der Name des Hotels zitiert mit dem ‚verheißungsvollen' Wilden – der von Georg Forster auf Tahiti[39] lokalisiert wird – jene Seite der widersprüchlichen Wahrnehmung des Fremden, deren anderes Extrem durch den ‚kannibalisch-schrecklichen' Wilden geprägt ist. Mit der „Ansprache des Negers", des „echten Somali", in bayerischem Dialekt wird auf das ‚Unechte' des Exotenkultes angespielt.

115: *Bankierstochter Gabriele Simon:* Hinweis auf den Bankier Simon aus Kassel, der ein wichtiger Konkurrent des Bankhauses Rothschild war.[40] Schmitt suggeriert hier eine Verbindung der beiden (jüdischen) Konkurrenten.

127f.: *dem 19. März des Jahres 26 seit Fischers Verlag:* Dieses Zeile 174 und 204 wiederholte Datum des Jahres 1912 verweist vermutlich auf die Premiere der ‚Pantomime in einem Akt', „Pierrots letztes Abenteuer" von Victor Arnold, unter dessen Regie an diesem Tag die (Ur-)Aufführung in den Kammerspielen des Deutschen Theaters stattfand.[41] Mit dem Titel dieses Stückes von Arnold – der an Max Reinhardts Cabarett „Schall und Rauch" maßgeblich beteiligt war und „Ibsenia-

36 Vgl. dazu W. Joachim Freyburg/Hans Wallenberg (Hrsg.), Hundert Jahre Ullstein, Frankfurt/M. u. a. 1977, S. 181f. Zum Erfolg dieser Operette: Bernhard Grun, Kulturgeschichte der Operette, München 1961, S. 360f.

37 Martin Steins, Das Bild des Schwarzen in der europäischen Kolonialliteratur 1870–1918, Frankfurt/M. 1972, S. 127.

38 Steins, Das Bild des Schwarzen, S. 126f.

39 Georg Forster, Reise um die Welt, in: ders., Werke in vier Bänden, hrsg. von G. Steiner, Leipzig 1972, Bd. 1, S. 443ff.

40 Vgl. dazu Egon Caesar Conti, Der Aufstieg des Hauses Rothschild, 2 Bde., Leipzig 1927, Bd. 1, S. 85.

41 Nachweis in: Heinrich Huesmann, Welttheater Reinhardt. Bauten, Spielstätten, Inszenierungen, München 1983, Nr. 599.

na" im Stile der Commedia dell'amore inszenierte – verweist Schmitt auf das ‚letzte' Abenteuer Niegeburths, von dem es abschließend lakonisch heißt, daß er viele Jahre nach diesem „großen Erlebnis" gestorben ist.[42]

128f.: *das Glöckchen des Eremiten gegeben:* Erwähnung der gleichnamigen, außerordentlich populären komischen Oper in drei Akten von Louis (gen. Aimé) Maillart (1817–1871); Text von Lockroy und Carmon. „Les Dragons de Villars", so der französische Titel, wurde am 19. September 1856 in Paris uraufgeführt; in deutscher Sprache, unter oben genanntem Titel, erstmalig 1860 in Berlin. Die „bald heitere, bald rührende Dorfgeschichte", spielt vor einem „bedeutsamen historischen Hintergrund: der Verfolgung der protestantischen Camisarden durch die Dragoner des Marschalls Villars unter Ludwig XIV."[43] Dieses historische Ereignis wird im Libretto mit „Motiven aus George Sands Roman ‚La Petite Fadette' (1849)" verknüpft. Der ‚harmlose' deutsche Titel trifft mit seiner „Assoziation einer romantischen Idylle den Charakter des Werkes ungleich besser" als das französische Original, da die Handlung der Oper von Liebesgeschichten und den den Frauen und dem Wein zugewandten Dragonern dominiert wird; der politische Hintergrund bildet dazu lediglich die Kulisse.[44] Der Ablauf des Geschehens wird durch das Glöckchen des Eremiten gesteuert, das stets dann ertönt, wenn ein Dorfbewohner Ehebruch begeht.

143f.: *an allen Litfaßsäulen, in allen gelesenen Tageszeitungen;* 155: *mit angemessener Lichtreklame:* Aufzählung der modernen Reklamemedien um 1900, die in hohem Maße vor allem vom Verlag Ullstein in Anspruch genommen wurden und sich am „Vorbild der Werbung in den Vereinigten Staaten und Großbritannien" orientierte.[45]

145ff. und 156ff.: Die „Erklärung" und „Gegenerklärung", die über Litfaßsäulen und Tageszeitungen verbreitet werden sollen, spielen auf die Technik der ‚naturalistischen' Manifeste[46] an sowie auf die der naturalistischen Ästhetik verpflichtete Erzählung von Sacher-Masoch „Das letzte Rendezvous", das dieser als Teil seiner „Sozialen Schattenbilder. Aus den Memoiren eines österreichischen

---

42 J. G., Arnold, Victor, in: Enciclopedia dello Spettacolo, Bd. I, Firenze – Roma 1954, S. 952.

43 Eduard Hanslick, Von älteren Opern (Das Glöckchen des Eremiten. Der Wildschütz. Stradella. Belisar), 1888, in: ders., Musikalisches und Litterarisches. Kritiken und Schilderungen der Modernen Oper, V. Theil, Berlin 1889, S. 105ff.

44 Sieghart Döhring, Louis Maillart. Les Dragon des Villars, in: Carl Dahlhaus (Hrsg.), Pipers Enzyklopädie des Musiktheaters, Bd. 3, München – Zürich 1989, S. 634f.

45 Freyburg/Wallenberg (Hrsg.), Hundert Jahre Ullstein, S. 141.

46 Vgl. dazu den Kommentar zum Stichwort „Manifest".

Polizeibeamten" 1873 veröffentlichte und in der das Geschehen ebenfalls durch ein strukturell verwandtes Zeitungsinserat gesteuert wird.[47] Die hier von Sacher-Masoch eingeführte Figur verkörpert den für ihn charakteristischen „Prototyp des grausamen Weibes", das „genüßlich den Mann zum Sklaven erniedrigt".[48] Auf diesen Typus der Frau, der als Ausdruck für die „Sittenverrohung"[49] – so Bölsche – angesehen und ebenso angeprangert wird, wie er fasziniert, spielt Schmitt sowohl mit dem Namen „Werwolffsohn" wie auch mit seiner Carmen-Figur an.[50] Sacher-Masoch, so betont Heinrich Hart in seiner Programmatik einer „Neuen Welt", stehe für eine der „drei großen Richtungen in der Literatur": „Alle drei haben die Tendenz auf den Naturalismus gemein, fernerhin einen in den Kern der Welt eindringenden Pessimismus", deren „Vertreter" sich mit „besonderer Vorliebe in die sinnlichen Erscheinungen des Naturlebens" vertiefen.[51]

168: *gekleidet wie die Tochter Tizians:* Die Tochter Tizians, Livinia, war nicht nur „des Vaters Liebling", sondern auch sein bevorzugtes Modell. Zitiert wird hier das Bild Tizians mit dem Titel „Die Jungfrau mit der Fruchtschale", das von H. Knackfuß in seinen um 1900 außerordentlich populären Künstler-Monographien abgebildet wird.[52] Es handelt sich um ein Bildnis Livinias, das im Jahre 1549 als in Arbeit befindend erwähnt wird, und das „der Vermutung nach das jetzt im Berliner Museum befindliche Bild einer jungen Dame" ist.[53] „In einem vornehmen Kleid von grünem Seidendamast, mit einem lose um die Schultern geworfenen feinen weißen Schleier, geschmückt mit einem kostbaren Diadem in den goldblonden sich kräuselnden Haaren, mit einem Perlenhalsband und einem Gürtel aus kunstvoller Goldschmiedearbeit" – so Knackfuß' Beschreibung, die

---

47 Leopold von Sacher-Masoch, Soziale Schattenbilder, Halle 1873; Neuausgabe von Karl Emmerich, Berlin o. J.

48 Karl Emmerich, Nachwort zu: Sacher-Masoch, Schattenbilder, S. 244.

49 Wilhelm Bölsche, Hinaus über den Realismus, erstmals in: Freie Bühne für modernes Leben, 1. Jg., H. 40/1890, S. 1047–1050; zit. nach: Ruprecht (Hrsg.), Literarische Manifeste, S. 224.

50 Vgl. dazu den Kommentar der „Anmerkungen" zum Schattenriß „Eberhardt Niegeburth".

51 Heinrich Hart, Neue Welt, erstmals in: Deutsche Monatsblätter. Zentralorgan für das literarische Leben der Gegenwart, hrsg. von Heinrich und Julius Hart, Bd. 1/1878, S. 14–23; zit. nach: Ruprecht (Hrsg.), Literarische Manifeste, S. 15.

52 H. Knackfuß, Tizian, 4. Aufl., Bielefeld – Leipzig 1903, S. 103.

53 Man kann davon ausgehen, daß Schmitts Bemerkung, ihm sei der Name von Tizians Tochter entfallen, ein Hinweis darauf ist, daß es sich um dieses Bild Livinias handelt, da deren Namen nicht im Bildtitel erwähnt wird.

eine Assoziation an das ‚Reformkleid' und dessen kunsthandwerklichen Schmuck suggeriert.[54] Die vielzitierte Kleidung der von Tizian gemalten Frauen entsprach dem Geschmack der Jahrhundertwende.[55]

179–185: Zusammenfassende Wiedergabe von Schmitts grundsätzlicher Bewertung der modernen Literatur.

187: *Huppe einen schauderhaften Lärm:* Anspielung auf das Auto Wilhelms II., dessen Automobil-Hupe ein Motiv aus Wagners „Ring" wiedergab.

195f.: *mit der Sicherheit eines Nick Carter überschauend:* Hinweis auf das Pseudonym des Autors und Helden der um 1900 massenhaft verbreiteten Groschen-Krimialromane, die von den Autoren Thomas Chalmers Harbaugh, Frederic Van Reusselaer Dey, George Charles Jenk und Eugene T. Sawyer in den Jahren 1865 bis 1922 verfaßt wurden und in Europa ebenso wie in den USA sich einer großen Beliebtheit erfreuten. Insgesamt 1076 Titel dieser Kriminal-Stories wurden veröffentlicht und in siebzehn Sprachen übersetzt.[56] Die flott geschriebenen Kriminalgeschichten werden alle aus der Perspektive ihres Helden Nick Carter erzählt und ermöglichen durch das Konstruktionselement ihres Serienhelden eine Verknüpfung der einzelnen Episoden, die dem Leser auch bei versäumten Folgen einen sofortigen Wiedereinstieg in das Geschehen ermöglicht.[57] Diese „dime novels", die paradigmatisch für die neue literarische Massenproduktion sind, thematisieren vielfach Elemente der modernen Technik, die als wesentliche Steuerungsmomente der Handlung eingesetzt werden.

200–205: Zusammenfassende Wiedergabe der Erlebnis- und Ausdruckskunst, auf die Schmitt das Charakteristikum der von ihm auf die Romantiker angewandten Kritik des ‚l'art pour l'art' anwendet.[58]

216f.: *Plakate für unser Manifest:* Anspielung auf die Programme und Manifeste, die typisch für den literarischen Naturalismus sind und häufig an die Stelle des eigentlichen künstlerischen Schaffens traten. Ihr Anliegen war, die Kunst wissenschaftlichen Kriterien zugänglich zu machen; sie forderten eine Orientierung an deren Erkenntnisgrundsätzen.[59] Dieses „Charakteristikum der nachgoetheschen

---

54 Knackfuß, Tizian, S. 120.

55 Vgl. dazu Alfred Gold, Schöne Frauen, in: Arena, Heft 1910/11, S. 899.

56 Vgl. dazu den Reprint unter dem Titel: Nick Carter, Amerikas größter Dedektiv, hrsg. von Hans Friedrich Foltin, 2 Bde., Hildesheim 1972, No. 127–135 (erstmals: Dresden 1906).

57 Vgl. dazu Foltin, Vorwort zu: Nick Carter, Bd. 2, Hildesheim, New York 1972.

58 Vgl. dazu Carl Schmitt, Politische Romantik, Berlin 1925.

59 Vgl. dazu Manfred Brauneck/Christine Müller (Hrsg.), Naturalismus. Manifeste und Dokumente zur deutschen Literatur 1880–1900, Stuttgart 1987.

Literatur" markiert zugleich die Differenz zwischen Dichter und Schriftsteller und dessen Ausrichtung an den modernen Massenmedien.[60]

Anmerkungen für Ungebildete „Zu Eberhardt Niegeburth" (S. 67f.)

1: *Mariechen Werwolffsohn hieß mit Vatersnamen Lene Quast; auch Werwolffsohn ist ein Pseudonym:* Hinweis, daß es sich bei diesen Namen um Pseudonyme handelt. Sie stehen für Themen und Motive: ‚Werwolffsohn' rekurriert auf die Tradition des 19. Jahrhunderts, die dem Menschen zwei Seiten zuspricht: eine tierische und – durch den Vornamen ‚Mariechen' unterstrichen – eine menschliche.[61] Sie werden um 1900 in Zusammenhang mit Darwin aktualisiert und orientieren sich an der wissenschaftlich beschreibbaren Natur des Menschen, ihrer Normsetzung und Abweichung.[62] ‚Werwolffsohn', ‚Mariechen', ‚Lene' bezeichnen zugleich wesentliche Elemente des widersprüchlichen, zugleich emanzipatorischen und vielfach antifeministischen Weiblichkeitsentwurfs um 1900; sie sind ein wichtiges Bindeglied zwischen Naturalismus und Sozialismus. ‚Werwolffsohn' steht für die Sexualisierung der Frau und das Promiskuitätsmotiv, das dem Entwurf der Frau als ‚femme fatale' angehört. Die Vornamen dagegen nehmen die Funktion der Frau als Mutter und Ehefrau in den Blick. Diese Spannweite bildet sehr genau den seit der Romantik etablierten janusköpfigen Weiblichkeitsentwurf ab.

7–9: *Jacques Dalcroze, die trotz ihrer Bescheidenheit nunmehr bekannte Kulturprimel, ihre Glossen über „Rhythmik im Säuglingsschrei":* Der am 6. Juli 1865 geborene Schweizer Komponist und Musikpädagoge Emile Jaques Dalcroze, wurde um 1910 in die Modellsiedlung der Gartenstadt Hellerau berufen.[63] Hier

60 Erich Ruprecht (Hrsg.), Literarische Manifeste des Naturalismus 1880–1892, Stuttgart 1962, S. VI.

61 Vgl. dazu Klaus Völker, Nachwort zu: ders. (Hrsg.), Von Werwölfen und anderen Tiermenschen. Dichtungen und Dokumente, München 1972, S. 409–443.

62 Vgl. dazu Wilhelm Bölsche, Darwin in der Poesie, in: ders., Die naturwissenschaftlichen Grundlagen der Poesie. Prolegomena zu einer realistischen Ästhetik, Leipzig 1887, S. 98ff.; zit. nach: Ruprecht (Hrsg.), Literarische Manifeste.

63 Im Jahre 1915 veröffentlichten Medardus (d. i. Franz Blei), Prokop (d. i. Max Brod) und Sylvester (d. i. Erik-Ernst Schwabach) in Leipzig, mit einer Einleitung von Franz Blei, „Das Zaubertheater". Diese Sammlung von kleinen Theaterstücken bringt zum Abschluß des Bandes eine Gemeinschaftsproduktion von Blei und Brod mit dem Titel „Komödie auf Reisen. Theaterstück mit Musik", das Odysseus' Reise nach Hellerau, zum von Circe geleiteten Mädcheninternat schildert. Dieser brillante und witzige Text nimmt zur Charakterisierung des Internates zwei Motive auf, die Schmitt im Zusammenhang mit Dalcroze erwähnt: Die

sah er die besten Voraussetzungen „für eine Wiedergeburt kollektiv begangener Feste der Einwohner, wie sie seinen Vorstellungen über die kultischen Feiern der Griechen entsprachen".[64] Die ideellen Grundlagen der 1902 gegründeten „Deutschen Gartenstadt-Gesellschaft" standen dem „Deutschen Werkbund" und seinen Vertretern Henry van de Velde, Hermann Muthesius und Richard Riemerschmied nahe. In der Zusammenarbeit von Architekten und Raumausstattern mit Unternehmern wurde versucht, neue Formen des gemeinschaftsorientierten Zusammenlebens zu entwickeln, die den veränderten Lebensbedingungen in der Industriegesellschaft Rechnung tragen sollten. Dalcroze, der in den Jahren nach 1910 mit seinem musikpädagogischen Reformsystem – das auf rhythmisch-gymnastischer Basis eine Alternative zum bisherigen traditionellen Musikstudium darstellte – einer immer größeren Öffentlichkeit bekannt wurde, hatte „im Winter 1905/06 mit Hilfe des Genfer Psychophysiologen Edouard Claparède die Terminologie seiner rhythmischen Gymnastik" ausgearbeitet.[65] Um, wie Appia – der mit ihm befreundete Musiktheoretiker – betonte, „rattacher des recherches pédagogiques et esthétiques à des faits scientifiques".[66] Dalcrozes musikpädagogisches Programm ist ganz prinzipiell getragen von der Auffassung, daß das psychische System des Menschen durch den körperlichen Rhythmus intensiviert und produziert und der Mensch gesteuert werden kann. Es basiert auf sinnesphysiologischen Experimenten und den Ergebnissen der Experimentalphysik, wie sie zuerst von Helmholtz und Ernst Mach entwickelt wurden.[67] Dalcrozes Ziel einer ‚lebenden Kunst', die auf dem Verzicht der individuellen Freiheit und einem Aufgehen des Einzelnen in kollektiven, rhythmisch-ekstatischen Bewegungsabläufen aufbaut,[68] findet nicht

---

Mädchen müssen zur Unterbindung „der Wallungen oder bösen Triebe" neben Turnen, Handarbeiten und Wedekindschwärmen, „Dalcrozen" (262), das einzige System für Gymnastik, für das Circe „schwärmt" (271). Dieses Programm – so Circe – habe „niederschlagende Wirkung". Zur Unterstützung des Erziehungsanliegens wird zudem der „Kunstwart" abonniert. Die von Circe geübte „Köperkultur" hat im Stück aber zur Folge, daß Odysseus in Hellerau durch den Anblick der turnenden Mädchen in permanente Erregung versetzt wird.

64 Gernot Giertz, Kultus ohne Götter. Emile Jaques Dalcroze und Adolphe Appia, Münchener Universitätsschriften, Bd. 4: Münchener Beiträge zur Theaterwissenschaft, München 1975, S. 8.

65 Giertz, Kultus, S. 14.

66 Zit. nach: Giertz, Kultus, S. 14.

67 Mach habilitierte sich mit einer Arbeit über die Helmholtzsche Lehre von den Tonempfindungen. Vgl. Manfred Diersch, Empirokritizismus und Impressionismus. Über Beziehungen zwischen Philosophie, Ästhetik und Literatur um 1900 in Wien, Berlin 1973, S. 19f.

68 Giertz weist zu Recht darauf hin, daß Dalcrozes Pädagogik, und Appias streng darstellungsbezogene Ästhetik – mit der sie ihre ‚lebendige Kunst' verwirklichten – die „totale Mo-

nur in den Inszenierungen eines Max Reinhardt ihre Entsprechung, sondern sie folgt auch Nietzsches Diktum, daß die Musik „nach ihrer ebenmäßigen Schwester, der Gymnastik, als nach ihrer notwendigen Gestaltung im Reiche des Sichtbaren“ verlangt.[69] Schmitts Zitat „Rhythmik im Säuglingsschrei“ bezieht sich auf den Entwurf des Pädagogen Dalcroze, den ganzen Menschen endlich zu einem „musikalischen Resonator“ werden zu lassen.[70] Damit soll erreicht werden, daß die physikalische Beschaffenheit der Töne „in den Geweben und Nervensystemen entsprechende Schwingungen auslösen, um – wenn der Körper, auf den Empfang der musikalischen Gefühle völlig eingestellt“ ist – diese „sofort in plastische Gefühle“ umzuwandeln.[71] Schmitts feminine Bezeichnung „Kulturprimel“ geht auf einen durch Oskar Bie geprägten Begriff zurück, der die Schülerinnen von Dalcroze „Dalcrozienne“ nannte. Er schildert damit den Typus der ‚empfindlichen‘ und ‚kultivierten‘ höheren Bürgerstöchter.[72]

10: *zweispaltig für den „Kunstwart“ empfahl:* Der „Kunstwart“ existierte unter diesem Titel in den Jahren 1887/88–1911/12, sowie 1922–1932. Von Heft 21, 1907/08 bis Heft 28, 1914/15 trug die von Ferdinand Avenarius herausgegebene Zeitschrift den Untertitel „Halbmonatsschau für Ausdruckskultur auf allen Gebieten des Lebens“. Der neue Untertitel signalisiere, so Avenaris, daß der „Kunstwart“, der dem Programm der „Ausdruckskultur“ zwar längst entspreche, nun noch „freier“ über „das Bildungswesen in Schule, Haus und Öffentlichkeit überhaupt, die Pflege auch des körperlichen Gedeihens“ berichten wolle. Ziel sei „die Harmonie von Sein und Schein, die Wahrhaftigkeit und damit Gesundheit, Kraft und

---

bilmachung“ durch die „Arrangeure der Nürnberger Reichsparteitage“, in der eurhythmisch organisierten, pseudokultischen Selbstdarstellung der Volksgemeinschaft, erfuhr. Giertz, Kultus, S. 70.

69 Friedrich Nietzsche, Wagner in Bayreuth, zit. nach: Giertz, Kultus, S. 70.

70 Schmitt bezieht sich damit auf: Emile Jaques Dalcroze, Der Rhythmus. Ein Jahrbuch der Bildungsanstalt, Dresden/Hellerau, Jena 1911.

71 So Dalcroze, zit. nach: Giertz, Kultus, S. 78 und 77. Das Programm von Dalcrozes Gymnastik, „das getrennte Stromkreise verbindet“ (Dalcroze, in: Der Rhythmus, 1911, S. 4) und den Menschen als Empfänger von Schallwellen entwirft, wurde von Thomas Pynchon in „Gravity's Rainbow“ (dt. „Die Enden der Parabel“, Hamburg 1981) aufgegriffen: Pynchon setzt den Körper des Protagonisten Slothrop, mit seiner Fähigkeit, Schallwellen und Signale empfangen zu können, als Frühwarnsystem zur Abwehr von V-2-Raketen und B-17-Bombern ein. Pynchon ‚vollendet‘ damit den von Dalcroze begonnenen Entwurf des Menschen als technisches Sensorium.

72 Oskar Bie, Dalcrozienne, in: Die neue Rundschau, 23. Jg. der freien Bühne, Bd. 2/1912, S. 1162–1166. Vgl. dazu auch den Bericht über Hellerau von Julius Bab, Dalcroze, in: Die Schaubühne, 8. Jg./1912, S. 534–537.

Lebensfreude", um die „nationalen Geistesgüter", wie „sie im Deutschtume", an „dem nach des Dichters Wort dereinst noch die Welt genesen soll", liegen.[73] Der von Alfred Kerr als „Schollenbörse" bezeichnete „Kunstwart" erfuhr nach seiner Umgestaltung um die Jahrhundertwende eine Steigerung der Auflagenhöhe von 800 im Jahre 1899 auf 22000 im Jahre 1905.[74] Er war wesentlicher Initiator der Reformbewegung und propagierte das Ideal eines „kernigen und zugleich irrationalen Idealismus des ‚Rembrandtdeutschen' Langbehn".[75] Die Hauptleserschaft des „Kunstwart" bildete der Typus des „jungen, bildungshungrigen, mit 20 Jahren in die Praxis gestellten Volksschullehrers", der in dieser Zeitschrift „die Atmosphäre seines Elternhauses im Tone der Beiträge" fand.[76] Die Beiträge sind in der ersten Hälfte, die größere und grundsätzliche Abhandlungen enthält, einspaltig gedruckt; der zweite Teil, mit kürzeren Abhandlungen und Notizen zu aktuellen Themen und Ereignissen, dagegen zweispaltig. Der 25. Jahrgang, viertes Viertel, aus dem Jahre 1912 enthält eine einspaltige Abhandlung mit dem Titel „Dalcroze".[77]

17f.: *faßte sie den Entschluß, Eberhardt Niegeburth zu heiraten und tat es:* Weitere Anspielung auf Oskar Bies Ausführungen zur „Dalcrozienne".[78]

10. Anatole France

Pseudonym für Anatole-François Thibault, 1844–1924, Schriftsteller, Mitglied der Académie Francais, Ritter der Ehrenlegion (1884), 1921 Nobelpreis für Literatur.

1–3: *Die berühmte Ulme, in deren Schatten der Abbé Lantaigne mit Herrn Professor Bergeret die Fleischpreise des Schlachters Lafolie zu erörtern pflegte:* An-

73 Ferdinand Avenarius, Halbmonatsschau für Ausdruckskultur auf allen Lebensgebieten, in: Der Kunstwart, 20. Jg., Heft 24/1907, S. 700. Vgl. dazu auch: Willi Duwe, Deutsche Dichtung des 20. Jahrhunderts. Geschichte der Ausdruckskunst, Zürich 1936.

74 Alfred Kerr, Schollenbörse, in: Pan, 23. Dezember 1913, S. 733. Zur Auflagensteigerung vgl. Georg Ramseger, Literarische Zeitschriften um die Jahrhundertwende, Berlin 1941, S. 100f.

75 Pross, Literatur und Politik, S. 54.

76 Ramseger, Literarische Zeitschriften, S. 100. Vgl. zur Sozialstruktur des dem „Kunstwart" nahestehenden Dürerbundes: Rudolf Schenda, Die Lesestoffe der Kleinen Leute. Studien zur populären Literatur im 19. und 20. Jahrhundert, München 1976, S. 82f.

77 Wolfgang Schumann, Dalcroze, in: Kunstwart, 25. Jg., Juli bis September 1912, S. 154–160.

78 Oskar Bie, Dalcrozienne, S. 1166.

spielung auf „L'Orme du Mail“, Paris 1897, Bd. 1 von Anatole France' „Histoire contemporaine“.[1] Die beiden zentralen Figuren des Romans, Abbé Lantaigne und Professor Bergeret, treffen sich unter der Ulme zu theologisch-philosophischen Gesprächen. Die Erörterung der Fleischpreise durch andere Protagonisten in diesem Band thematisiert das Spannungsverhältnis zwischen hohem und niederem Klerus.

4f.: *Zoologischen Garten:* Hinweis auf Anatole France' Roman „L'Ile des Pingouins“, Paris 1908.[2]

6–8: *glaubt doch nicht, daß es hierzu eines Wunders bedürfe! Wer das Mittelalter so gut kennt:* Anspielung auf die zentrale Rolle, die das Wunder des christlichen Mittelalters in den Werken von France einnimmt. Der Begriff des Wunders steht bei France für kirchlichen Betrug und Entmündigung des Volkes.

10–18: Diese Wiedergabe von France' Weltbild suggeriert ein unaufhörliches Flottieren der Wortbedeutung und rekurriert auf seine Definition des Wortes, das er gegen die Festlegungen der Metaphysik abgrenzt.

10–14: Zusammenfassende Wiedergabe von Anatole France' Ausführungen über das kosmische Weltbild der Neuzeit in: „Der Garten des Epikur“.[3]

15: *nicht viel mehr bedeutet als ein Atom:* Anspielung auf eine Passage in: „Der Garten des Epikur“, die paradigmatisch für France' *Weltbild ist:* „Es ist auch nicht widersinnig, zu vermuten, daß Gedanken und geistige Kräfte von Jahrhunderten in einer Minute, in einem Atom leben und sterben.“[4]

17f.: *von dem Wärter behutsam mit der gegabelten Zange gepackt:* Anspielung auf den Straßenwärter in „Der Garten des Epikur“.

19: *Jardin d'Epicure:* Anspielung auf Anatole France' „Le Jardin d'Epicure“, Paris 1895. Als wissenschaftliche Quelle für dieses Werk gibt Anatole France Camille Flammarions „Populäre Astronomie“ an.[5]

20: *Alexandre Robespierre:* Großonkel des Revolutionärs Maximilien Robespierre; Randfigur in Anatole France' „Les Dieux ont soif“, Paris 1912.[6]

23: *Evariste Gamelin:* Hauptfigur in Anatole France' „Les Dieux ont soif“; Maler und Schüler Davids, Mitglied der Sektion Pont-Neuf, der – aus ärmlichsten

---

1 Deutsche Ausgabe: Die Ulme am Wall, München 1920/21. Vgl. dazu auch den Kommentar zu Zeile 64.

2 Deutsche Ausgabe: Die Insel der Pinguine, o. O. 1909.

3 France, Epikur, S. 3–7.

4 France, Epikur, S. 7.

5 So France in: Villa Said, S. 91.

6 Erste deutsche Ausgabe: Die Götter dürsten, München 1912. Im folgenden zit. nach: Berlin – Weimar 1984.

Verhältnissen stammend – „zum Geschworenen beim Revolutionstribunal ernannt“ wird und sich in dieser Position durch unbeugsame Härte auszeichnet.[7]

24f.: *letzte Wohnung in der Rue de l'Echelle kündigte:* Evariste Gamelin wohnte mit seiner Mutter „auf der Seite des Quai de l'Horloge“, die er in France' Erzählung nicht aufgibt.[8] Die hier erwähnte ‚Rue de l'Echelle‘ spielt auf die durch die Guillotine beendente Karriere von Gamelin an.

20–25: Die Revolutionäre Gamelin und Robespierre werden hier betont mit nebensächlichen, bürgerlichen und nicht mit revolutionären Ereignissen verbunden; karikiert France' Technik der Geschichtsdarstellung.

26: *Heroismus des Unverständlichen:* Anspielung auf Anatole France' Verhältnis zu den historischen Fakten.

30–35: Karikierende Wiedergabe von „L'Orme du Mail“, die einen positionslosen Relativismus supponiert.

36f.: *vermöge der Tatsache, daß sie Namen tragen:* France propagiert und ironisiert zugleich in seinen Werken die Bedeutung des Autornamens; vgl. dazu: „Garten des Epikur“[9]; „Le Lys rouge“, Paris 1894[10], sowie: „Auf dem weißen Felsen“[11].

39–42: *Unter der nunmehr stabilisierten Ulme, die – aus guten Gründen – dem Eisbärenkäfig gegenüber ihre Äste in zärtlicher Gravität von der feuchten Luft umfluten ließ:* Diese Wahrnehmung Bergerets der Ulme am Wall nach seiner Berufung an die Sorbonne spielt auf Anatole France' Berufung in die Académie Francais (1896) an.[12]

42: *Abbé Jérôme Coignard:* Abbé Coignard ist die zentrale Figur in „La Rotisserie de la Reine Pédauque“, Paris 1893,[13] sowie in „Les Opinions de M. Jérôme Coignard“, Paris 1893.[14]

---

7 France, Götter, S. 79.

8 France, Götter, S. 10. Diese Passage, sowie die weder in diesem noch in anderen Romanen vorkommende Heirat der Tochter Robespierres, sind als bewußte Abweichung von den vorliegenden Texten eine Anspielung auf den Zeile 26 erwähnten „Heroismus des Unverständlichen“ und damit ein Hinweis auf France' Umgang mit den historischen Ereignissen.

9 France, Epikur, S. 141f.

10 Deutsche Ausgabe: Die rote Lilie, München 1899.

11 Deutsche Ausgabe: München – Leipzig 1910, S. 114.

12 France, Amethystring, S. 259.

13 Deutsche Ausgabe: Die Bratköchin zur Königin Pedauque, München o. J. [1907].

14 Deutsche Ausgabe: Die Meinungen des Abbé Jerôme Coignard, München 1910.

43: *Lieblingslektüre, den großen Plötz:* Anspielung auf den Larousse, aus dem France seine „wirklich tiefe Bildung“ bezog.[15]

44: *wie immer unwillkürlich auf Seite 141 aufgeschlagen:* Bergerets bevorzugte Lektüre, der XXXVIII. Band der „Allgemeinen Geschichte der Entdeckungsreisen“ von Abbé Prévost,[16] öffnete sich immer, wenn er das Buch zur Hand nahm, auf derselben Seite, was ein Symbol der Gleichförmigkeit seiner Arbeiten sei, in: „Die Ulme am Wall“.[17]

46–56: Karikatur der Geburt des Autors Anatole France anhand der Verarbeitung einer Passage aus Prévosts „Allgemeiner Geschichte der Entdeckungsreisen“, die in France' „Ulme am Wall“ wiedergegeben wird: (Übersetzung I.V.): „Mit Hilfe einer kleinen Kanüle. Der Vater, der die Gefahr einer solchen Operation sah, wollte lieber auf das natürliche Herauskommen warten. Aber die Herzogin, in Erregung versetzt durch die Wonnen des Glaubens, verlangte nach einer sofortigen Anwendung der Kanüle. „Sie fürchten,“ sagte sie zu ihrem Gatten, „ich könnte dem Schmerz erliegen. Aber glauben Sie mir, mein Freund, diesem Umstand werde ich es zu verdanken haben, daß ich endlich die höchste Vereinigung erfahre, diese mystische Synthese meines Glaubens und meines Fleisches.“ Und sie wandte sich an den Priester: „Monsieur,“ sagte sie, „die Taufe wird sofort vollzogen. Wir haben den Namen Anatole gewählt – – –“

59f.: *unter den Bouquinisten der Quais:* Anspielung auf Anatole France, der als Sohn eines „Pariser Antiquars“, vertraut „mit dicken Folianten und zierlichen Elzeviers“, aufgewachsen[18] ist und von seinen Gegnern „vieux bouquiniste“ genannt wurde.[19]

---

15 France, Said, S. 91f.

16 Abbé Antoine-François Prévost, Histoire générale des Voyages, ou Nouvelle Collection de toutes les relations de voyages par mer et par terre qui ont été publiées jusqu'à présent dans les différentes langues de toutes les nations connues [...] pour former un systéme complet d'histoire et de géographie moderne, qui représentera l'état actuel de toutes les nations [...], 80 vol. in Format 12, Paris 1746–1789. Der in Frankreich um die Jahrhundertwende außerordentlich populäre Autor Prévost wird in France' Text namentlich nicht erwähnt.

17 France, Ulme, S. 137. Seite 162 heißt es dazu: „Das in grünes Schafsleder gebundene Buch öffnete sich von selbst auf der Seite 212, und Herr Bergeret las wieder einmal die unvermeidlichen Zeilen.“

18 Arthur Eloesser, Anatole France, in: Literarische Porträts aus dem modernen Frankreich, Berlin 1904, S. 207.

19 Eugen Lerch, Das Problem Anatole France, in: Neue Jahrbücher für Wissenschaft und Jugendbildung, 1. Jg. 1925, S. 74.

60–63: Wiedergabe des Diskurses der politischen Rechten der III. Republik, insbesondere nach der Dreyfus-Affaire 1894; Anspielung auf France' Schilderung des assimilierten Judentums in „L'Orme du Mail" sowie auf die Serie von Bombenattentaten, die das Klima für die eigentliche ‚Affäre' bereiteten; geschildert im achten Buch der „Insel der Pinguine".[20]

64: *Republik, die ich so zärtlich geliebt habe:* Anatole France war Offizier der Ehrenlegion; mit Beginn der Dreyfus-Affaire legte er „die Rosette als Protest gegen den Ausschluß Emile Zolas aus der Ehrenlegion ab".[21] In der Folgezeit begann seine verstärkte Hinwendung zum Sozialismus.

64f.: *die Affaire hat mir nur vier Bände abgeworfen:* Anspielung auf die Dreyfus-Affaire, in der Anatole France, einst erklärter Gegner von Zola,[22] im Anschluß an dessen aufsehenerregenden Artikel „J'accuse" (1901) für Dreyfus nachdrücklich öffentlich Stellung bezog.[23] Die vier Bände sind France' „Historie contemporaine": Bd. 1: „L'Orme du Mail", Paris 1897; Bd. 2: „Le Mannequin d'osier", Paris 1897; Bd. 3: „L'Anneau d'améthyste", Paris 1899; Bd. 4: „Monsieur Bergeret à Paris", Paris 1901.[24]

68f.: *Man müßte die Bücher wirklich schon gleich auf Deutsch erscheinen lassen:* Anspielung auf die starke Rezeption von France' Werken in Deutschland. France wurde auch „Monsieur Pruss" genannt und unternahm 1902 eine erste Deutschlandreise, in deren Verlauf er auch Wilhelm II. vorgestellt wurde.[25]

---

20 Weimar 1985, S. 309–314. Vgl. dazu auch: James Joll, Die Anarchisten, Frankfurt/M. u. a. 1966, S. 95ff., sowie: Justus F. Wittkop, Unter der schwarzen Fahne, hrsg. von Dietmar Dahlmann, Frankfurt/M. 1989, S. 17ff.

21 France, Said, S. 122.

22 Über seinen späteren Kampfgenossen Zola schrieb France vor der Dreyfus-Affaire: „Ich beneide ihn nicht um seinen widerwärtigen Ruhm. Nie hat ein Mensch sich in der Weise bestrebt, die Menschheit zu erniedrigen und alles zu verleugnen, was gut und recht ist. Nie hat jemand in dem Grade das Ideal der Menschheit verkannt." Zit. nach: Georg Brandes, Komödiantengeschichte, S. XXI.

23 France unterzeichnete am 14. Januar 1898 die Petition der ‚Intellektuellen' für Dreyfus, er nahm am 21. Juli 1906 an der Truppenparade zu dessen Ehren teil und hielt am 5. Oktober 1902 die Totenrede auf Zola, in der er dessen Verdienste um die Affäre würdigte und den gegenwärtigen Zustand Frankreichs anprangerte. Vgl. dazu: Wilhelm Herzog, Der Kampf einer Republik. Die Affäre Dreyfus, Zürich o. J. (1933), S. 956; ebenda, S. 652: Protokoll der Zeugenvernehmung von France im ‚Zola-Prozeß'. France veröffentlichte 1906 in „Vers les temps meilleurs" seine politischen Reden und Ansprachen. Vgl. auch: Siegfried Thalheimer (Hrsg.), Die Affäre Dreyfus, München 1963; Brigitte Hocke, Die Friedensideen, Leipzig 1965.

24 Vgl. dazu auch Eloesser, France, in: Literarische Portraits, S. 213f.

25 Vgl. dazu auch France' Schilderung von Leterrier, der – nachdem er den „Protest der

70f.: *ein Frankreich, das vielleicht doch anders war, als er gedacht:* Hinweis auf France' Wandel in der Dreyfus-Affaire sowie auf das achte Buch der „Insel der Pinguine", in dem France eine düstere Zukunftsvision Frankreichs entwirft.[26]

75f.: *reckte sich ein trotz aller Kleinheit stattliches Tier empor:* Anspielung auf das Deutsche Reich; vgl. dazu die Farben des Pinguins.

77–80: Die Farben des Pinguins – weiß, rot, schwarz – geben die deutschen Reichsfarben wieder.

11. Thomas Mann

Untertitel: *Exzentrischer Sketch:* kurzes Bühnenspiel, das Umrisse skizziert; bis zum Jahre 1913 lagen von Mann zum Thema Theater vor: der Essay „Versuch über das Theater",[1] sowie die Schilderung des ersten Theaterbesuchs von Felix Krull, die 1911 als „Bruchstück aus einem Roman" im Fischer-Verlag veröffentlicht wurde.[2]

1f.: *vor einem Wandspiegel:* Anspielung auf die 1906 von Thomas Mann erschienene Selbstdarstellung „Im Spiegel".[3]

3: *subtile Malice des modernen Kulturmenschen:* Hinweis auf Thomas Manns Erläuterung des Verhältnisses von Künstlerschaft und Wirklichkeit, das auf einer „sublimen Rache des Künstlers an seinem Erlebnis" beruhe. Die Rache werde, so Thomas Mann, „desto heftiger sein, je feiner die Reizbarkeit ist, auf welche die Wahrnehmung traf".[4]

Gelehrten" gegen die Verurteilung von Dreyfus unterzeichnet und „den verschiedenen Zeitungen seine Gründe schriftlich mitgeteilt" hatte – nicht begreifen konnte, daß man „ihn daraufhin einen Juden, einen Preußen schimpfte, einen Mann, der seine Überzeugung verkaufte." In: France, Amethystring, S. 165.

26 Weimar 1985, S. 297–316.

1 In: Nord und Süd, 32. Jg., Heft 370 und 371, 1908, S. 116–19 und S. 259–299. Die Abhandlung ist eine Antwort auf die Rundfrage „Die kulturellen Werte des Theaters".

2 Thomas Mann, Bekenntnisse des Hochstaplers Felix Krull. Bruchstück aus einem Roman, in: S.F.V., Das XXVte Jahr, Berlin 1911, S. 273–283.

3 Thomas Mann, Im Spiegel, erstmals in: „Literarisches Echo", Berlin, 10. Jg., Heft 6/1907, zit. nach: ders., Über mich selbst, Gesammelte Werke (Frankfurter Ausgabe), hrsg. von Peter de Mendelssohn, Frankfurt/M. 1983, S. 164.

4 Thomas Mann, Bilse und ich, in: ders., Rede und Antwort, Frankfurter Ausgabe, S. 27; erstmalig in: Münchner Neueste Nachrichten, 15. und 16. Februar 1906.

6–8: *aus der Zartheit eine zarte Unzartheit, aus der Vornehmheit eine vornehme Unvornehmheit, aus der Feinheit eine feine Brutalität:* Anspielung auf die doppelte Optik der Thomas Mannschen Dichtung.

10f.: *ein verhältnismäßig naturvölkisches Instrument, wie es eine Militärtrommel in gewissem Sinne darstellt:* Hinweis auf die aus Manns „doppelter Optik" resultierende Relativierung aller Aussagen sowie auf seinen Erfolgsroman „Buddenbrooks", der in einem „Preßprozeß" in Lübeck mit dem „glänzenden Militär" Bilse in Verbindung gebracht und als „Bilse-Roman" bezeichnet wurde.[5]

14: *Bezeichnung „Rühren":* Anspielung auf Manns ambivalentes Verhältnis zum Militärischen sowie auf seine Erzählungen, in denen „etwas namenlos Rührendes" stets eine „traurige Geschichte" dessen ankündigt, der diesen Eindruck hervorruft.[6] „Rührend" ist das Attribut, das bei Mann den Gegensatz zur „Herrenwelt" (der vor allem die Welt des Militärischen zugerechnet wird) markiert.

15: *qualifiziert (Pfui!):* Diese, Zeile 39 erneut wiederholte Passage stellt die Dichtung Thomas Manns in Gegensatz zum Begriff der Qualität und rückt sie in den Kontext von Quantität ein; spielt auf die Popularität und die hohen Auflagen der „Buddenbrooks" an.

16f.: *mein Ruf als vornehmer Künstler auf zu unvornehm breiten Füßen:* Erneute Anspielung auf die oben angeführte Doppelstruktur, die hier an die Rezeption gekoppelt und zugleich als Grund für seinen breiten Publikumserfolg angeführt wird.

18f.: *den Mangel der Ernstlichkeit in meinem Trommeln:* Bezieht sich auf den oben angeführte Begriff des „Rührens" und wiederholt Schmitts Topos, mit dem er die Romantiker charakterisiert.[7]

22f.: *Ausbruch gewalttätiger, aber ziselierter Produktivität:* Hinweis auf die Doppelstruktur der Dichtung Thomas Manns.

26f.: *kein Hündchen mit gesammelter Miene:* Anspielung auf Manns „Tobias Mindernickel", der seinen verletzten Hund Esau mit „Hingebung" pflegte, um ihn schließlich aufgrund der mit zunehmender Genesung sich wieder einstellenden Eigenständigkeit und Ausgelassenheit zu erstechen.[8]

---

5 Vgl. dazu Thomas Mann, Bilse und ich.

6 Thomas Mann, Der Kleiderschrank. Eine Geschichte voller Rätsel, in: ders., Die Erzählungen, S. 187.

7 Vgl. dazu Carl Schmitt, Politische Romantik, München – Leipzig 1919, 2., erw. Aufl. 1925.

8 Erstmalig in: Neue Deutsche Rundschau, 8. Jg., Heft 9/1897, zit. nach: Thomas Mann, Die Erzählungen, S. 153–164.

34–36: *Kip im Cutaway und Fischer-Verlag, Tip im Smoking und ohne Monokel. Tip mit champagnerfarbenen Strümpfen und Krawatte; Kip entsprechend:* Die Gestalten ‚Kip' und ‚Tip' sind Däublers „Gesang Roland" in der „Nordlicht"-Dichtung entnommen.[9] Däublers Eunuchen verkörpern hier einen dekadenten Ästhetizismus, den Schmitt an Verlagsnamen koppelt. Es handelt es sich um Samuel Fischer, den Verleger von Thomas Mann, und um Anton Kippenberg, den Verleger von Heinrich Mann (bis 1910).

41f.: *uns bisher der Wurzelboden gesunder Volkstümlichkeit abging:* Anspielung auf die beiden Verlagsprofile: Nach der Übernahme des Insel-Verlages durch Kippenberg änderte dieser das Verlagsprogramm und wandte sich verstärkt der luxuriösen Buchausstattung und der „zeitgenössischen Literatur" zu.[10] Parallel dazu etablierte er 1907 mit einer Reihe von „Zwei-Mark-Bänden" das „Buch als Gebrauchsartikel".[11] Der S. Fischer Verlag konzentrierte sich nach einer Phase der Konsolidierung vermehrt auf den modernen Roman, dem er mit preiswerten Buchausgaben zu einem breiten Publikumserfolg verhalf.

42–78: Die Entwicklung des Programms der Verlage und ihre Hinwendung zur Massenbuchproduktion bringt Schmitt auf den Begriff der „Banalität", die er Thomas Mann zur Forderung an die Dichtung erheben läßt.

84–87: *Ist es mir doch Schicksal und Beruf, das, was alle wissen, ebenfalls nicht zu übersehen und diese Sonderstellung niemandem zu verschweigen:* Anspielung auf Thomas Manns Technik, banale und alltägliche Dinge und Vorgänge bis ins kleinste Detail zu schildern. Diese (naturalistische) Hinwendung zum ‚Kleinen' wird von Mann bereits in den „Buddenbrooks" virtuos gehandhabt.

89–93: Hinweis auf den breiten Publikumserfolg des Romans „Buddenbrooks", der „vor allem von der Frauenbewegung emporgetragen" wurde.[12] Daß sich der Roman „im Innersten zu Agitationszwecken im Sinne der Frauenbewegung" eigne, bezeichnet Mann selbst als „eine Naivität – und nichts weiter".[13]

---

9 So der Hinweis einer Nachlaß-Notiz von Carl Schmitt (RW 265–198).

10 Zeller, Insel, S. 62.

11 Stach, Fischer Verlag, S. 58.

12 Mendelssohn, Zauberer, S. 565.

13 Mann, zit. nach: Mendelssohn, Zauberer, S. 565.

12. Fritz Mauthner

1: *Wörterbuch der Philosophie:* Mauthners „Wörterbuch der Philosophie" erschien mit dem Untertitel „Neue Beiträge zu einer Kritik der Sprache", 2 Bde., München 1910/11. Es verstand sich als begriffsgeschichtliches Lexikon der Philosophie, mit dem die „Beiträge zu einer Kritik der Sprache", 3 Bde., Stuttgart und Berlin 1901/02, fortgesetzt wurden.

3–5: *Zusammenhänge zwischen den letzten Problemen der Philosophie und einer intentionalen Grammatik:* Anspielung auf Mauthners Sprachkritik, die davon ausgeht, daß „objektive Wahrheit" nicht außerhalb der Sprache liege, sondern nur in dieser selbst; deshalb sei die Wahrheit „eben nichts" anderes „als der gemeine Sprachgebrauch".[1] Die Sprache ordnet er nicht dem „logischen Wissensgebäude" zu, dem die Grammatik im Sinne von ordnunggebenden Kategorien angehöre, sondern der Psychologie, auf deren Weg zwischen den Menschen „schließlich alle unsere Urteile entstanden sind".[2]

7–9: *Lieblingslektüre des Volkes der Dichter, Denker und der allgemeinen Schulpflicht:* Das in 3000 Exemplaren aufgelegte Werk Mauthners fand wider Erwarten großen Absatz, was der Verleger auf einen Artikel in Hardens „Zukunft" zurückführte.[3] Von Richard M. Mayer wurde es empfohlen als „Lieblingslektüre für Wortforscher und Philosophen, Historiker und Literaten [...] und sogar für Theologen von jener besseren Art, die es vertragen, geärgert zu werden."[4]

15: *und zwar in einem Briefe:* Anspielung auf Hofmannsthals Brief, „den Phillipp Lord Chandos, jüngerer Sohn des Earl of Bath, an Francis Bacon, später Lord Verulam und Viscount St. Albans, schrieb, um sich bei diesem Freunde wegen des gänzlichen Verzichts auf literarische Betätigung zu entschuldigen". Der 1902 erschienene ‚Chandos-Brief' gilt als Dokument für Hofmannsthals Sprachkrise und als entscheidender Umbruch in die Moderne; er wurde bereits bei seinem Erscheinen mit Mauthners „Beiträgen zu einer Kritik der Sprache" in enge Verbindung gebracht und als deren dichterische Umsetzung aufgefaßt.

16f.: *ebenfalls zu seinen schönsten Erinnerungen zählt:* Hinweis auf die zahlreichen zwischen 1908 und 1912 erschienenen Lebenserinnerungen von Mauthner.

1 Mauthner, Beiträge, I, S. 695.

2 Mauthner, Beiträge, III, S. 3, 7 und 174.

3 Vgl. dazu Joachim Kühn, Gescheiterte Sprachkritik. Fritz Mauthners Leben und Werk, Berlin – New York 1975, S. 248.

4 Richard M. Mayer, Bücherschau, in: Zeitschrift für deutsche Wortforschung, 13. Bd., 1911/H. 1, S. 77.

19f.: *noch einige Feuilletons herzustellen:* Anspielung auf Mauthners umfangreiche journalistische Tätigkeit, vorwiegend beim Feuilleton des „Berliner Tageblatt".

20: *Der große Schriftsteller:* Mauthner wurde als Schriftsteller durch seine 1879 erschienenen Parodien „Nach berühmten Mustern" bekannt, mit denen er die ‚Lügen der Literatur der Zeit' aufdecken wollte. Seine Lyrik, Romane und Dramen fanden in der Öffentlichkeit eher geringe Beachtung, dagegen war Mauthner als Journalist bei allen wichtigen Tageszeitungen und literarischen Zeitschriften ein begehrter Beiträger. 1888 schrieb er mit seiner Satire „Schmock", gedacht als Angriff auf den Modejournalismus, eine Absage an den Journalismus überhaupt, die man nahezu als eine Parodie auf ihn selbst lesen kann.[5] In seinem „Wörterbuch der Philosophie" stellt er dem „häßlichen" „allgemeinen Berufstitel" ‚Schriftsteller' den Dichter gegenüber.[6]

26: *Bekenntnischarakter des Werkes:* Hinweis auf die aus Mauthners Sprachkritik resultierende Auffassung, daß alle Urteile nur Einzelelemente der psychologischen Biographie wirklicher Menschen sind, auf deren Basis er einen umfassenden Anthropomorphismus entwickelt.[7] Er praktizierte dieses zentrale Element seiner Sprachkritik in seinen betont subjektiven wissenschaftlichen Aussagen wie auch mit seinen zahlreichen Lebensbeschreibungen.

31f.: *verhilft zu buchhändlerischen Erfolgen, wo nicht aufs Katheder:* Anspielung auf den Erfolg von Mauthners „Beiträgen zu einer Kritik der Sprache", die verbunden wird mit einem Hinweis auf den Schattenriß „Pipin der Kleine".

35f.: *Denken ist Sprechen, Sprechen ist Muskelbewegung, Muskelbewegung ist Anstrengung:* Karikatur des von Mauthner propagierten Zusammenhangs von Sprache und Wirklichkeit unter Anspielung auf Mauthners Kapitel „Lachen" im „Wörterbuch der Philosophie", in dem er das Lachen ausführlich unter dem Aspekt der Muskelbewegung erörtert.

37: *Aristoteles ist Schmarrn:* Anspielung auf Mauthners Abhandlung „Aristoteles. Ein unhistorischer Essay", Berlin 1904, in dem er Aristoteles als Vertreter des blinden Wortaberglaubens und seine Philosophie als Macht eines Wortsystems bezeichnet, das jeden Fortschritt in der Erkenntnis der Wahrheit verhindere. Die Schrift erfuhr eine ungewöhnlich scharfe Kritik und nahezu einhellige Ablehnung.

---

5 Fritz Mauthner, Schmock oder die litterarische Karriere der Gegenwart. Satire, Berlin 1888.

6 Mauthner, Wörterbuch, II, S. 251.

7 Vgl. dazu Mauthner, Beiträge, III, bes. S. 174, 299 und 326.

43f.: *meinen Artikel a = a und die darin bewiesene Problematik des Identitätssatzes:* Der erste Artikel von Mauthners „Wörterbuch der Philosophie" heißt: „A = A. – Der Buchstabe A ist, weil die Alphabete aller in Betracht kommenden Sprachen mit ihm anfangen, zu der Ehre gelangt, Symbol für jeden Gegenstand des Denkens zu werden. Der allgemeinste Satz nun, der allergemeinste, lautet in dieser symbolischen Darstellungsweise: A = A. Der Satz gilt für so unzweifelhaft wahr, daß er von der formalen Logik gern zum Ausgangspunkte genommen wird [...] Und weil er so unbedingt gewiß scheint, darum muß auch jede Philosophie gewiß sein, die logisch aus ihm herausgesponnen wird. [...] Nur daß sich nichts aus ihm herausspinnen läßt. Es sind nämlich zwei Fälle dieser identischen Gleichung möglich; in dem einen Falle, in dem der vollständigen Tautologie, ist der Satz wirklich richtig, aber so leer, daß er außerhalb der Logik schon den Verdacht des Blödsinns erregen müßte; in dem anderen Falle, wo auf beiden Seiten des Gleichheitszeichens nur gleiche Werte stehen, wo zwei Werte gleich genannt werden, weil für das menschliche Interesse ein Unterschied nicht besteht oder nicht nachzuweisen ist, da ist durch Berufung auf A = A dem Betruge oder der Selbsttäuschung Tür und Tor geöffnet."[8] Gültig sei der Identitätssatz „A = A" nur in der „Idealwelt der mathematischen Wirklichkeit", da sie keine Sprache habe. Die „Welt der Sprache" sei aber die „Welt der Seele" und deshalb sei „A niemals ganz genau A", sondern „A = A – b".[9]

50f.: *daß mir auf dem Piaristengymnasium schon die ganze Kritik der Sprache deutlich geworden ist:* Mauthner besuchte von 1861–69 das deutschsprachige Gymnasium des Ordens der Piaristen in der Prager Altstadt. In seiner 1904 erschienenen Abhandlung über „Die Herkunft des sprachkritischen Gedankens" schildert Mauthner, daß sein „Spielen mit dem sprachkritischen Gedanken, ja, eigentlich schon die entscheidende Stimmung bis in frühe Jugend zurückreicht".[10] Die „Entbindung" der sprachkritischen Idee sei aber durch „zwei merkwürdige Bücher und eine große Persönlichkeit" erfolgt: „Otto Ludwig und Friedrich Nietzsche hatten die beiden Bücher geschrieben. Der Fürst Bismarck war die große Persönlichkeit."[11]

51f.: *Kritik der Sprache deutlich geworden ist an folgendem jüdischen Witz:* Hinweis auf eine Verbindung zwischen Mauthners Sprachskepsis und dem Juden-

8 Vgl. dazu Hegel, der dem „Absoluten, dem A = A", in dem „alles gleich ist", die „unterscheidende und erfüllte oder Erfüllung suchenden und fordernden Erkenntnisse" entgegensetzt. Georg Wilhelm Friedrich Hegel, Phänomenologie des Geistes, Frankfurt/M. 1981, S. 22.

9 Mauthner, Beiträge, III, S. 277.

10 Mauthner, Herkunft, in: Die Zukunft, 12. Jg., 1904, Bd. 47, S. 12.

11 Mauthner, Herkunft, S. 11.

tum, der auf seinen Beitrag in dem von Landsberger 1912 herausgegebenen Band „Judentaufen" – eine Umfrage unter namhaften Gelehrten (u. a. Werner Sombart) zur Frage der Assimilation der Juden – zurückgeht. Mauthner sprach sich hier für eine Sperrung der Grenzen gegen die Einwanderung der Ostjuden aus, um die Assimilation der deutschen Juden nicht zu gefährden.[12] Das aus dem Wort „Bodensee" gebildete Wortspiel rekurriert auf die zentrale These von Mauthners Sprachkritik, daß Substantive, Verben und Adjektive keine unterscheidbare Kategorien seien, sondern „wie Traumbilder" nur „wirr durcheinander [...] schwanken".[13]

54: *das Wort Bodensee:* Mauthner, auch der „Buddha vom Bodensee" genannt, zog 1909 nach Meersburg und erwarb Anette Droste-Hülshoffs „Glaserhäusle".

62: *Walchs Wörterbuch:* Walchs „Philosophisches Lexikon" erschien erstmalig 1726 in Leipzig; es wird von Mauthner in seinen „Beiträgen zu einer Kritik der Sprache" und in seinem „Wörterbuch der Philosophie" mehrfach erwähnt.

Nachlaß Carl Schmitt

Notizen zu Fritz Mauthner: (1912)

1. Blatt: Stammler, Theorie der Rechtswissenschaft, Halle 1911 Einleitung [...] S. 12 Woher auf einmal das Wollen [...] Recht ist ordnendes Bewußtsein!

2. Blatt: „Höre Mauthner: Du nimmst an, es sei nichts erkennbar als daß eben nichts erkennbar sei. Gut. Ein Sophist ist schnell bei der Hand eine der [Erkenntnis]weise ist dann diese Nicht-erkennbarkeit erkennbar und folgt nicht daraus, daß sie erkennbar ist, daß es Gesetze der Erkennbarkeit, unwandelbare Gesetze gibt die selbst über aller Entwicklung und allem Prag[ma]tismus stehen? Aber abgesehen davon (worüber Du nicht leicht hinwegkommst) was ist Deine [...] mehr als eine mißtrauische Verachtung, von der Dir ein Psychologe (d. h. ein Menschenkenner) und Charakterologe vielleicht eines Tages Satz für Satz nachweist, daß sie notwendiges Ergebnis Deiner Veranlagung und Deines Wesens war. Das darf er tun. Eine solche Darlegung wäre sehr wertvoll. Aber daß sie über die Wahrheit und Richtigkeit Deiner Ergebnisse nichts ausmachen kann, ist doch nicht schwer einzusehen. Ebensowenig kann eine Geschichte des menschlichen Denkens und der Nachweis seiner historischen Entwicklung (meinetwegen auch der Sprache) etwas für oder gegen das Denken beweisen. Der Nachweis: Denken ist Sprechen, ist nur psychologisch zu führen, also für die Erkenntnistheorie belanglos. Der weitere Nachweis alles Sprechen ist mißverständlich betrifft nur das

12 Fritz Mauthner, in: Arthur Landsberger (Hrsg.), Judentaufen von Werner Sombart u. a., München 1912, S. 74–77.

13 Mauthner, Beiträge, III, S. 9.

Problem der Intersubjektivität, mit dem Du beständig das der Objektivität verwechselst. Dabei wissen wir doch längst, daß alles Objektive eine besondere Art des Subjektiven ist. Du bist Pessimist. Nicht bloß in der Erkenntnistheorie. Da sind wir Unvernünftigen es alle. Du noch darüber hinaus. Und das ist allerdings nur eine Stimmung. Nietzsche würde einen Optimisten damit widerlegen, daß er den Optimismus als Folge guter Verdauung erklärt. In Wahrheit müßte für Nietzsche darin eine Rechtfertigung liegen. Aber wer Stimmung und Erkenntnis gegenübersetzt, wie Du (Wörterbuch II. S. 188f.) das eine subjektiv und das andere objektiv nennt, der bewegt sich doch in alten Kategorien und sägt den Ast ab. Ebenso wenn Du die Sprache als Kunst- und als Erkenntnismittel gegenüberstellst, auf dieses schimpfend, jenes lobend. Denn auch als Kunstmittel ist die Sprache unzulänglich, unberechenbar, unzuverlässig. Alle Deine glänzenden Beweise dafür treffen auch hier zu. Schadet das aber nichts, da es hier ja nur auf die Wirkung ankommt, auf die faktisch erzeugte Stimmung, eh bien, wieso soll es bei der Sprache als Erkenntnismittel anders sein. Entschuldigen Sie, daß ich etwas aus Richard Wagners „Ring" zu einem Vergleich benutze. Sie meinen offenbar, die Sprache kann nachgewiesenermaßen keine Erkenntnis liefern; das Denken ist aber aus der Sprache geboren, wie soll das Denken nun mehr können. Also Wotan (die Sprache) ist an Verträge gebunden. Der kluge Wotan geht hin und schafft sich Kinder (das Denken) am Gegenstand, und läßt diese Kinder die Verträge [bewachen], über die er selbst [(übertreten)] nicht hinaus kann. Das ist doch auch ein Vertragsbruch sagt jeder ehrliche Mensch. Dein Mißtrauen gegen unsere Denkgesetze laß ich gelten. Es steht auch jedem frei, zu bezweifeln ob der Satz $2 \cdot 2 = 4$ richtig ist, ob nicht einmal $2 \cdot 2 = 3$ oder 13 sind. Aber ich bestreite solchen Zweifeln und Vermutungen jeden Erkenntniswert. Denn etwas legitimiert sich nur dadurch als Erkenntnis, daß es den Gesetzen der Erkenntnis entspricht. Auch die historische und psychologische Untersuchung dieser Gesetze selbst muß sich, um Erkenntniswert zu haben, in ihnen bewegen. Die Meinung, man könne nie wissen, was morgen für Erkenntnisgesetze gelten hat nur den Wert einer Stimmung, ist Mißtrauen, Verdächtigung, kommt mir auch; aber beweisen läßt es sich nicht.
Im Ernst den Satz aufhellen: [...]: W. II, S. 412
Der Erkenntniskritik kommt es nicht auf die Inhalte an. Alle Empirie ist ihr gleichgültig. Nur auf die Formen des Erkennens. Und in diesen Formen bewegte sich schon die allererste allerarmseligste Empfindung die ein Mensch je gehabt hat. Diese Formen liegen vor aller auch der simpelsten Erfahrung; mit Erfahrungstatsachen ([physiologischen], psychologischen) kann man sie nicht entdecken oder kritisieren. [...] Es wäre ein Mißverständnis [...]

3. Blatt: Stammler Theorie [...] (Theorie S. 117) (ewigl. terminologisch) [...] (S. 341) [...] S. 621, S. 719ff. [...] Berolzheimer, Arch. f. R & W. 1912, S. 319

[…] Stammler […] Berolzheimer (a. a. O. S. 319/20) Es bestehe ein notwendiger Dualismus zwischen Leben und Wissenschaft, Rickert, Logos II. S. 155/6 Gegen Stammler […] S. 346: […] unum negotium oder plura negotia […] also wirtschaftl. Horatio! Diese Seite ist mir ein Beweis dafür, daß es ihm nicht auf die Klarheit, sondern auf eine […] Unwiderleglichkeit ankommt. […] Er ist kein Kant; dafür ist er viel zu schnell mit sich zufrieden. Ich suche nicht die Kategorie des jur. Denkens […]

Satzungen der Schattenrißakademie

Die in sieben Grade eingeteilte „Schattenrißakademie" spielt auf die Gründung der Kaiser-Wilhelm-Gesellschaft und ihre Institute im Jahre 1911 an und supponiert eine den Freimaurer-Logen analoge Struktur. Durch die im Rahmen der Neugründung von Wilhelm II. erfolgten Erlasse entstand mit der Preußischen Akademie der Wissenschaften ein heftiger Konflikt.[1]

1 Vgl. dazu Adolf von Harnack, Geschichte der Königlich Preußischen Akademie der Wissenschaften zu Berlin, Bd. 2, Berlin 1900.

Carl Schmitts
Kulturkritik der Moderne

Einleitung

„Ihr Heuchler! Das Aussehen der Erde und des Himmels wißt ihr zu deuten; weshalb macht ihr euch keine Gedanken über die jetzige Zeit?“
Lukas 12,56[1]

Unter diesem Motto wandte sich Carl Schmitt den Grundlagen von Ästhetik, Kultur und Wissenschaft um die Jahrhundertwende zu. Seine frühen Schriften zu diesen Themen, die die Basis seines Denkens deutlich hervortreten lassen, fanden bisher jedoch kaum Beachtung. Der Grund dafür dürfte zum einen in der sehr enigmatischen und literarischen Form der Texte zu finden sein, die darüber hinaus bisher nur in oft schwer zugänglichen Erstveröffentlichungen vorliegen. Zum anderen folgte die Rezeption seines Werkes anderen Fragestellungen.[2] Sie stand nach 1945 zunächst vor allem im Zeichen einer ideologiekritischen Aufarbeitung seiner Positionen, die zugleich Teil der politisch-moralischen Vergangenheitsbewältigung war. In ihren Bewertungen spiegelt sich die ganze Umstrittenheit des Werkes von Carl Schmitt, der als „Kronjurist des Dritten Reiches“ in die Geschichte eingegangen ist und zustimmende wie dezidiert ablehnende Stellungnahmen von ‚Links‘ bis ‚Rechts‘ bis heute hervorruft. Entsprechend der in der Nachkriegszeit erfolgten Aufteilung der Staatswissenschaften in Politik- und Rechtswissenschaft wurden seine Schriften vor allem unter den Gesichtspunkten der beiden Nachfolgedisziplinen rezipiert. Unter demokratietheoretischen Fragestellungen wandte sich die Politikwissenschaft dem für sie relevanten Teil des Werkes zu, während die Rechtswissenschaft den „eigentlich interessanten Aspekt“ vor allem auf „der ver-

1 Motto von Carl Schmitts Schrift: Theodor Däublers „Nordlicht“. Drei Studien über die Elemente, den Geist und die Aktualität des Werkes, München 1916.

2 Dazu zuletzt beispielhaft: Dirk van Laak, Gespräche in der Sicherheit des Schweigens. Carl Schmitt in der politischen Geistesgeschichte der frühen Bundesrepublik, Berlin 1993.

fassungsrechtlichen Ebene" erkennen konnte.[3] Erst der „Zerfall ideologischer Barrieren in den späten 70er Jahren", der als „Verlust historischer und moralischer Gewißheit" in Erscheinung trat, ermöglichte eine Erweiterung auf bisher vernachlässigte Aspekte.[4] Im Zuge dieser Öffnung wandte sich eine vorwiegend geistesgeschichtlich orientierte Forschung dem zu, was Böckenförde bereits Ende der 60er Jahre betont hatte:

> „Man kann aber das Werk Carl Schmitts und seine Grundposition kaum zureichend verstehen und diskutieren, wenn man nicht die zentralen Antriebe berücksichtigt, die es der Herkunft Carl Schmitts aus dem katholischen Volksteil der Kulturkampfzeit und seinem geistigen Erbe verdankt."[5]

Die Frage nach dem „zentralen Antrieb" wird nicht nur durch Carl Schmitts staatsrechtliche und rechtsphilosophische Arbeiten, die immer wieder auf andere wissenschaftliche und literarische Gebiete ausgreifen, nahegelegt, sondern sie stellt sich auch aufgrund der Vielseitigkeit seines Werkes nahezu zwingend. Seine Veröffentlichungen umfassen, um nur einige Beispiele zu nennen, Bereiche die vom Strafrecht, über Rechtsphilosophie, Staats- und Völkerrecht bis hin zu allgemeiner Philosophie, Theologie und Literatur reichen.

Im Gegensatz zu Heinrich Muth, der in dieser Vielseitigkeit des „homme des lettres" lediglich ein persönliches Schwanken zwischen Literatur, Philosophie und Rechtswissenschaft erkennen konnte, das schließlich mit Schmitts „Entscheidung für das Staatsrecht" ein Ende genommen habe, erkennt Böckenförde darin zurecht eine grundlegende Auseinandersetzung mit dem kulturellen Hintergrund. Entsprechend weist er den Erscheinungen der Kultur den angemessenen zentralen Stellenwert für das Werk Carl Schmitts zu.[6] Die „fachsprengende Wirkung der Thesen und Schriften Carl Schmitts" wird denn auch erstmalig in dem anläßlich einer Ta-

3 Ilse Staff, Staatsdenken im Italien des 20. Jahrhunderts – Ein Beitrag zur Carl Schmitt-Rezeption, Baden-Baden 1991, S. 13.

4 Armin Adam, Rekonstruktion des Politischen. Carl Schmitt und die Krise der Staatlichkeit 1912–1933, Weinheim 1992, S. 1. Adam zeigt sehr deutlich die „krypto-vitalistische Argumentation" (S. 95) sowie den zentralen Stellenwert der „Form" (S. 96f.) bei Carl Schmitt. Beide Argumentationslinien stehen in seinem Werk in einem unauflöslichen Spannungsverhältnis zueinander.

5 Ernst-Wolfgang Böckenförde, Rezension des Werkes von Hasso Hofmann, Legalität und Legitimität. Der Weg der politischen Philosophie Carl Schmitts, Neuwied 1964, in: DÖV 19, 1967, S. 689f.

6 Heinrich Muth, Carl Schmitt in der Innenpolitik des Sommers 1932, in: Historische Zeitschrift, Beiheft 1, München 1971, S. 76.

gung herausgegebenen Band „Complexio Oppositorum – Über Carl Schmitt" dokumentiert.[7] Im Vordergrund steht hier thematisch die Hinwendung zu Fragen der „Politischen Theologie", in der schon Hugo Ball die „Einheit des Schmittschen Werkes" erkannt hatte.[8] Die aus Schmitts Katholizismus hervorgehende Konzentration auf Fragen der „Politischen Theologie", die auf einem Denken der Einheit von „Herrschaft und Heil" beruht,[9] bildet die Basis seines Werkes und auf dieser Folie geht er mit der um 1900 sich formierenden Kultur ins Gericht ging.[10]

Mit dem durch Ellen Kennedy eingeführten Begriff des „Politischen Expressionismus" wurden erstmalig die „kulturkritischen und metaphysischen Ursprünge des „Begriffs des Politischen", der in engem Zusammenhang mit Schmitts „Politischer Theologie" steht, in den Blick genommen.[11] Daß „Schmitts staatstheoretisches Denken" sowohl von der „gänzlichen Einbettung in die damalige künstlerisch-geistige Bewegung bestimmt worden ist", wie auch von einem ausgeprägt antipositivistischen Affekt, der den Juristen zur politischen Theologie führte, ist seitdem in den Vordergrund gerückt. Dennoch fehlt bisher eine Präzisierung der

7 Die 1986 stattgefundene Tagung stand unter dem Titel „Carl Schmitts Stellung in den Rechts- und Geisteswissenschaften des 20. Jahrhunderts". Der Band wurde von Helmut Quaritsch herausgegeben und erschien: Berlin 1988.

8 Hugo Ball, Carl Schmitts politische Theologie, in: Hochland, Jg. 21, 1924, S. 262. Zur jüngsten Auseinandersetzung mit dem politisch-theologischen Komplex, dessen „Aktualität seit 1922 eigentlich nur zugenommen hat", siehe: Jan Assmann, Politische Theologie zwischen Ägypten und Israel, München 1992. Assmann kehrt Schmitts Programm der politischen Theologie „Alle prägnanten Begriffe der modernen Staatslehre sind säkularisierte theologische Begriffe" um, und erweitert es so um seine Vorgeschichte. Die Umkehrung lautet dann: „Alle prägnanten Begriffe [...] der Theologie sind theologisierte politische Begriffe." (Zitate, ebenda, S. 31 und 35.)

9 Assmann, Politische Theologie, S. 34.

10 Wenn auch Erik Peterson – der darauf verweist, daß Schmitt den Begriff der ‚Politischen Theologie' eingeführt hat – betont, daß es diesen Begriff nur „auf dem Boden des Judentums oder Heidentums" geben könne, so soll hier dieser innertheologischen Frage nicht nachgegangen werden. Ich möchte mich vielmehr mit dem Hinweis begnügen, daß Schmitt als Jurist vor allem von der juridischen Form der katholischen Kirche ausging. Zit. nach: Erik Peterson, Der Monotheismus als politisches Problem, Leipzig 1935, S. 99f.

11 Ellen Kennedy, Politischer Expressionismus, in: Complexio Oppositorum, S. 233–252; sowie: dies., Carl Schmitt und Hugo Ball: Ein Beitrag zum Thema ‚politischer Expressionismus', in: Zeitschrift für Politik, 35/1988, S. 143–162. Zum Einfluß Schmitts auf Dichter und Dichtung sei stellvertretend genannt: Wolfgang Graf Vitzthum, Der Dichter und der Staat, in: Walter Jens/ders., Dichter und Staat. Über Geist und Macht in Deutschland, Berlin – New York 1991; sowie: ders., Hermann Broch und Carl Schmitt, in: Wege in die Zeitgeschichte. Festschrift für G. Schulz, Berlin 1989, S. 69–100.

ästhetisch-kulturellen Dimension. Die vorliegende Arbeit versucht, dem Rechnung zu tragen und konzentriert sich im wesentlichen darauf, die „geistige Position“ des frühen Schmitt sichtbar zu machen, die hier zugleich als Grundlage für seine späteren Werke aufgefaßt wird.[12]

Dies scheint um so mehr geboten, als man davon ausgehen muß, daß Schmitts Schriften stets ‚politisch‘ waren und das heißt, im Zusammenhang mit der Aktualität ihrer Gegenwart stehen. Den Hinweis von Hasso Hofmann, daß

> „alle Publikationen Schmitts auch dort, wo sie von engbegrenzten juristischen Detailfragen handeln, stets transparent bleiben auf dem Hintergrund der großen politischen, sozialen, geistesgeschichtlichen Entwicklungen“,[13]

versucht die vorliegende Arbeit mit der Untersuchung eines frühen Textes von Carl Schmitt aufzugreifen. Daß ein solches Verfahren bisher die Ausnahme geblieben ist, führt Hofmann selbst nahezu paradigmatisch vor. Obwohl er, worauf bereits Muth hinweist, die Durchlässigkeit auf die aktuelle Situation erkannt hat, nimmt er eine „stillschweigende Eliminierung aller Schriften Schmitts, die keinen eindeutig juristischen Charakter tragen“ vor.[14] Aufgrund dieser nicht untypischen Vorgehensweise blieb der zeitgeschichtliche Zusammenhang seines Oeuvres meist im unausgeleuchteten Hintergrund. Erst mit der jüngeren Forschung, die allerdings vorwiegend auf die juristischen und politischen Schriften beschränkt blieb, fand dieser mit einer stärker historisch ausgerichteten Methode Eingang in die Analysen.[15]

Gemäß der Vermutung einer zentralen und bisher wenig beachteten Rolle der künstlerischen und kulturellen Bewegungen um die Jahrhundertwende, konzentriert sich die Arbeit auf eine „literarische“ Schrift Carl Schmitts, nämlich die 1913 erschienenen „Schattenrisse“. Diesem Text kommt im Rahmen der Frühschriften

---

12 Roman Schnur, Aufklärung. Bemerkungen zu einem Sammelband mit Studien über Carl Schmitt, in: Der Staat, 27. Jg., 1988, S. 447.

13 Hasso Hofmann, Legitimität gegen Legalität. Der Weg der politischen Philosophie Carl Schmitts, Neuwied 1964, S. 85.

14 Heinrich Muth, Carl Schmitt in der Innenpolitik des Sommers 1932, in: Historische Zeitschrift, Beiheft 1, München 1971, S. 85.

15 Stellvertretend dafür sollen genannt sein: Norbert Bolz, Auszug aus der entzauberten Welt. Philosophischer Extremismus zwischen den Weltkriegen, München 1989; Hans-Georg Flickinger (Hrsg.), Die Autonomie des Politischen. Carl Schmitts Kampf um einen beschädigten Begriff, Weinheim 1990; Klaus Hansen/Hans Lietzmann (Hrsg.), Carl Schmitt und die Liberalismuskritik, Opladen 1988; Helmut Quaritsch, Positionen und Begriffe Carl Schmitts, Berlin 1989.

eine Schlüsselrolle zu, da er aus der Perspektive seines „zentralen Antriebes“, des Katholizismus, die Facetten der Kultur um 1900 ausleuchtet. Die Gesamtanalyse stützt sich auf den Kommentar und versucht den allgemeinen geistesgeschichtlichen Horizont sichtbar zu machen und stets die konkrete Verbindung zum Werk von Carl Schmitt herzustellen. Damit soll die ‚innere Logik‘ und der Zusammenhang der scheinbar außerordentlich heterogenen Themen und Personen, die in dieser Schrift angesprochen werden, deutlich werden. Methodisch verfährt die Arbeit, jeweils bezogen auf die einzelnen „Schattenriß“-Texte, in verschiedenen Stufenfolgen: auf der Basis des Kommentars wird zunächst die Beschaffenheit der Werke der angesprochenen Autoren herausgearbeitet. Dies geschieht zunächst rein textimmanent unter Beiziehung der Primärtexte, deren Strukturmerkmale in einem zweiten Schritt sowohl anhand des zeitgenössischen, als auch – soweit vorhanden – des aktuellen Forschungsstandes aufgezeigt werden. Das Ergebnis dieser Analyse wird in einem weiteren Schritt mit den Positionen und Begriffen der zeitgenössischen staatsrechtlichen und rechtsphilosophischen Schriften Carl Schmitts parallelisiert. Das heißt, daß anhand der bisher unbeachtet gebliebenen literarischen Frühschrift – die zugleich der einzige Text ist, in dem explizit Aussagen zur Literatur, bildenden Kunst und den gesellschaftlichen Bewegungen im Zusammenhang zu finden sind – eine Rekonstruktion und Präzisierung der zeitlich diese Abhandlungen umrahmenden Schriften und deren Begriffsfeld versucht wird. Überall da, wo zu Aussagen in späteren Werken eine direkte Verbindungslinie erkennbar ist, wird auch darauf verwiesen. Nach der analytischen Aufarbeitung der „Schattenrisse“ wird in einem abschließenden Teil, auf der Basis der dabei gewonnenen Erkenntnisse, an den aktuellen Forschungsstand angeknüpft. Im Zentrum steht deshalb hier die Frage nach der Ästhetik. Die Grundstruktur der beiden in den „Schattenrissen“ erkennbaren ästhetischen Modelle – das naturalistische, das Schmitt verwirft, und das nicht-naturalistische, dem er sich anschließt – sollen herausgearbeitet und unter den Begriffen Expressionismus und Kubismus erörtert und auf das Werk Carl Schmitts bezogen werden. Auf diese Weise können die bisher unklaren ästhetisch-kulturellen Zuschreibungen näher bestimmt werden. Die Arbeit versteht sich in erster Linie als historisch-kritische Bestandsaufnahme der konkreten Ausgangslage von Carl Schmitt. Die Textanalysen kreisen gleichsam die angesprochenen Begriffe und Phänomene ein und situieren sie im Horizont der allgemeinen Geistesgeschichte. Sie enthalten sich trotz der Umstrittenheit des Schmittschen Werkes absichtsvoll einer wertenden Aussage und versuchen, eine gleichsam neutrale Archäologie der verschiedenen Aspekte durchzuhalten.

Die Analyse geht im Kern von den beiden eng aufeinander bezogenen Schriften „Schattenrisse“ (1913) und der Abhandlung zu „Theodor Däublers ‚Nordlicht‘“ (1916) aus und entfaltet den geistesgeschichtlichen Horizont der hier erkennbaren

Positionen. Schmitts staatsrechtliche und rechtsphilosophische Abhandlungen, von „Der Wert des Staates und die Bedeutung des Einzelnen" (1914), über die „Politische Romantik" (1919) bis hin zu „Politische Theologie" (1922) und „Römischer Katholizismus und politische Form" (1923), sollen auf diesem Hintergrund als Antwort auf seine kulturelle Zeitdiagnose interpretiert werden. Dem positivistischen Programm der liberalen Staatsrechtslehre, das auf der Überzeugung an die Berechenbarkeit mittels Kodifizierung und Normierung durch das Gesetz beruht, wirft Schmitt nicht nur mangelnde Reichweite, sondern auch die Tendenz zur Relativierung aller Positionen vor.[16] Gegen diese Tendenz des in Anlehnung an die Naturwissenschaften sich entwickelnden juristischen Positivismus versucht Carl Schmitt insbesondere gegen Ende der Weimarer Republik mit dem konkreten Ordnungsdenken eine „angemessene Methode für die Gewinnung materialer Standpunkte" bereitzustellen.[17] Die Skizzierung dieses Denkens, das er erst anhand der Erfahrung der Aushöhlung des Weimarer Normengebäudes über seine „Verfassungslehre" hinaus auszuarbeiten begann,[18] erfolgte bereits in seinen frühen Schriften zur Literatur und Ästhetik einerseits und zur „Politischen Theologie" andererseits. Auf dem Wege einer wechselseitigen Durchdringung von Ästhetik und Theologie gewinnt Schmitt bereits hier die Kategorien eines Norm- und Ordnungsbegriffs, der sich gegen Naturalismus und Positivismus richtet und der seinen sichtbaren Ausdruck in der Definition des Politischen findet.

Wenn es auch die „universitären Rahmenbedingungen" für ihn zunächst erforderlich machten, „die rechtsphilosophischen Denkbahnen jener Zeit nachzuzeichnen",[19] so zeigt sich doch bereits deutlich in Carl Schmitts Habilitationsschrift „Der Wert des Staates und die Bedeutung des Einzelnen" von 1914, daß er hier das in „Gesetz und Urteil" für die Rechtspraxis formulierte Anliegen, ein „autochthones Kriterium" zu finden, weiterentwickelt.[20] Grundlegend dafür ist sowohl die von Schmitt behauptete Eigenständigkeit des Rechts gegenüber dem Staat, wie

16 Vgl. dazu die von Schmitt vielfach zitierte Äußerung von Anschütz: „Das Staatsrecht hört hier auf", in: Georg Meyer, Lehrbuch des deutschen Staatsrechts. Bearb. von Gerhard Anschütz, München – Leipzig 1919, S. 906.

17 Joseph H. Kaiser, Konkretes Ordnungsdenken, in: Complexio Oppositorum, Berlin 1988, S. 322.

18 Insbesondere in „Die drei Arten des rechtswissenschaftlichen Denkens", Hamburg 1934, bzw. „Land und Meer", Leipzig 1942, und „Der Nomos der Erde im Völkerrecht des Jus Publicum Europaeum", Köln 1950.

19 Hans-Georg Flickinger, Einleitung zu „Die Autonomie des Politischen", Weinheim 1990, S. 2.

20 Carl Schmitt, Gesetz und Urteil, Berlin 1912; zit. nach: München 1963, S. 71.

auch sein Entwurf des Individuums, das nur aufgrund seiner Aufgabe und Norm für ihn in Betracht kommt. Gemeinsames Merkmal dieser beiden Relationen ist die Ausschaltung der empirisch-realen Gegebenheiten als Zurechnungspunkt, womit Carl Schmitt versucht, der zeitgenössischen Zentrierung auf das Subjekt zu begegnen. Ausgehend von einer grundsätzlich dualistischen Struktur, die mit Beginn der Romantik nicht mehr vermittelt, sondern aufgehoben wird, versucht Schmitt, gegen alle monistischen Bestrebungen, eine Form des Politischen zu definieren, die dessen spezifische Beschaffenheit zu restituieren vermag. Die Kriterien dieser Form werden von ihm in den Jahren von 1912 bis 1922, von „Gesetz und Urteil" über die „Schattenrisse" bis hin zur „Politischen Theologie", herausgearbeitet. Sie ermöglichen schließlich 1928 die Formulierung von „Der Begriff des Politischen", der als ein „Schlüssel zum staatsrechtlichen Werk Carl Schmitts" verstanden werden muß.[21]

Die Schmitt-Forschung hat sich in den letzten Jahren zunehmend auf die Bedeutung der Ästhetik konzentriert, die neben dem Politischen jene Kategorie sei, die „dem Werk von Carl Schmitt in hohem Maße eigen" ist. Zumeist diente aber die Feststellung von Schmitts „Fundierung der Politik auf Ästhetik"[22] entweder dazu, ihn einer „Ästhetik des Schreckens"[23] zuzuordnen oder den Kritiker der Romantik selbst als Romantiker zu entlarven.[24] Auf die Herausarbeitung der seinem Werk entsprechenden Ästhetik und auf die Darstellung jener ästhetischen Form, die er mit Nachdruck ablehnt, konzentriert sich die vorliegende Arbeit.[25] Die dafür einschlägige Schrift „Schattenrisse" soll auch deshalb herangezogen werden, weil Carl Schmitt hier die Gegenwart seiner Zeit in all ihren Facetten ausleuchtet.[26] Erst

21 So Ernst-Wolfgang Böckenförde, Der Begriff des Politischen als ein Schlüssel zum staatsrechtlichen Werk Carl Schmitts, in: Complexio Oppositorum, Berlin 1988, S. 283–300.

22 So Karl Heinz Bohrer in seiner gleichnamigen Abhandlung, in: Zerstörung, Rettung des Mythos durch Licht, hrsg. von Christa Bürger, Frankfurt/M. 1986, S. 147–159. Vgl. dazu den Literaturbericht von Reinhard Mehring, Vom Umgang mit Carl Schmitt. Zur neueren Literatur, in: Geschichte und Gesellschaft, 19/1993, S. 388–407.

23 Karl Heinz Bohrer, Die Ästhetik des Schreckens, Stuttgart 1978, 2. Aufl., Frankfurt/M. u. a. 1983.

24 So Christian Graf von Krockow, Die Entscheidung. Eine Untersuchung über Ernst Jünger, Carl Schmitt, Martin Heidegger, Stuttgart 1958.

25 Kaiser, Konkretes Ordnungsdenken, S. 324.

26 Der Begriff ‚Kulturkritik' wird in der vorliegenden Arbeit stets in Anführungsstrichen stehen, um zu signalisieren, daß Schmitt keine Kritik der Kultur im Sinne einer utopistisch zu verbessernden Modalität der bestehenden Kultur im Blick hat, sondern zum herrschenden Begriff ‚Kultur' einen grundsätzlich konträren Standpunkt bezieht.

deren detaillierte Aufarbeitung ermöglicht es, diesen Text genau zu analysieren und damit Schmitts Ausgangslage und sein Verhältnis zur Moderne sichtbar zu machen.

Die literarischen Frühschriften von Carl Schmitt wurden bisher meist mit wenigen Sätzen – sofern sie überhaupt bekannt waren – pauschal oder in Fußnoten häufig als „skurril" abqualifiziert. So sah Heinrich Muth die „Schattenrisse" als „eine seltsame Mischung von geistvoller Gesellschaftskritik und geschmacklosem Unsinn". Er übersieht dabei allerdings, daß Schmitts „Unsinn" ein Unsinn mit Methode ist: Er bildet damit den aus seiner Sicht um 1900 herrschenden Unsinn ab. Muths Vernachlässigung dieser Beschaffenheit der „Schattenrisse" führte ihn weiter zu der Aussage, Schmitt habe im Falle von Thomas Mann eine „heute belustigende literarische Fehlprognose" gestellt.[27] Daß Schmitts frühe Charakterisierung des Mannschen Werkes außerordentlich lucide ein Grundmerkmal beschreibt, das inzwischen auch von der Literaturgeschichtsschreibung herausgearbeitet wurde, entgeht aber einem flüchtigen Blick, der sich am Maß der populären Anerkennung und nicht an einer Analyse der Struktur orientiert. So wenig Schmitts literarische Frühschriften in ihrem Aussagehalt ernstgenommen wurden, so unpräzise fallen daher auch die wenigen Bewertungen aus. Muth erkennt in Schmitts Klassifizierung von Rathenau als „Nicht-Deutscher", die er in Anlehnung an Moeller van den Bruck[28] in seiner „Systematisierungs-Tabelle" vorgenommen hat, nichts anderes als einen der „zahlreichen plumpen antisemitischen Ausfälle", die im Hinblick auf dessen „späteres Verhältnis zum Nationalsozialismus" bemerkenswert seien.[29] Ohne dem Vorwurf des Antisemitismus prinzipiell widersprechen zu wollen, muß aber darauf hingewiesen werden, daß mit Muths Argument wesentliche Elemente entfallen, die ihre Wurzel im Katholizismus von Schmitt haben. Denn auf dieser Basis setzte er sich mit den Strömungen der Kultur um 1900 auseinander. Nicht zuletzt deshalb geht auch Muths Verdacht des Antisemitismus im Hinblick auf die kategoriale Zuordnung in dieser Tabelle nicht auf: Auch Fritz Mauthner, den Carl

27 Muth, Carl Schmitt in der Innenpolitik, S. 77. Im Gegensatz dazu zeigt diese Arbeit in Kommentar und Analyse zum Schattenriß „Thomas Mann", daß Schmitt bereits mehr als fünfzig Jahre vor der Forschung zu Thomas Mann, dessen Vorgehensweise einer „doppelten Optik" sehr lucide beschrieben hat. Aus den Notizen des Nachlasses geht hervor, daß Schmitt zu keiner Zeit (auch nicht unter dem Eindruck des populären Großschriftstellers Mann) seine frühe Diagnose der Literatur Thomas Manns revidierte.

28 Arthur Moeller van den Bruck, Die Deutschen, 6 Bde., Minden o. J. [1905–08]. Schmitts „Systematische Tabelle" ironisiert und unterläuft dagegen eine derartige Klassifizierung.

29 Muth, Carl Schmitt in der Innenpolitik, S. 77.

Schmitt in einer Kategorie mit den Nicht-Juden Ostwald und Eulenberg nennt, war ein ‚jüdischer' Schriftsteller.[30]

Erstmalig wandte sich Reinhart Koselleck mit seiner Abhandlung „Die Verzeitlichung der Utopie“[31] einem der frühen literarischen Texte Schmitts, „Die Buribunken. Ein geschichtsphilosophischer Versuch“, mit einer ernsthaften Analyse zu.[32] Er kontrastiert diese als „negative Utopie“ bezeichnete Schrift, mit Merciers 1770 erschienem Werk „L'An Deux Mille Quatre Cent Quarante. Reve s'il en fut jamais“.[33] Koselleck betont, daß die Utopien beider „sich durch die spätere Geschichte bewahrheitet“ haben: „Merciers Utopie hat sich erfüllt, nur umgekehrt als gedacht; Carl Schmitts Utopie hat sich – trotz ihrer warnenden Funktion – ebenfalls erfüllt und zwar schlimmer als parodiert“.[34] Während Kosellecks brillante Analyse ganz immanent und auf die „Buribunken“ beschränkt bleibt, unternimmt Ellen Kennedy den ersten Versuch, die frühen Schriften von Schmitt mit der literarischen Strömung des Expressionismus zu verbinden.[35] Wenn auch, wie Schnur zurecht betont, Kennedys „Kennzeichnung sehr unscharf“ bleibt, so kommt ihr doch das Verdienst zu, Schmitts literarische Frühschriften insgesamt in den Blick gerückt zu haben, wenn auch unter Auslassung der wichtigen und nuancenreichen „Schattenrisse“.[36] Ein derart fragmentiertes Vorgehen war jedoch beim bisherigen Stand der philologischen Aufarbeitung dieses enigmatischen Textes, so unverzichtbar er für eine wissenschaftlich fundierte Aussage ist, kaum zu umgehen. Dies gilt auch für den berechtigten Einwand von Roman Schnur, daß man Schmitt „nicht als ‚Expressionisten' betrachten“ könne.[37] Denn auch Schnurs Hinweis auf den Kubismus als die maßgebliche „damalige ‚künstlerischgeistige Revolution'“ kann diese nur als plausible Vermutung von außen an die Texte Schmitts herantra-

30 Ähnlich Herbert Eulenberg, der unter den Nationalsozialisten als „rothaariger Jude“ denunziert wurde. Zit. in: Frank Thissen, „Edle Arznei für den Alltag“. Herbert Eulenbergs Düsseldorfer Morgenfeiern und die Romantikrezeption um 1900, Köln u. a. 1990, S. XII.

31 Reinhart Koselleck, Die Verzeitlichung der Utopie, in: Wilhelm Voßkamp (Hrsg.), Utopieforschung, Bd. 3, Stuttgart 1982, S. 1–14.

32 Erschienen in der von Franz Blei herausgegebenen Zeitschrift „Summa“, Bd. 1, Jg. 1917/18, Heft 4, S. 89–106.

33 Ed. par R. Trousson, Bordeaux 1971.

34 Koselleck, Verzeitlichung, S. 13.

35 Ellen Kennedy, Politischer Expressionismus, S. 233–251. Im gleichen Tagungsband stellt Piet Tommissen, wie auch in den drei Heften „Schmittiana“ (1988–1991), wichtiges biographisches Material zur Präzisierung des geistesgeschichtlichen Hintergrundes bereit.

36 Schnur, Aufklärung, S. 448.

37 Schnur, Aufklärung, S. 449.

gen. Die vorliegende philologisch-analytische Aufarbeitung vermag dagegen anhand des Textes selbst zum Stichwort Kubismus beizutragen. Dabei kann es jedoch – und dies sei grundsätzlich festgehalten – nicht in erster Linie darum gehen, Schmitts Schriften einer ästhetischen Strömung zu subsumieren. Eine Versuchung, die im Falle des Begriffs „Expressionismus" aufgrund von Schmitts scheinbar expressiver Begrifflichkeit besonders nahe liegt. Statt dessen muß nach den theoretischen Parallelen und Übereinstimmungen mit den ästhetischen Modellen gefragt werden. Entsprechend weist Quaritsch zu recht darauf hin, daß der „künstlerische Nährboden" bei Schmitt selbst nichts „Spielerisches oder Erbauliches, nichts für Gemüt oder Seele" und – so möchte man hinzufügen – selbst nicht Kunst ist, sondern vielmehr „Formgebung durch Begriffsbildung".[38] Diese „Formgebung durch Begriffsbildung"[39] hat nicht nur nichts mit einer romantischen Ästhetik zu tun, sondern sie ist vielmehr eine Überwindung der Romantik. Sie interessiert hier allerdings nicht als ästhetischer Niederschlag, sondern als Manifestation einer bestimmten, in der Beschreibung der politischen Form (Staat, Recht, das Politische usw.) zur Anwendung kommenden Grundhaltung. Nur in Bezug darauf kann es um die Präzisierung der ästhetischen Positionen Schmitts gehen; in diesem Zusammenhang aber ist sie unerläßlich.[40] Denn in der Schmittschen Begriffsbildung manifestiert sich seine Abgrenzung gegen die mit dem naturwissenschaftlichen Denken und dessen Methode erfolgte Hinwendung zum Subjekt und dessen psycho-physischer Sinneswahrnehmung. Die wissenschaftlich beschreibbare Natur findet nicht nur in den Lebensphilosophien ihren Niederschlag, sondern sie durchdringt auch alle politischen und kulturellen Bereiche. Schmitt stellt dieser Entwicklung eine Erkenntnismethode entgegen, die auf einem spezifischen (und außerordentlich modernen) Begriff von Sprache beruht. Basierend auf Grammatik und Logik kommt er zu einer rhetorischen Form, die nicht mehr auf Subjekt und Natur rekurriert und die dank ihrer besonderen Ausprägung eine ebenso begrifflich klare wie anschauliche Sprache hervorbringt. Seine Methode ermöglicht ihm, sich den Relationen, Strukturen und Korrespondenzen eines Begriffsfeldes zuzuwenden und die einem Sachgebiet inhärenten Konturen zu präzisieren.[41]

38 Vgl. dazu Quaritsch, Positionen, S. 23, Fn. 25.

39 Volker Neumann, zit. nach: Schnur, Aufklärung, S. 450.

40 Vgl. dazu auch Ingeborg Villinger, Politische Fiktionen. Carl Schmitts literarische Experimente, in: Bernhard J. Dotzler (Hrsg.), Technopathologien, München 1992, S. 191–222.

41 Vgl. dazu Schmitts zahlreiche Anmerkungen zur „Adressierung" seiner Schriften, die bereits in „Gesetz und Urteil" vielfach zu finden sind, und der er 1911 in der Zeitschrift „Die

Ähnlich wie Muth übersieht Reinhard Mehring, daß die „Schattenrisse“, die „sich außerhalb des anerkannten Geschmacks stellen“, diese Form des ‚außerhalb‘ bewußt als Methode wählen, um so mimetisch Schmitts Zeitdiagnose abzubilden.[42] Sie „rücken“ damit weder selbst „der Bohéme nahe“, noch „liebäugeln“ sie „mit dem Massenerfolg“, den sie parodieren.[43] Eine solche Aussage zu treffen, heißt diesem Text ‚auf den Leim‘ gehen. Sie bleibt darüber hinaus auch insofern widersprüchlich, als Mehring an anderer Stelle betont, daß Schmitt damit den „literarischen Betrieb [...] dekonstruiert“.[44] Denn die Vorgehensweise der Dekonstruktion steht in eklatantem Gegensatz zu einem „Liebäugeln“ mit dem Dekonstruierten. In seiner „Einführung zu Carl Schmitt“ heißt es bei Mehring schließlich weiter, daß die „Schattenrisse“ ein „Studentenspaß“ seien, der den „wilhelminischen Literaturbetrieb“ abfertige, „um einen emphatischen Begriff von Dichtung zu retten“.[45] Den demgegenüber in scheinbar „sorgfältiger“ Form geschriebenen „Buribunken“, die zeigen, daß sie „für Schmitt kein Spaß“ sind, widmet Mehring – wie auch anderen literarischen Frühschriften – einige Ausführungen. Sie bleiben allerdings als „Literarisches Intermezzo“ von Schmitts Werk isoliert, bis auf den Hinweis, daß die „Buribunken“ als „Fingerübung“ zur parallel entstandenen „Politischen Romantik“ zu verstehen seien.[46]

Insgesamt bleibt festzuhalten, daß trotz der knappen und wenig gründlichen Ausführungen zu diesen Texten, die jüngste Carl Schmitt-Forschung zunehmend auf das literarische Frühwerk und die Frage der Ästhetik eingeht. Die Schwierigkeiten, die damit verbunden sind, zeigt nicht zuletzt die Abhandlung von Bruno

Rheinlande“ die Abhandlung „Der Adressat“ widmet; sowie auch die „Weiterführung der Antwort“ in seinem Vorwort zum „Begriff des Politischen“, Berlin 1963, S. 17.

42 Reinhard Mehring, Pathetisches Denken. Carl Schmitts Denkweg am Leitfaden Hegels: Katholische Grundstellung und antimarxistische Hegelstrategie, Berlin 1989, S. 35.

43 Mehring, Pathetisches Denken, S. 35.

44 Mehring, Pathetisches Denken, S. 34.

45 Reinhard Mehring, Carl Schmitt. Zur Einführung, Hamburg 1992, S. 41. Es ist immer wieder erstaunlich, in welch problemloser Weise beispielsweise der Bogen von Schmitts früher Kritik am „Literaturbetrieb“ zu dessen „Hetzartikel ‚Die deutschen Intellektuellen‘ (Westdeutscher Beobachter vom 12. Mai 1933)“ geschlagen werden kann. Mehrings Feststellung, daß Schmitts Kritik am „Literaturbetrieb“ zeige, daß dieser ein „problematisches Verhältnis zum Deutschen“ habe, kann aufgrund der Analyse der „Schattenrisse“ bestätigt werden: Schmitt karikiert beispielsweise mit Wilhelm Schäfer, Rudolf Pannwitz und dem Charonkreis Positionen, die damals das Deutschtum auf ihre Fahnen geschrieben hatten. Erst die Einzelanalyse jedoch zeigt, was mit diesem „Deutschen“ gemeint ist: Etwas, was sich diesem Begriff entzieht.

46 Mehring, Pathetisches Denken, S. 32ff.

Accarino, der die „Buribunken“ im Rahmen der modernen Philosophie zu situieren versucht.[47] Obwohl Accarino damit die abgebrochene Debatte zwischen Geschichtsphilosophie und Eschatologie neu eröffnen möchte, kommt er über eine schlichte Wiedergabe dieses Textes nicht hinaus. Der Grund dürfte vermutlich auch hier in der enigmatischen Form zu suchen sein. Demgegenüber stellt Piet Tommissens Abhandlung „Über die satirischen Texte Carl Schmitts“ wichtiges biographisches Material zur Verfügung, das die Entstehungszeit der Frühschriften umreißt.[48] Er verbleibt allerdings vorwiegend im Biographischen und verzichtet auf eine inhaltliche Analyse wie auf eine philologische Klärung einzelner Details. Als Materialbasis wird sein Beitrag aber langfristig unverzichtbar sein.[49]

47 Bruno Accarino, Filosofia della storia. La parabola della modernità, Mskr. Florenz.

48 Piet Tommissen, Über die satirischen Texte Carl Schmitts, in: Volker Beismann/Markus Josef Klein (Hrsg.), Politische Lageanalyse. Festschrift für Hans-Joachim Arndt zum 70. Geburtstag am 15. Januar 1993, Bruchsal 1993, S. 339–380.

49 So beispielsweise im Hinblick auf den Verlag der „Schattenrisse“, der nur als Phraseonym „Skiamacheten-Verlag“ angegeben wird. Die Durchsicht des „Börsenblattes des Deutschen Buchhandels“ zeigte, daß die Schrift in Straßburg gedruckt wurde. Vgl. dazu den Kommentar zum Titelblatt.

Analyse der „Schattenrisse“

Titelblatt

Bereits mit der Wahl seines Pseudonyms reiht sich der Autor der „Schattenrisse“ nachdrücklich in die Schar der „verkappten Jünger der Finsterniß“ ein.[1] In ihrem Gewand tritt er an, um die Umrisse und Konturen der Kultur um 1900 abzubilden.[2] Seine Vorgehensweise entspricht dabei sehr genau der von Rubeanus und Hutten, die mit einem unbeholfenen ‚Küchenlatein‘ ebenso banale wie dilettantische Gelehrten-Briefe fingierten, um damit den Zustand des katholisch-scholastischen Wissensbetriebs und den Bildungsstand seiner Gelehrten in überspitzter Form abzubilden und so ad absurdum zu führen. Auch die „Schattenrisse“ bedienen sich einer absichtsvoll banalen Sprache, mit der sie aus ihrer Sicht ebensolche, bis an völligen Unsinn reichende, Inhalte wiedergeben. Deshalb hat dieser Unsinn, wie im Falle der Dunkelmännerbriefe, Methode: die polemische Zuspitzung der zentralen Strömungen der Kultur um 1900 mit deren eigenen Mitteln läßt ihre Kohärenz hervortreten. Daß dieser ‚Unsinn‘ ebenso kalkuliert wie durchkomponiert ist, zeigt darüber hinaus dessen Auflösbarkeit durch den Nachweis der realen Textbasis.

1 So der Begriff von J. W. S. Lindner in seiner „Vorrede über die Sitte der literarischen Verkappung“, in: Friedrich Rossmann, Kurzgefaßtes Lexikon deutscher pseudonymer Schriftsteller, Leipzig 1830, S. V.

2 Im strengen Sinne handelt es sich bei dem Namen „Johannes Negelinus“ nicht um ein Pseudonym, sondern um ein Pseudepigraph; damit sind jene Schriften gemeint, die einer herausragenden Persönlichkeit zugeschrieben werden. Bereits hier zeigt sich Carl Schmitts Technik: Er kehrt dies in Antizipation seines Gegenstandes um und schreibt dem kläglichsten Magister der „Epistolae“ die Autorschaft der „Schattenrisse“ zu. Vgl. dazu: Gerhard Söhn, Literaten hinter Masken. Eine Betrachtung über das Pseudonym in der Literatur, Berlin 1974, S. 19ff. Max Brod (der mit Franz Blei befreundet war) betont in seiner Monographie „Johannes Reuchlin und sein Kampf“: „Pseudepigraphie ist noch längst nicht Falsifikation. Die Note des moralisch Verwerflichen, die der Fälschung anhaftet, fehlt ihr. [...] Die Suche nach der Wahrheit hat sich oft genug in abenteuerlichen Formen geäußert [...] und Pseudepigraphie war eine davon.“ Max Brod, Johannes Reuchlin und sein Kampf. Eine historische Monographie, Stuttgart u. a. 1956, S. 14.

Insoweit ist die Struktur von Schmitts „Schattenrissen“ mit den Dunkelmännerbriefen identisch. Die Ähnlichkeit wird weiter unterstrichen durch Schmitts Übernahme der Figur des Hl. Petrus: Negelinus widmet ihm in seinem Dunkelmänner-Brief ein Carmen und Schmitt läßt ihn als Schlüsselträger der „Schattenrisse“ auftreten. In dieser Eigenschaft nimmt der als Vertreter der Gebildeten fungierende Petrus „Gottfried von Bouillon“ mit dessen Ableben in die „Schattenrisse“ auf, die damit als Tauschobjekt für Gottfrieds Besitz-Übertragung an Petrus eingesetzt werden. Daß mit „Gottfried von Bouillon“ kein anderer als Wilhelm II. gemeint ist, verweist auf die Brisanz des Inhalts der „Schattenrisse“, die in diesem Falle ein zusätzliches Pseudonym notwendig machte.[3]

Zur Verdeutlichung der Informationen des Titelblattes soll die Parallelisierung der „Dunkelmännerbriefe“ und der „Schattenrisse“ auch auf das Ende ihrer Gemeinsamkeiten ausgedehnt werden. Während die Gelehrten-Briefe mit ihrem Angriff auf die Scholastik Rom den Kampf ansagten,[4] kämpft Schmitt mit seiner Schrift gegen den ‚Schatten‘ des „anti-römischen Affekts“.[5] Dessen verschiedene Ursachen und Auswirkungen sind Thema der „Schattenrisse“. Einen weiteren Hinweis gibt Schmitt mit seinem aus Fechners satirischen Schriften entnommenen Motto: Der lebendige Schatten heißt nun: der Mensch. Oder, wie Schmitt es mit Chamisso in einer Nachlaßnotiz zu den „Schattenrissen“ formuliert:

> „Die wir dem Schatten Wesen sonst verliehen,
> Sehn Wesen jetzt als Schatten sich verziehen“.[6]

Dieses Wort von Chamisso benennt sehr lucide Carl Schmitts Position. Er nimmt mit dem „Schatten“, der – wie er in seiner Widmung an Podach unterstreicht – immer noch „tatsächlich lebendig ist“, jene ‚Nachtseite‘ in den Blick, die die Romantik mit Leben erfüllte. Mit ihr begann die Zuschreibung, daß das ‚eigentliche‘ Wesen der Dinge, das dem Sichtbaren entzogen bleibt, im Reich des ‚Schattens‘, dem Traum und dem Imaginären, zu suchen sei. Doch das bei Fechner entlehnte Motto zeigt, daß Schmitt hier nicht rückwärts gewandt die Anfänge, sondern den

---

3 Vgl. dazu Kommentar und Analyse zum Schattenriß „Gottfried von Bouillon“ sowie den Schattenriß „Pipin der Kleine“, mit dem Schmitt zur aktuellen Auseinandersetzung in der Geschichtswissenschaft Stellung bezieht.

4 Vgl. dazu Amelung, Nachwort, S. 264f. Amelung geht auch kurz auf das Urteil der Pariser Sorbonne in diesem Streit ein. Ferner: Söhn, Literaten hinter Masken, S. 37.

5 Vgl. dazu den ersten Satz in Schmitts „Römischer Katholizismus und politische Form“, Hellerau 1923.

6 Adelbert von Chamisso, Vorspruch zu „Peter Schlemihl“ von 1834.

gegenwärtigen Stand der Dinge anvisiert: Fechners Schrift „Der Schatten ist lebendig" – auf die sich auch die die „Schattenrisse" durchziehende Wendung „der Auge"[7] bezieht – erschien erstmals drei Jahre nachdem er aufgrund von psychophysischen Experimenten zur Untersuchung „über die subjektiven Complementärfarben, über das oscillirende und das farbige Abklingen der Nachbilder", sowie „über die Contrastempfindungen", eine „allgemeine Erschöpfung seines Nervensystems" erlitt und „ihn eine schwere Augenkrankheit ausser Thätigkeit setzte".[8] Die Erfahrungen dieser Experimente und die daraus resultierenden Folgen sind Gegenstand von Fechners naturphilosophischen Überlegungen, die er unter dem oben genannten Titel veröffentlichte. Der Schatten, den auch Schmitt zitiert, meint bei Fechner im physikalischen Sinne die Nachbilder, die bei seinen Experimenten entstanden. Sie stehen hier für die veränderte Sichtweise von Mensch und Natur, die mit den neuen Naturwissenschaften einhergeht und die die Ordnung der Dinge an ihren Gesetzlichkeiten ausrichtete.

Folgt man Schmitts Hinweis auf das unmittelbare Vorbild zu den „Schattenrissen", nämlich Eulenbergs „Schattenbilder"[9] und dem in Analogie dazu gebildeten Schüttelreim,[10] dann wird die „Frontlinie" deutlich: Sie umgreift den Bereich von der Romantik, über Hegels „Phänomenologie des Geistes"[11] und seiner Forderung nach Wissensaneignung in Form von „Spielen des Knabenalters", um so die „wie im Schattenrisse nachgezeichnete Geschichte der Bildung der Welt (zu) erkennen",[12] bis hin zu Eulenbergs Neo-Romantik. Sowohl die Hinweise auf Platon wie auch die „Wahl" des Erscheinungsjahres präzisieren den politischen Horizont, in dem sich die „Schattenrisse" situieren.

---

7 Schmitt, Schattenrisse, S. 9, 44, 55 und 59.

8 Wilhelm Wundt, Gustav Theodor Fechner. Rede zur Feier seines hundertjährigen Geburtstages, Leipzig 1901, S. 10; vgl. dazu auch: Poggendorff, Biographisch-Literarisches Lexikon der exakten Naturwissenschaften, Bd. I, Leipzig 1863, Stichwort „Fechner".

9 Vgl. dazu Kommentar und Analyse zum Schattenriß „Herbert Eulenberg".

10 Vgl. Schmitt, Schattenrisse, S. 64. Da bekannt ist, wie ein solcher Schüttelreim funktioniert, soll hier auf dessen Wiedergabe verzichtet werden. Wesentlich scheint aber der Hinweis, daß das mit diesem Schüttelreim Gebildete als „Abfall" bezeichnet werden kann, da mit diesem Begriff von Schmitt das naturalistische Programm qualifiziert wird.

11 Vgl. dazu den Schattenriß „Eberhardt Niegeburth".

12 Georg Wilhelm Friedrich Hegel, Phänomenologie des Geistes, Frankfurt/M. 1981, S. 32. Schmitts Nähe und Differenz zu Hegel soll hier offenbleiben, da es in bezug auf Hegel und diese Stelle zwei Lesarten gibt: die der Hegel-Nachfolge und die der Hegel-Kritik. Denn Hegel hat mit seiner „Phänomenologie" die Wissensaneignung in Form von „Schattenrissen" in die Tat umgesetzt. Für die letztere Lesart spricht Schmitts inzwischen im Nachlaß aufge-

Die von Tommissen aufgeworfene Frage nach der Textsorte der „Schattenrisse“ – Parodie, Satire, mimetische Satire oder auch Travestie – soll hier bewußt offenbleiben, nicht zuletzt weil es, wie er selbst ganz richtig feststellt, „keine allein seligmachende Definition der Satire gibt“.[13] Ohne anzunehmen, jene von ihm erwähnte kostbare Form gefunden zu haben, möchte ich auf den oben erwähnten Strukturvergleich verweisen. Wenn dieser streng durchgehalten wird, dann zeigt sich sowohl das Satirische, das auf einer Differenz zwischen dem ‚Gesagten‘ und dem ‚Gemeinten‘ beruht, wie auch das Mimetische, das streng abbildend vorgeht, aber dennoch auf einer Metaebene den Konsens über das Gegenteil anstrebt. Sichtbar werden auch Elemente der Travestie und Karikatur, die auf eine Diskrepanz zwischen Inhalt und Form rekurrieren. Da es hier aber nicht um die Gewinnung einer spezifisch ästhetischen Form, sondern ausschließlich um die Möglichkeit geht, Schmitts Positionen und seine Angriffspunkte, wie auch, auf dieser Folie, die Kultur um 1900, der seine Kritik gilt, zu rekonstruieren, scheint nur eine konsequente Darstellung der Struktur der einzelnen Texte für die Analyse ergiebig zu sein. Schattenspiele jedenfalls machen „die Mechanismen des Lebens“, die sie „nachzuahmen“ versuchen, sichtbar.[14]

Inhaltsverzeichnis

Schmitts ebenso schlichte wie scheinbar undifferenzierte Erwähnung des Schillerpreises wirft die Frage auf, welcher der beiden Preise damit gemeint ist. Auf den ersten Blick scheint dies leicht zu beantworten: 1912, im Jahr vor Erscheinen der „Schattenrisse“, erhielt der für sie das Vorbild abgebende Autor Herbert Eulenberg den Volksschillerpreis für sein neoromantisches Liebesdrama „Belinde“.[1] Doch ein

---

fundene Anmerkung am Beginn der „Buribunken“. Vgl. dazu meine Abhandlung „Politische Fiktionen“, S. 197 und 213.

13 Tommissen, Die satirischen Texte, S. 339.

14 So Uhland in einem Brief vom 24.–27. September 1808 an Justinus Kerner über das, was er „bewerkstellige“ mit seinem im April 1811 erschienenen Band „Die Reiseschatten. Von dem Schattenspieler Luchs“. Zit. nach der Neuauflage, hrsg. von Walter P. H. Scheffler, Stuttgart 1964, S. 8.

1 Von den in den „Schattenrissen“ erwähnten Personen war neben Fulda noch Gerhart Hauptmann ein Empfänger des Volksschillerpreises. Als Mitglied der Jury war auch der Kulturhistoriker Karl Lamprecht vorgesehen, der aus beruflichen Verpflichtungen ablehnte. Vgl. dazu: Wolfgang Ungern-Sternberg, Zur Geschichte des Volksschillerpreises (1902–1918), in: Buchhandelsgeschichte 1985–1987, hrsg. von der histor. Kommission des Börsenvereins des Deutschen Buchhandels, Frankfurt/M. 1987, S. 108.

Blick auf die Geschichte des preußischen Schillerpreises zeigt, weshalb Schmitt einfach von „Schillerpreis" im Singularetantum sprechen konnte.[2]

Der vom damaligen preußischen Prinzregenten Wilhelm 1859 gestiftete Schillerpreis, war nicht nur das Muster für weitere Preisstiftungen,[3] er ist auch ein besonders deutliches Beispiel für den engen Zusammenhang von „Kunstpolitik und staatspolitischem Kalkül".[4] Und er blieb bis 1914 ein fester „Bestandteil der politischen Geschichte Deutschlands".[5] Mit der Stiftung dieses Preises versuchte die preußische Regierung die seit 1848, als Zeichen „nationaler und liberaler Demonstration", abgehaltenen Schillerfeiern zu kanalisieren und an die staatliche Einheit zu koppeln.[6] Das Patent des Preises legt fest, daß mit „eintausend Thalern Gold nebst einer goldenen Gedenkmünze [...] das beste Werk der Deutschen dramatischen Dichtkunst" ausgezeichnet wird.[7] In § 6 des Patents heißt es weiter, daß „nur solche in Deutscher Sprache verfaßte neue Originalwerke der dramatischen Literatur zugelassen" sind, die sich „zur Aufführung auf der Bühne vorzugsweise eignen, ohne doch dem vorübergehenden Geschmack des Tages zu huldigen".[8] In der zweiten Dekade seines Bestehens geriet in der Amtszeit Wilhelms II. (1888–1918) der Schillerpreis in eine schwere Krise. Aufgrund seiner umstrittenen Preisvergabepolitik kam es schließlich im Jahre 1902, nachdem die im Verlauf mehrerer Jahre gescheiterte Preisverleihung erneut durch den Einspruch Wilhelms II. nicht zustande kam, zur Gründung eines oppositionellen Volksschillerpreises.[9] Doch

2 Zur Situierung des Schillerpreises im Verhältnis zu anderen Preisen vgl. Ernst Schultze, Literarische Ehrenpreise, in: Germanisch-romanische Monatsschrift, 4/1912, S. 521–536. Zum Nobelpreis – dem Schmitt eine polemisch zu nennende Aversion entgegenbrachte – als Literaturpreis vgl. August Strindberg, Ein Gerichtshof über Weltliteratur, in: Zukunft, 45/1903, S. 103–105.

3 Vgl. dazu beispielsweise die Überlegungen der Schillerstiftung zur Einrichtung eines Preises: M. Behr, Schillerstiftung und Dichterpreise, in: Literarische Warte, 6. Jg., 1905, S. 690ff.

4 Wolfgang Sowa, Der Staat und das Drama. Der Preußische Schillerpreis 1859–1918, Frankfurt/M. u. a. 1988, S. 30.

5 Hans Mayer, Schillers Nachruhm, in: Sinn und Form, 11. Jg., 1959, S. 701–714.

6 Sowa, Schillerpreis, S. 33.

7 Abgedruckt in der Gesetz-Sammlung für die Königlichen preussischen Staaten, Jg. 1859, Nr. 43, Gesetzesnummer 5143. Zitiert nach dem Dokumentarteil bei: Sowa, Schillerpreis, S. 345.

8 Zit. nach: Sowa, Schillerpreis, S. 346.

9 Die Konfliktfälle in den Jahren 1890 bis 1902 waren vor allem Hermann Sudermann, C. F. Meyer, Ludwig Fulda und Gerhart Hauptmann, der zweimal abgelehnt wurde. Fulda gehörte als Delegierter der Goethebünde der Jury des Volksschillerpreises an.

bereits im Jahre 1908, nach elfjähriger Aussetzung des preußischen Schillerpreises, wurde mit Ernst Hardt und seinem Drama „Tantris der Narr“, dasselbe Stück mit dem preußischen Schillerpreis und dem Volksschillerpreis ausgezeichnet.[10] Damit wurde nicht nur dessen Charakter eines Protestpreises nachhaltig geschwächt. Vielmehr zeigt diese ‚zufällige‘ Doppelauszeichnung, daß die bisherigen autoritativen Eingriffe Wilhelms II. in die Juryentscheidungen zwar die Tradition höfischen Mäzenatentums – das in engem Verbund mit einer beratenden Jury die Preisträger auswählte – auflöste, jedoch nicht grundsätzlich gegen den herrschenden Geschmack der Zeit gerichtet war. Denn auch Wildenbruch, dem von Wilhelm II. 1896 ein Doppelpreis verliehen wurde, versuchte die Jury des Volksschillerpreises für sich zu gewinnen, da er neben patriotischen auch sozialkritische Themen behandelte.[11] Vielmehr dürfte die Preisvergabepolitik durch Wilhelm II., die auch nach der Reform des Patentes im Jahre 1901 den Charakter eines Dauerskandals beibehielt, weniger im Bereich der Ästhetik als im Verhältnis von literarischer Öffentlichkeit und autoritativer Entscheidung zu finden sein.[12] Dies zeigt fast schlaglichtartig Maximilian Hardens Argument zur ‚Verteidigung‘ der kaiserlichen Entscheidung, dem einstimmigen Votum der Jury, Ludwig Fuldas „Talisman“ 1894 auszuzeichnen, nicht zu folgen.[13] Harden betont, daß „auch ein Kaiser sein Privaturtheil haben kann“ und durchaus an „die Stelle der Kunstfrage eine Frage des privaten Geschmackes“ treten könne.[14] Diese Verteidigung Wilhelms II. ist ein Versuch, ihn in bürgerliche Kategorien von ‚öffentlich‘ und ‚privat‘ einzuordnen und kommt einer Absage an dessen Selbstverständnis gleich, da der Kaiser in bezug auf den preußischen Schillerpreis gerade nicht als „Privatmann“ entscheidet.

Wenn auch der Volksschillerpreis ausschließlich von Kräften und Personen der naturalistischen Avantgarde getragen wurde und deren Autoren auszeichnete, so

---

10 Hardt sah in dieser doppelten Auszeichnung ein Zeichen dafür, daß „die Entwicklung unseres Schrifttums [...] die ‚Richtungen‘ hinter sich gelassen“ hat. Zit. nach: Ungern-Sternberg, Volksschillerpreis, S. 111.

11 Damit soll den Texten Wildenbruchs nicht derselbe soziale Sprengsatz wie beispielsweise Hauptmanns „Weber“ zugesprochen werden.

12 Vgl. Der Schillerpreis, in: Das litterarische Echo, 4. Bd., 1901/02, S. 325. In diesem anonymen Artikel wird eine Passage aus der „National-Zeitung“ abgedruckt, in der aus Anlaß der Patentänderung unter anderem betont wird, daß es zwar paradox sei, aber „doch wohl richtig: wenn die Verleihung des Schillerpreises in Übereinstimmung mit dem Urteil der öffentlichen Meinung erfolgt“.

13 Das Drama Fuldas enthält satirische Spitzen gegen Wilhelms „Gottesgnadentum“.

14 Maximilian Harden, in: Die Zukunft, 13. Januar 1894, S. 48.

zeigt doch die Geschichte des preußischen Schillerpreises unter Wilhelm II., daß Schmitts Hinweis auf die „nicht mit dem Schillerpreis gekrönten“ „Schattenrisse“ ein Hinweis ist, der als Distanznahme zu beiden Preisen verstanden werden muß.[15] Darüber hinaus kann man bei Schmitt und dessen präziser Begrifflichkeit davon ausgehen, daß das Wort „gekrönt“ nicht zufällig gewählt wurde.

Systematische Tabelle

Anhand der Tabelle, mit der sich Schmitt in ironischer Absicht an Moeller van den Brucks „Menschengeschichte“ über „Die Deutschen“ anlehnt, kann eine weitere Ortsbestimmung der „Schattenrisse“ gewonnen werden. Schmitts Tabelle unterscheidet sich sowohl in ihren Kategorien wie auch bezüglich der Personen – bis auf zwei Ausnahmen: Theodor Däubler und Richard Dehmel. Dehmel ist für Schmitt als paradigmatischer Vertreter der Kultur um 1900 ein „toter Deutscher“; Däubler dagegen der in den „Schattenrissen“ nahezu unerwähnt bleibende und doch präsente Hintergrund, den er in einen radikalen Gegensatz zur Dichtung Dehmels stellt. Beide werden deshalb zur Präzisierung der Positionen von Moeller van den Bruck und Schmitt herangezogen.

Moellers achtbändige Serie „Die Deutschen“, bei der er zum erstenmal seinen erweiterten Autorennamen verwendet, ist der „unkonventionelle Ausdruck einer sehr konventionellen Geschichtsauffassung“.[1] Ausgehend von der durchaus zeitgemäßen Vorstellung, daß die Geschichte eines Volkes die Geschichte seiner großen Männer sei, schildert Moeller van den Bruck führende Staatsmänner, Künstler, Philosophen und Mystiker nicht in einer chronologischen Abfolge, sondern – in Anlehnung an die Kategorien der aufkommenden Kulturgeschichtsschreibung – geordnet nach psychologischen Kriterien. Er bedient sich damit jener Geschichtsschreibung, die Schmitt in seinem Schattenriß „Pipin der Kleine“ anhand vor allem von Karl Lamprecht vorführt.[2] Moellers inhaltliche Darstellung der einzelnen

15 Im Rahmen der Diskussion um die beiden Schillerpreise wurde häufig gegen eine Preisvergabe und für die Einrichtung einer Pensionskasse für Dichter argumentiert. Vgl. J. E., Brauchen wir Dichterpreise?, in: Das litterarische Echo, 7. Jg., Heft 17, Juni 1905, S. 1229–1232.

1 Fritz Stern, Kulturpessimismus als politische Gefahr. Eine Analyse nationaler Ideologie in Deutschland, München 1986, S. 234.

2 Moeller besuchte an der Universität Leipzig die Vorlesungen Karl Lamprechts sowie Wilhelm Wundts Vortragsreihe über Völkerpsychologie. Vgl. Paul Ssymank, Es gellt wie Trommelklang, in: Velhagen und Klasings Monatshefte, Heft 9, Mai 1935, S. 262ff.

Personen brachte, gemessen am bisherigen Wissensstand, keine wirklich neuen Erkenntnisse; auf historische Genauigkeit verzichtete er zugunsten einer vehement vorgebrachten Bewertung der insgesamt etwa fünfzig Porträts, so daß das ganze Unternehmen eher als „grandioses historisches Drama“ bezeichnet werden kann.[3] Ernst Barlach schreibt dazu an Moeller van den Bruck „nach der Beendigung der Lektüre Ihres Riesenwerkes“ am 13. August 1913:

> „es liest sich wie ein Drama, höchstens könnte ich es ändern und sagen, es ist ein Drama, in dem man göttlich-irdische miteinander ringen, durcheinander leiden und stürzen oder siegen sieht. [...] Ich finde mehr Religion als Philosophie darin.“[4]

Hier, wie in seinen 1904 erschienenen „Zeitgenossen“, bemüht sich Moeller van den Bruck zu zeigen,

> „worin das Neue der modernen Zeit bestand: in der gewaltigen technischen Umwälzung, im Schrumpfen der Erde durch die Entwicklung des Verkehrs- und Nachrichtenwesens und in den Möglichkeiten und Gefahren der amerikanischen Zivilisation“.

Weiter geht er davon aus, daß dieser „materielle Fortschritt der neuen Zeit noch nicht den angemessenen „Stahl- und Eisen-Stil“ gefunden habe, um den er sich bemüht; er enthüllt damit die (technische) Referenz seiner psychologisch-melodramatischen Geschichtsdarstellung.[5]

Moeller van den Brucks Band V, „Gestaltende Deutsche“, enthält – neben Karl dem Großen, Wagner und Hauptmann – die hier zur Analyse herangezogenen Abhandlungen zu Theodor Däubler und Richard Dehmel, dessen Lyrik er bereits 1897 eine eigene Broschüre widmete und den er als Träger der „Zukunftskultur“ enthusiastisch feierte.[6] Däubler aber bezeichnete er als die „weltbezügliche“ Antwort auf die „verpersönlichende“ und „menschbezügliche“ Dichtung Dehmels.[7] Dagegen

---

3 Stern, Kulturpessimismus, S. 234.

4 Ernst Barlach. Leben und Werk in seinen Briefen, hrsg. von Friedrich Dross, München 1952, S. 69.

5 Fritz Stern, Kulturpessimismus, S. 235; vgl. dazu Arthur Moeller van den Bruck, Die Deutschen, Bd. V: Gestaltende Deutsche, Minden o. J., S. 308: „Immer deutlicher wird der Ausblick, daß wir neuen Verwendungen des Steines und einer Monumentalität von Stahl und Eisen entgegenwachsen.“

6 Arthur Moeller van den Bruck, Richard Dehmels Lyrik, in: Die Gesellschaft, 13. Jg., 1. Quartal, Februar 1897.

7 Moeller van den Bruck, Die Deutschen, Bd. V, S. 298.

zieht Schmitt – obwohl auch er feststellt, daß das ‚Ich' in Däublers „Nordlicht" kein „Einzelner" mehr sei, sondern ein „Exponent der Erd- und Menschheitsgeschichte" – einen klaren Trennungsstrich zwischen beiden.[8] Denn Dehmel ist für ihn ein typischer Träger jener Bildung, die er der Mißachtung von Däublers Dichtung bezichtigt. Wenn auch die Schilderung beider Dichter durch Carl Schmitt wie von Moeller van den Bruck zu durchaus ähnlichen Ergebnissen kommt, so zeigt sich doch eine erhebliche Differenz in der Bewertung: schließen für Moeller van den Bruck „beide Beziehungen einander nicht aus, sondern ein", so galt zur Zeit der Entstehung der „Schattenrisse" für Schmitt das Gegenteil.[9]

Moeller van den Brucks Beschreibung von Däubler und Dehmel kommt zu dem Ergebnis, daß dieser „immer wieder in Kosmisches, Allgemeines und damit Episches" heranreiche, und sein Gesamtwerk „sich unwillkürlich zu einer Art von verpersönlichtem Zeitepos" zusammenschließe. „Däubler der Epiker" dagegen tauche „ständig aus Menschlichstem und damit Lyrischem hoch" und sei deshalb „sicherlich, wenigstens in der Elementarität seines Gesamtwerkes, trotz aller sprachlichen Bändigungskraft, mehr Ausbruch als Gestaltung".[10] Däublers Werk ist ihm nicht nur „ein Monument der Sprache", sondern auch „ein Dokument der Sprache des führenden Volkes, deutscher Sprache und deutscher Kultur".[11]

Hier, in der Eigenart des Sprachlichen, liegt auch für Carl Schmitt das Besondere der Däublerschen Dichtung. Sie macht aus seiner Sicht „das Epos Europas [...] unendlich moderner als alle Aestheten und Literaten, deren ganzer Stolz es war, modern zu sein". „Viele Dichter", heißt es bei Schmitt weiter, „waren an der sprachlichen Wandlung beteiligt, darunter große Namen, wie Stefan George und Rainer Maria Rilke. Aber erst durch Däubler ist die deutsche Sprache zu dem reinen Wunderinstrument einer neuen Tonalität geworden."[12] Diese Betonung der Tonalität der Sprache, in der die schöpferische Leistung der neuen Dichtung liege, ist auch bei Moeller van den Bruck argumentativ, und zwar stets in Rückführung auf Nietzsche, mit dem „das Zeitalter des individuellen Sanges" anhebe, durchgängig vor-

8 Schmitt, Nordlicht, S. 78.

9 Moeller van den Bruck, Die Deutschen, Bd. V, S. 211.

10 Moeller van den Bruck, Die Deutschen, Bd. V, S. 208. Diese präzise Bestimmung wird schließlich der Anlaß von Schmitts Distanznahme zu Däubler sein. Vgl. dazu das Schlußkapitel dieser Arbeit.

11 Moeller van den Bruck, Die Deutschen, Bd. V, S. 303; vgl. dazu auch: ders., Theodor Däubler und die Idee des Nordlichts, in: Deutsche Rundschau, Bd. CLXXXVI, Jan.–März 1921, Kap. VIII.

12 Carl Schmitt, Ex Captivitate Salus, Köln 1950, S. 46f.

handen.[13] Diese Zuordnung Moeller van den Brucks wird durch Däublers schwärmerisches Verhältnis zu Nietzsche bestätigt.[14] Der Bezugspunkt „Nietzsche“ zeigt bereits die zentrale Differenz zu Carl Schmitt, der Däubler gerade nicht in Nietzsches Raum von Mensch und Natur verortet, sondern in dem von Theologie und Sprache.

Wenn sich auch Schmitts Aussagen zu Däubler im Laufe seines Lebens stark wandelten, so bleibt doch seine Faszination an dieser Dichtung bestehen, in deren „Dienst“ er sich „seit 1910 mit großem Eifer“ stellte.[15] Wann Däubler, Schmitt und Moeller van den Bruck sich zum erstenmal begegnet sind, kann nicht genau festgestellt, aber doch annähernd eingegrenzt werden. Im Jahre 1906 reiste Moeller nach „Italien und lebte dort fast ein Jahr mit Theodor Däubler und Ernst Barlach zusammen“.[16]

> „Der Schriftsteller Moeller-Bruck und Frau, die ich in Florenz kennen lernte, jagen immer lustig und manchmal recht kümmerlich situiert durch die Welt, aber einen Ankerplatz möchten sie auch haben. Ein Stück eigenes Erdreich. [...] Bloß Theodor Däubler, der Dichter, der die 30 000 Verse geschrieben hat, dem gehört die ganze Erde, Meer und Land besitzt er mit Grandezza. [...] Sonst besitzt er nichts und seine wahrhaft traurige Lage hält ihn nicht davon ab, die Vision der modernen Kultur zu heben“,[17]

so Barlach im Juni 1910. Moeller van den Bruck erwähnt bereits im Jahre 1907 Däubler als den „Schöpfer einer großen Eposdichtung, die seither nur in Privatabzügen vorliegt“; das heißt, er kannte die „Nordlicht“-Schrift bereits vor ihrer Drucklegung, die erstmalig 1910 bei Georg Müller, München, in der sog. „Florentiner-Ausgabe“ erfolgte; den Verlagskontakt hatte Moeller van den Bruck vermittelt.[18]

---

13 Moeller van den Bruck, Die Deutschen, Bd. V, S. 280ff.

14 Anläßlich einer ersten Begegnung mit Canudo in Paris, der „sein zweiter Mentor durch die Welt der Musik wurde“ und dem er sein 1916 erschienenes Werk „Lucidarium in arte musicae“ widmete, berichtet er in einem Brief an Pannwitz: „Wir waren Freunde geworden, als von dir zum erstenmal das Wort Nietzsche ausgesprochen wurde.“ In: Marbacher Magazin, Theodor Däubler, Stuttgart 1988, S. 14.

15 Schmitt, Ex Captivitate Salus, S. 51.

16 Hans-Joachim Schwierskott, Arthur Moeller van den Bruck und die Anfänge des Jungkonservativismus. Eine Studie über Geschichte und Ideologie des revolutionären Nationalismus (Diss.), Erlangen 1960, S. 19. Vgl. dazu auch: Marbacher Magazin, Theodor Däubler, S. 17.

17 Ernst Barlach, Frühe und späte Briefe, 1904–1912, Hamburg 1962, S. 58.

18 Vgl. Moeller van den Bruck, Die Deutschen, Bd. V, S. 298; Marbacher Magazin, Theodor Däubler, S. 20; Thomas Rietzschel, Theodor Däubler, Leipzig 1988, S. 119.

Neben Carl Schmitt war er einer der ersten, der sich um eine öffentliche Anerkennung des von ihm als „vorweggenommenen Gegenentwurf gegen Spenglers Untergang des Abendlandes" bezeichnete „Nordlichts" bemühte.[19] 1913 widmete er ihm seinen Band „Die italienische Schönheit", der unter Däublers Einfluß entstand; weiter schrieb er bereits 1911, ein Jahr nach Erscheinen des „Nordlichtes", in der Zeitschrift „Der Brenner" die Abhandlung: „Theodor Däublers ‚Nordlicht'".[20]

Schmitts bisher bekannte früheste Erwähnung von Däubler bezieht sich auf jene Zeit, in der Däubler sich erneut in Berlin aufhielt.[21] „Im Sommer" 1912 unternahm er „von Düsseldorf aus mit Carl Schmitt" und „Fritz Eisler eine Reise durch das Rheinland und ins Elsaß".[22] Ferner geht aus einer nicht genau datierbaren, von Schmitt angefertigten Abschrift seiner eigenen Tagebuchnotiz folgendes hervor:[23]

> „Mein Brief an Däubler (aus Düsseldorf) 7. Januar 1915 (ich hatte Däubler im Dez. 1914 in Berlin getroffen,[...] zu Julius Bab in dessen Wohnung gegangen, hatte man [...] um ihn zu sehen und etwas für ihn zu [...].
> Es staut sich jetzt in ganz Europa eine ungeheure Menge von gothologischen Affekten auf, so daß vielleicht in schon ganz kurzer Zeit eine Wahnsinnsepidemie über die Völker hereinbricht und wir uns alle nicht mehr wiedererkennen werden. Dann kommt ein Flagellantentum, dessen Umfang und Wut sich zu dem des Mittelalters verhält wie ein moderner Millionenkrieg zu einer Prügelei der Landsknechte. Die allgemeine Feigheit und Kleinlichkeit, die man heute beobachten kann, erklärt sich nur aus Angst vor diesem Ausbruch, als einer letzten, schwächlichen Weigerung, von der jeder fühlt, daß sie nichts hilft und die deshalb so kläglich und abstoßend wirkt.
> Tagebuch-Notiz: Dez. 1914 (Berlin): mit Moeller van den Bruck, [...] Bienert, Buschbeck, Haas-Huye (?), [mit denen zu J. Bab], Däubler ein [...], der von [...] gefangen gehalten wird, ein [...] dichterischer Riesen-Klee."[23]

---

19 Sebastian Heißel, Theodor Däubler – ein Schwabe?, in: Dichtung und Volkstum. Neue Folge des Euphorion, Bd. 38, H. 2/1937, S. 216. Heißel betont, daß Moeller van den Bruck sehr wohl die Schwäche, die „seichte und ungestüme Formlosigkeit", des Werkes gesehen habe, sich aber deshalb nicht von der „Würdigung des inneren Wertes" abbringen ließ, weil er, wie Däubler, jeden „Nur-Verstand, jedes nur-rationalistische Denken und jede Art von reinem Intellektualismus, Materialismus oder Kulturpessimismus" ablehnte.

20 1. Jg., 1911, Heft 10, S. 594–598. Ein Jahr nach Moeller van den Bruck veröffentlicht Johannes Schlaf eine hymnische Besprechung von Däublers „Nordlicht", in der er die europäische Dimension des Werkes betont. In: Der Brenner, 5. Bd., 1912/13, S. 120–127.

21 Marbacher-Magazin, Theodor Däubler, S. 20.

22 Marbacher-Magazin, Theodor Däubler, S. 21.

23 Der stenographierte Text ist nicht vollständig zu entziffern

Schmitts ursprüngliche Abwendung von der durch Moeller van den Bruck so nachdrücklich am Beispiel der Lyrik Dehmels betonten Leistung der modernen Dichtung, findet ihren zentralen Ansatzpunkt einmal in deren rückhaltloser „Bejahung“ der Zeit. In ihr erkennt und begrüßt Moeller van den Bruck die großen Wegbereiter von Nietzsches Visionen:

> Die „Bejahung Liliencrons war die der einfachen Kraft, und die Bejahung Nietzsches die der verzweifelten Sehnsucht: zu ihnen erst fügte Dehmel die Bejahung durch das Leben selbst, bis hin zu ihrer Umsetzung in das äußerste, klarste Zeit- und Weltbewußtsein.“[24]

Carl Schmitt dagegen stellt 1916 – ähnlich wie Johannes Schlaf, der Däubler, „den Epiker des Europäers“, gegen die „psychologisch tiefspürige, aber etwas zu raffinierte Intellektualität“[25] Dehmels und Liliencrons abgrenzt – die Dichtung Däublers in einen Raum außerhalb des gegenwärtigen Zeitalters „des Verkehrs, der Technik, der Organisation“. Denn Däublers Poesie, so Schmitt, funktioniere aufgrund ihrer sprachlichen Gewalt nicht mehr auf der Basis allgemeiner Äquivalenz und entziehe sich daher dem Betrieb und der Verwertbarkeit. Das „Nordlicht“, das voll sprachlicher „Härten“ und voller „Geschmacklosigkeiten“ ist, entgehe gleichwohl dem Vorwurf der Banalität, da Däubler nicht in der „Sprache des täglichen Lebens“ dichte, die vom Zweck, durch den die Banalität erst entstehe, beherrscht werde.[26] Vielmehr hole Däubler alles,

> „Farbe, Klang, inhaltliche Beziehung, aus der Sprache heraus. Oft löst er sie vollständig in Klangwerte auf, neben denen der Inhalt nur adminikulierend in Betracht kommt.“[27]

Eine Dichtung, in der „Sprache nicht nur sich selber singt und malt, sondern auch sich selbst denkt“, kommt für Schmitt einer „herrlichen Absage an den Naturalismus des alltäglichen Verständigungsmittels“, an das „Soziologische der Sprache“, an die „Beziehung ad alterum“, den „praktischen Zweck“, der „sie häßlich macht“, gleich.[28]

---

24 Moeller van den Bruck, Die Deutschen, Bd. V, S. 279.

25 Schlaf, Theodor Däubler, S. 124; vgl. dazu auch Carl Schmitts Anmerkung zu Schlaf in: ders., Ex Captivitate Salus, S. 46.

26 Schmitt, Nordlicht, S. 63, 42 und 45.

27 Schmitt, Nordlicht, S. 45.

28 Schmitt, Nordlicht, S. 47, 50 und 45.

Diese Nicht-Konsumierbarkeit der Sprache Däublers, die für Schmitt auf der ausschließlichen Verwendung der autochthonen Mittel des Dichters, der Sprache, beruht, steht in direktem Kontrast zu Moeller van den Brucks Beschreibung der Dichtung Dehmels:

> „Das, was Dehmel die Macht gab, in allem was er tat, sinnlich und geistig zugleich zu sein, war, wie das in unserer Zeit gar nicht anders sein konnte, die Persönlichkeitskraft, das Ichgefühl. Aber ganz anders mächtig als Nietzsche rief er uns sein: Sei Du! sei Du! zu. [...] Schon das Sprachliche, das Nietzsche sich an das eigene Ich, Dehmel aber an das Ich des andern wandte, schied die beiden. [...] Erziehung zum Persönlichsein geht von beiden aus.“[29]

Diese Emphase für eine Sprache im Dienste des ‚Ich‘ und als Transportmittel des Kultes der Persönlichkeit, weist bei Moeller van den Bruck auf seine immer wieder betonte Herkunft aus der protestantisch geprägten Innerlichkeit; und die Modernität, die er an Däubler hervorhebt, ist zunächst vor allem eine Aussage über sein eigenes Werk.[30] Die „Verneinung des mittelalterlichen Katholizismus“, den dieser „Individualist [...] immer allein vom Protestantismus aus sieht“, bleibt „ebenso leicht im allzu Persönlichen stecken wie die mehrfachen Proteste gegen das Barock“.[31] Gerade seine Ich-Zentrierung, die nicht nur verbunden ist mit dem Ruf nach „Erziehung zum Persönlichsein“, sondern auch mit einer Aufforderung zur Formierung der ‚Gebildeten‘, markiert einen weiteren Punkt der Differenz zu Carl Schmitt. Jenen von Moeller van den Bruck bei Dehmel betonten Eigenschaften – deren „eigentlicher Wert“ für das deutsche Volk und dessen Kultur im „Erzieherischen“ liege – erteilt Schmitt eine nachdrückliche Absage.[32] Er kontrastiert den „einwandfreien, guten, geschätzten Schriftsteller“, der sich sorgfältig „den Assoziationen seines gebildeten Lesers anpaßt“ und der den „Eindruck seiner Worte als Kenner seiner Zeitgenossen genau zu berechnen weiß“, mit Theodor Däubler, der „überhaupt kein Verhältnis zu einem Publikum“ habe.[33]

Daß zwischen dem Autor der „Ich-Geschichte der Deutschen“, die dem „Bedürfnis nach Bildungsdemonstration“ und „Bildungsvorführung durch unerwartete

29 Moeller van den Bruck, Die Deutschen, Bd. V, S. 293.

30 Noch 1934 erschien eine Abhandlung über Moeller van den Bruck in der Reihe „Die deutsche Innerlichkeit“ von Paul Fechter.

31 Paul Fechter, Moeller van den Bruck. Ein politisches Schicksal, Berlin 1934, S. 48.

32 Moeller van den Bruck, Die Deutschen, Bd. V, S. 294.

33 Schmitt, Nordlicht, S. 43. Vgl. dazu auch den Schattenriß „Thomas Mann“, in dessen Zentrum die Publikumsorientierung steht.

Gebietsbeleuchtungen Platz“ gibt und dem Autor der „Schattenrisse“ gleichwohl thematisch gewisse Affinitäten bestehen, ist offensichtlich.[34] Dennoch zeigt aber gerade die von Moeller van den Bruck betonte Zentrierung auf das Ich des Einzelnen, durch die es dem „modernen Menschentypus“ ermöglicht werde, sich „zu einer anderen Existenzform fortentwickeln zu dürfen“, die grundlegende Verschiedenheit zwischen beiden, die schließlich ihre deutlichste Ausformung in ihrem Verhältnis zu Religion und Naturalismus findet.[35] Während Schmitts Nordlicht-Schrift geradezu grundiert ist durch eine Absage an den Naturalismus und dies mehrfach als spezifische Leistung Däublers bezeichnet, betont Moeller van den Bruck: „Ich kann diesen Terminus nicht aufgeben. Unmöglich! Ich baue ja geradezu meine ganze Ästhetik auf ihm auf.“[36] Der Naturalismus ist ihm die „ethische und ästhetische Parallele zu der Naturanschauung, die uns Darwin gelehrt hat! und ihre Umwandlung in eine Weltanschauung zugleich“; sie erst ermögliche die Fortentwicklung, „die Erziehung zum Übermenschen“. Dessen Erwartung und Huldigung gilt der durch eine „Vertiefung der Psychologie“ erreichbaren Wiederkehr jenes „jenseits von Gut und Böse“ angelangten Menschen. Deshalb heißt es bei ihm: „Dehmel ist Parzival“.[37] Carl Schmitts „Schattenrisse“ dagegen wenden sich durchgängig gegen den aus seiner Sicht eng mit dem Naturalismus verknüpften Übermenschen-Kult, der Däubler selbst nicht ganz fremd war. So verehrt auch Däubler in Parzival den

> „Magier, der Gott handhabt, schafft, in sich hineinverwandelt, der also sehr mächtig ist. Eine Art von Übermensch [...] Wenn unsere Zukunft einen Mann, der alle Elemente des Heidnischen und Christlichen zusammenrafft, erbringen soll, so ist Parsifal bereits der ‚homo novus‘. Er ist der Mächtige, der sein Elementarstes in der Geistigkeit eingesetzt hat.“[38]

Dagegen gründet Schmitts frühe Deutung der Dichtung des „Nordlichts“ in jenem Raum, den Däubler selbst von Parsifal abgrenzt: „Sowohl bei Parsifal wie bei

34 Fechter, Moeller van den Bruck, S. 52. So beispielsweise im Hinblick auf die Motive der Liberalismuskritik. Siehe dazu: Moeller van den Bruck, Die Deutschen, Bd. IV, S. 33. Vgl. dazu auch Fechter, Moeller van den Bruck, S. 47.

35 Arthur Moeller van den Bruck, Richard Dehmels Lyrik, in: Die Gesellschaft. Monatsschrift für Litteratur, Kunst und Sozialpolitik, Jg. 1897, 1. Quartal, S. 248.

36 Brief vom 7. April 1908, in: Moeller van den Bruck an Ludwig Schemann, in: Deutschlands Erneuerung. Monatsschrift für das deutsche Volk, 18. Jg., Heft 6/1934, S. 326.

37 Moeller van den Bruck, Die Deutschen, Bd. V, S. 249, 253 und 293.

38 Theodor Däubler, Lucidarium in Arte Musicae des Ricciotto Canudo aus Gioja del Colle, 1916, zit. nach: 2. Auflage, Leipzig 1921, S. 125ff.

Kundry werden wir das voneinander Getrenntsein der beiden nicht los. [...] Aber immer sind sie in sich selbst abgerundet. Ewige Egoisten: ihr Leben wollen sie, ihr Heil." Im „Christentum" dagegen „ists ein Aufgeben des Ichs".[39] Däublers, am Ende dieser Schrift getroffene Feststellung über Wagners Tetralogie – der mit ihr „ein Feuerbündel in die Hand gekriegt, um damit, wie Nietzsche sagt, aufzupeitschen" –: „Trotz der christlichen Aufmachung nochmals der Individualismus", charakterisiert sowohl seine eigene Dichtung, wie die Ambivalenzen von Carl Schmitts Deutungen.[40] „Ich habe, in einer noch sehr jugendlichen Schrift aus dem Jahre 1916", dem „Nordlicht" eine „christliche Deutung gegeben, und Däubler, in seiner grenzenlosen Großzügigkeit, hat das ohne Widerspruch hingenommen". Ihm sei erst später, so Schmitt weiter, als er „einen Aufsatz von Proudhon kennen lernte", klar geworden, daß das Nordlicht in dem „fahlen Schein einer Menschheits-Gnosis leuchtet".[41]

Doch zur Zeit der Entstehung der „Schattenrisse" ging Schmitt davon aus, daß Däublers „Nordlicht" „den Naturalismus der Sprache der Absicht nach überwunden" hat und das Ich des Einzelnen hinter der Dichtung zurücktritt, um als Medium des „Wesens der Sprache" nur etwas Über-Individuelles zu sein.[42] In diesem Sinne schreibt Däubler selbst am 11. September 1908

> „seinem Freund, dem Kulturhistoriker Arthur Moeller van den Bruck [...]: Ich Nordlicht sauge durch meine verschiedenen Menschlichkeiten bloß Sonne ein, bis ich die Sonne ganz verstehe, erfasse und mich mit ihr versöhne. Auferstehung des Leibes. Ich als Roland, als Scholast, als Theodor Däubler [...] bin mir schnuppe, ich bin, sofern ich Schöpfer bin, über alle meine Geschöpfe erhaben. Ich will das Nordlicht, ich sprenge jeden aufgetürmten Turm (Babel, Pyramide, Kultur)".[43]

Deutlich wird damit, daß Däubler das von Schmitt so betonte Über-Individuelle in durchaus zeitgemäße Schöpfer- bzw. Übermenschen-Phantasien überführt. Wenn Moeller van den Bruck von Dehmels Dichtung feststellen kann, sie sei deshalb so „modern", weil sie „auf unserem fortgeschrittenem Standpunkte moralfreier psychophysiologischer Menschenbetrachtung" stehe,[44] dann bleibt im Hinblick auf

---

39 Däubler, Lucidarium, S. 126.
40 Däubler, Lucidarium, S. 123.
41 Schmitt, Ex Captivitate Salus, S. 49ff.
42 Schmitt, Nordlicht, S. 45 und 50.
43 Zit. nach: Rietzschel, Däubler, S. 75.
44 So Moeller van den Bruck, zit. nach: Schwierskott, Moeller van den Bruck, S. 26.

Däubler festzuhalten, daß er Probant dieser Form der Menschenbetrachtung war.[45] Sein „esoterisches Wissen" stammte, wie Schmitt später selbst vermutete, „aus Gesprächen und auch aus scheinbar zufälligen, phonetischen Begegnungen".[46] Und nicht zuletzt auch aus psycho-physischen Versuchsanordnungen, unter deren direktem Eindruck oder Nachhall Däubler die Verse seines Epos schrieb.[47]

Sein „Nordlicht", das „strotzt und wimmelt [...] von Wortungeheuern, Wortstummeln und Sprachfehlern",[48] das bevölkert ist von „aglutinischen Sprachungeheuern" und „Sprachunmöglichkeiten", verläßt vollkommen das Feld der Reflexion und alltagssprachlichen Übereinkunft und das heißt, der konventionellen Zuordnung von Wort und Bedeutung.[49] Damit aber gibt es keinen interpretativen Zugang zur Erschließung eines historischen Sinns mehr. Das „Gefühl der Willkür und Unordnung", dem sich der Interpret früher oder später gegenüber sieht, wirft die unlösbare Frage auf „was eigentlich gemeint ist".[50] Däublers Wahrheitsbegriff: „O, ich wußte durch den Reim, daß alles, was klar ist, wahr sein mußte", transportiert keine wissenschaftliche Wahrheit, sondern folgt einer Wahrheit, die der Sprache immanent ist.[51] Die Vorgehensweise, mit der es ihm gelingt, eine Sprache jenseits allen interpretativen Bedeutungsgehaltes entstehen zu lassen, ist die einer radikalen Hinwegsetzung über jede Form von Konvention der Verbindung von Wort- und Sachvorstellung. Däubler radikalisiert damit ‚intuitiv' (provoziert durch Fieberphantasien und mediale Experimente) die um 1900 vielfach thematisierte Arbitrarität der Zeichen, die nicht zuletzt Saussure in seiner neuen Linguistik formuliert. Sein Epos „Nordlicht" gehört damit einer Literatur an, die auf der Folie der Psychophysik und ihren Sprachzerlegungsexperimenten entsteht. Schmitt betont in seiner hellsichtigen Analyse des „Nordlichts", daß der „ganze Vortrag nur für das Ohr und das innere, Farben und Beziehungen erkennende, nicht für das Buch-

45 Vgl. dazu Schmitts Vermutung, daß Däublers „promethidische Nordlicht-Idee aus Saint-Simonistischen Kreisen stammt", in: ders., Ex Captivitate Salus, S. 50.

46 Schmitt, Ex Captivitate Salus, S. 50f.

47 Auf diese Bedingungen kann hier nicht näher eingegangen werden. Ich verweise dazu auf die verschiedenen autobiographischen Abhandlungen von Däubler: Bestrickungen, Berlin 1927; Aufforderung zur Sonne, Bekenntnisse. Eine Schriftenfolge von Lebens- und Seelenbildern heutiger Dichter, Erstes Heft, Chemnitz 1926; Wir wollen nicht verweilen. Autobiographische Fragmente, Leipzig 1921.

48 Hugo Neugebauer, Ein sibyllinisches Buch, in: Der Brenner, 1. Jg., Heft 13, S. 358.

49 So Däubler selbst, zit. in: Marbacher Magazin, Theodor Däubler, S. 18.

50 Hannelore Wegener, Gehalt und Form von Theodor Däublers dichterischer Bildwelt (Diss.), Bensberg-Dürscheid 1962, S. 134.

51 Däubler, Wir wollen nicht verweilen, S. 7.

staben lesende Auge bestimmt“ ist.[52] Sein ausführlicher Hinweis auf den „Großunternehmer der Kunst“ und seine Kritik an Wagners Gesamtkunstwerk, ist in diesem Zusammenhang so wesentlich wie lucide. Wagners Musikdrama, das eine „vollkommende Hörwelt“ schafft, verfährt analog wie Däublers Dichtung: es überführt Sprache in Musik.[53] Gleichwohl betont Schmitt, daß Wagner gewaltsam mit der Musik umgehe, da sie „als Sockel für das gedankliche Programm herbeigeschleppt“ werde und deshalb nicht das bleiben könne, was sie inzwischen geworden sei: selbständig und absolut.[54] Schmitts Kritik läuft auf die Forderung eines ausschließlich dem jeweiligen Sachgebiet – hier der Musik – angehörenden Mittels hinaus; entsprechend begründet er seine Ablehnung von Wagners Musikdrama damit, daß die ästhetische „Natur der Musik“ nichts mit „ihrer psychologisch-historischen Entstehung“ zu tun habe, die mit der Sprache in sie hineingetragen werde.[55] Schmitt formuliert damit ein wesentliches, sich durch die „Schattenrisse“ hindurch ziehendes Argument: Seine Abstandnahme von der Ausrichtung aller Sachbereiche an außerhalb ihrer selbst liegenden Kategorien. Insbesondere dem Universalanspruch der neuen Naturwissenschaften, Wissen und Erkenntnis an den Gesetzen der Natur zu orientieren, erteilt er eine klare Absage und stellt ihnen die Logik der Sprache, die er in Däublers Dichtung findet, entgegen.[56]

Gleichwohl ist es auch gerade Wagners Musikdrama das – wie Däublers Dichtung – über alle Wortbedeutung triumphiert, da bei ihm der „Orchesterklang [...] auf interpersoneller Ebene zum Thema“ wird; dies erlaubt zu hören, was man „wähnt“. „So unindividuell ist die Stimme bei Wagner, daß ihr Sound den „Panzer namens Ich“ durchbricht.[57] Und nicht zuletzt ist es gerade Theodor Däubler, für den der Sound der Wagnerschen Musik eine der Experimentalbedingungen sein konnte, die seine (Klang-)Sprache hervorbrachte: „Zweimal“ bin ich „von Wagners Siegfried bezaubert worden. Von nun an konnte ich nur noch in Versen grübeln, schließlich denken: Wahngebilde hat Musik in mir zu Gestalten vereinfacht.“[58] Die reine Tonalität, in die Däubler die Sprache durch den von Wagners Musik hervorgerufenen Wahn überführt, überführt an der Schwelle des Medien-

52 Schmitt, Nordlicht, S. 48f.

53 Friedrich A. Kittler, Weltatem. Über Wagners Medientechnologie, in: Diskursanalysen 1, Medien, hrsg. von Kittler/Schneider/Weber, Opladen 1987, S. 103.

54 Vgl. zu diesen beiden Begriffen Abschnitt 3 des Schlußkapitels.

55 Schmitt, Nordlicht, S. 44.

56 Vgl. dazu u. a. die Abhandlung zu Fritz Mauthner.

57 Kittler, Weltatem, S. 99.

58 Däubler, Aufforderung zur Sonne, S. 18f.

zeitalters den Menschen selbst in ein mediales Instrument. Auch Wagners Musikdrama ist so perfekt wie mediengerecht. Der Sound, den seine Musik mit Hilfe der Thematisierung des Orchesterklangs, der Verdunkelung der Konzerträume und der „Aufstellung einer akustischen Schallwand“ erreicht, wirkt so unmittelbar auf die psychophysische Verfaßtheit des Individuums, daß es zum erstenmal vorstellbar wird, den bisherigen räumlichen Verbund – Orchester, Sänger und Zuhörer – aufzulösen.[59] Denn seine Musik, die die „Sinne des Aufnehmenden [...] so überaus beansprucht“, bietet einen so „verklärten, reinen, von jedem außermusikalischen Geräusch befreiten Klang“, daß es möglich wird „sich den Genuß von Konzerten mittels telephonischer Übertragung“ zu verschaffen.[60] Damit wird sehr klar der Zusammenhang der neuen Ästhetik mit der Technik benannt. Er steht für jene Entwicklung, die Schmitt als letzte Stufe der Neutralisierung und Entpolitisierung bezeichnet.[61]

Über Theodor Däublers Dichtung stellt Moeller van den Bruck bereits 1911 fest, daß es „vor allem der sprachschöpferische und in jeder Beziehung neu- und umwertende Teil“ ist, auf den „Däubler selbst den allergrößten Nachdruck“ lege und der hervorruft, „worauf es immer nur ankommt“: das „Erlebnis“. Die „Unmittelbarkeit des Erlebnisses“ dieser Dichtung zeige Wirkungen, die bis „in die eigene Sprachbildung“ hineinreichen.[62] Die (expressionistische) Kategorie „Erlebnis“ ist aber genau der von Schmitt im Schattenriß „Niegeburth“ dargestellte Schlüsselbegriff seiner Aversion. Theodor Däubler selbst bringt am Ende seines Lebens die „Umwertung“, die er, der häufig bei psycho-physischen Experimenten als Medium fungierte, mit seiner Dichtung erreichte, auf den Begriff: „Statt eines Cembalos, wie Carducci, bin ich eine deutsche Kinoorgel geworden.“[63]

---

59 Paul Ehlers, Nochmals: die „Verdunkelung unserer Konzerträume“, in: Die Gesellschaft, 18. Jg., Bd. II, S. 251.

60 Ehlers, Nochmals: Verdunkelung, S. 251.

61 Vgl. Carl Schmitt, Die Stufenfolge der wechselnden Zentralgebiete, in: ders., Der Begriff des Politischen, Berlin 1979, S. 80–88; ders., Die Stufen der Neutralisierung und Entpolitisierung, in: ebenda, S. 88–95.

62 Moeller van den Bruck, Däubler, S. 595. Nicht zuletzt ist es die von Moeller festgestellte Kategorie des „Erlebnisses“, die seine Analyse von der Carl Schmitts trennt und gegen die Schmitt dezidiert in seinem Schattenriß „Eberhardt Niegeburth“ Stellung bezieht. (Vgl. dazu Kommentar und Analyse zu diesem Text.) Man kann davon ausgehen, daß hier eine der wesentlichen Bruchstellen von Schmitt in seinem Verhältnis zu Däubler liegt.

63 Vgl. Däubler, Bestrickungen, S. 25; zit. nach: Marbacher Magazin, S. 51. Ähnliches stellt Moeller van den Bruck fest, der betont, Däublers „Gesänge sind Filme. Seine Reime sind wie Telefunken im Nu empfangen.“ Moeller van den Bruck, Nordlicht, Kap. IX.

Zusammenfassend bleibt festzuhalten, daß sich Däublers Sprache zwar der Kategorie der Bedeutung und damit den alltagssprachlichen Konventionen und der vordergründigen „Verwertbarkeit" entzieht. Sie entzieht sich jedoch nicht den der Heraufkunft der modernen Naturwissenschaften und des Medienzeitalters angehörenden Experimentalbedingungen, deren Produkt und Äquivalent sie vielmehr ist. Ging Schmitt in seiner frühen Interpretation zunächst noch davon aus, daß „im „Nordlicht" der „romantische Deutungsdrang ganz ungebrochen und unbefangen" herrscht, und auch „inhaltlich" die „Wurzeln des Werkes in der Romantik" liegen,[64] so stellte er später fest, daß Däublers „dichterischer Pantheismus" alles „gut heißen" und alles mit sich reißen könne und ordnet ihn damit der Dehmelschen Bejahung des Bestehenden zu.[65]

Im Gegensatz dazu vermutete Moeller van den Bruck, daß Däublers Werk „Halt" mache, „vor derjenigen Epoche, deren elektrische Kultur eine einzige gewaltige dynamisch-optische Umsetzung aller Lichtideen ist".[66] Ohne auf die hier erwähnten technischen Realien der Kultur um 1900 näher einzugehen,[67] sei der von Moeller van den Bruck 1907 festgehaltenen Deutung eine, vermutlich 1954 entstandene, Passage von Carl Schmitt zu Theodor Däubler angefügt:

> „Das Nordlicht ist eine tellurische Sendung ins All, das kosmische Manifest der elektrifizierten Erde, eine faschistische Idee! Faschismus ist Futurismus,[68] die Hitler Ideologie verdient den dubiosen Namen einer konservativen Revolution."[69]

---

64 Schmitt, Nordlicht, S. 15f.

65 Schmitt, Ex Captivitate Salus, S. 48f.

66 Moeller van den Bruck, Die Deutschen, Bd. V, S. 302f.

67 Hingewiesen sei hier nur auf Moeller van den Brucks Abhandlung über das „Varieté", dessen Stil er als neuen Lebens- und „Wirklichkeitsstil", der die „Steigerung des Lebens selbst" sei, bezeichnet, sowie auf Däublers Verhältnis zu Varieté und Kino. Zit. nach: Moeller van den Bruck, Die Deutschen, Bd. V, S. 283.

68 Auffallen muß, daß Schmitt bereits in seiner Abhandlung zu Däublers „Nordlicht" versucht, die futuristischen Elemente der Dichtung Däublers eher unbeachtet zu lassen. So heißt es in einer Anmerkung (S. 79): „zu Seite 29, Zeile 3. Die Totentänze, [...] die 1904 geschrieben sind, kann man als erste und einzige sprachfuturistische Leistung auffassen. (Der testamentarische Totentanz ist ganz im Kinotempo zu lesen.) Übrigens ist das Futuristische im ‚Nordlicht' nur eine Episode." Däubler reiht sich mit einem 1916 erschienenen Gedicht „Futuristisches Tempo", das sich wie eine Fortsetzung des „Nordlichts" liest, selbst in diese Ästhetik ein. Zit. nach: Die Aktion, Heft 6/1916, Sp. 137–142.

69 Carl Schmitts handschriftliche Anmerkung auf einem Brief an Theodor Däubler vom 25. Juni 1924. Die Annahme des Datums der undatierten Notiz geht zurück auf einen Schriftvergleich mit einem an gleicher Stelle liegenden Notizblatt zu Theodor Däublers „Nordlicht", das datiert ist mit: 26. 8. 1954.

Mit dieser radikalen Absage an Däublers „Nordlicht“ wendet sich Schmitt auch von seiner früheren christlichen Deutung ab. Bereits 1911 betonte Neugebauer in seiner Auseinandersetzung mit Moeller van den Bruck, daß es „ein großer Irrtum“ sei, in „Theodor Däubler einen Anhänger dieser Lehre in der Form“ zu

> „erblicken, wie sie die katholische Kirche ihren Gläubigen vorschreibt. Wenigstens fällt es mir schwer daran zu glauben, daß sich dieser herrliche, ja herrische Geist blindlings dem Zwange eines fremden Denkgesetzes unterworfen, daß er nicht auch diesen Wert umgewertet haben sollte.“[70]

Daß das Überindividuelle des Däublerschen Mythos nicht christlichen Ursprungs ist, daß er vielmehr „der Auferstehung im Nordlichte“ und das heißt, der medientechnischen Welt, die die Beschaffenheit des Menschen in technisch austestbare Standards und Wirkungen zerlegt, angehört, darin muß die spätere Abwendung von Schmitt vermutet werden.[71] Moeller van den Bruck dagegen begrüßte enthusiastisch die Möglichkeiten der „Jungen Völker“, deren große Kulturleistung aus der „Vertiefung“ der Einzelpersönlichkeit und der Zentrierung auf das Subjekt hervorgebracht werde. Ein Prozeß, auf den Dehmel sich konzentrierte und den Däubler, der doch auch „Verschwender“ seiner „Innenwelten“ war, nur scheinbar abwies.[72] Die zur Zeit der Entstehung der „Schattenrisse“ gültige – wenn auch letztendlich so nicht aufrechtzuerhaltende – Scheidelinie zwischen Schmitt und Moeller van den Bruck in bezug auf Däublers Werk, kann anhand von Dehmel und Däubler präzise dem Verhältnis zu Christentum und Religion zugeordnet werden. Bereits kurz nach der Jahrhundertwende erkannte Moeller van den Bruck nicht mehr in der Religion, sondern in der Kunst den „Wegweiser“, der „den Pfad entlang zeigt, der zur letzten Erkenntnis führt“.[73] Bereits heute bestehe

> „eine Kunst, die [...] die Religion überflüssig gemacht und jeden wahrhaft modernen Menschen mit derselben Sicherheit zum Weltall erfüllt hat, die sonst nur das Vertrauen auf Gott geben konnte“.[74]

Die sich in der Kunst Dehmels manifestierenden „Bindungen“ sind ihm „Bindungen einer wirklichen Weltanschauung. [...] Was in der Religion und vom Dogma Gott zugeschrieben wurde, das wird hier dem Weltwillen oder dem Weltglück zu-

70 Moeller van den Bruck, Däubler, S. 587.

71 So Neugebauer, zit. nach: Moeller van den Bruck, Däubler, S. 598.

72 Vgl. Rudolf Pannwitz, Theodor Däublers expressionistisches Gedicht, in: Das junge Deutschland, Jg. 2, Nr. 12/1919, S. 339.

73 Arthur Moeller van den Bruck, Die moderne Literatur, Berlin – Leipzig 1902, S. 137.

74 Moeller van den Bruck, Literatur, S. 440.

geteilt." Moeller van den Bruck geht noch einen entscheidenden Schritt weiter und betont, daß Dehmels „Raum und Zeit verbindende" Dichtung „Nichts anderes tut und ist" als „Gott": „Indem wir an der Erdvollendung arbeiten, arbeiten wir zugleich an der Gottvollendung".[75]

Däublers „Nordlicht" dagegen bezieht sich (jedoch nur scheinbar) auf das Christentum. Sein Brief an Moeller van den Bruck vom 28. Dezember 1905 zeigt bereits den Weg, den Däublers christlichen Vorstellungen nehmen:

> „Christus ist der Ursprung, jenseits von Zeit und Raum selbst, das Licht, die Liebe; – ich nenne dies alles den Triumph des Nordlichts, es ist die Liebe, die Religion der Seele selbst, der jungfräulichen Mutter Erde, die sich selbst heiligte, der herrlichste freieste Pantheismus."

Doch auch diesen Pantheismus, ebenso wie jeden „Kult, jede Konfession, jede Anbetung, ja jede Berufung auf Christus und Gott, wenn Sie wollen, das ganze Christentum, der Theismus", dies alles habe er für sich „überwunden". „Der Geist" sei heute „das ethische, kantische Postulat in uns allen" und „Recht und Gesetz" liegen nur „in uns selber".[76] Doch dieses „in uns liegende Gesetz", das in Däublers „Nordlicht" zutage tritt, trägt für Schmitt zunächst nicht das Signum „irgendeines Einzelnen, etwa eines Künstlers oder stud. phil. oder Ingenieurs, der ‚sich' findet oder zu seiner ‚Persönlichkeit' durchringt", sondern das des Christentums.[77] Denn aufgrund seiner „reinen" und „zweckfreien", allein den (Klang-)Regeln folgenden Sprachlichkeit folge es Gesetzen, die außerhalb des Einzelnen liegen. „Ein Mensch der spricht", so Schmitt 1917, überläßt „sich einer fremden Gewalt, deren Gesetze er nicht aufheben kann".[78] Deshalb sei der Dichter, der sich der Sprache überläßt, „nur die Feder eines Andern, der schreibt".[79] Jenen Anderen aber, der dann schreibt, benennt Schmitt mit dem Namen „Gott"; denn in ihm gründe „alle Gesetzmäßigkeit".[80] Die ‚göttliche' Gesetzmäßigkeit, der Däublers Sprache folgt, ist nichts anderes als das Unbewußte, das nach Lacan wie eine Sprache strukturiert ist.[81]

---

75 Moeller van den Bruck, Die Deutschen, Bd. V, S. 296f.

76 So Däubler, zit. nach: Rietzschel, Däubler, S. 109f.

77 Schmitt, Nordlicht, S. 40.

78 Carl Schmitt, Die Sichtbarkeit der Kirche. Eine scholastische Erwägung, in: Summa, 2. Viertel, 1917, S. 79.

79 Schmitt, Nordlicht, S. 59.

80 Schmitt, Erwägung, S. 74. Vgl. dazu auch Johannes Schlaf, der betont, daß Däublers Dichtung „vom seherischen Rausch aus der Tiefe des Unterbewußten heraufgeworfen" werde, zit. nach: ders., Däubler, S. 126.

81 Vgl. dazu auch das Schlußkapitel dieser Arbeit.

Vorwort

Schmitts „provisorische Zusammenstellung“ geschieht in Anlehnung und radikalisierter Nachfolge des Programms von Hegels „Phänomenologie des Geistes“.[1] Der mit Hegels Technik ‚gebannte Reichtum‘ der Kultur um 1900, dessen polemische Zuspitzung ihre spezifischen Merkmale hervortreten läßt, wird zunächst in den einzelnen, den Kapiteln der „Schattenrisse“ zugeordneten Abschnitten dargelegt. Die Analyse des Vorwortes wird sich deshalb auf die nur hier thematisierten beiden Punkte beschränken. Es handelt sich dabei zum einen um die sich auf Cézanne und Picasso – den auch Däubler 1913/14 als Erfinder des Kubismus bezeichnet[2] – beziehende Passage und zum andern um den durch eine Nachlaßnotiz gestützten Textteil, der in Kontrastierung von Däublers „Nordlicht“ den literarischen Betrieb zum Gegenstand der Kritik erhebt. Dabei soll dieser letztgenannte Punkt hier vor allem herangezogen werden, um die Beschaffenheit der von Schmitt in den „Schattenrissen“ verwendeten Argumentationsfigur zu präzisieren.

Schmitts Aussagen zur Form- und Farbgebung bei Picasso und Cézanne werden von ihm argumentativ mit einer Farb-/Motiveinheit kontrastiert, die den Realismus und Naturalismus der bildenden Kunst sowohl charakterisiert wie karikiert. Generell muß man davon ausgehen, daß sich das „Zerbrechen“ der „geheiligten Form des menschlichen Leibes“ vor allem auf Picasso und den Beginn von dessen kubistischer Periode bezieht, während die „kleinliche Aneinandersetzung von Farben“ auf Cézanne als Wegbereiter des Kubismus anspielt. Prinzipiell ist für den hier zu klärenden Kontext festzuhalten, daß beide, bei aller Gegensätzlichkeit ihres Stiles, in einem Verhältnis von programmatischer Abgrenzung zu Realismus und Naturalismus stehen.[3] Aus dieser Entgegensetzung entsteht eine deutliche Korrespondenz zu dem hier zur Rede stehenden Affekt gegen den Naturalismus, sowie zu den für das Werk von Carl Schmitt wesentlichen Begriffen wie Tatsache, Natur, Naturgesetzlichkeit und Realität. Deshalb soll im folgenden – unter weitgehender Vernachlässigung einer Grenzziehung zwischen Kubismus und Impressionismus – die

---

1 Schmitt, Schattenrisse, S. 7; vgl. zu Hegel die Analyse des Titelblattes der „Schattenrisse“.

2 Theodor Däubler, Picasso, in: Die Neue Kunst 1, 1913/1914, S. 231–241 (= Der neue Standpunkt); abgedruckt in: ders., Im Kampf um die moderne Kunst und andere Schriften, hrsg. von Friedhelm Kemp und Friedrich Pfäfflin, Darmstadt 1988, S. 94–102.

3 Vgl. dazu Raynal, der darauf verweist, daß um 1900 in der öffentlichen Diskussion der Kubismus dem Impressionismus „angeglichen“ wurde bzw. die kubistische Formgebung lediglich als „eine Folge der Neigung der Nachimpressionisten zur Deformation“ bezeichnet wurde. Zit. nach: Maurice Raynal, Picasso, München 1921, S. 121f.

Funktion von Form und Farbe bei Picasso und Cézanne in bezug auf diesen Kontext skizziert werden. Damit sollen die von Carl Schmitt an Däublers „Nordlicht" herausgestellten ästhetischen Kategorien parallelisiert werden.[4]

> „Die Natur" – so Cézanne laut Denis Maurice' Bericht – „ich habe sie kopieren wollen, es gelang mir nicht, aber ich war mit mir zufrieden, als ich entdeckt hatte, daß die Sonne (z. B.) sich nicht darstellen läßt, sondern daß man sie repräsentieren muß durch etwas anderes [...] durch die Farbe. [...] Man muß die Natur nicht reproduzieren, sondern repräsentieren, durch was?: durch gestaltende farbige Äquivalente."[5]

Der für Cézanne zentrale Begriff „représenter" erstreckt sich zunächst nur auf „den Drang zur Farbe"; er wird aber über die Farbgebung hinaus zum eigenen Gestaltungsprinzip, das die nur „optische Mischung der Farben" des Impressionismus überwinden soll.[6] Cézanne sieht nur „einen Weg, um alles wiederzugeben, alles zu übersetzen: Die Farbe, die Farbe ist biologique [...] sie macht allein die Dinge lebendig" und überträgt alles Lebendige „in eine andere und doch ganz wirkliche Welt. Das Wunder ist da, das Wasser wandelt sich in Wein, die Welt ist in Malerei verwandelt."[7] Die Repräsentation von Natur und Realem durch die Farbe, die – autochthones Mittel der Malerei – eine neue Wirklichkeit erschafft, umgreift, da „die Farbe der Form nicht entgegen ist", auch den Gestaltungswert. Und das heißt für Cézanne eine „Erzeugung der Form durch die Farbe".[8] Cézannes bekannteste Äußerung zur Formgebung:

---

4 Auf die Rolle und Funktion des Kubismus für das Werk von Carl Schmitt wird im Schlußkapitel weiter eingegangen.

5 Denis Maurice, Théories 1890–1910. Du Symbolisme et de Gauguin vers un novel ordre classique, Paris 1912; zit. nach: 4. Aufl. 1920, S. 253; Übers. zit. nach: Walter Hess, Das Problem der Farbe in den Selbstzeugnissen der Maler von Cézanne bis Mondrian, Mittenwald 1981, S. 26.

6 Vgl. Hess, Das Problem, S. 27.

7 Cézanne, zit. nach: Hess, Das Problem, S. 32f.

8 Cézanne, zit. nach: Hess, Das Problem, S. 33. Den Übergang von Cézannes Technik – die Form aus der Farbe entstehen zu lassen – in den Kubismus, zeigt am deutlichsten sein letztes Bild „Landschaft in Aix", das 1906, kurz vor seinem Tode, entstand. Dieses Bild, das sich im Besitz der beiden russischen Sammler Morosow und Schtschukin befindet und in der Ermitage St. Petersburg zu sehen ist, wurde erstmals im Sommer 1993 im deutschen Sprachraum gezeigt. Vgl. dazu: Morosow und Schtschukin – Die russischen Sammler. Monet bis Picasso, Köln 1993, Abb. 33 und S. 396f.

> „Tout dans la nature se modéle selon la sphére, le cone et le cylindre. Il faut s'apprendre à peindre sur ces figures simples, on pourra ensuite faire tout ce quón voudra“,

die vor allem durch die Kubisten aufgegriffen und bekannt gemacht wurde, bildete den Anlaß, ihn in den engeren Zusammenhang mit deren Formgebung zu stellen.[9] Wesentlich für den hier zu erörternden Kontext ist, daß sich die Malerei Cézannes von der farbigen Erscheinung der natürlichen Welt und damit auch vom romantischen Naturbegriff, der das 19. Jahrhundert dominierte, abwendet und durch die Realisation der Welt in der Farbe und der von ihr ermöglichten Form, eine andere, fiktive Realität entwirft und verwirklicht.[10] Cézanne betont, daß die Gestaltungsprinzipien nicht auf den Stimmungen und Gefühlen des Malers beruhen dürfen, denn wenn dieser

> „eingreift, wenn er es wagt, der Elende, sich willentlich einzumischen in das, was er nur zu übersetzen hat, dann bringt er seine Bedeutungslosigkeit hinein, das Werk wird minderwertig. [...] Der Maler ist parallel zur Natur. [...] Er muß in sich schweigen machen alle Stimmen des Vorurteils, vergessen, vergessen, Stille machen, ein vollkommendes Echo sein.“[11]

Die durch Cézannes „Realisation“ möglich gewordene Verwandlung der Welt in Malerei, überwindet nicht nur den Naturalismus, sondern stellt eine objektive Konstruktion bereit, von der aus es für die Kubisten nur noch eines Schrittes bedurfte, um „von einer Abstraktion“, so Juan Gris, „zu einem wirklichen Ding zu gelangen“, das „etwas von der Perfektion des Kristalls“ besitzt.[12]

Mit dem Aufbrechen der natürlichen Form, dem Zerbrechen „der Dinge überhaupt“,[13] verschrieb sich Picasso „vom Beginn der kubistischen Phase bis zum Ersten Weltkrieg [...] der Cézannschen Festlegung auf das Konzept – die Bilderfindung – als dem Essentiellen der Malerei“.[14] Doch anders als bei Cézanne, erfolgt bei ihm diese Erfindung nicht aus der Form der Farbe, sondern über einen neuen Raumbegriff. „Das kubistische Bild“, das eine „unlösbare Zusammenballung von

9 Cézanne, zit. nach: Hess, Das Problem, S. 27.

10 Diese andere Verfassung des Realen, die nicht mehr auf Natur und Tatsache rekurriert, versucht Schmitt über den Begriff der Fiktion zu realisieren. Vgl. dazu das Schlußkapitel.

11 Cézanne, zit. nach: Hess, Das Problem, S. 180.

12 Juan Gris, zit. nach: Hess, Das Problem, S. 180f.

13 Schmitt, Schattenrisse, S. 7.

14 Picasso und Braque: Die Geburt des Kubismus (anläßlich der Ausstellung im Kunstmuseum Basel), München 1990, S. 10.

Objekten“ ist, gewinnt die „Realisation“ der Malerei mittels der architektonischen Formgebung.[15] Aufgrund dieser Erfindung der Welt durch Architektur wurde der „Kubismus eine Rückkehr zur Disziplin genannt“, die gegen die „entfesselten [...] Ausschreitungen“, die der „naturalistische Geschmack an der Deformation“ in seinem „Suchen nach dem eigentümlichen Charakter und die Deutung der Natur“[16] hervorbrachte, ein neues Konzept von Malerei ermöglichte, das sich sowohl „von der farbigen Erscheinung der natürlichen Welt“, wie von deren Formen vollkommen absondert.[17] Ähnlich wie Cézanne, dessen Malerei „ausdrücklich auf jedes Äquivalent der Materie“ verzichtet und der deshalb als „Modell“ für seine Figuren sich „primitiver Aktzeichnungen aus seiner ersten Jugend“ bediente,[18] hatte es auch Picasso „niemals nötig, einen Garten zu kaufen, um die Blumen darin zu malen, niemals sah man ihn auf der ‚Jagd nach Motiven‘. Seit langem hat der die ‚Modelle‘ aufgegeben.“[19] Dieser Abwendung von Natur und realer Materie, die eine Voraussetzung der Realisierung der kubistischen Bilderfindung ist, entspricht das parallel dazu entstehende Konzept des Zurücktretens der Person des Malers; dessen subjektive Befindlichkeit bildet kein das Bild konstituierendes Moment mehr. Die „graphische Einfachheit der Zeichen, die in der komplizierten Entwicklung des Kubismus in den Jahren 1910–1914 zur Verwendung kamen“ spiegelt diese „Entpersonalisierung des Malers“ wider.[20] Der Verzicht auf das Ich des Malers, den Raynal mit dem Begriff der „unbedingten Uneigennützigkeit“ zu definieren versucht, bildet den „Drehpunkt des Picassoschen Werkes“, das deshalb weder auf Psychologie noch auf „wahre“ Charaktere rekurriert.[21]

Diese knappe Skizzierung der Malerei von Picasso und Cézanne läßt bereits wesentliche Elemente der von Schmitt gezeigten ästhetischen Prinzipien von Theodor Däubler erkennen. Zunächst einmal gilt dies für den Begriff der Bilderfindung, dessen Äquivalent bei Däubler die Wort-Erfindung oder Wort-Schöpfung ist. Prinzipiell wird mit dieser radikalen Neuschöpfung, die ausschließlich auf den jeweiligen

15 So André Lothe 1919, anläßlich einer Braque-Ausstellung; zit. nach: Hess, Das Problem, S. 79.

16 Raynal, Picasso, S. 71.

17 Felix Thürlemann, Grün – die verstoßene Vierte. Zur Genealogie des modernen Farbpurismus, in: Bernhard Bürgi (Hrsg.), Rot, Gelb, Blau. Die Primärfarben in der Kunst des 20. Jahrhunderts, Stuttgart 1988, S. 24.

18 Julius Meier-Graefe, Paul Cézanne, München 1923, S. 64ff.

19 Raynal, Picasso, S. 108.

20 Picasso und Braque, Geburt des Kubismus, S. 13. Diese Entpersonalisierung führte eine Zeitlang zum Verzicht der Signierung der Bilder.

21 Raynal, Picasso, S. 107.

Mitteln der Kunst beruht – den bildnerischen, wie den dichterischen –, die Abbildung oder Wiedergabe der Natur und damit der Naturalismus überwunden. Analog zum Bild bei Picasso und Cézanne bewegt sich – so Carl Schmitt – die Dichtung Däublers nur ab und zu „noch im Rahmen des Selten-Vergleichbaren“, und das heißt, daß ihr kaum noch ein Äquivalent in der Wirklichkeit entspricht. Bereits bei der Schilderung des Mondes, wie des Nordlichtes, diesen beiden zentralen Motiven bei Däubler, existiere die Realität nur noch in Sprachbildern, die in einer weiteren, zweiten sprachlichen Verarbeitungsstufe, in mythologische Gebilde überführt werde. Diese „doppelte Verarbeitung“ des Realen durch Däubler – der bei Picasso und Cézanne der Verzicht auf das Modell bzw. der Rückgriff auf Studien und die Erarbeitung des Bildes nach den der Malerei immanenten Mitteln der Farbe sowie der Farb- und Raumformen entspricht – bezeichnet Schmitt als „künstlerische Darstellung in zweiter Potenz“.[22] Die damit erreichte und von Schmitt immer wieder betonte „herrliche Absage an den Naturalismus“[23] beruht einmal auf einer radikalen „Verarbeitung“ des dem Dichter eigentümlichen künstlerischen Mittels, der Sprache.[24] Zum anderen basiert dies auf einer Sprachverwendung, die sich in keiner Weise mehr an außerhalb ihrer selbst liegenden Zweckmodalitäten, wie sie die Kriterien von Verständigung und Kommunikation sind, orientiert. Das heißt, sie verzichtet auf den auf Wissen und Reflexion beruhenden Transport von Sinn und Bedeutung und folgt nur ihrem eigenen Klang und der ‚Farbe‘ der Worte. Entsprechend bezeichnet Schmitt es als das „Wichtigste“, daß im „Nordlicht“ „das Wort restlos zum Mittel künstlerischer Anschaulichkeit geworden ist“. Zugleich erreiche Däubler mit dieser „Umschaffung der Sprache zur Kunst“, daß seine Figuren vollkommen unpsychologisch bleiben und sich in deren ‚Ich‘ nur Ideen äußern, aber keine inneren Befindlichkeiten eines Einzelnen.[25] Dem von Cézanne geforderten Schweigen des Malers, der die Natur verkörpert und deshalb nur noch „Echo“ sein soll, entspricht Carl Schmitts Feststellung, daß der Dichter Däubler ganz zum Medium der Sprache geworden sei, das ganz hinter seine Dichtung zurücktrete.

Ein weiterer, in Schmitts Beschreibung von Däublers „Nordlicht“ immer wiederkehrender Topos der Kunstkritik soll hier noch kurz im Vergleich zur Kunst Picassos anhand der Berichte von Maurice Raynal erwähnt werden. Bei Schmitt wie Raynal wird die Kritik an der Kunst des Realismus und Naturalismus in nahezu

---

22 Schmitt, Nordlicht, S. 27, 41 und 38.

23 Schmitt, Nordlicht, S. 50; vgl. dazu auch S. 45 u. ö.

24 Vgl. dazu Schmitts Kritik an Wagner, der die Musik mit einem ihr fremden Mittel, der Sprache, gestalte: Schmitt, Nordlicht, S. 43.

25 Schmitt, Nordlicht, S. 49 und 42.

identischer Weise formuliert. Grenzt Raynal die Kunst Picassos gegen das Kunstverständnis der Ingenieure ab, deren „Geschmack“ er mit „den Gesetzen, welche man, wie das Bürgerliche Gesetzbuch, paragraphieren sollte“,[26] vergleicht, so stellt Schmitt das Werk Däublers gegen eine Kunst die „das Problem irgendeines Einzelnen, etwa eines Künstlers oder stud. phil oder Ingenieurs“ thematisiert, gegen die „intellektuellen Kleinkapitalisten [...], die den Kaukasus für eine gutgemeinte, aber geschmacklose Anlage“ halten.[27] Raynal betont, daß die bisherige Kunst keinen Schluß vom Besonderen auf das Allgemeine ermögliche, da sie auf der „Gottheit der Induktion“, dieser „Methode des Gemeinverständlichmachens, der Einreihung und der Vervollkommnung für praktische Zwecke“ beruhe.[28] Gerade gegen diese „Gottheit“, die die Methode der auf alle Wissensbereiche ausgreifenden Naturwissenschaften ist, wendet sich Schmitt.[29] In Däublers Dichtung findet er das praktisch gewordene Gegenmodell. Was schließlich für Raynal die Kunst Picassos auf dem der Induktion entgegengesetzten Weg der Intuition leistet, beschreibt Schmitt auch für die Dichtung Däublers: sie verbindet die „konkrete Einzelheit“ mit der „abstraktesten Allgemeinheit“.[30] Der Akt des Schöpferischen, der diese Verbindung ermöglicht, beruhe bei Däubler ebenfalls auf der von Schmitt als „Gabe“ bezeichneten intuitiven Erkenntnis, die er dem „discursiven Denken“, dem Denken der Induktion und damit dem Erkenntnisprozeß der Naturwissenschaft entgegensetzt.[31]

Die sich in Schmitts „Vorwort“ auf die Literatur beziehende Passage, die in ihrer argumentativen Struktur identisch mit den zur bildenden Kunst formulierten Aussagen ist, erlaubt nicht zuletzt aufgrund des von Schmitt im Nachlaß aufgefundenen Hinweises auf Däubler eine Präzisierung der Aussagestruktur der „Schattenrisse“. Aus der Notiz geht hervor, daß mit dem „dilettantischen, anmaßenden, dickleibigen Werke“ das „Nordlicht“ von Däubler gemeint ist, zu dessen „Verteidigung“ die „Schattenrisse“ als eine Art Streitschrift und Abrechnung mit

---

26 Raynal, Picasso, S. 20f.

27 Schmitt, Nordlicht, S. 40 und 77.

28 Raynal, Picasso, S. 21.

29 Seine Wendung gegen die naturwissenschaftliche Methode der Induktion, die er in Gegensatz zu den Transzendenzvorstellungen bringt und als Denken der Immanenz bezeichnet, durchzieht nahezu sein ganzes Werk. In diesem Zusammenhang steht auch Schmitts grundlegende Orientierung am Ausnahmefall und seine Wendung gegen die Regel. Vgl. Schmitt, Wert des Staates, S. 90–110; ders., Politische Theologie, bes. S. 22–24 und 63–66; ders., Begriff des Politischen, S. 79–95.

30 Schmitt, Nordlicht, S. 41.

31 Schmitt, Wert des Staates, S. 109. Vgl. dazu auch Raynal, Picasso, S. 22 und 107; sowie die Analyse des Schattenrisses „Wilhelm Ostwald“.

dem Naturalismus entstanden sind.[32] Schmitts abwertend-distanzierende Darstellung des tatsächlich Geschätzten verdeutlicht, daß der Text des Vorwortes sich des Mittels der Ironie bedient. Da diese Struktur keineswegs die durchgängige Argumentationsfigur der „Schattenrisse“ ist, auch wenn dies bei einer nur oberflächlichen Betrachtung als Tenor des Gesamttextes der Fall zu sein scheint, sollen hier kurz die beiden verschiedenen verwendeten textuellen Verfahren und deren Möglichkeiten angedeutet werden. Ganz grundsätzlich gilt für die ironische Argumentation, daß sie keinen hermetisch geschlossenen Text hervorbringt, sondern vielmehr, da sie auf einer Differenz zwischen dem Gesagtem und dem Gemeinten beruht, den Text öffnet und ihn damit einer textimmanenten Interpretation der Autorintention zugänglich macht. Da im hier zur Rede stehenden Fall ein Hinweis des Autors selbst vorliegt, kann auf ein hermeneutisches Vorgehen verzichtet und direkt eine Übertragung auf die analog aufgebaute Passage zur bildenden Kunst vorgenommen werden. Dies macht deutlich, daß der – im Hinblick auf die Kunst Picassos und Cézannes erfolgten – negativen Formulierung von der „zynischen Selbstbescheidung“ eine positive Autorintention entspricht. Das heißt, daß die oben dargelegte Übereinstimmung der ästhetischen Prinzipien von Picasso und Cézanne einerseits und von Carl Schmitt andererseits, die aufgrund einer Korrelation von außerhalb des Textes vorhandenen Aussagen und Kriterien festgestellt werden konnte, ihre Bestätigung innerhalb des Vorwortes selbst findet. Diese rein textimmanente Interpretation wird im weiteren Verlauf der einzelnen Abschnitte der „Schattenrisse“ nur noch in der Abhandlung „Pipin der Kleine“ möglich sein, da dieser Text, der zugleich als einziger nicht in die „Systematische Tabelle“ aufgenommen ist, ebenfalls keine hermetische Geschlossenheit aufweist. In diesem Falle beruht dies allerdings nicht auf einer dem Verfahren der Ironie entsprechenden, implizit erkennbaren Autorintention, sondern auf einem explizit eingesetzten Verfasser, der über einen Ich-Erzähler unmittelbar selbst das Wort ergreift. Mit Ausnahme dieser beiden Texte, beruht das Verfahren der „Schattenrisse“ auf einer grundlegend anderen Vorgehensweise: Sie sind in ihrer gesamten Gestaltung ein perfektes Abbild des Dargestellten. Die damit erreichbare Zuspitzung überführt das Beschriebene in die intensivste Kohärenz seines eigenen Systems, das auf diese Weise ‚selbst zum Sprechen gebracht‘ wird.

---

32 Schmitts 1916 erschienene Abhandlung „Theodor Däublers ‚Nordlicht‘“, die das wenig beachtete Werk einer breiteren Öffentlichkeit zugänglich machen sollte, scheint – zieht man den „Kurszettel der meistgehandelten deutschen Dichterwerke“ der Zeitschrift „Die Aktion“ heran – relativ erfolgreich gewesen zu sein: Däublers „Kurswert“ stieg von 150 vor 1916 auf 250 im Jahre 1916. Vgl. Wolfgang Haug (Hrsg.), Franz Pfemfert. Ich setze diese Zeitschrift wider die Zeit, Darmstadt 1985, S. 154.

1. Wilhelm Ostwald

Schmitts Abhandlung über Wilhelm Ostwald bildet den programmatisch zu nennenden Auftakt der „Schattenrisse". Hier werden bereits grundlegende und häufig wiederkehrende Motive erkennbar: die Ersetzung der bisherigen höchsten Instanz ‚Gott' durch ‚Natur'; die Überwindung der göttlichen ‚Einheit der Welt' durch ein monistisches, den Dualismus abweisendes, wissenschaftlich-kausales Welterklärungsmodell; die Ablösung des christlichen durch ein säkulares Heilsprogramm und die zunehmende Tendenz der Naturwissenschaften sich zur Grundlage aller Wissensbereiche zu erheben. Seine Kritik an dieser neuen Wissensordnung der Dinge fokussiert Schmitt auf die durch die Naturwissenschaften initiierte Ablösung des christlich-theologischen Weltbildes. Diese Positionsbestimmung läßt bereits eine erste Differenz zwischen Carl Schmitt und Max Weber erkennen, dessen kritische Anmerkungen gegenüber Wilhelm Ostwalds Versuch einer naturwissenschaftlichen Begründung der Kulturwissenschaften in einer anderen Richtung verlaufen. Daß es sich bei dieser Differenz, auf die hier zunächst vorab eingegangen werden soll, um eine wesentliche handelt, unterstreicht nicht zuletzt die Tatsache, daß sich die einzige Nachlaßnotiz von Carl Schmitt zu Wilhelm Ostwald auf Max Webers Ausführungen zur energetischen Grundlegung der Kulturwissenschaften bezieht.[1]

Max Webers Kritik[2] wendet sich ausschließlich gegen den von Ostwald radikalisierten Universalanspruch der Naturwissenschaften innerhalb des Gesamtbereichs der Wissenschaften. Nicht ohne Süffisanz stellt Weber „die erstaunliche Kraftersparnis" fest, die Ostwalds Streben nach Hypothesenfreiheit und seine Begrenzung auf das wirklich „Allgemeine" an den chemischen Vorgängen mit sich bringe. Bei Ostwalds Darstellungskunst der „Vereinfachung der Denkobjekte" liege, ebenso wie bei seinem „Geistesverwandten Mach", der „Fehler besonders nahe, [...] bestimmte naturwissenschaftliche Abstraktionen zum Maßstab wissenschaftlichen Denkens überhaupt zu verabsolutieren".[3] Heterogene Denkformen, die die „Fragestellungen anderer Disziplinen" erfordern, könnten deshalb von beiden nur

---

1 Vgl. dazu den Kommentar zum Schattenriß „Wilhelm Ostwald".

2 Max Weber, „Energetische" Kulturtheorien, Besprechung von Wilhelm Ostwald, Energetische Grundlagen der Kulturwissenschaft, Leipzig 1909, in: Archiv für Sozialwissenschaft und Sozialpolitik, XXIX. Band, 1. Heft 1909, S. 575–598. Alle im folgenden nicht einzeln nachgewiesenen Zitate beziehen sich auf diesen Text Webers.

3 Zum Verhältnis von Wilhelm Ostwald und Ernst Mach vgl. Jan-Peter Domschke, Irrwege der Philosophie, in: ders., Wilhelm Ostwald. Chemiker, Wissenschaftstheoretiker, Organisator, Köln 1982, S. 42–54.

als „Unvollkommenheiten und Rückständigkeiten“ empfunden werden, weil sie das nicht leisten, was „sie gar nicht leisten sollen“. Die Folge davon sei, daß Ostwald in sachlicher Hinsicht danach trachte, alles „zu Spezialfällen ‚energetischer‘ Beziehungen einzustampfen“ und sein „leidenschaftlicher Drang, die Objekte intellektuell durch seine Begriffsmittel zu beherrschen“ ihn auch auf das Gebiet des „Seinsollenden“ verfolge, was ihn zur Ableitung „rein ‚ressortpatriotischer‘ Wertmaßstäbe aus den Tatsachen seines Arbeitsgebietes“ verführe. Damit aber werde das „Weltbild“ einer Disziplin zu einer „Weltanschauung“ umgestülpt, was „heute eine ganz allgemeine Gepflogenheit“ sei. Bei den „Anti-Darwinisten“ schlage dies in „einen mehr oder minder extremen Pazifismus“ um, bei Mach werde aus der „Unrettbarkeit“ des Individuums ein altruistischer Imperativ, der Historiker Hartmann leite aus seiner „Prognose der historischen Prozesse den kategorischen Imperativ“ ab, nach dem das Handeln der Vergesellschaftung dienen solle, womit auch ein Jay Gould und ein Rockefeller als „Vorfrüchte“ des Sozialismus qualifiziert werden müßten und bei Ostwald sei es, „entsprechend der ungeheuren technisch-wirtschaftlichen Bedeutung der Chemie“, das technologische Ideal, das „in unbekümmerter Souveränität das Wort“ führe. Webers weitere Einzelwiderlegungen der Ostwaldschen Ausführungen – die in hohem Maße durch „die vom Comtismus und Queteltismus“ her kommende, „vermeintlich ‚Exakte‘ soziologische Methode“ beeinflußt seien – weisen detailliert nach, „welche Wechselbälge“ mit einer solchen „wissenschaftlichen Methode“ gezeugt werden. Diese fundamentale Kritik relativiert Weber in seiner abschließenden Zusammenfassung aber dahingehend, daß er sich nicht gegen eine wechelseitige, behutsame, die Disziplinen überschreitende Übertragung der Begriffsbildung und der Erkenntnismöglichkeiten wende, sondern ausschließlich gegen eine, nur aufgrund von groben Vereinfachungen mögliche, einseitige Verabsolutierung, die den Anspruch der Grundlegung der Kulturwissenschaften aus einem Teilgebiet der Naturwissenschaften erhebe.[4]

Max Webers Ausführungen machen deutlich, daß sich seine Kritik an keiner Stelle gegen die Tendenz des naturwissenschaftlichen Selbstverständnisses Ostwaldscher Prägung richtet, die christliche Theologie als Erkenntnismöglichkeit zu säkularisieren bzw. sich an deren Stelle zu setzen. Webers Einspruch bleibt ganz im Bereich des gesamtwissenschaftlichen Feldes, innerhalb dessen er dem monistischen Anspruch Ostwalds die Anforderung einer pluralen, den Einzeldisziplinen angemessen Begriffsbildung entgegenhält, die gleichwohl nicht isoliert, sondern in einem Verhältnis reziproker Durchdringung wissenschaftlich fruchtbar zu machen sei. Max Weber selbst versuchte dies mit Hilfe der Entwicklung des „Idealty-

4 Domschke, Ostwald, S. 575ff.

pus" zu erreichen, der eine Brücke zwischen naturwissenschaftlicher und geisteswissenschaftlicher Methode bilden soll. Mit dieser Kategorie konnte die Fülle der historischen Einzelerscheinungen einem als „ideal" gedachten Entwicklungsprozeß zugeordnet werden.[5]

Dagegen situiert Schmitts Kritik den hegemonialen Anspruch der Ostwaldschen Energetik nicht nur innerhalb des wissenschaftlichen, sondern auch im Bereich der fundamentalen Dichotomie des wissenschaftlichen versus christlich-theologischen Weltbildes. Die einzige innerwissenschaftliche Auseinandersetzung, die er – in seiner ironisch-zugespitzten, sich in ihrer schlichten und banalisierenden Darstellung dem Kritisierten anverwandelnd – erwähnt, ist die Kontroverse zwischen dem Materialismus Büchners und dem Monismus Haeckels und insbesondere Ostwalds.

Schmitt nimmt den Monismus als maßgebliche Hauptströmung der dynamischen Entwicklung innerhalb der Naturwissenschaften in den Blick, mit der eine prinzipielle Infragestellung der bisherigen Erkenntnisprinzipien einhergeht. Mit Ernst Haeckel und Wilhelm Ostwald benennt er dessen in der zweiten Hälfte des 19. Jahrhunderts und bis über die Jahrhundertwende hinaus wichtigste Vertreter. Sein Hinweis auf Ludwig Büchner situiert den Monismus im Spannungsfeld von Dualismus und Monismus. Um eine weitere Präzisierung der Schmittschen Position und des allgemeinen Konfliktfeldes, in das sich die „Schattenrisse" einschreiben, zu gewinnen, sollen im folgenden zunächst anhand der drei genannten Personen deren zentrale Thesen im Hinblick auf den Monismus erörtert werden. Schmitts Schilderung einer Kirchengemeinde protestantischen Zuschnitts soll eine kurze Darlegung der gesellschaftspolitischen Organisationsformen und praktischen Anliegen des Monismus erläutern.

Friedrich Carl Christian Ludwig Büchner (1824–1899), Bruder von Georg Büchner, dessen wichtigstes und folgenreichstes Werk[6] die 1855 erschienene und außerordentlich populär gewordene Abhandlung „Kraft und Stoff" war,[7] verteidigte bereits 1848, im Rahmen seiner Disputation, den für sein weiteres Werk wegweisenden Satz: „Die persönliche Seele ist ohne ihr materielles Substrat undenkbar."[8] Von dieser

5 Vgl. Roland Girtler, Die Eigenständigkeit der „Geisteswissenschaften" gegenüber den Naturwissenschaften, in: Hubert Ch. Ehalt (Hrsg.), Zwischen Natur und Kultur. Zur Kritik biologistischer Ansätze, Wien u. a. 1985, S. 234ff.

6 Büchner war Arzt und Philosoph und u. a. Mitglied und Berichterstatter des „Vorparlaments" in Frankfurt, Preisträger des „Badischen staatsärztlichen Vereins", Meister und Ehrenmitglied des „Freien deutschen Hochstifts". Wegen der „Tendenz und Art" seines Werkes „Kraft und Stoff" mußte er seinen Lehrstuhl in Tübingen aufgeben.

7 1888 erfolgte bereits die 16. Auflage.

8 Vorwort zu: Ludwig Büchner, Kraft und Stoff, Leipzig 1888, S. VI.

These aus umspannen seine Schriften Themen wie: Physiologische Bilder (1861); Aus Natur und Wissenschaft. Studien, Kritiken und Abhandlungen (1862) bis hin zu seiner 1868 erschienen Monographie „Die Darwin'sche Theorie in sechs Vorlesungen“, die „rasch nacheinander vier Auflagen erlebte“.[9] Büchner betont in seinem Vorwort zu „Kraft und Stoff“ zum einen nachdrücklich die Notwendigkeit der Verstehbarkeit der „philosophischen Ausführungen“ durch die „Gebildeten“ und argumentiert mit der „Achtung des Publikums“, da es „in der Natur der Philosophie“ liege, daß „sie geistiges Gemeingut sei“; er verwendet damit, wie auch Haeckel und Ostwald, jenen Topos, der in den „Schattenrissen“ zum Spottrefrain erhoben wird.[10] Zum anderen führt er aus, daß seine „empirisch-philosophische Naturbetrachtung“ zu Resultaten komme, die mit „Entschiedenheit jede Art von Supranaturalismus oder Idealismus aus der Erklärung des natürlichen Geschehens“ verbanne, da deren „Beweise“ aus nichts als „Thatsachen“ bestehen. In Büchners Insistenz auf „nichts als Tatsachen“ – der auch seine Hauptthese von „Kraft und Stoff“, daß die „elektrischen Wirkungen lediglich als Veränderungen der Zustände der gemeinen Materie oder des Stoffes“ zu bezeichnen seien, entspricht – liegt zugleich die Begrenzung der Reichweite seiner Erkenntnismöglichkeiten.[11] Aufgrund seiner materialistisch fundierten Thesen muß Büchner alles die reine Materie Überschreitende ablehnen und verweist alles über das rein physische Hinausgehende in den außerwissenschaftlichen Bereich der Scharlatanerie. Wenn er auch seine „Vorlesungen zu Darwins Theorie“ mit der Prognose beendet, daß „der alte religiöse oder Kirchen-Glaube dem Geist der Zeit und der Massen nicht mehr genügt und durch etwas Anderes ersetzt werden muß“, so war doch die Reichweite seiner „materialistischen oder realistischen Philosophie“ nicht groß genug, um sie zugleich in eine neue Weltanschauung zu transformieren.[12]

Die Frage der Reichweite erhebt auch Wundt zum Kriterium der neuen Philosophie. „Monistisch“, schrieb er an Ostwald am 28. September 1899 anläßlich dessen Untersuchungen über die „Welträtsel“,

> „ist in Wahrheit jede Philosophie, wenn sie nicht eklektische Stümperei ist; und so gestehe ich Ihnen denn gern, daß ich meine Anschauungen eigentlich für

9 Büchner, Kraft und Stoff, S. XII.

10 Zum um die Jahrhundertwende viel diskutierten Problem des Dilettantismus, das damit angesprochen ist, vgl. auch Carl Schmitt, Drei Tischgespräche, in: Die Rheinlande, 21. Bd./ 1911, S. 250.

11 Büchner, Kraft und Stoff, S. XI f.

12 Ludwig Büchner, Die Darwinsche Theorie von der Entstehung und Umwandlung der Lebewelt. In sechs Vorlesungen allgemeinverständlich dargestellt, 4. Aufl., Leipzig 1876, S. 438.

noch „monistischer" halte als die Ihrigen, weil ich meinem Monismus eine weitere Ausdehnung zu geben versuche".[13]

Büchner dagegen, der ganz dem begrenzten Reich von „Dingen oder Substanzen" verhaftet bleibe, benötige einen zweiten, die „Relationen" oder „Beziehungen" bestimmenden Begriff, der „die Substanzen miteinander verbindet". Er bleibt damit für Ostwald, wie er in seiner Kritik an Mayer, die auf Büchner übertragen werden kann, ausführt, dem „Dualismus der alten Mechanik" verhaftet.[14] Dieser „schneidende Dualismus", der „aus Stoff und Kraft die Welt zu erbauen versucht",[15] grenze aus seinem Gegenstandsbereich notwendig alle über-natürlichen und über-sinnlichen und das heißt insbesondere alle psycho-physischen Erscheinungen, wie auch „diejenigen, welche von einer außerweltlichen oder übernatürlichen Schöpferkraft reden", aus.[16] Erst der Monismus Ostwaldscher Prägung beansprucht aufgrund seines einen, alle Erscheinungen umfassenden Begriffs der Energie „auch die psychischen Phänomene in seinen Rahmen" aufnehmen zu können.[17]

Im Gegensatz zu Büchner ging Ernst Haeckel, Mediziner und Zoologe, bereits von einer durch die Naturwissenschaften dominierten Einheit der Wissenschaften aus, die die Geschichte des Menschen „als Kulturgeschichte und d. h. Anthropologie und Zoologie verstand".[18] Den Begriff des „Monismus" übernahm Haeckel von dem Indogermanisten und Sprachwissenschaftler August Schleicher, der als Antwort auf Haeckels „Über die Entwicklungstheorie Darwins" von 1863 ein „offenes Sendschreiben" mit dem Titel „Die Darwinsche Theorie und die Sprachwissenschaft" veröffentlichte.[19] Schleicher stellt hier fest, daß „die Richtung des Denkens der Neuzeit unverkennbar auf Monismus" hinauslaufe. Dagegen sei der „Dualismus, fasse man ihn nun als Gegensatz von Geist und Natur, Inhalt und Form, Wesen und Erscheinung [...], für die naturwissenschaftliche Anschauung unserer Tage ein vollkommen überwundener Standpunkt". Für die Naturwissen-

13 Heinrich Schmidt, Ernst Haeckel, Jena 1934, S. 49.

14 Wilhelm Ostwald, Stoff, Kraft, Geist und Energie, II., in: Monistische Sonntagspredigten, 1. August 1912, Nr. 61, S. 66f.

15 Wilhelm Ostwald, Die Einheit in der Natur, Leipzig 1912, S. 29.

16 Büchner, Kraft und Stoff, S. 10; vgl. dazu auch S. 332ff.

17 Wilhelm Ostwald, 35. Monistische Sonntagspredigt 1911/12, S. 278.

18 Louise Schorn-Schütte, Karl Lamprecht. Kulturgeschichtsschreibung zwischen Wissenschaft und Politik, Göttingen 1984, S. 31.

19 Vgl. Friedrich Niewöhner, Zum Begriff „Monismus" bei Haeckel und Ostwald. Ein Nachtrag zu Horst Hillermann: Zur Begriffsgeschichte von „Monismus", in: Archiv für Begriffsgeschichte, Bd. XXIV, 1980, S. 123.

schaft gebe es so wenig „Materie ohne Geist“ wie „Geist ohne Materie“, sondern „nur Eins, das Beides zugleich ist“.[20] Diese Aussagen von Schleicher übernimmt Haeckel im ersten Band seiner „Generellen Morphologie der Organismen“[21] und führt im Kapitel „Dualismus und Monismus“ aus, daß Schleicher als erster „von allen Sprachforschern die Theorie Darwins [...] in der vergleichenden Physiologie angewandt“ und damit auch den „unversöhnlichen Gegensatz zwischen Dualismus und Monismus, der unsere gesammte Naturwissenschaft, wie die ganze Denkthätigkeit unserer Zeit in zwei feindliche Heerlager trennt“, gezeigt habe. Haeckel betont weiter, daß er selbst den „Monismus in aller Schärfe und in seinem vollen Umfang für die einzig richtige Weltanschauung und folglich auch für die einzig richtige Methode der gesamten Naturwissenschaft“ halte.[22]

Diese Äußerungen Haeckels verdeutlichen, daß der Begriff ‚Monismus‘ sowohl zur Weltanschauung erweitert, wie auch als Kampfbegriff eingesetzt wird und zwar überall da, wo ein Interesse besteht, das sich „auf die Emanzipation der Naturwissenschaften“ richtet. Ostwalds Auseinandersetzung mit Haeckel zeigt zugleich den nächsten Schritt der weiteren Ausdehnung und Fortsetzung der Funktion dieser Kampfparole: Der Monismus wird funktionalisiert zu einem Gegenbegriff gegen die Orthodoxie in Theologie und Philosophie. Über die Rezeption des Darwinismus in Deutschland kristallisiert er sich „zum Ort der Polemik einer aufgeklärten wissenschaftlichen Reformvernunft gegen als rückständig geltende Positionen in Religion, Philosophie und Politik“.[23] Die Auseinandersetzungen verlaufen dabei stets auf zwei Ebenen: nach außen, gegen die „erstarrte Dogmatik“ theologisch-philosophischer Auffassungen und nach innen, als Kampf um einen allumfassenden Monismus, da erst dieser geeignet war, sich als neue Weltanschauung in Konkurrenz zur traditionellen zu formieren und durchzusetzen. So formuliert Ostwald an die Adresse Ernst Haeckels, der seiner Meinung nach einen „materialistischen“ und „entwicklungsgeschichtlichen Monismus“ vertrete, den Vorwurf des unvollkommenen Monismus.[24] Haeckel bleibe, da er von der Biologie ausgehe, einem letztlich nicht überwindbaren Dualismus von Geist und Materie verhaftet. Dagegen sei erst sein Energiebegriff, bzw. sein „energetischer

20 August S. Schleicher, Die Darwinsche Theorie und die Sprachwissenschaft, Weimar 1863, zit. nach: 3. Aufl. 1873, S. 8.

21 Berlin 1866.

22 Ernst Haeckel, Generelle Morphologie der Organismen, Berlin 1866, S. 106.

23 Hillermann, „Monismus“, S. 229 und 279.

24 So die Unterscheidung von B. Erdmann in: Über den modernen Monismus, in: Deutsche Rundschau, Bd. 158, 1914, S. 325.

Monismus" umfassend genug, alle Phänomene zu umgreifen und damit die endgültige „Überwindung des wissenschaftlichen Materialismus" zu leisten.[25] Den „Wächtern des Glaubens" sei deshalb mit seiner Energetik „ein noch viel schlimmerer Feind alles Spiritualismus, alles Offenbarungswesens, aller Theorien von einer übersinnlichen und übermateriellen Welt entstanden, ein Feind, der sich nicht so leicht widerlegen ließ, wie die Mechanistik". Ostwald betont, daß es das Verdienst Haeckels sei, nicht nur die Anwendung der Betrachtungsweise Darwins auf die Naturgeschichte vollzogen zu haben, sondern auch, daß er „zu weitestgehenden Schlüssen und großartigster Verallgemeinerung den Entwicklungsgedanken" für die „Auffassung aller anderen möglichen Erscheinungen [...] auf dem Gebiete des menschlichen Lebens und Denkens, sowie seiner Kulturprodukte" nutzbar gemacht habe. Ebenso wie Haeckel den Entwicklungsgedanken aus dem „engeren Gebiet der Naturgeschichte auf das unendlich weite und so unendlich viel wichtigere Gebiet der menschlichen und insbesondere der seelischen Vorgänge angewendet" habe, bemühe sich Ostwald, die „beiden Hauptsätze der Energetik aus dem engern Gebiete der Physik und Chemie [...] auf die biologischen, die psychologischen und schließlich die soziologischen und kulturologischen Erscheinungen anzuwenden".[26]

Wenn auch die Kontroverse zwischen Haeckel und Ostwald andauerte – noch 1899 bezeichnete Haeckel die Ostwaldsche Energetik als „theoretischen Spiritualismus"[27] – so kündigt doch bereits Ostwalds erweitertes Programm den umfassenden und grundlegenden Anspruch des Monismus an. Dessen primäres Ziel war die „Emanzipation der Wissenschaft aus den theologischen Vorabbedingungen und Voraussetzungen".[28] Die wissenschaftstheoretischen Grundlagen verdeutlichen, daß der wissenschaftliche Erkenntnisprozeß nicht mehr mit theologisch-dogmatischen Positionen vereinbar ist. Im Zuge dieser Entwicklung werden die Theologie und ihre Institutionen verstärkt als wissenschaftsfeindliche Kräfte bekämpft. So betont Ostwald in seiner 53. „Monistischen Sonntagspredigt" vom 1. April 1912, daß „ein Zusammenhang zwischen Monismus und auch dem allerliberalsten Kirchentum nicht möglich" sei, da es keinen „Kirchenglauben ohne Offenbarung" ge-

---

25 Wilhelm Ostwald, 35. Monistische Sonntagspredigt „Haeckel und Ostwald", Leipzig 1912, S. 278.

26 Ostwald, 35. Sonntagspredigt, S. 275 und 279.

27 Ernst Haeckel, Die Welträthsel. Studien über monistische Philosophie, Bonn 1899; zit. nach der Ausgabe Bonn 1903, S. 14. In seiner Abhandlung „Monismus und Naturgesetz" (Brackwede 1907, S. 12) bezeichnet Haeckel die Ostwaldsche Energetik als „ebenso einseitig und daher fehlerhaft" wie den reinen Materialismus.

28 Hillermann, „Monismus", S. 229f.

ben könne und „wir Monisten jeden Offenbarungsglauben ablehnen“. Der Glaube an das Unerforschliche beruhe auf gefühlsmäßigen atavistischen Rückständen, denen er entgegenhalte, daß es zwar Geheimnisvolles, weil Unerforschtes gebe, daß aber prinzipiell nichts unerforschlich sei und grundsätzlich alles „der Forschung unterworfen werden“ könne und damit die Beschaffenheit des Geheimnisvollen endgültig verlorengehe. Mit der These, daß die christliche „Orthodoxie [...] nicht eine bestimmte Lehre, sondern [...] eine bestimmte Methode sei“ und die Dogmen „ausschließlich dazu benutzt“ werden, um das „Gefühl des Gehorchenmüssens in dem ganzen Volk und in dem von der Zentrale abhängigen Klerus wach zu halten“, versucht Ostwald seinen monistischen Kirchenkampf in die Traditionslinie von Luthers Reformation zu stellen. Er setzt sie als Modell der Warnung ein, das zeigen soll, daß jede neue Abhängigkeit in Orthodoxie umschlägt und betont, daß erst mit dem Monismus die dem Menschen angemessene Freiheit erreicht werde. Seine Kritik am Christentum erstreckt sich darüber hinaus auch in den sozialpolitischen Bereich: Aufgrund der weltanschaulichen Ausrichtung ins Jenseits sei das Christentum außerstande, der „Sorge für das Wohlergehen der gesamten Volksgenossen“ Rechnung zu tragen.[29] Im Zuge seiner Bestrebungen einer radikalen Ablösung und Ersetzung des christlichen Weltbildes, das sich „überall als Weltanschauung auf der absteigenden Bahn seiner historischen Entwicklung“ bewege,[30] entwirft Ostwald, unter Übertragung monistischer Vorstellungen auf die alte Klosteridee, den Plan eines „monistischen Klosters“, das den „Forderungen und Bedürfnissen unseres monistischen Jahrhunderts“ gerecht werde.[31] Seine Ausführungen zu diesem Projekt zeigen, daß es sich dabei um eine der Lebensreformbewegung nahestehende und von dieser weitergeführten Planung zu einem Siedlungsprojekt handelt, das in Form einer selbständigen wirtschaftlichen Einheit einen Zusammenschluß von Leben und Arbeit unter weltanschaulichen Gesichtspunkten entwirft. Die weitere Entwicklung des Monismus zeigt, daß er im Bereich der Kultur- und Bildungspolitik die nachhaltigste Wirkung entfalten konnte. Seine innovative Bedeutung liegt jedoch vor allem im Ausschluß theologischer Interventionen innerhalb der Wissenschaften und in der institutionellen Anerkennung und Etablierung naturwissenschaftlicher Forschung. Ihr praktischer Vollzug wird anhand von Wilhelm Ostwalds zahlreichen wissenschaftsorganisatorischen Reformen paradigmatisch sichtbar. Seine Organisation des Monismus als weltanschauli-

---

29 Ostwald, 58. Monistische Sonntagspredigt vom 15. Juni 1912.

30 Ostwald, 58. Sonntagspredigt.

31 Ostwald, 74. Monistische Sonntagspredigt vom 15. Februar 1913.

che und religiöse Gruppierung blieb daneben eine eher zeitlich begrenzte Episode, die gleichwohl zur Zeit der Entstehung von Schmitts „Schattenrissen" von hoher kultur- und kirchenpolitischer Brisanz war.

Exkurs Wilhelm Ostwald: Wissenschaftsorganisation, der Monistenbund und die „Monistischen Sonntagspredigten"

Als Wilhelm Ostwald, der seit 1887 physikalische Chemie an der Universität Leipzig lehrte, im Sommersemester 1901 eine Vorlesung über Naturphilosophie ankündigte, löste er bei seinen „engeren Fachkollegen Überraschung, bei den Fachphilosophen darüber hinaus noch Bestürzung aus".[32] Während die eine Seite darin den Anfang des Ausscheidens aus der exakten Naturforschung sah, sahen die Philosophen darin ein unkollegiales Eindringen eines kaum Kompetenten in ihre Domäne. Zu diesem Zeitpunkt hatte Ostwald in seinem eigentlichen Fachgebiet nicht nur die experimentellen Methoden erneuert und institutionell sein Fach in einem neuen großen Institut verankert, sondern auch mit der Gründung von wissenschaftlichen Zeitschriften,[33] der Herausgabe von „Klassikern der exakten Wissenschaften" sowie dem Aufbau von wissenschaftlichen Gesellschaften bzw. aktiver Mitarbeit in bereits bestehenden, versucht, die „Wissenschaft wirksam zu machen" und sie als praktischen Faktor in der Gesellschaft zu verankern.[34] Mit der oben zitierten Vorlesung beginnt Ostwalds „philosophische Periode", nachdem er zwei Jahre zuvor den Nobelpreis für Chemie für seine Katalyse-Forschung erhalten hatte.[35] Er erweitert damit seinen Wirkungsbereich und versucht in der Folge eine theoretische Begründung des Primates der exakten Wissenschaften, dem auch die Kultur-

32 Lothar Striebing, Wilhelm Ostwald und das Philosophieren der Naturwissenschaftler, in: Karl-Marx-Universität Leipzig 1409–1959. Beiträge zu ihrer Geschichte, Bd. 1, S. 492.

33 Die von Ostwald gegründete der Zeitschrift „Die Brücke" (1911) verstand er als Institution zur Organisierung und Koordinierung der geistigen Arbeit.

34 Lotz/Dunsch/Kring (Hrsg.), Forschen und Nutzen. Wilhelm Ostwald zur wissenschaftlichen Arbeit, Berlin 1978, S. XXVI. 1904 wurde Ostwald von den Organisatoren der Weltausstellung in St. Louis zu einem internationalen Kongreß „der Künste und Wissenschaften eingeladen", um seine „Meinung über ein neues Ordnungssystem mitzuteilen". Zit. nach: Domschke, Ostwald, S. 29.

35 Reinhard Mocek (Hrsg.), Wilhelm Ostwalds naturwissenschaftlicher Materialismus, Wittenberg 1981, S. 46.

wissenschaften unterzuordnen seien.[36] Diese Neuorientierung nahm ihren Ausgang in der Fragestellung nach den Bedingungen der Möglichkeit der Freisetzung von schöpferischen Prozessen.[37] Diesem neuen Problemhorizont entsprechend konzentrierte und erweiterte er seine organisatorischen Aktivitäten im Bereich der Schul- und Bildungsreform, verstärkte er seinen Kampf gegen die Staatskirche und engagierte sich in der Friedensbewegung.[38] Theoretische Orientierung und Grundlegung blieb die Naturphilosophie als idealistisches Fundament der gegenseitigen Durchdringung von Natur und Kultur, die er schließlich im Rahmen der Leitung des Monistenbundes mit der populär-wissenschaftlichen Formulierung seiner Anliegen durch ein gesellschaftspolitisch wirksames Konzept ergänzte.

Der innerhalb des Deutschen Monistenbundes 1911 beginnenden Ära Ostwald gingen insbesondere in den beiden letzten Jahrzehnten des 19. Jahrhunderts zahlreiche Vereinsgründungen voraus. Sie entstanden im ideellen und kulturellen Horizont der freireligiösen und freigeistigen Bewegung und schlossen sich 1907 zum sog. „Weimarer Kartell“ zusammen.[39] Ernst Haeckel, der als geistiger Initiator des 1906 gegründeten Monistenbundes gilt, erfuhr 1899 mit dem Erscheinen seiner „Welträtsel“ eine so nachhaltige Resonanz in der internationalen Reformbewegung, daß es in der Folgezeit zu spontanen Vereinsgründungen, den sog. Haeckelgemeinden kam, die als Vorläufer des Monistenbundes angesehen werden können.[40] Ostwald, der auf Wunsch von Haeckel im Rahmen des ersten Monistenkongresses 1911 in Hamburg die Leitung des Bundes übernahm, vermittelte aufgrund seiner wissenschaftlichen Autorität den Eindruck einer „machtvoll aufstrebenden Entwicklung“ dieser Bewegung, deren „Ansehen“ inzwischen „von Jahr zu Jahr gesunken“ war.[41] Während die Anhänger des Monismus „es als ein unschätzbares Glück“ bezeichneten, daß „ein in jeder Beziehung unabhängiger Gelehrter und Naturphilosoph von internationaler Bedeutung“ den Vorsitz der Vereinigung übernahm, waren die Kritiker nicht ohne Hohn. „Wenn aber ein Wilhelm Ostwald (nicht der große Chemiker,

---

36 Ähnlich versuchte Ostwald mit seiner ab 1917 entwickelten Farbenlehre, auf die Kunst die naturwissenschaftliche Verfahrensweise zu übertragen.

37 In den Rahmen dieser Fragestellung gehören Ostwalds Veröffentlichungen „Große Männer“, Leipzig 1909.

38 Vgl. dazu Ostwalds Abhandlung „Der Monismus als Kulturziel“, Heft 2 der Schriften des Monistenbundes. Vortrag vom 29. März 1902, Wien – Leipzig.

39 Vgl. Horst Hillermann, Der vereinsmäßige Zusammenschluß bürgerlich-weltanschaulicher Reformvernunft in der Monismusbewegung des 19. Jahrhunderts, Düsseldorf 1967, S. 132.

40 Vgl. W. Breitenbach, Die Gründung und erste Entwicklung des Deutschen Monistenbundes, Brackwede 1913, S. 8

41 Hillermann, Reformvernunft, S. 153.

sondern das enfant terrible unter den philosophierenden Naturforschern), in Hamburg das monistische Jahrhundert zu eröffnen wagte", so ein zeitgenössischer „Epilog zum Monistentag", „so ist das ein schmerzliches Symptom für die hypnotische Wirkung, welche die Erfolge, nicht zum mindesten auch die technischen, der Wissenschaft auszuüben vermochten, eine groteske Verwechslung von Zivilisation und Kultur". Wenn vom Monistenbund gefordert werde, daß der Beitrag zum „gemeinsamen Menschenwerk [...] nicht als Gottesdienst, wie man früher sagte, sondern als Menschheitsdienst" erfolgen solle und die Wissenschaft gleichzeitig lehre, daß alle „Vorgänge der organischen Welt auf physikalische und chemische Prozesse zurückzuführen" seien, dann müsse man sich „zu dem Worte Tolstois bekennen: ‚Wir sind am Besten des Daseins durch die Wissenschaft betrogen worden.'"[42]

Publizistisch wurde der Bund seit 1906 durch die „Blätter des Deutschen Monistenbundes" vertreten, die ab 1908 unter dem Titel „Der Monismus. Zeitschrift für einheitliche Weltanschauung und Kulturpolitik" erschienen. Im März 1911 kündigte Ostwald an, daß er als Vorsitzender des Monistenbundes künftig wöchentlich sog. „Monistische Sonntagspredigten" herausgeben werde, in denen „nach und nach alle Fragen" erörtert werden sollen, die „bezüglich des Monismus gestellt worden sind oder werden möchten".[43] Titel wie Erscheinungsweise dieses Blattes signalisieren, daß sich der Monismus sowohl theoretisch wie auch praktisch über die kirchenähnliche Organisation seiner Vereine nicht nur „als Band zwischen Religion und Wissenschaft" versteht, sondern eine ersatzreligiöse Funktion zu übernehmen versucht.[44] Der Ausbau der monistischen Weltanschauung zu einer neuen Religion, deren Ziel ein „Reich Gottes auf Erden zu stiften" ist, erfolgte auf den bereits vorhandenen institutionellen Strukturen insbesondere der freigeistigen Gemeindebewegung. Auch die äußere Form des traditionellen kirchlichen Kultes und Gemeindelebens wurde übernommen: Die „Sonntagsfeiern" sollten den Bedürfnissen der neuen Anhängern nach ‚Gottesdiensten', der nun ‚Menschendienst' hieß, Rechnung tragen; neue Choräle und Lieder wurden dafür komponiert und in den Flugschriften des Monistenbundes veröffentlicht und ein aktives kulturelles Gemeindeleben organisiert.[45]

42 Franz Eisler, Epilog zum Monistentag, in: März, 5. Jg., 4. Bd. 1911, S. 195f.

43 Wilhelm Ostwald, zit. nach: Wolfgang Mattern, Gründung und erste Entwicklung des Deutschen Monistenbundes 1906–1918, Berlin 1983 (Diss.), S. 145.

44 Ernst Haeckel, Der Monismus als Band zwischen Religion und Wissenschaft, 2. Aufl., Bonn 1893. Dort heißt es S. 35: Dem „dreieinigen Gottes-Ideal", dem Wahren, Guten, Schönen, „dieser naturwahren Trinität des Monismus wird das herannahende zwanzigste Jahrhundert seine Altäre bauen".

45 Herbert Eulenberg, der Titelgeber für Carl Schmitts „Schattenrisse", veranstaltete mit seinen Matineen einen solchen säkularen „Gottesdienst" im Schauspielhaus Düsseldorf; vgl.

Dabei darf nicht übersehen werden, daß trotz des gespannten Verhältnisses des Monistenbundes zu den beiden offiziellen Kirchen, das Verhältnis zum Protestantismus – dessen Theologie sich als „Kulturwissenschaft des Christentums“[46] verstehen konnte – ein weitaus positiveres war als zum Katholizismus, der sich sehr viel weniger bereit zeigte, die Reform- und Fortschrittsideen aufzunehmen. Die sich in der einschlägigen katholischen Literatur am Übergang zur zweiten Hälfte des 19. Jahrhunderts anbahnende Gegnerschaft zwischen katholischer Weltanschauung und laizistischer Bildung, wurde bereits 1864 durch den von Pius IX. erlassenen „Syllabus errorum“ zum offenen Konflikt. Der Syllabus sollte in seiner Gesamtheit den Protest der Kirche „gegen Laizismus, naturalistische Auffassung der Religion und Verabsolutierung des staatlichen oder menschlichen Willens als göttliches Gesetz“ zum Ausdruck bringen.[47] Er bildete den Auftakt einer weltanschaulichen Frontbildung auf beiden Seiten. Von katholischer Seite wurde den exakten Naturwissenschaften vorgeworfen, daß sie ihre „Resulate zur Zernichtung des positiven Glaubens verwenden“.[48] Ernst Haeckel dagegen betont, daß „Unser mächtigster und gefährlichster Gegner, [...] die ultramontane Kirche“, zeige, wie wichtig „eine Organisation der monistischen Bewegung“ ist, denn nur durch seine „großartige Organisation, nicht durch seinen geistigen Wahrheitsgehalt, behauptet der Papismus seine Herrschaft über die gedankenlose und träge Masse der ‚Gläubigen‘“.[49]

Die Monismus-Materialismusbewegung, die sich im Monistenbund in Form einer weltanschaulich-religiösen Ersatzheimat organisierte, wendet sich mit positivwissenschaftlichen Argumenten gegen „die Wahrheiten des christlichen Glau-

---

dazu auch Hedda Eulenberg, Im Doppelglück von Kunst und Leben, Düsseldorf o. J., S. 59ff., dort heißt es, deren Aufgabe sei die „Heranzüchtung einer kulturtragenden Schicht“. Eulenberg schrieb darüber hinaus das im Stil eines Kirchenliedes komponierte „Lied der Monisten“, in: Flugschriften des Deutschen Monistenbundes, Flugschrift 10 der Ortsgruppe Hamburg, Leipzig 1914.

46 Friedrich Wilhelm Graf, Rettung der Persönlichkeit. Protestantische Theologie als Kulturwissenschaft des Christentums, in: Bruch/Graf/Hübinger (Hrsg.), Kultur und Kulturwissenschaft um 1900. Krise der Moderne und Glaube an die Wissenschaft, Stuttgart 1989, S. 103–132.

47 Hermann Josef Dörpinghaus, Darwins Theorie und der deutsche Vulgärmaterialismus im Urteil katholischer Zeitschriften zwischen 1854 und 1914, Freiburg 1969, S. 40.

48 So Michaelis in: „Natur und Offenbarung“, Nr. 6, 1860, S. 3, zit. nach: Dörpinghaus, Darwin, S. 42.

49 Ernst Haeckel, Nr. 1 der Blätter des Deutschen Monistenbundes.

bens".[50] Sie entzieht, auf dem Hintergrund der sich emanzipatorisch verändernden Naturwissenschaften und der parallel dazu sich herausbildenden industriellen Massengesellschaft mit ihren anwachsenden sozialen Problemen, Kirche und Theologie zunehmend die Legitimität, „Ort religiöser und moralischer Wahrheiten" zu sein.[51] Wenn auch Carl Schmitt sich den Erkenntnismöglichkeiten der Naturwissenschaften nicht verschließt, so wendet er sich doch gegen den mit deren Methodik einhergehenden Anspruch auf universelle Gültigkeit in allen Wissensbereichen. Mit ihr wird die traditionelle Legitimität und das juridische Normengebäude, wie er es in „Römischer Katholizismus und politische Form" beschreibt, in Frage gestellt. Diesem Prozeß stellt Carl Schmitt ganz prinziell zwei Vorgehensweisen entgegen. Zum einen entzieht er die Jurisprudenz den Methoden der exakten Naturwissenschaft und verwahrt sich gegen deren Vergleich „mit allen anderen möglichen Wissenschaften".[52] Er betont, daß, sobald man versuche methodische Verfahren aus einer naturwissenschaftlichen Disziplin auf die Rechtswissenschaft zu übertragen, „man es eben nicht mehr mit Jurisprudenz zu tun" habe, sondern man eben „Soziologie oder Psychologie oder Volkswirtschaftslehre" treibe.[53] Er schließt deshalb zum zweiten die Jurisprudenz begrifflich[54] wie methodisch eng an die Theologie an und hebt die Parallele zwischen der „theologischen Interpretationslehre" und der „traditionellen juristischen Hermeneutik" hervor.[55] Um zu verhindern, daß aus „dem Ideal ‚exakter Naturwissenschaft'" und „dem Unvermögen, eine andere Methode wie den

50 Werner Bröker, Politische Motive naturwissenschaftlicher Argumentation gegen Religion und Kirche im 19. Jahrhundert, Münster 1972, S. 3.

51 Hillermann, Reformvernunft, S. 4.

52 Carl Schmitt, Gesetz und Urteil (1912), München 1969, S. 125, sowie insgesamt: ders., Juristische Fiktionen, in: Deutsche Juristenzeitung, 18. Jg., Heft 12, Sp. 804–806.

53 Schmitt, Gesetz und Urteil, S. 126.

54 Vgl. dazu Schmitts Äußerungen über die Analogie von „Wunder" und „Ausnahmefall" sowie den vielzitierten ersten Satz des dritten Kapitels der „Politischen Theologie" (vgl. Anm. 8 der Einleitung). Der Analogiebildung kommt im Werk Carl Schmitts ein zentraler Stellenwert zu: Mit dieser Technik gelingt es ihm, die Subjekt-Objekt-Opposition zugunsten eines Verweisnetzes von substantiellen Analogiebildungen zu tilgen. Er verabschiedet damit das transzendentale Denken und ersetzt es durch eine Ordnung der Sprache, die zugleich den erkenntnistheoretischen Weg des „homme des lettres" zu Ästhetik und Literatur markiert. Diese Grundlage seines Werkes wird z. B. ganz unmittelbar sichtbar in „Drei Stufen historischer Sinngebung" (in: Universitas, 8/1950), worin er die Analogiebildung „die große Parallele" nennt, in „Recht und Raum" (in: Tymbos für Wilhelm Ahlmann, Berlin 1951, S. 241–251), das mit der Klärung der „Phonetik des Wortes Raum" beginnt, sowie in „Der Adressat" (in: Die Rheinlande, 1911, S. 429f.). Vgl. auch Bürger, Die Wiederkehr der Analogie, S. 45ff.

55 Schmitt, Gesetz und Urteil, S. 127.

in den Naturwissenschaften herrschenden Induktionsschluß als berechtigtes Verfahren einzusehen“, die Jurisprudenz zu einer reinen „Tatsachenwissenschaft“ werde, setzt Schmitt weiter das Verfahren der Fiktionalisierung als methodisches Prinzip ein.[56] Dieses in Anlehnung an Hans Vaihingers Theorie des „Als-ob“ formulierte Erkenntnisinstrument, etabliert er als Bindeglied zwischen Theologie und Rechtswissenschaft einerseits, sowie zwischen Rechtswissenschaft und Tatsachen oder Natur andererseits.[57] Damit kann im erstgenannten Verhältnis eine für die Jurisprudenz gültige, der Theologie analoge Form der Erkenntnis in Abweisung der exakten Wissenschaften erreicht, sowie eine den Rechtssatz determinierende Norm formuliert werden.[58] Diese Norm bezeichnet Schmitt, auch „auf die Gefahr einer Paradoxie“, als „Naturrecht ohne Naturalismus“.[59] Die Eleminierung der Natur und die „Souveränität“ mit der die Rechtswissenschaft „sich dem bloß Tatsächlichen gegenüber“ verhalte – ein Zustand, den Schmitt gegen andere Strömungen versucht festzuschreiben –, beruht auf einer Fiktionalisierung der „Tatsache“. Da für Carl Schmitt die Tatsache nur in Rückkoppelung an die Norm als „Tatbestandsmerkmal“ Eingang in das Recht finden kann und deshalb der Vergleichspunkt nur dieses, nicht aber der Naturalismus ist, sei die Fiktion im Recht nicht wie bei Vaihinger eine „bewußt falsche Annahme“, sondern eine – jenseits des Materiellen liegende – objektive Konstruktion.[60] Dem entsprechend wird der Staat und die Stellung des Einzelnen definiert: Das Recht, das dem Staate vorhergeht, wird durch diesen verwirklicht; der Zweck des Staates wird so der Aktualität des „Zeitalters der Sekurität“ und damit den reinen Tatsachen enthoben.[61] Der Wert des „leiblichen konkreten Individuums“ – das, wenn „die Betrachtung sich nicht über die materielle Körperlichkeit erhebt, eine gänzlich zufällige Einheit, ein zusammengewehter Haufen von Atomen“ ist – bemißt sich demgemäß „nur nach den Normen des Rechts, nicht nach

56 Schmitt, Gesetz und Urteil, S. 126. Schmitt wendet sich damit gegen das von ihm als „gefährlich“ bezeichnete Verfahren, das insbesondere bei Jhering und Leist inzwischen einen ungewöhnlichen Umfang einnehme. Vgl. dazu: ebenda, S. 125.

57 Schmitt betont in seiner Abhandlung „Juristische Fiktionen“, die sich auf Hans Vaihingers Theorie des „Als-Ob“ bezieht, vor allem die Differenz zwischen Jurisprudenz und Mathematik.

58 Vgl. Schmitt, Wert des Staates, S. 76. Auf die zentrale Rolle, die in diesem Zusammenhang die Sprache einnimmt, soll hier nur kurz hingewiesen werden. Zur engen Verbindung von theologischer und staatsrechtlicher Begrifflichkeit vgl. ders., Politische Theologie, bes. S. 50f. und 60.

59 Schmitt, Wert des Staates, S. 76.

60 Schmitt, Wert des Staates, S. 102.

61 Schmitt, Nordlicht, S. 66.

Dingen, die dem Einzelnen endogen sind".[62] Mit diesem Entwurf eines Antinaturalismus im Recht, der die empirische Einzelheit außer acht läßt und den Carl Schmitt auch im Hinblick auf die Dogmengeschichte der Rechtswissenschaft aktualisiert, formuliert er ein dem jeweiligen (naturwissenschaftlichen) Stand der Erkenntnis entzogenes Recht.

Schmitts fiktionaler Abriß zu Wilhelm Ostwald, der inhaltlich in engstem Zusammenhang mit seiner Abhandlung zu Däublers „Nordlicht" steht, findet hier seinen systematischen Ort. Denn die Däublersche Fiktion beruht auf einer aus der Sprache hervorgehenden, als Gabe bezeichneten Erkenntnis. Diese sei zugleich imstande, das „tiefste rechts- und staatsphilosophische Problem zu formulieren". Sie ist für Schmitt die direkte Entgegensetzung zu der als „Registratur in Geschichte und Natur" bezeichneten Wissens- und Erkenntnisform.[63] Die zeitlich unmittelbar den „Däubler-Komplex" umrahmenden Schriften – von „Gesetz und Urteil" (1912), über die „Politische Theologie" (1922) bis hin zu „Römischer Katholizismus und Politische Form" (1923) – erarbeiten rechts- und staatswissenschaftliche Fragen auf dem Boden dieser Entgegensetzung. Schmitts Abhandlung zur „Politischen Romantik" (1919, 2. erw. Aufl. 1925) leuchtet dabei den geistesgeschichtlichen Anfang der durch die Romantik inaugurierten Wendung von der Metaphysik zur Ästhetik aus, deren gegenwärtigen Stand er in den „Schattenrissen" entfaltet. Die unmittelbar im Anschluß an die „Politische Romantik" entstandenen Schriften stehen ganz im Zeichen des von ihm diagnostizierten „Anti-römischen Affekts", der im Schattenriß zu „Wilhelm Ostwald" konkretisiert wird. Gegen diesen Affekt verweist Schmitt auf die juridische Form des Katholizismus; sie ist sein Modell von Sichtbarkeit und Repräsentation.

Auch wenn Schmitt sehr viel später wieder innertheologische Auseinandersetzungen aufnehmen wird, so kann ganz allgemein zu diesem frühen Zeitpunkt festgehalten werden, daß der mit den Naturwissenschaften einhergehende Legitimitätsverlust der bisherigen Ordnung der Welt, aus seiner Sicht der Verlust von Legitimiät überhaupt bedeutet.[64] Sein repräsentatives Gestaltungsprinzip versucht ein jenseits

62 Schmitt, Wert des Staates, S. 102.

63 Schmitt, Nordlicht, S. 30 und 64. Daß Schmitt diese als Unmittelbarkeit – gegen die Mittelbarkeit des mechanischen Zeitalters – beschriebene Intuition immer wieder an christliche Elemente rückkoppelt, zeigt zwar den metaphysischen Horizont, auf den er sich bezieht. Gleichwohl kann gerade diese Zuordnung vernachlässigt werden, da – und dies gilt bereits für Carl Schmitts eigene Darlegung – der Funktionsmodus der Däublerschen Erkenntnisform über die Sprache hinreichend erläutert werden kann.

64 Vgl. dazu auch Kramme, der mit Blick auf Plessners Feststellung, daß „alle natürliche Legitimität tot" ist, betont, daß damit eines „der beherrschenden staatstheoretischen wie po-

inhaltlicher Glaubensüberzeugungen und Wissensmöglichkeiten angesiedelte Form politischer Herrschaft zu konzipieren, die auch in einer nicht-christlichen Welt Bestand haben kann und zugleich deren Dynamik entzogen bleibt. Die neue Naturphilosophie – Schmitt erwähnt im einzelnen das „Kant-Laplaceschen Planetensystem“ und „Wilhelm Ostwalds allgemeine Sonnenenergie“ –, von der Schmitts „Nordlicht“-Schrift ihren Ausgang nimmt, ist der stets präsente Hintergrund, auf den das Däublersche „Nordlicht“ kontrastierend bezogen wird. Ohne das „platt exakte“ Wissen als Wissen in Frage zu stellen, weist er Däublers Dichtung gegen die „in der Meteorologie heute herrschende Auffassung“ und d. h. gegen die Erkenntnisse der Naturwissenschaften, eine Rolle zu, die die Erde „vor dem Forum einer kosmischen Ethik“ rettet.[65] Deutlich wird mit dieser Wendung von der naturwissenschaftlichen Erkenntnis hin zu einem kosmogonischen Begriff, daß Schmitt zum einen auf einer klaren Differenz zwischen Naturwissenschaft und Naturphilosophie besteht und daß er zum anderen mit seinen Ausführungen zum „Nordlicht“ selbst eine Kosmogonie entwirft, die aus mythisch-christlichen Elementen besteht. Auf dieser Folie entfaltet Schmitt die durch Däubler fruchtbar gemachten Erkenntnismöglichkeiten, die imstande seien, den „allgemeinen Dualismus“ der sichtbaren Welt zu erhalten und ihn zugleich zu transzendieren.[66] Diese Fähigkeit Däublers zu einer Verbindung der beiden Pole führt Schmitt hier zunächst noch auf das „unermeßliche Reservoir“ der deutschen Romantik zurück, das er gegen die neue Naturgesetzlichkeit zitiert.[67] Der weitere Verlauf seiner Abhandlung aber macht deutlich, daß er die besondere Leistung des „Nordlichts“ gerade in der Überwindung der nur „gegensätzischen“ Struktur der Romantik sieht. Gegen die monistischen Bestrebungen der neuen Naturphilosophie führt Schmitt anhand des schöpferischen Prozesses von Däubler eine säkulare Form der Offenbarung an, die imstande sei, die „Selbstzerreißung unserer Gegenwart“ zu überwinden.[68] Diese neue Offenbarung, die er als zweiten, dauern-

---

litischen Probleme des beginnenden 20. Jahrhunderts“ angesprochen ist. Rüdiger Kramme, Helmuth Plessner und Carl Schmitt. Eine historische Fallstudie zum Verhältnis von Anthropologie und Politik in der deutschen Philosophie der zwanziger Jahre, Berlin 1989, S. 205.

65 Schmitt, Nordlicht, S. 9f.

66 Schmitt, Nordlicht, S. 11.

67 Schmitt, Nordlicht, S. 10. Doch neben dieser Eigenart des romantischen Denkens klingt hier bereits deutlich an, daß die Romantik selbst nur einem scheinbaren Dualismus aufruht. Schmitt radikalisiert dies in seiner Schrift zur „Politischen Romantik“ dahingehend, daß er in der Romantik die Struktur des nur noch „Gegensätzischen“ erkennt, bei dem die Widersprüche immer schon vermittelt gedacht werden.

68 So Schmitts apokryphes Zitat des von Schelling an Descartes gerichteten Wortes. Vgl. dazu Schmitt, Nordlicht, S. 75.

den Schöpfungsprozeß bezeichnet, beschreibt er mit dem Begriff der Intuition, die als Geschenk, Glaube oder Gabe sich „von selbst ergibt".[69] Mit der Formulierung dieser jenseits von Kategorien des exakten Wissens angesiedelten Erkenntnis entzieht er diese dem hegemonialen Anspruch der Wissenschaft und erweitert zugleich deren Geltungsbereich über den engeren theologischen Rahmen hinaus. Die von Schmitt bei Däubler vermutete Unbewußtheit seines Schöpfungsprozesses, wie sie sich in der Sprache manifestiert, situiert er als Modell gegen den Angriff auf den kirchlichen Offenbarungsglauben vor allem durch den Monismus Ostwaldscher Prägung.[70] Das „Geheimnisvolle und Unerforschliche" wird von Ostwald radikal dem wissenschaftlichen Erkenntnisprozeß überantwortet, so daß dessen Auflösung nur eine Frage des wissenschaftlichen Fortschrittes ist.[71] Während Schmitt den als Intuition verstandenen Schöpfungsprozeß in seiner „Nordlicht"-Abhandlung dem wissenschaftlichen wie dem sozialen Feld entzieht – er ist als ‚Gabe' „nicht machbar" und „nicht aus eigener Kraft"[72] herstellbar –, unterstellt Ostwald auch diese Fähigkeit dem biologischen Gesetz und damit der Idee einer „Züchtung des Genies".[73] Der daraus resultierende Genie-Begriff, der mit Nietzsche und Darwin eng verknüpft ist, ist zugleich ein Grundthema der „Schattenrisse". Schmitts deutlichste Kritik an den Naturwissenschaften und damit auch unmittelbar an Ostwald, formuliert er im Hinblick auf die „Rassenlehren", die nichts anderes als „morphologische Spekulationen" seien. Er betont, daß „Leute, die sich Realpolitiker zu nennen lieben, [...] naturwissenschaftliche, angeblich exakte Rassenunterschiede geltend" machen, „während sie im Grunde nur moralische Deutungen meinen".[74] Die revolutionär zu nennende Umwälzung, die mit Darwins „Entstehung der Arten" einherging und die von Ostwald als „eine wissenschaftliche Unterlage" zur „Durchfüh-

69 Schmitt, Nordlicht, S. 24.

70 Schmitts Hinwendung zu Sprache und Wort, in dem er den Ausdruck eines göttlichen Schöpfungsaktes erkennt, geht einerseits hinter Goethes „Faust" zurück, der „das Wort so hoch unmöglich schätzen" (I/1226) kann, und wird andererseits später in Lacans These von der Struktur des Unbewußten ihre Fortsetzung finden.

71 Ostwald, 53. Monistische Sonntagspredigt, Leipzig 1912, S. 2f.

72 Schmitt, Nordlicht, S. 60f.

73 Vgl. Wilhelm Ostwald, Der energetische Imperativ, Leipzig 1912, S. 444: „Die Züchtung des Genies", sowie ders., Unsere Kinder, 76. Monistische Sonntagspredigt, Leipzig 1913.

74 Schmitt, Nordlicht, S. 14. Vermutlich richtet sich Schmitts Bemerkung von den „Realpolitikern", die eine „Romantik der Rassenlehren" betreiben, ganz konkret gegen Walther Rathenau und dessen 1908 erschienene „Reflexionen", in denen er die „Romantik der Rasse" verkündet; darüber hinaus entwickelt Rathenau in seiner „Kritik der Zeit" von 1912 eine „Zwei-Schichten-Theorie" der Völker, die er aus deren Rasseelementen ableitet.

rung auf allen möglichen Gebieten“[75] enthusiastisch begrüßt und angewandt wurde, greift Schmitt polemisch zugespitzt auf, so daß sie als Ausdruck einer „allgemeinen Vertauschung und Fälschung der Werte“ in Erscheinung treten kann.[76] Dies führe schließlich dazu, daß der „Affe beweist, daß er vom Menschen abstammt“ und sich darauf „beruft, daß die Affenähnlichkeit des Menschen größer ist als die Menschenähnlichkeit des Affen“; die Weltgeschichte erscheine damit als „eine Schöpfung des Affen Gottes“.[77]

Die grundlegenden Änderungen oder „Umwertungen“ die mit der Expansion der exakten Wissenschaften einhergehen und die am Beispiel Wilhelm Ostwalds in ihrem Spannungsverhältnis zu Carl Schmitt sichtbar werden, sollen abschließend noch um zwei weitere, in diesem Kontext wesentliche und für das Werk von Carl Schmitt konstitutive Merkmale ergänzt werden. Zum einen betrifft dies den Begriff der Individualität und zum anderen das Verhältnis von Souveränität und Ausnahme. Schmitt betont, daß die gegenwärtige Zeit, obwohl sie beansprucht, sie „habe das Individuum erst eigentlich entdeckt und zu Ehren gebracht“, keine individualistische sei: „Eine Zeit, die sich skeptisch und exakt gibt, kann sich nicht in demselben Atem individualistisch nennen; weder Skeptizismus noch die exakten Naturwissenschaften vermögen eine Individualität zu begründen.“ Denn auch die neuen Wissenschaften seien, um zu einer Bewertung zu gelangen, gezwungen über die „Individualität als lediglich empirischer Tatsache des einzelnen Menschen“ hinauszugehen und – so im Falle der Soziologie – diesen in einen faktischen Zusammenhang zu stellen, in dem der Einzelne völlig verschwinde. Dasselbe gelte für die Erkenntnistheorie, die das erkenntnistheoretische Subjekt nur in „einem überindividuellen Bewußtsein“ finden könne. Schmitt verweist mit Nachdruck darauf, daß deshalb das „antiindividualistische Resultat“ seiner Abhandlung von „Der Wert des Staates und die Bedeutung des Einzelnen“ nicht unter „dem Gesichtspunkte der Unzeitgemäßheit zurückgewiesen werden“ könne.[78] Unter diesem Kriterium stimme es vielmehr mit der „Weltzusammenfassung“ der modernen Wissenschaften ebenso überein, wie Theodor Däublers „Nordlicht“, in dessen Zentrum die Abwendung vom Problem des Einzelnen und dessen „Ich“ steht.[79] Die verschiedenen Ich-Gestalten seien bei Däubler „in fast allen Gesängen [...] im eigentlichsten Sinne Sprecher, Ideen, die sich um ihre Inkarnation im Wort bemühen“. Deshalb könne auch hier „von einer

---

75 Ostwald, 35. Monistische Sonntagspredigt, Leipzig 1912, S. 275.

76 Schmitt, Nordlicht, S. 65.

77 Schmitt, Nordlicht, S. 67f. Diese Äußerung Schmitts liest sich wie ein Kommentar zu E.T.A. Hoffmanns Erzählung „Nachricht von einem gebildeten jungen Mann“.

78 Schmitt, Wert des Staates, S. 3f. und 6f.

79 Vgl. Schmitt, Nordlicht, S. 40.

Charakterentwicklung im individualistischen Sinne nicht die Rede sein".[80] Gleichwohl zeige sich eine wesentliche Differenz, wenn man „das geistige Band" betrachte, das die Wertbejahung, die die „Einheit, die in der Individualität liegt", begründet.[81] Die Einheit, die in den exakten Wissenschaften oberhalb des empirischen Individuums formuliert werden könne, sei nur eine faktische, auf Tatsächlichkeiten beruhende und deshalb außerstande, eine „Würde des Einzelnen" zu begründen. Schmitts Feststellung „Vor Gott ist der Mensch nichts, aber in der Welt ist er erst recht vernichtet", bringt die von ihm antizipierte Differenz auf den Begriff.[82] Nicht das Zeitalter „der Maschine, der Organisation", das sich zwar das individualistische nenne und von sich behaupte in „der Freiheit des Individuums" den Gipfel und das Maß aller Bestrebungen gefunden" zu haben, sei imstande, Individualität zu konstituieren, denn es stehe bis hinein in die literarischen Produktionen unter der Vorstellung der „allgemeinsten Berechenbarkeit", die in einem grundlegenden „Bedürfnis nach Kodifikationen und Subsumtionen", dem der Einzelne wie die gesamte Kultur unterworfen werde, ihren Ausdruck finde. Vielmehr zeige erst die Rückführung „des Individuums auf seine Aufgabe und deren Erfüllung" – sei es als Teil der christlichen Gemeinschaft, als Träger einer Aufgabe oder als Inhaber eines Amtes – „den Weg zu einer gerechtfertigten Würde", die die Vernichtung des Individuums aufhebe.[83] Der Wert, den der Staat dem Individuum aufgrund der „Normen, die seinen eigenen Wert begründen" verleihen kann, restituiert danach nicht nur das Individuum, sondern auch das personalistische Element des Souveränitätsbegriffs, das durch das in die politischen Vorstellungen eingedrungene naturwissenschaftliche Denken verlorengegangen sei.[84] Denn das Denken in Naturgesetzlichkeiten, das das „wesentlich juristisch-ethische Denken, das in der Aufklärung noch vorherrschte", verdränge, identifiziere „mit der ausnahmslos geltenden Naturgesetzlichkeit" nur die generelle Geltung eines Rechtssatzes.[85]

Im Blick auf diese Entwicklung stellt Schmitt fest, daß zum einen der Begriff des Generellen „in seinem Subjekt eine quantitative Bestimmung" enthalte, mit dem das Volk zum Souverän werde. Zum anderen werde der bisherige Begriff von Souveränität, der sich nicht durch generelle, sondern durch partikulare Willensäußerungen auszeichne, unverständlich und „radikal verdrängt".[86] Aus diesem Zusammenhang

80 Schmitt, Nordlicht, S. 40.
81 Schmitt, Wert des Staates, S. 7.
82 Schmitt, Sichtbarkeit der Kirche, S. 74.
83 Schmitt, Wert des Staates, S. 108, 75, 103 und 108.
84 Vgl. Schmitt, Politische Theologie, S. 62.
85 Schmitt, Politische Theologie, S. 62.
86 Carl Schmitt, Der Begriff des Politischen (1928), Berlin 1963, S. 62.

heraus läßt sich der für das Werk von Carl Schmitt konstitutive Begriff des Ausnahmezustandes erhellen. In deutlicher Absetzbewegung zu einem an naturwissenschaftlichen Gesetzmäßigkeiten orientierten Modell, erarbeitet Schmitt zunächst gemäß dem Funktionsmodus der Fiktion einen antisubjektivistischen Begriff von Individualität, dessen Kriterien den Normen des Rechts entnommen wird.[87] Mit dieser juridisch konstruierten, „fiktiven“ Person, die das „Urbild aller Persönlichkeit im Recht“ ist, kann der Souveränitätsbegriff wieder personalisiert werden.[88] Gegen die Vermutung, daß die Entscheidungen eines persönlichen Souveräns außerhalb des Gesetzes stehen, betont Schmitt, daß dieser so wenig „über dem Recht, [...] wie über der Grammatik“ stehe.[89] Diese auf der grundlegenden Kategorie juridischen Denkens, dem Konnex von Recht und Grammatik, beruhende Definition des Souveräns, entwirft eine Instanz, deren Funktionsmodus nicht mehr auf dem Generellen beruht, sondern auf dem dieses überschreitenden Ausnahmezustand, der gleichwohl an die logische Grundnorm gebunden bleibt. Dieser Reichweite des Souveräns analog situiert Schmitt die „geistige Leistung“ des Däublerschen „Nordlichts“, dessen „großartige Verneinung“ des „innersten Wesen der Zeit“ die Gesetze des lückenlosen Utilitarismus des „mechanistischen Zeitalters“ „sprengt“.[90] Es endet für Carl Schmitt nicht, wie die von der Konsequenz des naturwissenschaftlichen Denkens geprägten „klugen Organisationen“ vor dem nicht unter eine generelle Norm subsumierbaren Fall und damit vor dem „Fall, auf den es allein ankommt“.[91] Da das rein immanente Denken ausschließlich dazu fähig sei, sich am Generellen zu orientieren, kann es sich nicht auf den dieses überschreitenden Ausnahmefall erstrecken. Hier sieht Schmitt die Ursache für das Unverständnis, das Däublers „Nordlicht“ entgegengebracht wird, denn dieser „Weltorkan“ der Dichtung stehe außerhalb der am Generellen sich orientierenden Zeit: er „gibt“, in der „Überwindung aller Relativität“, die „Transzendenz“ und reiche damit hinein in die Dimension des Ausnahme-

87 Schmitt, Wert des Staates, S. 103. Diese Vorgehensweise steht in deutlicher Analogie zur römisch-katholischen Kirche, die – und dies wird von Schmitt mehrfach nachdrücklich betont – ein „im eminenten Sinne“ juristisches Gebilde sei. Vgl. ebenda, S. 95, sowie insgesamt ders., Römischer Katholizismus und politische Form.

88 Schmitt, Wert des Staates, S. 105.

89 Schmitt, Wert des Staates, S. 95. Schmitt weist in diesem Zusammenhang darauf hin, daß seine Überlegungen bewußt alle historischen Mißbräuche, ohne sie damit verharmlosen zu wollen, außer acht lasse, da es ihm um eine rein an der Form des Rechts orientierte Betrachtung gehe.

90 Schmitt, Nordlicht, S. 70 und 76.

91 Schmitt, Nordlicht, S. 77.

zustandes.[92] Schmitt stellt der anhand von Wilhelm Ostwald entfalteten „Wirklichkeit der Zeit" eine andere entgegen: Es gibt „eine juristische Wirklichkeit und Lebendigkeit", die „nicht die Wirklichkeit der naturwissenschaftlichen Realität zu sein braucht".[93] Diese andere ‚Wirklichkeit' versucht er, gegen die naturwissenschaftliche Methode der Induktion, auf dem Wege der Fiktion, die das Tatsächliche in eine Konstruktion überführt, zu erreichen. Sie umgeht die Naturgesetze und folgt Regeln, denen auch der Souverän unterliegt und die Däublers Sprache (scheinbar) praktiziert: Grammatik und Logik.

2. Walther Rathenau

Carl Schmitts Darstellung von Walther Rathenau wird auf der thematischen Ebene durch zwei gegenläufige Motive geprägt.[1] Auf der einen Seite das gedämpfte, aber „wuchtige Stapfen" des hohen Adels und der Schreibtisch des Bankdirektors, der der „fortschreitenden Mechanisierung", dem „Eindringen der Entgeistigung, der Entseelung [...] höflich aber energisch die Spitze" bietet.[2] Dieser halb-feudalen Trutzburg gegen den „Geist der Zeit" werden anhand der Schilderung einer (fiktiven!) Inneneinrichtung des Hauses von Rathenau eine Reihe von Künstlern zur Seite gestellt, deren Kunst Produkt oder Pendant eben des „mechanistischen Zeitalters" selbst ist. Schmitt wiederholt damit die in seiner Rezension von Rathenaus „Kritik der Zeit" getroffene Feststellung, daß dessen Kritik über keinen außerhalb der Zeit liegenden Standpunkt verfüge und deshalb keine Kritik, sondern eine „Klage" und das heißt Ausdruck wie Bestandteil der Zeit selbst sei.

Der Schattenriß zu Walther Rathenau gibt mit der Erwähnung des Jahres 1907 den Zeitpunkt an, zu dem dieser mit Dernburg die deutsche Kolonie Südostafrika bereiste und darüber einen Bericht über die Notwendigkeiten zu einer erfolgreichen Erschließung des deutschen Kolonialgebietes, der 1908 in Hardens „Zukunft" erschien, verfaßte. Schmitt rückt damit seine Schilderung der Künste, mit denen er Rathenaus Welt charakterisiert, in den Horizont von Kolonialpolitik und Imperialismus ein. Diese beiden Pole von Rathenaus Existenz spitzt er ironisch-

---

92 Schmitt, Nordlicht, S. 76.

93 Schmitt, Politische Theologie, S. 45.

1 Nach Tilmann Buddensieg war die durch Schmitt von Rathenau vergeblich erbetene Unterstützung des Werkes von Theodor Däubler der auslösende Anlaß für die „Schattenrisse". Vgl. Buddensieg, Industriekultur, S. 85, Anm. 147.

2 Vgl. zu Rathenaus Verhältnis zu Wilhelm II.: Rudolf Martin, Deutsche Machthaber, Berlin – Leipzig 1910, S. 73f.

polemisch zu und bringt sie auf die Formel „Kautschuk und Thranszendenz“. Da die Darstellung der Welt Rathenaus durch die thematisch im Vordergrund stehenden Künste erfolgt, sollen dessen bis 1913 erschienene kunsttheoretische Schriften mit den Künstlern, die Schmitt Revue passieren läßt, verglichen werden, um die Konturen des von ihm supponierten Geistes des „mechanistischen Zeitalters“ sichtbar zu machen.

Alle von Carl Schmitt im Zusammenhang mit Rathenau erwähnten Künstler waren – einschließlich Böcklin, dem „Idol der Symbolisten und des Pan-Kreises“[3] –, ungeachtet der Differenz ihres individuellen Stiles, Mitglieder, Gründer oder Anlaß, so im Falle von Munch, der Sezessionsbewegung.[4] Da sich diese Bewegung künstlerisch, abgesehen von ihrer Wendung gegen die Tradition und deren staatstragende Ästhetik, kaum auf einen einheitlichen Stil bringen läßt, soll auf die wichtigsten Strömungen anhand der von Schmitt erwähnten Personen kurz eingegangen werden, um so deren Gemeinsamkeiten sichtbar zu machen.[5] Carl Schmitts Darstellung betont zwei grundlegende Merkmale: einmal den Naturalismus der Malerei und zum anderen die sog. Innenkunst (Lechter, Behrens, Pankok und Olbrich), die mit Beginn der Jahrhundertwende einen erweiterten Kunstbegriff hervorbrachte. Kunsthistorisch kann Böcklin, der Maler der Gründerzeit, der erstgenannten Gruppe nur bedingt zugeordnet werden; er wirkte jedoch nachhaltig auf Klinger und Stuck, die vor allem Motive Böcklins in ihrer Dekorationskunst zur Anwendung brachten. Klinger führte vorwiegend das „Literarische“ der Malerei Böcklins weiter, während Stuck in der ersten Nummer des Pan 1895 eine Huldigung an Böcklin formulierte, die „als Anbruch eines neuen Romantizismus aufgefaßt wurde und schnell begeisterte Zustimmung fand“.[6] Böcklin, der seinen Ruhm „dem Durchbruch des völkischen Stroms“ verdankt, ist zugleich einer der wenigen von Rathenau in seinen kaum beachteten kunsthistorischen Schriften namentlich

---

3 Richard Hamann/Jost Hermand, Stilkunst um 1900, München 1973, S. 367. Vgl. zu Böcklin auch Paret, Berliner Sezession, S. 249f.

4 So fand Edvard Munch leidenschaftliche Bewunderer seiner Kunst nicht nur in der Berliner Boheme, sondern bei der ersten Berliner Avantgarde, den Literaten aus dem Kreis des „Schwarzen Ferkels“, wie ihr legendäres Stammlokal hieß. Unter dem Namen „Ferker“ ist dieser Kreis Zielscheibe von Schmitts 1919 erschienener Satire „Die Buribunken“.

5 Carl Einstein charakterisiert in seiner Besprechung die Sezessions-Bewegung als einheitliches Phänomen, das sich nicht durch avantgardistischen Stil, sondern durch ein bestimmtes Qualitätsniveau auszeichne. Carl Einstein, Sezession, in: Die Gegenwart, Nr. 48/1912, S. 807–809.

6 Hamann/Hermand, Stilkunst, S. 292.

erwähnten Künstler.[7] Er verweist hier im Zusammenhang mit der Feststellung, daß Kunst vom „Sakralen" stamme und „von je her menschliche und göttliche Vorgänge verherrlicht" habe, auf „das Geheimnis des holden und furchtbaren Germanenwaldes mit Zauberaugen" von Böcklins „Das Schweigen im Walde", das den „Kristall einer Menschenseele in die abgründige Werkstatt des Erdgeistes" blicken lasse.[8] Dieses Plädoyer Rathenaus für den romantischen Stimmungszauber der germanischen Götterwelt reiht sich ein in das Kunstverständnis der Gründerzeit, das geprägt ist durch einen ins Theatralische gesteigerten Heroenkult, der die subjektive Wahrnehmung der großen (Künstler-)Persönlichkeit ins Monumentale transponiert. Gepaart mit rückwärtsgewandter Sehnsuchtsstimmung werden hier große Epochen der Geschichte, christliche und mythische Motive, sowie idyllische Szenen von Mensch und Natur durch den Künstler zur Einheit des individuellen-allgemeinen verschmolzen und damit wesentliche Elemente der Romantik aufgegriffen. Stilgeschichtlich, so zum Beispiel durch den Kunsthistoriker Wölfflin, häufig mit Manet verglichen, wird Böcklin kurz nach der Jahrhundertwende durch Meier-Graefes Invektive als „Träger des wahren Teutonentums trunkfester Kehlen" angegriffen.[9] Kritisiert wird ebenso Böcklins Darstellungsweise wie seine Persönlichkeit.[10] Meier-Graefe stellt fest, daß mit Böcklins Kunst der Realität „ein neuer Kamerad" erstehe, da seine „getreue Reproduktion der geträumten Einzelheit" sogar die „Schuppen der Meerungeheuer zu zählen" erlaube.[11] Unter diesem Aspekt der naturgetreuen Darstellung, die sich auch in seiner Hervorhebung des Figürlichen zeigt, kann Böcklin, zu dessen Verteidigung Rathenaus Abhandlung „Von neuzeitlicher Malkunst" als direkte Entgegensetzung zu Meier-Graefes Angriff geschrieben wurde, der oben dargelegten Einteilung durch Carl Schmitt zugeordnet werden.[12] Die naturalistische Ästhetik aufgreifend betont Rathenau, daß Kunst „Respekt vor der Natur" sei, die er „mit bräutlicher Liebe" verehre, da sich in ihr das „Unaussprechliche, Ewige, gesetzmäßig Waltende" zeige.[13]

---

7 Julius Meier-Graefe, Entwicklungsgeschichte der modernen Kunst, Stuttgart 1904, Bd. 2, S. 381.

8 Walther Rathenau, Von neuzeitlicher Malkunst, in: Die Zukunft, 1/1905, S. 19.

9 Meier-Graefe, Entwicklungsgeschichte, Bd. 2, S. 384.

10 Im Angriff auf den „Götzen" der Malkunst sehen Hamann/Hermand den eigentlichen Grund von Meier-Graefes Invektive. Vgl. dies., Gründerzeit, S. 33.

11 Meier-Graefe, Entwicklungsgeschichte, Bd. 2, S. 384.

12 Zu Böcklins Verhältnis zum Naturalismus vgl. auch: Ferdinand Avenarius, Zu Böcklins Heimgang, in: Der Kunstwart, 14. Jg., Heft 9/1901, S. 395f.

13 Rathenau, Von neuzeitlicher Malkunst, S. 25.

Der zweite Angriffspunkt von Meier-Graefe, die Persönlichkeit des Malers, wird von Rathenau ebenfalls aufgenommen und zur Forderung und zum Maßstab echter Kunst erhoben. Kunst, so Rathenau, verweile nur da, wo sie von „der gewaltigen Persönlichkeit“ getragen werde.[14] Den „Vollmenschen der Kunst“, den Böcklin für ihn neben Menzel und Lenbach verkörpert, finde er vor allem in der historischen Konstellation des Feudalregimes und seiner Auftragskunst. Denn erst in diesem Verhältnis wachse der Kunst ihre echte Bedeutung und Aufgabe in der Darstellung der himmlischen wie irdischen Mächte zu. Ein solcher Kunstbegriff verpflichtet die Kunst nicht nur auf einen soziologischen Bedeutungsgehalt, sondern intendiert auch die Transformation des traditionellen Auftragsverhältnisses: die Stelle des Fürsten kann damit der moderne Mäzen einnehmen. Daß sich dieser Versuch der Prolongierung einer inzwischen obsolet gewordenen Kunstdefinition mit aktuellen modernen darwinistischen Elementen verbindet, zeigt Rathenaus Präzisierung des Begriffs der Künstlerpersönlichkeit: deren gegenwärtige Varianten seien alle „körperlich wenig bedeutende[...] Menschen“ und mit „ungewöhnlicher Rezeptivität behaftet“. Von diesem rassischen Argument aus bezeichnet Rathenau die moderne Kunst als „psychopathisches“ Zerfallsprodukt, das von „internationalen neuropathischen Talenten“ beherrscht werde.[15] Seine weitere Schilderung verdeutlicht, daß er dieses Zerfallsprodukt nicht nur „der Art dunkler Rassen“ sowie der völlig kenntnislosen Frau und deren Bedürfnissen überantwortet, sondern daß er sich vor allem gegen eine Übertragung des Kunstbegriffs auf das Kunsthandwerk und die sog. Innenkunst wendet, die als Warenhauskunst eine Kunst der Massen sei.[16] Er beklagt, daß „die Möbelzeichner und Innenarchitekten“ im Namen der Frauen, die wie „Pestratten in den Häusern herumfahren“ und deren Ideen verbreiten, „unsere Häuslichkeit“ beherrschen.[17] Er wendet sich damit gegen jene Kunstrichtung, die von Carl Schmitt ihm, neben der naturalistischen Malerei, gerade supponiert wird und die nicht zuletzt in der Person Peter Behrens' ihren realen Anhaltspunkt findet. Rathenaus Interesse an Behrens – der 1907 und damit in dem Jahr, das vom vorliegenden Text erwähnt wird, künstlerischer Berater der AEG wurde – zeigt, daß seiner publizistischen Ablehnung der ‚Innenkunst‘ eine real-praktische Hinwendung zur Seite steht.

---

14 Rathenau, Von neuzeitlicher Malkunst, S. 20.

15 Rathenau, Von neuzeitlicher Malkunst, S. 22.

16 Vgl. dazu Scheffler, der die „stärksten Individualitäten“ des neuen Kunsthandwerks und dessen Entwicklung darlegt; Karl Scheffler, Deutsches Kunsthandwerk, in: Die neue Rundschau, 23. Jg., Bd. 2/1912, S. 987ff.

17 Rathenau, Von neuzeitlicher Malkunst, S. 24.

Ebenso lassen sich die feudalen Motive der Darstellung Carl Schmitts anhand der kunsttheoretischen Schriften Rathenaus stützen: sie sind geprägt von einer rückwärtsgewandten, konservativen, am fürstlichen Mäzenatentum orientierten Auffassung. Dies wird noch unterstrichen durch das von ihm erworbene Schloß Freienwalde sowie die 1911 bezogene Grunewald-Villa, in der er eine „authentische Reproduktion des Berliner Frühklassizismus, mit einem unmißverständlichen Affekt gegen die unmittelbar vergangene, aber auch gegen die zeitgenössische Architektur" realisierte. Buddensieg stellt zurecht fest, daß in Rathenaus persönlicher Vorliebe für den frühen „preußischen Klassizismus, insbesondere in seinen Adelspalästen und Landschlössern" sich dessen eigenstes, individuelles Wertesystem und dessen „konservative Struktur" verkörpert, die „gerade seine soziale Modernität ausmachte: Besitznahme durch die neue Herrschaftsschicht des bürgerlichen Unternehmertums".[18] Mit dem Abstieg des Adels tritt für Rathenau im Bereich der Kunst der moderne Großunternehmer in dessen Tradition mit dem Argument ein, daß sie ohne „Stütze in der mechanistischen Gesellschaft" nicht erhalten werden könne.[19] Dieser modernen Variante der Fortsetzung des Feudalsystems entsprechen auch Rathenaus Thesen in seiner Abhandlung „Von neuzeitlicher Malkunst", die von der Kritik als „antimoderne Äußerung" aufgefaßt wurden.[20] Dem steht sowohl Rathenaus persönliche Hinwendung zu den modernen Künsten gegenüber, wie auch die durch die AEG außerordentlich erfolgreich praktizierte Ausarbeitung und Anwendung der „nützlichen Künste", die maßgeblich am Ausbau und der Gestaltung der „mechanistischen Gesellschaft" beteiligt waren. So brachte Behrens' Industrieklassizismus die „seriellen Möglichkeiten der klassizistischen Formensprache mit den industriellen Erfordernissen der Standardisierung und Typisierung" in eins, und zwar bis zu „einem Organisationsniveau, das sich in einer rationalisierten Bauweise mit standardisierten Elementen in serieller Fertigung herstellen" ließ.[21] Deutlich wird anhand dieser widersprüchlichen Struktur, daß Rathenaus „kultiviertes Epigonenempfinden" eine radikale Zweiteilung und Abgrenzung von Geschäftswelt und privatem Bereich, von beruflicher wie publizistischer Tätigkeit, etablierte.[22] Dies ermöglichte ihm, als Privatmann eine Schrift wie seine „Kritik

---

18 Buddensieg, Industriekultur, S. 66f.

19 Rathenau, Kritik der Zeit, ed. Schulin, S. 61.

20 So Schäfer im Hinblick auf die Reaktion der „Kölnischen Zeitung"; Wilhelm Schäfer, Reflexionen, in: Die Rheinlande 16/1908, S. 31. Schäfer feiert Rathenaus „kühle Darstellung", in der die „korrekte Haltung des Kaufmanns", die auch „das Menschliche" umgreife, sichtbar werde und drückt seine Hoffnung aus, daß „das Beispiel Rathenaus Schule" macht.

21 Rathenau, Kritik der Zeit, S. 69.

22 Karl Scheffler, Die Architektur der Großstadt, Berlin 1913, S. 155.

der Zeit“ zu schreiben und zugleich als Geschäftsmann das darin Kritisierte auf- und auszubauen; es ermöglicht ihm, die Gegenwartskunst zu verwerfen und gleichzeitig die Sezessionskunst zu fördern; die Kunst im Verbund mit der großen Künstlerpersönlichkeit dem feudalen Auftragsverhältnis zuzuordnen und zugleich die naturalistische Ästhetik zu propagieren. Diese „doppelschichtige Kulthur“[23] ist Thema des Schattenrisses von Carl Schmitt, der damit ein Grundmotiv seiner „Politischen Romantik“, den Januskopf des Romantikers, vorwegnimmt. Sie zeigt auch, daß Rathenaus Verwerfungslinien entlang den Vorstellungen einer gesellschaftlichen Elite verlaufen. Deshalb kann die von Buddensieg betonte Nichtübereinstimmung „der tatsächlichen Verhältnisse“ des Rathenauschen Hauses mit der Beschreibung durch Carl Schmitt analytisch völlig vernachlässigt werden. Denn sein Argument, daß Rathenaus Haus keinen „einzigen Gegenstand von der Hand von Peter Behrens“ enthielt, „geschweige denn eine von ihm veranlaßte üppige Ausstattung“, kann Carl Schmitts Charakterisierung in keiner Weise widerlegen, da es ihm nicht um den Nachweis einer „Einheit von Ausstattung und Individualität“ geht.[24] Es geht ihm vielmehr um eine Darlegung des „Zwiespalts“ seiner publizistischen wie unternehmerischen „Konfessionen“, die er in eine fiktive ‚Realität‘ des Rathenauschen Hauses überführt.[25]

Rathenau selbst sammelte trotz seines rückwärtsgewandten Wertesystems nicht nur Bilder von Klinger und Liebermann, sondern er begriff die Kunst auch „als Rückkehr zur Natur, als nicht mehr ableitbare Äußerung echten Menschentums“.[26] In diesen Kontext stellt Carl Schmitt die von Liebermann bis Uhde aufgezählten Künstler und deren Werke. Er umgrenzt damit einen Kunstbegriff der von Böcklins mythologischen Naturpersonifikationen bis hin zu Klingers symbolistisch geprägter Ausdruckskunst reicht. Schmitt wendet sich damit gegen die neue Wirklichkeitskunst des Naturalismus, dessen Programm Otto Brahm im ersten Heft der „Freien Bühne“ präzisierte:

> „Im Mittelpunkt unserer Bestrebungen soll die Kunst stehen, die neue Kunst, die die Wirklichkeit anschaut und das gegenwärtige Leben. Der Bannerspruch der neuen Kunst, mit goldenen Lettern von den führenden Geistern aufgezeichnet, ist das eine Wort Wahrheit; und Wahrheit auf jedem Lebenspfade ist es, die auch wir erstreben und fordern.“[27]

---

23 Schmitt, Schattenrisse, S. 12.

24 Buddensieg, Industriekultur, S. 64.

25 Schmitt, Schattenrisse, S. 13.

26 Heinrich Simon, Apollon und Dionysos. Betrachtungen über Walther Rathenaus Beziehungen zur Kunst, in: Frankfurter Zeitung vom 1. Mai 1927, S. 1f.

27 Otto Brahm, Zum Beginn, in: Freie Bühne vom 29. Januar 1890, S. 1.

Dieses Programm der wahrhaften Wiedergabe der Natur wendet sich an die „von der gründerzeitlichen Dekorationssucht ertränkte" Realität und orientiert sich am Prinzip der Naturgesetze.[28] Und Rathenau, der „Künstler, der die Kunstschreiber nicht mag", formuliert das der objektiven Natur verpflichtete Prinzip der naturalistischen Ästhetik, die er selbst parallel zu seinem Anti-Modernismus mit Nachdruck vertritt: „Aesthetischer Genuß entsteht, wenn eine verborgene Gesetzmäßigkeit fühlbar wird."[29] Denn, so Rathenau weiter, es sind die „Wirkungen in der Natur", die von diesem Gesetz beherrscht werden und diese führen in das „Geheimnis der latenten psychophysischen Gesetze" ein, in „denen die Sehgewohnheit des Auges und die Bewegungsmechanik des Objektes sich verschränken".[30] Und auch dieser dem Naturalismus verpflichtete Kunstbegriff, den er neben seinem praktizierten wie publizierten halb-feudalen propagiert, bleibt nichts weniger als paradox. Denn die von ihm hervorgehobenen „souverain überzeugenden latenten Gesetzmäßigkeiten der Natur", deren „Wahrheit uns den Stempel der Existenz entgegenhält" und die deshalb rein objektiv seien, bezeichnet er als das höchste Subjektive, das vom Künstler als Teil der Natur mit Hilfe seiner Sinnesorgane im Kunstwerk sichtbar gemacht werde. Deshalb kann er auch betonen: „Alle Gesetzmäßigkeit ist subjektiv. Sie liegt nicht in den Dingen, sondern wir legen sie in die Dinge hinein."[31] Rathenau schließt sich damit genau jenem subjektiven Wahrheitsbegriff an, den auch Otto Brahm zum Programm der „Freien Bühne" erhob: „Die Wahrheit, die wir suchen, ist subjektiv."[32] Dieser „Schritt ins Metaphysische",[33] den Rathenau damit unternimmt, entspricht der Wendung, auf die Carl Schmitt in „Der Wert des Staates und die Bedeutung des Einzelnen" als Signum unseres Zeitalters rekurriert: sie finde im „Individuum" den „Gipfel und das Maß aller Bestrebungen" und sei doch „keine individualistische Zeit".[34] Wenn Schmitt in diesem Zusammenhang darauf verweist, daß der empirische Einzelne im Zeitalter der exakten Naturwissenschaften nur in systematischen Zusammenhängen gedacht werden kann, so fällt bei Rathenau bereits von vorneherein beides – Subjektives und Gesetzmäßiges – in eins. Der (subjektive) Einzelne wird auf diese Weise ganz auf seine physiologischen Gesetze zurückgeführt, die in der Ästhetik zur Anwendung kommen. In diesem Sinne betont

28 Hamann/Hermand, Naturalismus, S. 244.

29 Unter diesem Pseudonym: Walther Rathenau, Physiologie des Kunstempfindens, in: Die Zukunft, 37/1901, S. 34.

30 Rathenau, Physiologie, S. 38.

31 Rathenau, Physiologie, S. 41 und 47.

32 Brahm, Beginn, S. 1.

33 Rathenau, Physiologie, S. 47.

34 Schmitt, Wert des Staates, S. 4 und 6.

Rathenau, daß der Stil einer Zeit wichtiger sei als „das einzelne Werk oder der einzelne Mann, der scheinbar der Einführer oder Urheber dieses Stiles war“. Mit dieser Hervorhebung des Stils geht eine deutliche Relativierung des singulären Einzelnen, des Genies, einher, die noch unterstrichen wird durch seine Feststellung, daß die Natur stets das hervorbringe, „was im Schoß der Zeit“ liegt.[35] Wenn Rathenau entgegen dieser Betonung der Naturgesetzlichkeit in seiner späteren Abhandlung „Von neuzeitlicher Malkunst“ mit der Person Böcklins die Wiederkehr der großen Künstlerpersönlichkeit ebenso feiert wie fordert, so markiert dies das von Schmitt karikierte Paradox. Rathenau versucht damit, wie bereits oben erwähnt, auf der Ebene des Sozialen, gegen die mit dem Naturalismus einhergehenden Nivellierungstendenzen, ein am alten Feudalsystem orientiertes Eliten-Reservat zu etablieren. Er formuliert damit ein Korrektiv der von ihm selbst propagierten, an der ausnahmslos geltenden Naturgesetzlichkeit sich orientierenden Ästhetik des Naturalismus, die keine Trennung zwischen Hohem und Niederem, keine Differenzen zwischen Allgemeinem und Besonderem mehr anerkennt, denn „die Natur kann nicht unsittlich und kein Teil der Natur kann schmutzig sein, wenn man ihn als das notwendige Produkt einer natürlichen Entwicklung betrachtet“.[36] Die damit begründete Hinwendung zu den natürlichen (und auch kleinen) Vorgängen, die durch eine Überführung ins allgemeine der Naturgesetze ihre Legitimation erhalten, eröffnet der Malerei und Literatur einen Bereich, der vom zeittypischen Hinterhausmilieu bis zu den subjektivistischen Neigungen reicht.

Daß die von Carl Schmitt im Zusammenhang mit Rathenau erwähnten Künstler ausschließlich Mitglieder der Sezession sind, kann nicht in erster Linie als Absage an diese Bewegung, die es sich „zur Aufgabe gemacht hat, alles Neue in der Kunst zu zeigen“, bewertet werden, sondern steht im Kontext seiner Abwehr des Naturalismus, dem sich Rathenau in aller Widersprüchlichkeit zuwandte.[37] In Ergänzung zu seiner naturalistisch ausgerichteten Kunsttheorie versteht denn auch Rathenau „die heutigen Bestrebungen jeder Sezession“ nicht als „eine secessio plebis“, sondern als „eine secessio bonorum in montem sacrum“, die geistig und räumlich Regionen schaffe, „in denen das letzte, feinste und abstrakteste Fühlen und Denken der Kunst sich äußern darf“. Der Sezession komme daher die Bedeutung einer „Akademie im Sinne der Alten“ zu und bilde einen „Gegenpol der Akademien im Sinne der Neuen“. Denn hier werde „in programmloser Entwicklung Geheimnis

35 Rathenau, Physiologie, S. 47.

36 Konrad Alberti, Der moderne Realismus in der deutschen Literatur und die Grenzen seiner Berechtigung, 1890, S. 23.

37 Lovis Corinth, Die neueste Malerei, in: Pan, 1. Jg., 1910/11, S. 434.

um Geheimnis der Natur dem Empfinden nahe gebracht und so der reine Kunstgenuß den Reifsten erweckt werden". Die Sezessionsbewegung ist für Rathenau vor allem die elitäre Avantgarde der naturalistischen Kunstbewegung, die einen ebensolchen Kunstbegriff sicherstellt. Rathenaus Trennung in hohe und niedere Kunst perpetuiert seine (Eliten-)Theorie der „geschichteten Völker", die postuliert, daß in „unserer mitteleuropäischen Kultur zwei Arten von Aesthetik" existieren: eine der „Zurückgebliebenen" und eine der „Vorgeschrittenen", die jener „generationenlange Strecken" vorauseilt.[38] Rathenaus Kunstbegriff, das kann hier festgehalten werden, ist eine Melange aus naturalistischer Ästhetik, die, anhand der Sezession, der Propagierung der großen Künstlerpersönlichkeit und dem Mäzenatentum, soziologisch überhöht wird. Sie bringt den auf der theoretischen Ebene der naturalistischen Ästhetik vertriebenen Unterschied in der Person des Malers und des Mäzens wieder zum Tragen. Dasselbe gilt für seine Ablehnung der dekorativen Innenkunst, der er sich unter Betonung von Stil und Form wieder zuwendet.

Die Elemente dieses hetereogenen Kunstbegriffs umgreift die Darstellung Carl Schmitts, die im wesentlichen Vertreter des Sezessions-Naturalismus und der sog. Innenkunst in einem semi-feudalen Ambiente schildert. Die erwähnten, kunsttheoretisch der Stilkunstbewegung um 1900 angehörenden Künstler – dominiert von der Person Peter Behrens – stehen dem Werkbund nahe und versuchen über den zum Programm erhobenen „Willen zum Stil", das Mechanische des Naturalismus zu überwinden und im Stil das „Symbol des Gesamtbefindens, der ganzen Lebensauffassung einer Zeit" zum Ausdruck zu bringen.[39] Ziel war die ästhetische Gestaltung aller Lebensbereiche – vom einzelnen kunstgewerblichen Gegenstand der Inneneinrichtung bis hin zur architektonisch umfassenden Gestaltung, wie sie u. a. im Siedlungsprojekt der Gartenstadt Hellerau zum Ausdruck kam und schließlich, dokumentiert in der Kölner Werkbund-Ausstellung, zur Gesamtplanung ganzer Städte führte. Organisiert in Künstlerkolonien – so Behrens, Lechter und Olbrich in Darmstadt – wurde unter Rückgriff auf klassisch-antike oder mittelalterlich-gotische Stilformen „einer pantheistisch-monistischen Vertiefung des Gefühlslebens" gehuldigt. Neben dem Rückgriff auf gotische Elemente, die anhand von Melchior Lechter betont werden, zitiert Carl Schmitt mit Olbrich und Pankok eine am rein Dekorativen orientierte Stilrichtung, der er hier auch Peter Behrens zuordnet, obwohl dieser sich eher am „Leitbild einer werkbetonten Sachlichkeit orientierte".[40] Getragen von einem neoromantischen Volkstumsbegriff gewann die ästhetische Form des Dekora-

---

38 Rathenau, Physiologie, S. 45f.

39 Peter Behrens, Feste des Lebens und der Kunst, Leipzig 1900, S. 10.

40 Hamann/Hermand, Stilkunst, S. 217f.

tiv-Monumentalen durch die Erweiterung auf das „Religiöse, Nationale und Personenkultische“ einen alles umfassenden Charakter, der nicht nur eine Ausdehnung der bürgerlichen Kultur auf alle Volksschichten anstrebte, sondern der sich auch in seiner Hinwendung zum Einfachen und Volkstümlichen „im Laufe der Jahre immer stärker in eine Blut-und-Boden-Kunst mit ausgesprochen präfaschistischen Akzenten“ verwandelte.[41] Die „doppelschichtige Kulthur“, von „maßvollem Formempfinden“[42] geprägt, die Carl Schmitt im Hinblick auf Rathenau, den Kritiker und Organisator der Moderne,[43] feststellt, findet in mehrfacher Hinsicht in dessen Schriften ihre Entsprechung: in der Einteilung von hoher und niederer Kunst, in der Abgrenzung von Kunst und Kunstgewerbe, dem Begriffspaar Transzendenz und Mechanisierung, sowie in seiner Betonung der subjektiven „Gesetzmäßigkeit der Form“.[44] In dieser, das Objektive ins Subjektive wendenden „Erscheinung“ des Gesetzes besteht für Rathenau „das einzige Absolute“, das „sich erkennen und empfinden läßt“. In ihm findet er die allem zugrunde liegende „innere Notwendigkeit“, der in seiner Theorie der Ästhetik der Status einer „Gottheit“ zukommt, da sich in ihr „Wille und Schicksal, Zufall und Gesetz [...] vermählt“.[45] Sie markiert den Punkt, von dem aus die Einheitlichkeit der neuen Kultur formuliert werden kann. Rathenau reiht sich damit in die von Schmitt beschriebene Tendenz der im 19. Jahrhundert beginnenden Ausdehnung der Immanenzvorstellungen ein, die mit dem naturwissenschaftlichen Denken einhergeht und die geprägt ist durch die ausnahmslos geltende Naturgesetzlichkeit, mit der sowohl das personalistische Element des Staatsbegriffs wie auch die „Transzendenz Gottes gegenüber der Welt“ aufhört, denkbar zu sein.[46] Die „Gottheit“, so heißt es denn auch bei Rathenau, ist „die Gesetzmäßigkeit. Daher ist Persönlichkeit ihr Gegenpol; eine persönliche Gottheit wäre teuflisch.“[47]

---

41 Hamann/Hermand, Stilkunst, S. 218.

42 Schmitt, Schattenrisse, S. 12.

43 Vgl. dazu die Beiträge von Hans-Dieter Hellige und Ernst Schulin, in: Ulrich Raulff (Hrsg.), Ein Mann vieler Eigenschaften. Walther Rathenau und die Kultur der Moderne, Berlin 1990.

44 Walther Rathenau, Ungeschriebene Schriften, in: Kunstwart-Bücherei. Walther Rathenau – Aesthetik, München 1923, S. 91. Dieser an Gesetzmäßigkeiten der Natur orientierte Formbegriff hat nichts gemeinsam mit der Cézanneschen Form, die aus der Farbe entsteht, und der Raum-Form der Kubisten. Beide rekurrieren weder auf Natur noch auf ein Subjekt.

45 Rathenau, Ungeschriebene Schriften, S. 91f.

46 Schmitt, Politische Theologie, S. 63.

47 Rathenau, Ungeschriebene Schriften, S. 62.

3. Gottfried von Bouillon

Der Schattenriß „Gottfried von Bouillon“ – von dem mit Sicherheit anzunehmen ist, daß er zumindest unter maßgeblicher Beteiligung von Fritz Eisler[1] entstand – kann von seiner inhaltlichen Aussage her geradezu als Bankrotterklärung der Politik von Wilhelm II. bezeichnet werden. Dieser in finanztechnischen Terms einer Zwangsvollstreckung geschilderte Bankrott – auf dessen ernstzunehmende Aussage Schmitt in einem Brief an seine Schwester verweist, wenn er betont, daß „lediglich“ die „witzigen Teile“ dieses Schattenrisses als „ein Spaß und ohne Anspielung zu verstehen“ seien – stützt sich vielfach auf realpolitische Ereignisse während der Jahre 1888 bis 1912.[2] Wenn auch der dargestellte Zustand Gottfrieds zunächst wenig Ähnlichkeit mit der konkreten Situation Wilhelms im Jahre 1912 aufweist, so läßt doch die hier vorgeführte Interpretation ein Geflecht von Faktoren sichtbar werden, die – post festum erkennbar – zum Ende der Monarchie ganz wesentlich beigetragen haben.

Die politische Brisanz der Zustandsbeschreibung zeigt sich zunächst einmal in der Transformation von Wilhelm II. in die Gestalt Gottfried von Bouillons.[3] Ähnlich wie bei „Pipin dem Kleinen“ gilt die unter dem Deckmantel einer historischen Person abgehandelte Satire einer aktuellen Situation in Politik und Wissenschaft: „Gottfried von Bouillon“ zielt unmittelbar auf Wilhelms II. Kolonial- und Innenpolitik und „Pipin der Kleine“ auf die sich etablierende Kulturgeschichtsschreibung, mit der auch eine deutliche Veränderung des Kaisergedankens in der Geschichtswissenschaft einhergeht.[4] Diese Entwicklung findet auf der praktisch-politischen Ebene ihr Äquivalent, das sich zunächst in dem zunehmend geringer werdenden Spielraum Wilhelms zeigt, der schließlich als Beginn des Endes der Monarchie in Erscheinung tritt.

Die Annahme der Identität von Wilhelm II. mit Gottfried von Bouillon stützt sich auf eine 1898 in der Zeitschrift „Simplicissimus“ erschienene Karikatur von

---

1 Diese Annahme stützt sich auf die finanztechnische Rahmenhandlung dieses Schattenrisses, dessen Themen identisch sind mit Fritz Eislers Dissertation „Rechtsgut und Erfolg bei Beleidigung und Kreditgefährdung“, Breslau 1911.

2 Zit. nach: Ellen Kennedy, Carl Schmitt und Hugo Ball. Ein Beitrag zum Thema ‚Politischer Expressionismus‘, in: Zeitschrift für Politik, 35. Jg., Nr. 2, 1988, S. 41, Anm. 21.

3 Eine solche Verschlüsselung wurde nur noch in einem weiteren Fall, der Schilderung der Geschichtswissenschaft, unter dem Namen „Pipin der Kleine“, vorgenommen; sonst werden die karikierten Personen stets namentlich genannt.

4 Vgl. Elisabeth Fehrenbach, Wandlungen des deutschen Kaisergedankens 1871–1918, München – Wien 1969.

Gottfried von Bouillon und Barbarossa – eine preußische Pickelhaube haltend –, die die Nutzlosigkeit von Wilhelms II. Palästinareise zum Gegenstand hat.[5] Daß diese Satire von den Zeitgenossen sehr wohl verstanden wurde und ihre Wirkung nicht verfehlte, zeigte die harsche Reaktion der Regierung: Die „Palästina-Nummer“ des „Simplicissimus“ wurde konfisziert, der Herausgeber Albert Langen floh ins Ausland und konnte erst nach einer Zahlung von dreißigtausend Goldmark 1903 nach München zurückkehren; der Verfasser der Spottverse, Frank Wedekind, wurde, nachdem sein Pseudonym „Hieronymus“ ihm zugeordnet werden konnte, zu sieben Monaten und der Zeichner der Karikatur, Thomas Theodor Heine, zu sechs Monaten Gefängnis verurteilt.[6]

Für eine Satire auf Wilhelm II. standen Schmitt und Eisler aufgrund dieser Vorlage zwei historische Personen, Gottfried von Bouillon und Barbarossa, zur Verfügung und es scheint signifikant für die Tendenz ihrer Aussage, daß sie auf ersteren zurückgegriffen haben. Denn Kaiser Barbarossa – an den bereits anläßlich des Besuches von Wilhelm I. in Münster 1884 und damit zur Zeit des zu Ende gehenden Kulturkampfes erinnert wurde – verkörperte nicht nur den durch die letzten Jahrhunderte hindurch stets lebendig gehaltenen Mythos deutschen Kaisertums, sondern er war auch das Symbol für die geglückte Reichsgründung 1870/71.[7] Das Motiv des „Erwachenden Barbarossa“, der seine Krone an den Preußenkaiser weiterreicht“, wurde im Jahrzehnt nach der Kaiserkrönung zum „allseits akzeptierten und weiterverwendeten allegorischen Bild der Reichseinigung“, nach der es nur noch „Kyffhäuserdeutsche“ zu geben schien.[8] Daß Wilhelm II. in diese Tradition eintrat – wir „ziehen mit Friedrich Barbarossa in die roncalischen Gefilde und ins heilige Land“, lautete das griffige Schlagwort[9] –, dokumentiert die of-

5 Simplicissimus, 3. Jg., 1898/99, Reprint Berlin 1972, S. 54f. bzw. S. 405 und 407. Der Autor des Spottgedichtes „Im Heiligen Land“, zeichnete mit dem Pseudonym „Hieronymus“, hinter dem sich Frank Wedekind verbirgt; die Zeichnung stammt von Thomas Theodor Heine, dem Mitarbeiter der „Fliegenden Blätter“, der 1933 nach Schweden emigrierte.

6 Vgl. Kohut, Wilhelm II, S. 148.

7 Eduard Schulte, Der Kulturkampf in Münster, Münster 1928, S. 446.

8 Weigend/Baumunk/Brune, Keine Ruhe im Kyffhäuser. Das Nachleben der Staufer. Ein Lesebuch zur deutschen Geschichte, Stuttgart – Aalen 1978, S. 67f. und 63. Mit dem 1519 erschienenen „Volksbuch von Friedrich Barbarossa“ wurde die ursprünglich um seinen gleichnamigen Enkel Friedrich II. entstandene Sage vom „bergentrückten Kaiser“ auf ihn übertragen und in dieser Verbindung wurde er zum Träger der nationalstaatlichen Hoffnungen des 19. und 20. Jahrhunderts.

9 Zit. nach: Hans Delbrück, Gustav Freytag über Kaiser Friedrich, in: Preußische Jahrbücher, 64/1889, S. 589.

fizielle Chronik seiner Palästinareise von 1899, die unter „dem Treueschwur des kaiserlichen Gefolges eine Vignette" zeigt, die auf „gleicher Rangstufe die beiden deutschen Jerusalem-Kaiser darstellt: Friedrich II. und Wilhelm II. Was innenpolitisch für Wilhelm I. die ‚volkstümliche' Figur des Sagenkaisers Barbarossa war, das soll für den Enkel Wilhelm II. außenpolitisch der weltoffene Stauferkaiser Friedrich II. sein!"[10]

Aber auch für die Innenpolitik wurde Barbarossa von jenen Zeitgenossen Wilhelms reklamiert, die von ihm das Bild des autokratischen Herrschers entwarfen oder einklagten. So betonte beispielsweise Friedrich Naumann, der ein starkes persönliches Regiment propagierte und der in Wilhelm II. die geeignete Führerpersönlichkeit erkannte, daß „dieses Jahrhundert, dessen Mitte vom Traum einer deutschen Republik widerhallte", zu Ende geht „mit einer Kaisermacht, die kein Barbarossa besaß".[11]

Im Gegensatz zur ungebrochenen Verehrung Barbarossas in Geschichte, Literatur und Bühne waren von der zeitgenössischen Wissenschaft die politischen Leistungen Gottfried von Bouillons längst in das Reich der Legende verbannt worden und seine persönlichen Erfolge im Heiligen Land als wohlmeinende Sage um eine eher mediokre Gestalt entlarvt. So weist Heinrich von Sybel in seiner quellenkritischen Studie zur „Geschichte des ersten Kreuzzuges" nach, daß sowohl falsche Quellen als auch widersprüchliche und teilweise bewußt irreführende Interpretationen für das positive Bild Gottfrieds verantwortlich sind.[12] Die Abhandlung über Gottfried in der „Allgemeinen Deutschen Biographie" von 1879 geht sogar noch einen Schritt weiter, wenn sie ausführt, daß dessen politische Unfähigkeit nach der Eroberung im Hinblick auf die Sicherung und den Ausbau des christlichen Reiches in Palästina „das Schlimmste für die Zukunft befürchten" ließ und sein im Juli 1100 eingetretener Tod „beinahe als Glück zu bezeichnen" sei. An dieser Stelle heißt es weiter:

> „Daß Gottfried, der im Vergleich mit den bedeutenderen Teilnehmern des ersten Kreuzzuges [...] nichts Nennenswertes geleistet hat, dennoch in der Tradition zu dem alle überstrahlenden Helden desselben geworden ist, erklärt sich einfach daraus, daß G., ohne persönlichen Ehrgeiz und ohne Nebenabsichten, beschränkt festhielt an dem ascetisch-hierarchischen Ursprung des Zugs: dieser

10 Weigend u. a., Kyffhäuser, S. 163.

11 Friedrich Naumann, Demokratie und Kaisertum: Ein Handbuch für innere Politik, Berlin 1900, S. 160.

12 Vgl. Heinrich von Sybel, Geschichte des ersten Kreuzzuges, Düsseldorf 1841, S. 477–539.

beherrscht die Tradition und deshalb erschien G. im Widerspruch mit den Thatsachen der Menge als der geeignetste Repräsentant des Geistes der Zeit.“[13]

In direktem Rückgriff auf dieses von der Legende befreite Bild Gottfrieds – der zugleich eine Absage an die mit Barbarossa verknüpften Leistungen in Außen- und Innenpolitik ist – skizziert der Schattenriß dessen Lage und Untergang: Er wird gezeigt als ein Repräsentant, der vor den (außenpolitischen) Problemen der Kolonialpolitik und den (innenpolitischen) wie Fabrikarbeitern, Invaliden und Gläubigern nur „kleinmütig“ den Rückzug unter die Brücke der Aa anzutreten weiß. Der in dieser Situation völliger Bedrängnis seinen letzten Besitz an Petrus – den Vertreter und Verwalter des Himmels der Gebildeten – übertragende Gottfried, weist auf den ersten Blick mit der konkreten Situation der Herrschaft Wilhelms II. im Jahre 1912, in dem dieser die sog. „Kaiserkrise“ überwunden und seine Herrschaft stabilisiert hatte, kaum Gemeinsames auf. Zieht man aber die in diesem Schattenriß angesprochenen und durch die Politik konkret belegbaren Probleme zur Analyse heran, so zeigt sich ein völlig anderes Bild. Es verdeutlicht zunächst, daß die beiden Autoren des Schattenrisses „Gottfried von Bouillon“ die hier thematisierten politischen Probleme, jenseits der konkreten damaligen Lage, als grundlegend für den Bestand der Monarchie Wilhelms II. einschätzten.

Argumentativ operiert der Schattenriß auf der Basis der mit der Palästinareise erneut in den Blick einer breiten Öffentlichkeit gerückten Kolonialpolitik von Wilhelm II., die als prinzipiell bankrottes Projekt dargestellt wird. Tatsächlich hatte sich bereits im Oktober 1898, als „der reisefreudige Wilhelm“ sich „auf den Weg nach Konstantinopel, Jerusalem und Damaskus“ machte, bereits mehr Kritik gegen diese spöttisch „Orientexpedition“ genannte Reise formiert, als jemals zuvor gegen einen Staatsbesuch aufgeboten worden war.[14] Es wurde nicht nur als befremdend angesehen, daß ein christlicher Herrscher mit großem Pomp in Jerusalem einzog, sondern auch, daß der seit Jahren wegen seines Verhältnisses zu den armenischen Christen geächtete Sultan Abdul Hamid, der als „Schlächter der Armenier“[15] galt, als Gastgeber akzeptiert wurde, rief die Kritik des In- und Auslandes hervor.[16]

Mit seiner offiziell als „Pilgerfahrt“ zur Einweihung der von deutscher Seite finanzierten Erlöserkirche in Jerusalem deklarierten Reise, machte sich der Kaiser

---

13 Prutz, in: Allgemeine Deutsche Biographie, Berlin 1879, S. 473.

14 Alan Palmer, Kaiser Wilhelm II. Glanz und Ende der preußischen Dynastie, Wien u. a. 1982, S. 122.

15 Bernhard von Bülow, Denkwürdigkeiten, 4 Bde., Berlin 1930, Bd. I, S. 249.

16 Vgl. Gutsche, Wilhelm II., S. 142f.

trotz gegenteiliger Äußerungen[17] nicht nur zum Vertreter deutscher Kolonialinteressen, sondern auch „zum Handlungsreisenden des deutschen Großkapitals" – ein Zusammenhang, den auch der Schattenriß nahelegt –, und im Hinblick auf dessen Interessen verlief das Unternehmen auch ausgesprochen erfolgreich.[18] Neben der Expansion des deutschen Handels im Nahen Osten, waren die Konzessionen für den Bau der Bagdad-Bahn, einer Telegraphen-Leitung durch die AEG von Constanta nach Konstantinopel, der Ausbau des Hafens von Haidar Pascha sowie günstige Bedingungen für deutsche Anleihen und türkische Garantieverpflichtungen die wichtigsten finanzpolitischen Ergebnisse dieses Unternehmens. Darüber hinaus mußte auf Druck Wilhelms II. die preußische Staatsbank finanzielle Garantien für Teile dieser Projekte übernehmen, von denen erwartet wurde, daß sie belebend für das „nationale Wirtschaftsleben" sind.[19]

Wenn es in den „Schattenrissen" über den „alten Kolonialkämpfer" Gottfried heißt: „Die Zionisten mißgönnten ihm seine Erfolge im Heiligen Lande und agitierten gegen ihn", dann ist damit nicht nur die finanzielle, sondern auch die außenpolitische Dimension der Palästinareise des Kaisers angesprochen, die im Zeichen der Anmeldung deutscher Weltmachtansprüche stand.[20] Deren Wirkung muß im Hinblick auf die zentralen Großmächte England, Frankreich und Rußland als außerordentlich negativ eingestuft werden. Zunächst wurde mit Befremden Wilhelms Antwort auf die Begrüßung durch den Sultan zur Kenntnis genommen, in der er erklärte, daß die 300 Millionen Mohammedaner in aller Welt, die in ihm ihr geistliches Oberhaupt verehren, „dessen versichert sein" können, daß „zu allen Zeiten der deutsche Kaiser ihr Freund sein wird".[21] Da der größte Teil der Mohammedaner jedoch im Herrschaftsbereich insbesondere von England, Frankreich und Rußland lebte, wurde diese Äußerung als Provokation aufgefaßt. Von Wilhelm war sie als Unterstreichung deutscher Ansprüche im Angesicht der drohenden Gefahr eines britisch-französischen Krieges bei Faschoda angelegt und führte zu einer nachhaltigen Verstimmung mit England.[22] Darüber hinaus mißlang der Plan Wilhelms, die Rivalität zwischen England und Rußland so auszunutzen, daß

---

17 Bei der Einweihung der Erlöserkirche in Jerusalem betonte der Kaiser: „Nicht Glanz, nicht Macht, nicht Ruhm, nicht Ehre, nicht irdisches Gut ist es, was wir hier suchen, wir lechzen, flehen und ringen allein nach dem Einen, dem höchsten Gute, dem Heil unserer Seelen", in: Reichs- und Staatsanzeiger vom 1. November 1898.

18 Gutsche, Wilhelm II., S. 100.

19 Gutsche, Wilhelm II., S. 103.

20 Schmitt, Schattenrisse, S. 15.

21 Palmer, Wilhelm II, S. 124. Vgl. dazu auch: Bülow, Denkwürdigkeiten, Bd. I, S. 257f.

22 Vgl. Palmer, Wilhelm II, S. 125.

„wir bald mit einer Verbeugung vor dem britischen Löwen, bald mit einem Knix vor dem russischen Bären unsere Bahn bis Kuweit am Persischen Golf hindurchschlängeln" können. Er endete mit einer Warnung durch Rußland vor den deutschen Großmachtbestrebungen und führte zu einer Annäherung zwischen England und Zar Nikolaus II.[23] Zusätzlich belasteten die Vorgänge um die Samoa-Inseln das ohnehin sehr labil gewordene europäische Gleichgewicht und insbesondere das Verhältnis zwischen England und dem Deutschen Reich. Weiter erreichte die deutsche Regierung in der Marokkoaffäre „genau das Gegenteil von dem, was sie beabsichtigt hatte: Anstatt die Entente zu sprengen, schloß sie England und Frankreich zusammen."[24]

Obwohl es der deutschen Außenpolitik in kurzer Zeit gelungen war, den Kolonialbesitz des Deutschen Reiches erheblich zu erweitern und zu festigen, führte die Kolonialpolitik nicht nur außenpolitisch, sondern auch in der Innenpolitik zu anhaltenden Auseinandersetzungen. Von der Budgetbewilligung für den Kolonialetat und den Schwierigkeiten der Rechtssprechung in den Kolonien bis hin zu den 1906 erfolgten Enthüllungen über die sog. Kolonialskandale[25] waren die Ergebnisse der deutschen Kolonialpolitik eher fragwürdig.[26] Nicht zuletzt zögerten die deutschen Großbanken, „bedeutendere Summen in den afrikanischen Kolonien anzulegen", da grundlegende Voraussetzungen, wie die Erschließung der Länder, fehlten.[27] Die Kluft zwischen der wirtschaftlichen Nutzung der Kolonien und dem politischen Drang nach Expansion des Herrschaftsbereiches begann sich erst mit Beginn der Ära Dernburg, der 1907 zum Leiter des neugeschaffenen Reichskolonialamtes berufen wurde, etwas zu schließen. Mit der vor allem durch die

---

23 Gutsche, Wilhelm II., S. 103, sowie: Palmer, Wilhelm II, S. 126, der darauf hinweist, daß als Folge der Politik Wilhelms II. England und Rußland ein Abkommen über Eisenbahnprojekte in China unterzeichneten.

24 Michael Balfour, Der Kaiser. Wilhelm II. und seine Zeit, Berlin 1964, S. 280.

25 Vgl. Klaus Epstein, Erzberger and the German Colonial Scandals, 1905–1910, in: English Historical Review 74, 1959, S. 637–663.

26 Vgl. Winfried Becker, Kulturkampf als Vorwand. Die Kolonialwahlen von 1907 und das Problem der Parlamentarisierung des Reiches, in: Gerhard Krems (Hrsg.), Die Verschränkung von Innen-, Konfessions- und Kolonialpolitik im Deutschen Reich vor 1914, Schwerte 1987, S. 94; sowie: Wilfried Westphal, Geschichte der Deutschen Kolonien, München 1984, bes. S. 170ff.; Francesca Schinzinger, Die Kolonien und das Deutsche Reich, Stuttgart 1984, bes. S. 149ff.

27 Helmuth Stoecker, Die wirtschaftliche Bedeutung des deutschen Kolonialreiches, in: ders., Drang nach Afrika. Die deutsche Expansionspolitik und Herrschaft in Afrika von den Anfängen bis zum Verlust der Kolonien, Berlin 1991, S. 164.

Großindustrie beginnenden Ausbeutung der Kolonien setzte schließlich jener Prozeß ein, der diese Länder „in wirtschaftlich unselbständige, abhängige, strukturell ausschließlich den Bedürfnissen der Kolonialmacht angepaßte“ verwandelte.[28]

Wilhelms „Erfolge im Heiligen Land“,[29] die sich im vorliegenden Schattenriß als bankrotte Situation darstellen und sich damit argumentativ der Karikatur im „Simplicissimus“ anschließen, stellen Schmitt und Eisler zwei eng miteinander verflochtene innenpolitische Probleme an die Seite. Zum einen wird, mit dem Hinweis auf die Türme der Lambertikirche und die den Kampf mit Rom symbolisierenden Käfige der Wiedertäufer, auf die Probleme des Kaisers mit dem Papst und der Zentrumspartei angespielt und zum anderen wird mit der Erwähnung der „johlenden Fabrikarbeiter“ die mit der fortschreitenden Industrialisierung zunehmend schwieriger werdende Situation der Arbeiterschaft und der immer drängender sich stellenden sozialen Frage thematisiert. Man kann zudem davon ausgehen, daß sich hinter der Verlagerung des fiktiven Geschehens nach Münster eine zweifache Anspielung verbirgt. Zum einen steht Münster als Chiffre für den politischen Katholizismus und zum anderen wird damit auf den prunkvollen Einzug des Reisekaisers in dieser Stadt im Jahre 1902 angespielt.[30] Dieser Besuch Wilhelms steht als einer unter vielen für seinen Versuch, durch persönliche Omnipräsenz sowohl der Reichsverdrossenheit zu begegnen, als auch den Eindruck der nationalen Zusammengehörigkeit demonstrativ zu unterstreichen.[31] Bei diesem königlichen Schauspiel sollte der Prozeß der Herausbildung der nationalen Identität nicht nur durch die passive Zuschauerrolle, sondern auch durch eine aktive

28 Stoecker, Kolonialreich, S. 173. Neben den nicht unerheblichen Spannungen mit den oben genannten Ländern kann die Erwähnung der Schwierigkeiten Wilhelms mit den Zionisten darüber hinaus noch ein Hinweis auf dessen Begegnung mit Theodor Herzl in Palästina sein. Herzl reiste als Vertreter der Zionisten von Wien in den Nahen Osten, um dort den Kaiser für den Aufbau einer jüdischen Kolonie zu gewinnen und erhielt zunächst auch dessen Zustimmung für dieses Projekt. Dieser Zusage folgte jedoch keine praktische Unterstützung und neun Jahre später bestritt der Kaiser in „einem handschriftlichen Memorandum [...], Herzl je begegnet zu sein“. Man kann davon ausgehen, daß diese Reaktion Wilhelms bereits in Zusammenhang mit dem sich ausbreitenden Antisemitismus und seiner Klage über die große „Zahl der Juden in seinem Reich“ stand. Zit. nach: Tyler Whittle, Kaiser Wilhelm II., München 1979, S. 215.

29 Schmitt, Schattenrisse, S. 15.

30 Vgl. Kohut, Wilhelm II, S. 166.

31 So Wilhelms Begründung für seine zahlreichen Reisen, vgl. dazu: Ernst Johann (Hrsg.), Reden des Kaisers. Ansprachen, Predigten und Trinksprüche Wilhelms II., München 1966, S. 118f.

Teilnahme an der Zeremonie, in die die Bevölkerung eingebunden wurde, gefördert werden.[32] Der Kaiser trat bei diesen Massenveranstaltungen – in direkter Umkehrung zur Schilderung von Schmitt und Eisler, die Gottfried „kleinmütig“ durch die Straßen Münsters gehen lassen – mit großem Pomp auf und wurde von den Einwohnern meist enthusiastisch begrüßt.

Wenn dagegen Gottfried im Schatten der Lambertikirche in „seinen Reflexionen“ durch einen „Haufen halbwüchsiger Fabrikarbeiter, die die Pfändungssiegel auf seiner Rüstung entdeckt hatten“,[33] unterbrochen wird und er vor seinen Gläubigern gezwungen ist, die Flucht zu ergreifen, dann wird damit nicht nur dem Herrschaftsstil Wilhelms eine Absage erteilt, sondern die prunkvollen Inszenierungen des Monarchen erscheinen angesichts der sozialen Probleme als ein Akt des Aufzehrens „royalistischen Kapitals“.[34] Man kann zusammenfassend feststellen, daß der Schattenriß „Gottfried von Bouillon“ das Ende der Monarchie Wilhelms vor dem Hintergrund kolonialpolitischer Probleme und katholischer Kulturkampfsymbole angesichts des Einbruchs der Massen der Industriearbeiterschaft sowie der Dominanz ökonomischer Probleme schildert. Die vielbeschworene Integrationskraft der „Weltpolitik“, die bei den „entschiedenen Anhängern imperialistischer Ideale“[35] wie Weber, Naumann und Franke, „klar hervorgetreten ist“ und die als „funktionelles Mittel“ zur Befriedung der Arbeiterschaft und zur Entlastung der Sozialpolitik, sowie – so Admiral von Tirpitz – als „starkes Palliativ gegen gebildete und ungebildete Sozialdemokraten“ gedacht war, erscheint hier als gescheitertes Projekt, das am Ende seiner sozialökonomischen und politischen Möglichkeiten angelangt ist.[36]

Auf diesem Hintergrund der bankrotten Kolonialpolitik wird mit den Käfigen der Wiedertäufer und dem Turm der Lambertikirche der Kampf mit Rom symbolisiert. Diese Symbole führen eine innenpolitische Größe ins Feld: die Macht des

---

32 „Through his ceremonial entrances, the Kaiser symbolically enacted the infusion of national spirit into communities all across Germany. His physical presence concretized the feeling of the local inhabitans that they were German, and it was assumed that the contact of the townspeople with the living symbol of the nation would strengthen their German national identity.“ Kohut, Wilhelm II, S. 165.

33 Schmitt, Schattenrisse, S. 15.

34 Holstein an Phillip Eulenburg am 1. Januar 1895, zit. nach: Johannes Haller, Aus dem Leben des Fürsten Phillip zu Eulenburg, Berlin 1924, S. 176.

35 Wolfgang J. Mommsen, Max Weber und die deutsche Politik, 1890–1920, 2. Aufl., Tübingen 1974, S. 147.

36 Hans-Ulrich Wehler, Bismarck und der Imperialismus, Köln – Berlin 1969, S. 498.

politischen Katholizismus und damit auch des Zentrums.[37] Von Anfang an stand das Zentrum – dessen Mitglieder eine breitgefächerte soziale Schichtung widerspiegelten –, das 1878 die stärkste Fraktion im Deutschen Reichstag wurde, im Spannungsfeld zwischen kirchlichem Integralismus und Staatsomnipotenz. Diese Spannung blieb auch nach dem Ende des eigentlichen Kulturkampfes zwischen dem Regierungslager und dem Katholizismus bestehen. Nicht zuletzt war Wilhelm II. bekannt für seine Abneigung gegen die katholischen „Reichsfeinde", die „Ultramontanen", in denen er die Gefahr eines antinationalen Übergewichts sah.[38] Als 1906 das Zentrum die Kolonialpolitik, das sichtbare Zeichen nationaler Politik, ablehnte und Bülow daraufhin den Reichstag auflöste, vereinigten sich Konservative und Liberale zum sog. Bülow-Block unter dem Schlagwort: „gegen Sozialdemokraten, Polen, Welfen und Zentrum".[39] Doch gerade das Zentrum rückte aufgrund der Besonderheit des deutschen Industrialisierungsprozesses zunehmend in den Mittelpunkt der Auseinandersetzungen um die politisch-gesellschaftliche Ordnung und für das Regierungslager führte bald kein „Weg an der Zusammenarbeit mit dem Zentrum vorbei", da ohne diese Partei keine tragfähige parlamentarische Konstellation möglich war.[40] Denn die zunehmende „Neigung" – gemäß dem Schlagwort „Wir müssen aus dem Turm heraus",[41] auf das mit Bouillons

37 Es war nicht zuletzt gerade das Zentrum, das die finanziellen Grundlagen der „Weltpolitik" des wilhelminischen Kaiserreiches empfindlich einengte. Vgl. dazu Wilfried Loth, Katholiken im Kaiserreich. Der politische Katholizismus in der Krise des wilhelminischen Deutschlands, Düsseldorf 1984, S. 114.

38 Diese Furcht Wilhelms vor dem politischen Katholizismus steht für einen weiteren Gegensatz zum Mythos Barbarossa, wie er während des Kulturkampfes und nach der Reichsgründung aktualisiert wurde. Neben verschiedenen Anspielungen Bismarcks schildert eine Karikatur im „Kladderadatsch" 1871 das Verhältnis von deutschem Kaisertum und Papsttum mit folgendem Text: „Die Neugestaltung Deutschlands gestattet nun auch dem Alten vom Kyffhäuser, seinen Posten aufzugeben und sich endlich in den so wohlverdienten Ruhestand zurückzuziehen. Möge ihm das Kaiserreich der Friede sein!" Das Bild zeigt Barbarossa, der seine Höhle im Kyffhäuser mit einem Käfig unter dem Arm verläßt, in dem er die seine Burg umkreisenden Raben, die seine Wiederauferstehung bisher verhindert hatten, gefangenhält. Die Raben wurden schon während des Bismarckschen Kulturkampfes als die Soutanen tragenden Vertreter Roms angesehen. Vgl. dazu Weigend u. a., Kyffhäuser, S. 74ff. und Abb. 27.

39 Ernst Rudolf Huber, Dokumente zur deutschen Verfassungsgeschichte, 3 Bde., Stuttgart 1961–66, Bd. 2, S. 435ff.

40 Loth, Katholiken, S. 23 und 115.

41 Geprägt von Julius Bachem in seinem Artikel in den „Historisch-politischen Blättern" am 1. März 1906 vgl. dazu: Ronald J. Ross, Beleaguered Tower: The Dilemma of Political Catholicism in Wilhelmine Germany, London 1976.

ängstlichen Blick zu den Türmen der Lambertikirche angespielt wird –, langsam aus „der engen konfessionellen Bindung herauszuwachsen“ und die Mischung aus traditionellen und modernen Elementen, ließen das Zentrum in beide politische Richtungen anschlußfähig werden.[42] Darüber hinaus war das Zentrum mit seiner am Gebot der christlichen Solidarität und an eher ständestaatlich orientierten Modellen, im Hinblick auf die mit dem Industrialisierungsprozeß einhergehenden gesellschaftlichen Probleme, eine nicht zu unterschätzende politisch-strategische Alternative zu den Demokratisierungsbestrebungen der Linksliberalen und vor allem der Sozialdemokratie. Trotz erheblicher innerparteilicher Gegensätze zwischen der von Rom gestützten integralistischen Bewegung einerseits und dem der interkonfessionell orientierten, der Arbeiterbewegung nahestehenden Richtung andererseits, zeigte die Entwicklung eine kontinuierliche Tendenz zugunsten einer Öffnung über den engeren konfessionellen Rahmen hinaus.[43] Aufgrund des Wahlergebnisses war die Reichsleitung schließlich gezwungen, eine „über Konservative und Zentrum hinausreichende parlamentarische Mehrheit zu suchen“, mit der Folge, daß das Zentrum zur Durchsetzung seiner Ziele auf eine Annäherung an „liberale Positionen in Verfassungs-, Steuer- und Zollfragen“ hinarbeitete und eher liberal orientierte bürgerliche Kräfte in Führungspositionen einrückten. Diese Situation förderte zusätzlich die prinzipielle Öffnung des Zentrums und unterstützte die Tendenz der Entwicklung zur „Volkspartei“.[44]

In der Frage der Kolonialpolitik des Kaiserreichs kann die Haltung des Zentrums nicht als die einer Wandlung „vom prinzipiellen Kolonialgegner zum Befürworter der Kolonialpolitik“ beschrieben werden, sondern eher als Entwicklung von einer „‚gemäßigten‘ und ‚vernünftigen‘ Politik kolonialer Eroberungen“ zu einer aktivierten Kolonialpolitik, die allerdings nicht „die imperialistische Kom-

42 Ludwig Bergsträsser, Geschichte der politischen Parteien in Deutschland. Deutsches Handbuch der Politik, München – Wien 1965, S. 175.

43 Auch die Eingriffe der katholisch-dogmatischen Bestrebungen, die 1912 ihren sichtbaren Ausdruck in der Enzyklika „Singulari quadam“ von Pius X. fand und die den interkonfessionellen Bestrebungen des Zentrums eine deutliche Absage erteilte, blieben erfolglos, da sie entweder ignoriert wurden oder eine eher gegenteilige Wirkung hervorriefen; die Tendenz zur Öffnung konnten die römischen Strömungen jedenfalls nicht aufhalten. Die Enzyklika wurde von der preußischen Regierung als Eingriff in „die Rechte des Staates“ und die „Selbständigkeit der Verbände“ aufgefaßt und verschärfte den Dissens mit der Kurie. Das Zentrum selbst setzte sich über das Memorandum des Papstes hinweg und bemühte sich verstärkt, die drohende Gefahr einer Sezession der christlichen Gewerkschaftsbewegung zu verhindern, um den Bestand seiner Massenbasis nicht weiter zu gefährden.

44 Loth, Katholiken, S. 204f.

ponente" unterstützte und stets mit „Kolonialkritik" einherging.[45] Verfassungspolitisch votierte das Zentrum aus seiner günstigen Position als „starke Mittelpartei" für den Ausbau des parlamentarischen Systems, beschränkte sich dabei allerdings auf „eine Kritik von Einzelheiten der Verfassungswirklichkeit" und ließ die Verfassungsform selbst unangetastet.[46] Insgesamt monarchisch und antisozialistisch, sowie an einem starken Dualismus von Parlament und Reichsregierung orientiert, bildete es einen außerordentlich wichtigen Stabilitätsfaktor des Kaiserreichs.

> „Der Hauptwert des Zentrums [...] liegt darin, daß es unser Vaterland vor plötzlichen parteipolitischen Erschütterungen schützt, daß es für eine gewisse Stetigkeit in der inneren Politik sorgt und einen Ausgleich zwischen den Extremen der Rechten und der Linken darstellt",

so der Zentrums-Abgeordnete Erzberger, der sich in den Vorkriegsjahren mit einer umfassenden Reform der Sozial- und Wirtschaftspolitik befaßte.[47] Insbesondere im Bereich der sozialen Fragen sah sich diese Partei als „ein starkes Bollwerk gegen die Sozialdemokratie", da die an christlichen Prinzipien orientierte Sozialpolitik – zwischen den Extremen des „laissez-faire, das die Grundforderungen der Gerechtigkeit" außer acht lasse, und dem „alles regulierenden Staatssozialismus, der den Geist des Fleißes, der Sparsamkeit und der Selbsthilfe" zerstöre[48] – sich „mehr und mehr auf den Ausgleich sozialer Gruppeninteressen verlagerte".[49] Als Garant der Versöhnung sozialer Gegensätze und zugleich als stärkster „Paladin des Sozialpolitik treibenden Staates,"[50] war dem politischen Katholizismus die

---

45 Herbert Gottwald, Zentrum und Imperialismus. Zur Geschichte der Wandlung des Zentrums beim Übergang zum Imperialismus in Deutschland, Diss. Jena 1965, S. 232f.

46 Dieter Grosser, Vom monarchischen Konstitutionalismus zur parlamentarischen Demokratie. Die Verfassungspolitik der deutschen Parteien im letzten Jahrzehnt des Kaiserreichs, Den Haag 1970, S. 81.

47 Matthias Erzberger, Das deutsche Zentrum, Amsterdam 1910, S. 104.

48 Klaus Epstein, Matthias Erzberger und das Dilemma der deutschen Demokratie, Berlin 1962, S. 83.

49 Theodor Schieder, Staat und Gesellschaft im Wandel unserer Zeit, München 1970, S. 141f. Vgl. dazu auch: Theo Wattler, Sozialpolitik der Zentrumsfraktion zwischen 1877 und 1899, Diss. Köln 1978, bes. S. 301ff.

50 Theodor Brauer, Der deutsche Katholizismus und die soziale Entwicklung des kapitalistischen Zeitalters, in: Archiv für Rechts- und Wirtschaftsphilosophie, 24, 1930/31, S. 240. Die differente Motivation zur Sozialpolitik zwischen (preußischem) Staat und Katholizismus wird besonders deutlich am Beginn der Arbeitsschutzgesetzgebung. War für den Katholizismus (und dies wurde später vom Zentrum aufgenommen) die geistig-sittliche Entwicklung das Hauptargument, so war in Preußen die Feststellung, daß „der Gesundheitszustand

„Herstellung eines gesellschaftlichen Zustandes, welcher das friedliche Zusammenarbeiten aller Stände gewährleisten könnte“, oberste Richtschnur der Politik.[51] Insgesamt bleibt festzuhalten, daß die starke Stellung des Zentrums vor allem aus der Aufgabe der engen konfessionellen Bindung und der damit ermöglichten Hinwendung zu eher liberalen Positionen resultierte. Dies brachte neben der potentiellen Vergrößerung der Wählerbasis einen erweiterten politischen Handlungsspielraum mit sich.

Carl Schmitt ordnet im Jahre 1939 diese Entwicklung des politischen Katholizismus – anhand dessen im aufgezeigten Spannungsfeld von Kolonialpolitik und sozialer Frage im Schattenriß „Gottfried von Bouillon“ der Untergang der Monarchie Wilhelms II. inszeniert wird – in die der Reichsidee feindliche, den Geist der Zeit beherrschende Neutralität ein. Dessen Symptome erkannte er in „Kultur, Fortschritt, Bildung, unpolitischer Wissenschaft und anderer, ähnlicher Vorstellungen“, die aus der „Politik eine Antithese gegen alles Geistige und Kulturelle“ machen und mit den Mitteln der Ästhetisierung die Politik neutralisiere.[52] In diesen Zusammenhang stellt Schmitt „Wilhelm II. Versuche“, das „unsichtbare Gefängnis eines neutralen Reichsoberhauptes zu sprengen und ein der offiziellen deutschen Theorie entsprechender, wirklich selbst regierender, aktiver Monarch zu sein“.[53] Der Verlauf dieser Versuche sei aber „so traurig und in einer so peinlichen Weise mißlungen, daß sich an diesem Mißerfolge die Wirklichkeit der Verfassungslage in einer geradezu erschütternden Weise enthüllt.“[54] Wenn auch Wilhelm II. sich – wie oben

und damit die Tauglichkeit der Rekruten durch die unkontrollierte Kinderarbeit immer schlechter wurde“, der Anlaß, sich den sozialen Problemen zuzuwenden. Zit. nach: Horstwalter Heitzer, Einleitung, in: ders. (Hrsg.), Deutscher Katholizismus und Sozialpolitik bis zum Beginn der Weimarer Republik, Paderborn u. a. 1991, S. 10.

51 Julius Bachem, Vorgeschichte, Geschichte und Politik der Deutschen Zentrumspartei, Bd. 9, Köln 1932, S. 111f. Gleichwohl zeichnete sich am Vorabend des Ersten Weltkrieges bereits ab, daß die noch 1890 in einer Denkschrift des Kaisers dokumentierten Möglichkeiten einer klugen Sozialpolitik im Laufe seiner Regierungszeit sich als gescheitertes Projekt darstellte. Zwischen dem Kampf gegen die Sozialdemokratie und der Hinwendung zu nationalen Begriffen, die „der militärisch feudalen Welt des alten Preußen oder dem modernen großbürgerlichen Industriestaat entnommen waren“, blieb kein Raum für Lösungsansätze der sozialen Frage. Zit. nach: Fehrenbach, Wandlungen, S. 198.

52 Carl Schmitt, Neutralität und Neutralisierungen, in: ders., Positionen und Begriffe im Kampf mit Weimar-Genf-Versailles 1923–1939, Berlin 1940, S. 272.

53 Vgl. zur persönlichen Herrschaftsausübung Wilhelms II.: Delbrück, Die Krisis des persönlichen Regiments, in: Preußisches Jahrbuch 134, 1908, S. 566–580.

54 Schmitt, Neutralität, S. 278. Vgl. dazu auch Max Webers Beurteilung des persönlichen Regiments von Wilhelm II.: Mommsen, Max Weber und die deutsche Politik, S. 151f.

gezeigt – mit der Gestalt Barbarossas identifizierte und sich damit in die Tradition der „Einheitssehnsucht nach Kaiser und Reich“ einzureihen suchte, so war dies doch lediglich geeignet, die realen Veränderungen des Kaisergedankens in Staatsrecht und Politik zu überdecken.[55] Ohne verfassungsrechtliches Fundament war der Macht- und Führungsanspruch seines persönlichen Regiments verwiesen auf die „gefühlsmäßige Geltung der Kaiseridee“, die sich nur auf die imperialen und cäsaristischen Elementen des ausgehenden 19. Jahrhunderts stützen konnte.[56] Wilhelms Politik, nicht nur die politische Einheit des Reiches, sondern auch die „geistige Gesamtpersönlichkeit der Nation“ zu verkörpern, stand kein verfassungspolitischer Spielraum zur Verfügung.[57] Das Heer, zunächst den „politischen Auswirkungen des liberalen Verfassungsstaates entzogen“, entwickelte sich über das Budgetbewilligungsrecht des Parlaments und die ministerielle Gegenzeichnungspflicht der Kommandogewalt immer mehr zu einem „Parlamentsheer“.[58] Im Dualismus zwischen Kaiser und Konstitution, zwischen „Heeres- und Staatsverfassung“ des zweiten Reiches, erkennt Carl Schmitt mehr als nur den Kampf um die Regierung; er beschreibt ihn als den „unüberbrückbaren Gegensatz einander widersprechender, totaler Führungs-, Bildungs- und Erziehungsansprüche“, die auf einen radikalen „Gegensatz der Menschentypen“ hinauslaufe. Dessen Problematik habe schließlich der „nachrückende deutsche Arbeiter verschärft“, da er sich der ihm „fremden Führung“ durch die Bürgerlichen unterstellte. „Er wurde dadurch zum Werkzeug der eigentlichen Nutznießer des liberalen Konstitutionalismus, nämlich der zentrumskatholischen und der international-marxistischen Politik, in deren Kampf gegen Bismarcks preußisch-deutsches Reich.“[59] Diese späte Feststellung kündigt der Schattenriß „Gottfried von Bouillon“ bereits im Jahre 1913 an.

---

55 Fehrenbach, Wandlungen, S. 14.

56 Fehrenbach, Wandlungen, S. 89.

57 Vgl. Carl Schmitt, Staatsgefüge und Zusammenbruch des zweiten Reiches. Der Sieg des Bürgers über den Soldaten, Hamburg 1934, S. 27f.; ders., Staatsstreichpläne Bismarcks und Verfassungslehre (1929), in: ders., Verfassungsrechtliche Aufsätze, bes. S. 29f.; ders., Zugang zum Machthaber, S. 431.

58 Schmitt, Staatsgefüge, S. 14ff.

59 Schmitt, Staatsgefüge, S. 14.

4. Mein Bruder

Die pädagogische Verwertung von Nietzsches Entwurf des Übermenschen durch die beiden Hauptakteure Elisabeth Förster-Nietzsche und Rudolf Pannwitz (1881–1969) steht im Zentrum der Darstellung von Carl Schmitt. Was Pannwitz in seinem fiktiven Briefwechsel als Mitglied im „großen Heere der Kämpen um völkische Aufklärung und Vermehrung“[1] und das heißt als Pädagoge völkischer Prägung Elisabeth Förster-Nietzsche nahelegt, bestätigt sie im Duktus ihrer Lebensbeschreibungen von Nietzsche.[2] Eingebettet in die Auseinandersetzungen des Nietzsche-Archivs[3] um die Interpretation vor allem der nachgelassenen Aphorismen – die zum „Willen zur Macht“ unter ihrer Leitung kompiliert wurden – sowie in die Kontroverse zwischen Elisabeth Förster-Nietzsche und Overbeck[4], die mit Bernoullis[5] Schrift über Leben und Werk Overbecks eine breite literarische Öffentlichkeit fand, gestaltet Schmitt hier einen Konnex von Nietzsches Philosophie mit der Reformpädagogik, dem er eine technische Wendung gibt: Er zeigt sie als Äquivalent zur Flugtechnik. Philosophie und Pädagogik werden damit zur Instanz, die den „technischen“ Menschen hervorbringt. Die Analyse wird sich deshalb im wesentlichen auf das Programm von Pannwitz' Reformpädagogik konzentrieren sowie auf die Übernahme von Nietzsches Konzeption des „Übermenschen“ und der „ewigen Wiederkehr“ durch die Flugliteratur.

Bis zum Jahre 1913, dem Erscheinungsjahr der „Schattenrisse“, hatte Pannwitz ausschließlich Schriften zur Pädagogik und zur Schulreform veröffentlicht. Wenn er auch rückblickend im „Umriß meines Lebens und Lebenswerks“ betont: „Es ist ein Irrtum, daß ich damals vorwiegend Pädagoge war“,[6] dann ist dies sowohl eine nachträgliche Korrektur seiner Tätigkeit als Lehrer[7] und seiner aktiven Mitarbeit

1 Schmitt, Schattenrisse, S. 18.

2 Mit den ihr zugeordneten Topoi der Vorkriegszeit zu Polen und Frankreich wird auch sie dem völkischen Lager zugeordnet.

3 Vgl. dazu vor allem David Marc Hoffmann, Geschichte des Nietzsche-Archivs; sowie den Kommentar zur Studienausgabe der Werke Friedrich Nietzsches von Montinari und ebenso: A. Oehler, Nietzsches Werke und das Nietzsche-Archiv, Leipzig 1910.

4 Zum Verhältnis von Overbeck und Nietzsche vgl. auch Walter Nigg, Franz Overbeck. Versuch einer Würdigung, München 1931, S. 16–59.

5 Carl Albrecht Bernoulli, Franz Overbeck und Friedrich Nietzsche, 2 Bde., Jena 1908

6 Rudolf Pannwitz, Umriß meines Lebens und Lebenswerks, in: Udo Rukser, Über den Denker Rudolf Pannwitz, Meisenheim 1970, S. 146.

7 Vgl. dazu auch Lutz Weltmann, Die Stunde des Rudolf Pannwitz, in: Preußische Jahrbücher, 224. Bd./1931, S. 284.

an Berthold Ottos Zeitschrift „Der Hauslehrer“[8] als auch seiner intensiven Auseinandersetzung mit dessen Pädagogik.[9] Es ist zudem ein Hinweis, daß er seine Veröffentlichungen zur Pädagogik – die in der Sekundärliteratur bis heute kaum Erwähnung finden – im nachhinein als eine lediglich praktische Anwendung seines „denkerischen Werkes“ verstanden wissen möchte.[10] Gleichwohl nahm er damals, „was die Pädagogik und allgemeine Kulturbewegung ihm zuführte, leidenschaftlich auf als Lebensstrom“.[11] Bereits im Vorfeld der (reform-)pädagogischen Bewegung war Nietzsches Kritik am Historismus der Bildung, „seine Anklage gegen seine Zeit, ihre geistige Verfassung, ihre Kultur in allen ihren Erscheinungen“ das viel rezipierte Ideenreservoir, auf das auch Rudolf Pannwitz zurückgriff.[12] Noch zu Beginn der 20er Jahre als „Nietzsche-Epigone“ – in dem der Wille „glüht“, das „von Nietzsche begonnene Werk zu vollenden“[13] – eingestuft, sind seine wichtigsten Schriften zur Pädagogik, „Das Werk der deutschen Erzieher“[14] sowie deren philosophische Grundlegung in „Die Erziehung“,[15] eine teilweise wild spekulative, mystisch dunkle und vielfach trivialisierte Umsetzung des Gedankenhorizontes von Nietzsches „Zarathustra“.[16] Von diesem Werk wurde Pannwitz bereits sehr

---

8 „Ich bin als Künstler Pädagoge geworden“ betont Pannwitz in seinem Charon-Brief an Berthold Otto vom 1. Juli 1905, in: Kultur, Kraft, Kunst: Charon-Briefe an Berthold Otto, Leipzig 1914, S. 5.

9 Neben Berthold Otto und Otto zur Linde, mit dem Pannwitz die von Schmitt im Schattenriß zu „Wilhelm Schäfer“ erwähnte Zeitschrift „Charon“ herausgab (vgl. dazu auch Pannwitz, Grundriss einer Geschichte meiner Kultur, Regensburg 1921, S. 34f.), war Ludwig Gurlitt einer der wichtigsten Vertreter und Pionier der neuen Reformpädagogik. Seine zahlreichen Schriften zu diesem Thema fanden eine breite Resonanz in der Öffentlichkeit. Er war darüber hinaus ein aktives Mitglied des Monistenbundes und eine der zentralen Personen, die Pannwitz nachhaltig prägten.

10 Pannwitz, Grundriss, S. 34.

11 Pannwitz, Grundriss, S. 147.

12 Wolfgang Scheibe, Die Reformpädagogische Bewegung, Basel 1977, S. 12.

13 Hans Otto, Rudolf Pannwitz, ein Nietzsche-Epigone, in: Hochland, 18. Jg., Bd. 2/1921, S. 231.

14 Berlin 1909.

15 Frankfurt/M. 1909.

16 Vgl. dazu auch Weltmann, der betont daß Pannwitz' „Ich-Gefühl“ von diesem „Meister“ komme, „dessen Ton er in ‚Zarathustras andere Versuchung‘ so trifft, daß ein Parodist diesen treusten Diener Nietzsches darum beneiden könnte“, in: ders., Die Stunde des Rudolf Pannwitz, S. 291.

früh „auf das furchtbarste ergriffen. ich dachte an keine kritik aber auch an keinen billigen rausch fühlte nur dass ich das brauchte wie nichts.“[17]

Pannwitz' „Deutsche Lehre“, die von der zeitgenössischen Kritik als eine „schwächliche, vergiftete und verblüherte Imitation des ‚Zarathustra‘“[18] bezeichnet wurde, verarbeitet mit diesem Werk Nietzsches die von Schmitt angeführte „erhabene, mutstählende“ Macht, die über seinem „Stande leuchtet“. Nietzsches Kapitel „Vom Lande der Bildung“ aufgreifend versucht Pannwitz mit seinem Entwurf einer Volksschullehrer-Kultur das zu realisieren, was Nietzsche am Ende dieses Kapitel beschließt: „An meinen Kindern will ich es gut machen, daß ich meiner Väter Kind bin: und an aller Zukunft – diese Gegenwart!“ Pannwitz konzipiert auf der Basis der Philosophie Nietzsches eine „freie Schule der Erfahrung“, in der „als Lehrgegenstände“ nur „das große Gebiet der Geschichte und der Geographie“ verbleiben soll. Alles andere dagegen soll durch Anschauung und freies Schaffen, bei dem die ganze „Welt mit dem Leibe, der die Seele ist“, aufgenommen werden.[19] In der Errichtung einer Volksschullehrer-Kultur,[20] der er neun Zehntel des deutschen Volkes zurechnet, sieht er den einzigen Weg, den „Ruin des Volkes durch Bildung“ abzuwenden.[21] Er stellt seinen Kulturentwurf in einen schroffen Gegensatz zum enzyklopädischen Wissen, das er mit Nietzsches Begriff als Wissen der „Bildungsphilister“ bezeichnet. Die Ausschaltung aller Theorie und Problemerörterung, die Ersetzung des Wissens durch Freiheit, prägt diese Schule des „Volks- und Kindes-Bedürfnis“.[22] Pannwitz' Wendung gegen Wissenschaft und Theorie, mit der er zugleich die „politische Förderung des Volkes“ sicherstellen will,[23] ist durch einen weiteren Affekt geprägt: der Nietzsche-Anhänger Pannwitz „verachtet oder vielmehr [...] haßt“[24] das Christentum und deshalb wird sein Volksschullehrer jedes,

17 Pannwitz, Grundriss, S. 22. Die Schreibweise von Pannwitz' persönlicher Kulturgeschichte verweist auf die andere, ihn nachhaltig beeinflussende Gestalt: Stefan George.

18 Nürnberg 1919; so: Otto, Pannwitz, S. 232.

19 Rudolf Pannwitz, Der Volksschullehrer und die deutsche Kultur, Berlin 1909, S. 115 und 121.

20 Zu den Reformbemühungen, die sich zum größten Teil auf Bereiche der Volksschule konzentrierten vgl. Edgar Beckers, Kommentierte Bibliographie zur Reformpädagogik, St. Augustin 1979, S. 81f.

21 Pannwitz, Volksschullehrer, S. 159.

22 Pannwitz, Volksschullehrer, S. 116.

23 Pannwitz, Volksschullehrer, S. 130.

24 Otto, Pannwitz, S. 231.

> „aber auch ein jedes der in den höheren Ständen herrschenden politischen, moralischen, religiösen, ästhetischen Vorurteile oder selbst berechtigten Standesurteile fahren lassen müssen. [...] So wenig man einen Nietzsche in einer christlichen Kirche predigen ließe, so wenig darf man einen solchen Volksschullehrer ins Amt kommen [...] lassen",

der auf diese Vorurteile nicht verzichtet.[25] Im Gegensatz zu Julius Langbehn – der neben Nietzsche und Paul de Lagarde eine der „führenden Persönlichkeiten der Kulturkritik"[26] war, auf die sich die Praktiker der Pädagogik beriefen –, beklagte Pannwitz nicht den Zustand der „Halbbildung", sondern entwirft eine mit positiven Vorzeichen versehene Bildung des Dilettantismus. Denn erst der Dilettant könne die durch die Spezialisierung der Wissenschaften verursachte Trennung der Wissensbereiche wieder zu einer Einheit verbinden.[27]

Im Zeichen dieser Einheit, die er durch die Rückwendung zur Natur und zum einfachen, körperbetonten Leben hofft wieder herstellen zu können, beklagt er das Streben der Volksschullehrer zur Universität ebenso wie die Hinwendung der Frauen zur Universitätsbildung. Denn das universitäre Wissen gehört für ihn der Zeit von Rhetorik und Scholastik an und verhindere die Bildung der ganzen Persönlichkeit.[28] Pannwitz hebt in diesem Zusammenhang zwar die Leistung der modernen Naturwissenschaften hervor, die „wesentlich dazu beigetragen haben, das christliche Dogma zu stürzen", sieht aber ihre Wissenseinteilung in schroffem Gegensatz zur Natur und deshalb die Gefahr der Errichtung einer neuen dogmatischen Weltanschauung. Allerdings erkennt er in der Entwicklung und zunehmend zur Anwendung kommenden Methode der Induktion in allen Wissensbereichen einen wichtigen Schritt „ins Laientum hinein", der weiter ausgebaut werden müsse, da nur so die Wirklichkeiten in den Blick genommen werden können.[29] Diese Forderung von Pannwitz steht in diametralem Gegensatz zu Carl Schmitt, der gerade in der Ausweitung der Induktion, diesem „Ideal ‚exakter Naturwissenschaft'", eine problematische Entwicklung vor allem für die Jurisprudenz sieht.[30] Schmitt, der in diesem Zusammenhang an Nietzsches „Antithese: konstruktiv – explosiv" erinnert, verweist zur Verdeutlichung der daraus erwachsenden Tendenzen auf die Medizin, die „aus dem Stadium abstrakter Deduktionen zur induktiven Methode" sich

25 Pannwitz, Volksschullehrer, S. 134.
26 Wolfgang Scheibe, Die Reformpädagogische Bewegung, Basel 1977, S. 6.
27 Pannwitz, Volksschullehrer, S. 148.
28 Pannwitz, Volksschullehrer, S. 149 und 145.
29 Pannwitz, Volksschullehrer, S. 140f.
30 Carl Schmitt, Gesetz und Urteil (1912), zit. nach: München 1969, S. 126.

gewandelt habe. Dies sei eine Entwicklung, die „nächstens ohne Zweifel“ dazu führen werde, „unsern Ärzten die Abschaffung der Heilkunde und die Besetzung der Medizinal-Kollegien mit Schäfern und weisen Frauen“ und das heißt mit Dilettanten, zu empfehlen.[31] Schmitts zentrale These in „Gesetz und Urteil“ kann als Antwort sowohl auf das Eindringen der Erkenntnisse und Methoden der Naturwissenschaften in die Jurisprudenz, wie auch gegen die von ihm befürchtete Tendenz der Ausweitung und Etablierung eines nicht-professionellen und nicht-juristischen Wissens in der Jurisprudenz gesehen werden.[32]

Pannwitz' pädagogischer Entwurf einer Laienkultur formuliert ein Kulturprogramm, das eng an die Ergebnisse der psychologischen Forschung anknüpft; er versucht damit, die bestehenden Reformbewegungen zu radikalisieren.[33] So lehnt er die Organisation einer eigenen Kinderwelt als etwas künstlich Gemachtes, als eine Übertragung der „Schulgrammatik auf den Körper“ ab, da sie die Freiheit einschränke.[34] Geprägt durch

> „antike und moderne künstler und augen welten / erlebte kulturgeschichte / hebbel / lagarde / langbehn / kunsterziehungstage / pädagogische reformbestrebungen / alle kulturbündeleien / demokratische politik / england und englische werte / chamberlain / naumann“,[35]

versucht Pannwitz mit seiner „Volksschullehrer-Kultur“ das Volk als Ganzes neu zu schaffen und zu „kolonisieren“, um es auf diese Weise zur Einheit zu führen.[36] Analog dazu entwirft er einen Staat, der als Machtfaktor nicht mehr in Betracht kommt.[37] Da Staat wie Kirche den Menschen mittels ihrer Dogmen entwurzeln, dürfe er nur im Sinne der Bereitstellung eines Rahmens für die neue Lebensform existieren. Er konzipiert damit ein Staatsmodell, das Schmitt, Wolzendorff zitierend, als Staat bezeichnet, der über keinen „Eigenwert der Form“ mehr verfügt

---

31 Schmitt, Gesetz und Urteil, S. 126. Schmitt verweist hier auf die Freirechtsbewegung und ihre Versuche, diese Methode auf die Jurisprudenz zu übertragen. Vgl. ebenda, S. 124ff.

32 Vgl. dazu Schmitts Wendung gegen den „gebildeten Laien“, in: Gesetz und Urteil, S. 84. Schmitts Formel „Eine richterliche Entscheidung ist dann richtig, wenn ein anderer Richter ebenso entschieden hätte“, erläutert explizit, was mit dem Begriff des „anderen Richters“ gemeint ist, nämlich der rechtsgelehrte Jurist, bei dem sich die Auslegungsregeln verfestigt haben. Vgl. ebenda, S. 71.

33 Vgl. dazu Pannwitz' Kritik an der Psychologie, in: Volksschullehrer, S. 162.

34 Pannwitz, Volksschullehrer, S. 156.

35 Pannwitz, Grundriss, S. 25.

36 Pannwitz, Volksschullehrer, S. 168.

37 Vgl. Pannwitz, Volksschullehrer, S. 137 und 166.

und damit zu „einem ‚sozial-psychologischen' Phänomen, einem wirkenden Faktor des historisch-politischen Lebens" werde, zur „Form im Sinne einer Lebensgestaltung".[38] Ähnlich wie Pannwitz, fordert Wolzendorff, daß der Staat als „ultima ratio im Hintergrund bleiben" und die wirtschaftlichen, sozialen und kulturellen Interessen „der Selbstverwaltung überlassen werden müssen".[39] Auch Pannwitz Kultur„staat" ist ein Staat der lokalen Selbstverwaltung, der „naturgemäß" der Volksschule und der Volksschullehrer-Kultur, den eigentlichen Standesträgern, zugute komme.[40] Gegen dieses Modell der Selbstverwaltung wendet Schmitt ein, daß zu ihr „eine gewisse Reife" gehört – eine Voraussetzung, die ihren „Postulaten gefährlich werden" könne, da die „historisch-pädagogischen Probleme" in „der geschichtlichen Wirklichkeit häufig eine unerwartete Wendung von der Diskussion zur Diktatur" nehmen.[41]

Pannwitz' Programm zum Aufgang der „Morgenröte" der Rettung der deutschen Kultur mittels der Etablierung einer ‚Volksschullehrer-Kultur', scheint zunächst in Widerspruch mit der von Schmitt nahegelegten und von Pannwitz selbst betonten Hinwendung zum Gedankengut von Nietzsches „Zarathustra" und dessen Konzeption des Übermenschen zu stehen.[42] Doch seine philosophische Grundlegung der Erziehung zeigt, daß die Volkskultur lediglich die Basis der Gemeinschaft bildet, die der Ergänzung durch den „Großen Einzelnen" bedarf und erst so zur geforderten „All-Gemeinschaft" wird.[43] Die Herausbildung des Übermenschen aus der Volksschullehrer-Kultur geschieht im permanent sich abspielenden „Wettkampf um Macht: das heißt Unabhängigkeit und Herrschaft"; hier ist „Der Große Einzelne" die „Antwort auf die Grundfragen aller Erziehung".[44] In der Nachfolge Nietzsches, der für Pannwitz „im menschen das leben selbst und das ganze leben gegen dogma und moral gerettet die freiheit des werte schaffens als wert der werte selbst erschaffen"[45] hat, versucht er zunächst sich selbst als diesen „Großen Einzelnen" zu konstituieren:

> „und also sage ich dir o demütige und schöpferische jugend der nächsten nietzsche epoche ich selbst als der heute regierende der unsterblichen dynastie nietz-

---

38 Carl Schmitt, Politische Theologie (1922), zit. nach: 4. Aufl., Berlin 1985, S. 37.
39 Wolzendorff, zit. nach: Schmitt, Politische Theologie, S. 36.
40 Pannwitz, Volksschullehrer, S. 161f.
41 Schmitt, Politische Theologie, S. 36.
42 Pannwitz, Volksschullehrer, S. 169.
43 Pannwitz, Erziehung, S. 25.
44 Pannwitz, Erziehung, S. 24 und 63.
45 Pannwitz, Einführung, S. 31.

sche dies wahlwort kennwort den im geiste an der erde tätigen: nicht opfer sondern anspannung.“[46]

Und im Gestus des Übermenschen betont Pannwitz weiter:

> „ich kann euch heute eine deutsche und nicht nur deutsche Kultur auf vielen, wo nicht allen Gebieten aus dem Boden stampfen und mehr als das [...] Meine Schriften sind heilige Schriften, mein Werk ist heiliges Werk, meine Person ist geweiht durch ihr Schöpfertum“.[47]

Dieses Schöpfertum schafft eine „verpflichtende Kultur“, aus der eine „religio hominis“ hervorgehen wird, die auf dem Grund und im Dienst des Lebens steht.[48]

Im Rückgriff auf Nietzsche beruht die Bedingung der Möglichkeit seines Erziehungskonzeptes sowohl auf „Nietzsches Verdienst“, den „Pädagogen auf die Bestrebungen des Darwinismus aufmerksam gemacht zu haben“,[49] wie auch darauf, daß Nietzsche mit Hilfe der Naturwissenschaft „alle geglaubten mythologien der theologie und metaphysik und ihrer ausläufer“ vernichtet und damit

> „die transcendenz ausgehoben den Übermenschen sowohl über jeden gott hinaus wie auch diesseits jedes gottes geschaffen. mit der ausscheidung gottes [...] den kosmos wiederhergestellt“ hat.[50]

Pannwitz’ ebenso emphatische wie triviale Bezugnahme auf Nietzsches „Zarathustra“ prägt nicht nur seine zwischen 1914 und 1968 entstandene Dichtung und Philosophie, sondern bereits seine Schrift „Die Erziehung“, in die alle wesentlichen Topoi Eingang gefunden haben. Analog zu Nietzsche ist bei Pannwitz der erste der „Herrschertypen“, die zugleich die „Ursprünge der Erziehungstypen“ sind, der Philosoph, der Platz macht für „den Wert: Schaffen, Werteschaffen zur Macht in der Werte konservierenden Gemeinschaft. Sein Wert ist: Umwertung.“[51] Von

46 Pannwitz, Einführung, S. 45.

47 Pannwitz, Flugblatt Nr. 6, zit. nach: Otto, Pannwitz, S. 234.

48 Hans Wolffheim, Rudolf Pannwitz. Einleitung in sein dichterisches Werk, in: Akademie der Wissenschaften und der Literatur. Abhandlungen der Klasse Literatur, Jg. 1960, Nr. 2, Wiesbaden 1960, S. 40.

49 Adolf Ball, Oberlehrer in Chemnitz. Zum letzten Chemnitzer Konferenz-Vortrage, Nietzsches Pädagogik betr., zit. nach: Richard Frank Krummel, Nietzsche und der deutsche Geist. Ausbreitung und Wirkung des Nietzscheschen Werkes im deutschen Sprachraum vom Todesjahr bis zum Ende des Weltkrieges. Ein Schrifttumsverzeichnis der Jahre 1901–1918, Bd. II, Berlin – New York 1983, S. 184.

50 Pannwitz, Einführung, S. 21 und 30.

51 Pannwitz, Erziehung, S. 50.

diesem Ausgangspunkt der Umwertung entwickelt Pannwitz eine Philosophie der Werte, die den Wert als permanenten Wechselprozeß zwischen dem Einzelnen und der Gemeinschaft begreift.[52] Damit erreicht Pannwitz, daß sich nicht nur alle bisherigen Konstanten im Sinne von Ordnungs- und Orientierungsgrößen verflüchtigen, sondern es unterbleibt auch die Bildung von neuen. Sie werden ersetzt durch den Prozeß, der die Werte permanent neu definiert und doch eine stark hierarchisch gegliederte Wertestufung wie auch deren Zielgerichtetheit hervorbringt, nämlich alles „ins Große (zu) stilisieren". Die von Pannwitz viel zitierte Phrase vom „Willen zur Macht" formt er zum „Wert- und Machtwillen" der Erzieherleidenschaft des großen Einzelnen, mit der sich „die Macht seines einzelnen Wertes" fortpflanzt. Den unaufhörlichen Kampf des „Willens zur Macht", der in der Erziehung seinen „Kampf- und Spielplatz" finde, beschreibt Pannwitz in technisch-physikalischen Terms eines unaufhörlichen, immer wiederkehrenden Geschehens von Atomisierung und Zusammensetzung neuer Welten.[53] Der Prozeß der Erziehung des und zum großen Einzelnen wird damit eingerückt – analog zu Wilhelm Ostwalds energetischem Imperativ – in Nietzsches Diktum, daß „der Satz vom Bestehen der Energie [...] die ewige Wiederkunft" erfordert.[54] Auf dieser Basis können sich die „der Astronomie anheimgegebenen [...] Bewegungskombinationen in der vermeinten Unendlichkeit" fortsetzen.[55] Im Erziehungsprozeß der ewigen Wiederkehr entsteht so für Pannwitz nicht nur „Personalwert an sich", sondern es wird auch, entsprechend des permanten dynamischen Kreislauf-Prozesses, der das Absolute ausschließt und keine konstanten Größen mehr kennt, gleichgültig „wie erzogen wird, von wem erzogen wird, wozu erzogen wird".[56] Denn zur Entfaltung kommen soll einzig die „dionysische Macht des Lebens [...]: Daß alle Werte, auch die zerstörerischen, ihren unendlichen Spielraum haben."[57] Und gemäß der „Erziehungs-Tat" des Einzelnen soll auch das „Gesamt-Menschheits-Schicksal" verlaufen.[58] Wesentlich ist für Pannwitz beim Erziehungsprozeß des Einzelnen wie der

52 Vgl. dazu Schmitts Abhandlung in: „Die Tyrannei der Werte", hrsg. von Sepp Schelz, Hamburg 1979, S. 9–44.

53 Vgl. dazu Pannwitz, Erziehung, S. 76, 77, 78ff. und 106. Er betont rückblickend, daß er „chemische qualitates im geistigen und allem wirklichen zu einem äussersten grade erkennen und feststellen" gelernt habe und er deshalb nach „aussen immer physiker" gewesen sei. Pannwitz, Grundriss, S. 36 und 41.

54 Nietzsche, Der Wille zur Macht, Bd. XVI, Kröner-Großoktavausgabe, S. 398.

55 Pannwitz, Erziehung, S. 79.

56 Pannwitz, Erziehung, S. 83.

57 Pannwitz, Erziehung, S. 108.

58 Pannwitz, Erziehung, S. 138 und 133.

Völker die Nachahmung der Natur und eine immer wieder beschworene Nähe zum Naturalismus.

Bereits sein pädagogisches Konzept verdeutlicht, daß das von Carl Schmitt erwähnte Verhältnis von „Aviatik“ und „ewiger Wiederkunft“ in der Philosophie Nietzsches, zumindest in der Perzeption durch Pannwitz, seinen Zusammenhang durch den „Großen Einzelnen“, den Übermenschen, erhält. Voraussetzung dafür, daß die „Idee des Übermenschen“ bei Pannwitz „der einzig faßbare Leitgedanke“ werden konnte, war seine grundsätzliche Absage an das Christentum.[59] Dies ermöglichte ihm die Formulierung einer neuen Anthropologie, die den Menschen als eine sich „potenzierende Potenz“, als „Schöpfung seines Schöpfergeistes“ und damit als Objekt seiner eigenen geistigen Aktivität definiert.[60] Pannwitz gesamter Erziehungsentwurf ist deshalb – trotz seiner grundsätzlichen Zweiteilung der Menschen in Sklaven und Herrscher – eine Anleitung zur Entwicklung jedes Einzelnen zum Herrschertypus und Schöpfer seiner selbst.

Carl Schmitts Rückgriff auf Pannwitz zur Darstellung der Verbindung von Nietzsches Philosophie mit der Reformpädagogik, deren völkische Elemente er mehrfach anklingen läßt, ist ein Rückgriff auf ein besonders radikales Modell der Erziehungsbewegung nach 1900.[61] Denn Pannwitz entwirft unter Übernahme des „Zarathustra“ ein außerordentlich zugespitztes Konzept, das alle christlichen und staatlichen Bindungen als Begrenzungen verwirft. Im Zentrum dieses Konzeptes steht die keinerlei Einschränkungen unterworfene Freisetzung der Kreativität des Einzelnen, die sich als Explosion des Lebens versteht; sie findet im psycho-physischen Sinnenreiz die Grundlage ihrer Produktivität. Das in diesem Kontext von Carl Schmitt erwähnte „denkerische Genie“, das er in einen unmittelbaren Zusammenhang mit dem Schattenriß „Eberhardt Niegeburth“ und damit der literarischen Produktionsweise einer Kultur der Verarbeitung der äußeren Sinnenreize bringt, thematisiert nicht nur den mit der Zentrierung auf das Subjekt einhergehenden Genie-Kult der Jahrhundertwende, sondern weist ihm auch das philosophische Fundament zu:[62] Beginnend mit Wilhelm Ostwalds naturwissenschaftlichem Monismus mündet die von Schmitt in den „Schattenrissen“ aufgezeigte geistesgeschichtliche Linie in seine Abhandlung zur „Politischen Romantik“. Von der durch die Romantik inaugurierten Ablösung der zentralen Leitkategorie Metaphysik durch die Ästhetik beschreibt

59 Otto, Pannwitz, S. 233. Otto stellt in diesem Zusammenhang die Vermutung auf, daß Pannwitz „daher seine übermäßige Überschätzung des Imperialismus“ habe. Ebenda, S. 231.

60 Wolffheim, Pannwitz, S. 28f.

61 Schmitt erwähnt in den „Schattenrissen“ mit Ellen Key (S. 8 und 13) und Jaques Dalcroze (S. 68) zwei weitere Vertreter der Reformpädagogik.

62 Schmitt, Schattenrisse, S. 18.

er einen direkten Weg über die sich in der zweiten Hälfte des 19. Jahrhunderts entwickelnden Naturwissenschaften, deren philosophisches Äquivalent für ihn das Werk von Friedrich Nietzsche ist. Das „organische“ Denken und dessen Zentrierung auf den Menschen aufgreifend und fortführend ist Nietzsche für Schmitt einer „der Menschen“, der „Hohepriester“ und zugleich das „Schlachtopfer“ des „privaten Priestertums“, dessen „entstelltes Antlitz durch den bunten romantischen Schleier hindurchstarrt“.[63] Seine Philosophie und die daraus ableitbaren Entwicklungen bilden mit den Naturwissenschaften das eigentliche Fundament, das die „Schattenrisse“ umkreisen. Die mit der Romantik um 1800 ihren Anfang nehmende „Entfesselung“ der Subjektivität überführt Nietzsche in ihre folgerichtige Kohärenz: in das Konzept des Übermenschen. Die parallel dazu entstehende Psychophysik beschreibt den Menschen in technischen Terms der von ihr ausgetesteten Standards von Reiz und Reaktion. Auf diesem Hintergrund formuliert Schmitt – nahezu vollkommen mimetisch – das Kulturpanorama der „Schattenrisse“. Sein Querverweis von Nietzsche zu „Eberhardt Niegeburth“ ist deshalb ebenso kryptisch wie eindeutig: das „denkerische Genie“ Niegeburth ist nichts anderes als eine Nietzsche-Geburt.

Schmitts Schattenriß „Mein Bruder“ zeigt nicht nur den Zusammenhang von Pannwitz' Pädagogik mit Nietzsches Philosophie, sondern er erweitert diesen mit dem Hinweis auf die Aviatik um eine technische Dimension. Sowohl das pädagogische wie auch Pannwitz' dichterisches Werk baut ganz wesentlich auf den Topoi auf, die in der Flugliteratur die nietzscheanischen ‚Luftschiffahrer des Geistes‘ prägen. Die Eroberung der Luft durch den Menschen wurde durch Nietzsches Übermenschen[64] und seine Vogel-Weisheit visionär vorbereitet:

> „Wenn ich je [...] mit eignen Flügeln in eigne Himmel flog: Wenn ich spielend in tiefen Licht-Fernen schwamm, und meiner Freiheit Vogel-Weisheit kam.“[65]

Immer sind es hohe oder unbegrenzte Räume, in denen Zarathustra sich bewegt oder die zu entdecken er auffordert. Sobald die Erde – die das Schwere, das dunkle

63 Schmitt, Politische Romantik (1925), zit. nach: 4. Aufl. 1982, S. 27.

64 Ernst Benz weist darauf hin, daß um 1900 in nahezu allen Nachschlagewerken die begriffs- und bedeutungsgeschichtlichen Untersuchungen zum Stichwort „Übermensch“ getilgt waren und sich ganz auf Nietzsche konzentrieren. Damit, so Benz, verschwinde aber dessen Herkunft aus der christlich-theologischen Tradition und der Begriff könne so umstandslos in den um 1800 beginnenden Genie-Kult eingereiht werden. Vgl. dazu: Ernst Benz, Der Übermensch-Begriff, in: ders. (Hrsg.), Der Übermensch, Zürich – Stuttgart 1961, S. 23–161.

65 Friedrich Nietzsche, Zarathustra, 3. Buch: Die sieben Siegel, Nr. 7. In einer Nachlaßnotiz bezeichnet Schmitt diese Vogel-Weisheit als „Astronauten-Weisheit“ (RW 265–367).

‚Unten‘ verkörpert – verlassen wird, fallen alle Ketten und Begrenzungen und das „Grenzenlose braust um mich, weit hinaus glänzt mir Raum und Zeit“.[66] Auch die Diskurse der Lufteroberung um 1900 rekurrieren auf eine immer abstrakter werdende Stufenfolge von Räumen: vom Meer zum Luft-Meer, dem der Luftraum und endlich der Weltraum folgt.[67] Zunächst jedoch werden die Begriffe der Schiffahrt auf das Luftmeer übertragen: der Luftschiffer schwimmt oder schwebt im Luftmeer; erfüllt von Lust, Heiterkeit und Entdeckerfreude, erhebt er sich über alle Landesgrenzen, „Zollschranken und Bastillen“.[68] Stets präsent ist die Kategorie der Befreiung, der Erhabenheit und der Grenzenlosigkeit, der eine doppelte Bedeutung zukommt: Zum einen die der Überwindung der bisherigen moralisch-christlichen Ordnungen: Die „alten Tafeln“ werden zerbrochen und der Weg zum Übermenschen steht offen.[69] Zum andern werden für den fliegenden Menschen die Staatsgrenzen völlig irrelevant; ihm erscheint die Erde als ein Raum, der grenzenlos zur Verfügung steht.

> „Wer die Menschen einst fliegen lehrt, der hat alle Grenzsteine verrückt; alle Grenzsteine selber werden ihm in die Luft fliegen, die Erde wird er neu taufen.“[70]

Mit dieser Vorstellung wird nicht nur das tellurische „vom planetarischen Bewußtsein abgelöst“,[71] sondern von Anfang an verknüpfen sich damit sowohl die Ideen eines höheren und gefährlichen, stets vom Absturz bedrohten Lebens, das die Domäne des Übermenschen ist, wie auch imperialistische Kriegsphantasien, gemäß dem Diktum: „Wer im Luftmeer herrscht, herrscht in der Welt.“[72] Für die gesamte aviatische Terminologie wurde spätestens ab 1908 – dieses Jahr gilt in der neueren Aviationsgeschichte als annus mirabilis: Zum erstenmal wurden Maschinen, die

---

66 Nietzsche, Zarathustra, 5. Siegel.

67 Daß zunächst sowohl die technische wie die juristische Begrifflichkeit von der See auf den Luftraum, die ebenso wie dieser keine Grenzziehung kennt, übertragen wird, habe ich anhand von Shakespeares „Sturm“ gezeigt. Vgl. dazu Ingeborg Villinger, Shakespeare als politischer Denker: Prosperos ‚Sturm‘, in: Der Staat, 29. Bd., Heft 4/1990, S. 545–564.

68 Helmut Reinicke, Maschinen und Räume. Mentalitätsformen der Technikbegeisterung in der Entwicklung der Aviation, in: Sociologica internationalis, 30. Bd./1992, S. 61.

69 Nietzsche, Zarathustra, Von alten und neuen Tafeln, 21 und 28.

70 Nietzsche, Zarathustra, Vom Geist der Schwere, Nr. 2.

71 Felix Phillip Ingold, Literatur und Aviatik. Europäische Flugdichtung 1909–1927. Mit einem Exkurs über die Flugidee in der modernen Malerei und Architektur, Basel – Stuttgart 1978, S. 15.

72 H. Weiße, 1897, S. 16.

„nach dem Prinzip ‚schwerer als Luft‘ konstruiert“[73] waren, erfolgreich getestet und Schauflüge durchgeführt – Nietzsches „unbändiger Sturmgeist“ zum viel zitierten „Flugbereiter“.[74] Die sinnliche Besetzung des durch den Tod Gottes zuvor leergefegten Luftreiches geschah einerseits unter Rückgriff auf seine Philosophie – am ausführlichsten bei Marinetti, D'Annunzio und den Futuristen – und verknüpfte sich andererseits im deutschen Sprachraum nahezu ausschließlich „mit dem bärtigen Kavallerieoffizier“ Zeppelin.[75] Er gab der neuen Technikbegeisterung ihren spezifischen Mythos von nationaler Vergangenheit und gegenwärtiger Größe.[76] Selbst der Absturz Zeppelins im August 1908, der als nationales Unglück verstanden wurde, verstärkte dessen Funktion als nationale Identifikationsfigur und die „scheinbare Katastrophe schlug aus zum höchsten Triumph“.[77] Mit Hilfe einer spontanen Spendenaktion und einer Lotterie ermöglichte das „deutsche Volk“ die „Vollendung des Begonnenen“. „Gleiches Wollen“, so Zeppelin in seiner berühmten Rede vom 24. August 1908, „hat alle, Fürsten und Volk, reich und arm; alt und jung, zu gleicher Tat vereint.“[78] Von der Sozialdemokratie als „gewaltigen Schritt zum Sozialismus“ gedeutet, verstärkte dieses Ereignis das Gefühl der nationalen Zusammengehörigkeit im Zeichen der neuen Technik und der daraus abgeleiteten Überlegenheit. Der politischen Gleichheit aller zeitlich weit vorauflaufend war es schließlich die Entwicklung der Technik selbst, die die Standes- und Klassengegensätze hinfällig machte, denn es wurde bereits früh erkannt daß, „je weniger Schule, Vorkenntnisse und Fertigkeiten die verschiedenen Aufgaben erforderten, desto leichter waren die mit diesem Betrauten zu ersetzen“, so Zeppelin in seiner Rede, in der er die Einheit von „Luftreich, Opfer, Wehrkraft, Kultur und nationalem, klassenübergreifendem Heil“ beschwor.[79]

73 Ingold, Aviatik, S. 14. Vgl. dazu auch Mario Krammer, Berlin im Wandel der Jahrhunderte. Eine Kulturgeschichte der deutschen Hauptstadt, Berlin 1956, S. 249.

74 Die Eroberung der Luft. Ein Handbuch der Luftschiffahrt und Flugtechnik. Mit einem Geleitwort des Grafen Zeppelin, Stuttgart u. a. 1909, S. 429.

75 Vgl. dazu auch Schmitts fiktiven Nietzsche-Brief, aus dem eine ausschließliche Zuordnung der Aviatik zu Zeppelin hervorgeht.

76 Wilhelm II. erklärte ihn zum „größten Deutschen“ des gerade begonnen Jahrhunderts. Zit. nach: Willibald Gutsche, Wilhelm II. Der letzte Kaiser des Deutschen Reiches, Berlin 1991, S. 128.

77 So der Reichspräsidentschaftskandidat von 1932, Journalist und Pilot des Zeppelin, Hugo Eckener, 1909; zit. nach: Reinicke, Maschinen, S. 67.

78 Reinicke, Maschinen, S. 67.

79 Reinicke, Maschinen, S. 67.

Festzuhalten ist, daß trotz der scheinbaren Mißachtung von Technik und Naturwissenschaft Nietzsches Philosophie dem „Gott der Maschinen und Schmelztiegel“ in seiner „Lehre von der Erdherrschaft“, die mit dem sich in die Lüfte erhebenden Menschen angetreten werden konnte, huldigte.[80] Mit der Übernahme seines „Willens zur Macht“ konnte sein Epigone Pannwitz sowohl den Typus des Übermenschen in Gestalt des Erziehers, wie auch jene einheitliche Volkskultur entwerfen, deren Rückwendung zur Natur nur eine scheinbare Ferne des Menschen zur Technik mit sich bringt. Denn Übermensch und Volkskultur entsprechen der Spannweite der „technischen Rangordnung“ ebenso, wie Zeppelins Erwartung an den im technischen Bereich ersetzbaren und den sich in die Lüfte erhebenden Menschen.[81] Ursprünglich christlicher Herkunft, erfuhren die Flugideen um 1800 mit der Romantik eine radikale Verschiebung.[82] Die Philosophie Nietzsches formuliert schließlich ihre endgültige Zuspitzung in der aus dem Gedanken der ‚ewigen Wiederkunft‘ entstandenen Konzeption des Übermenschen, deren Konsequenz durch Heidegger auf den Begriff gebracht wird:

> „Wer den Gedanken der ewigen Wiederkehr nicht als das philosophisch eigentlich zu Denkende mit dem Willen zur Macht zusammendenkt, begreift auch nicht den metaphysischen Gehalt der Lehre vom Willen zur Macht hinreichend in seiner ganzen Tragweite.“[83]

Der ‚Wille zur Macht‘ aber ist das Modell der Selbstermächtigung des Menschen, dem Carl Schmitt die Diagnose stellt.[84]

80 Thomas Böning, Metaphysik, Kunst und Sprache beim frühen Nietzsche, Berlin 1988, S. 487.

81 So Eugen Sänger in seiner außerordentlich trivialen Inanspruchnahme von Nietzsches Entwurf des Übermenschen für die technischen Entwicklungen, insbesondere auf dem Gebiet der Raumfahrt, in: ders., Das Bild des Übermenschen in der modernen Technik, in: Ernst Benz (Hrsg.), Der Übermensch, Zürich – Stuttgart 1961, S. 417.

82 Vgl. dazu Walter Muschg, Der fliegende Mensch in der Dichtung, in: Neue Schweizer Rundschau, NF, 7. Jg./1940, S. 313 und 448.

83 Martin Heidegger, Nietzsche, 2 Bde., Pfullingen 1961, Bd. 1, S. 29.

84 Vgl. dazu Schmitt, Wert des Staates, S. 15–38.

5. Richard Dehmel

Schmitts Abhandlung zu Richard Dehmel handelt im wesentlichen von drei Themenkreisen: Zum einen von Dehmels Lyrik und ihrem Verhältnis zu seinen „philosophischen und politischen Studien"; zum andern von seinem erotisierten Persönlichkeitskult und seinem ablehnenden Verhältnis zu „Paffentum und Zölibat"; und zum dritten wird das von ihm ins Leben gerufene „Kartell lyrischer Autoren" angesprochen, das Schmitt in Zusammenhang mit dem „fortgeschrittenen Stand der Technik" bringt.[1]

Der um die Jahrhundertwende ungewöhnlich populäre und heute nahezu vergessene[2] Dichter Dehmel, von dem noch Emil Ludwig prophezeite: „In fünfzig Jahren heißt es nur noch: Nietzsche philosophus, Dehmel poeta", nahm ästhetisch seinen Ausgang beim literarischen Naturalismus, mit dem ihn verschiedene Faktoren verbanden.[3] Bereits früh wurde Dehmels Wirklichkeitswahrnehmung nachhaltig geprägt durch darwinistische Anschauungen, die ihn so faszinierten, daß er 1882 sein Studium in Berlin mit dem Vorsatz einer „umfassenden Beschäftigung mit den gesamten Naturwissenschaften" begann.[4] In Berlin hatte Dehmel nicht nur engen Kontakt mit den Vertretern des literarischen Naturalismus, den Gebrüdern Hart, Arno Holz, Johannes Schlaf sowie Wilhelm Bölsche und der Bewegung der Jüngstdeutschen, sondern das Erlebnis ‚Großstadt' konfrontierte ihn auch mit den technisch-ökonomischen Folgen der sich rasch entwickelnden Industrialisierung und den damit einhergehenden sozialen Problemen. Er wandte sich mit den Naturalisten gegen die überkommene Ästhetik der Gründerjahre und forderte eine streng realitätsbezogene Wahrheit der Dichtung. Die daraus entstandene Hinwendung zu Alltagsphänomenen und sozialen Problemen dokumentieren die ersten beiden Bände der von Schmitt erwähnten „Gesammelten Werke": Band 1, „Erlösungen", entstanden 1891, und Band 2, „Aber die Liebe", entstanden 1893; sie thematisieren Bereiche wie „Leben und Arbeit", politische Ereignisse wie Bismarcks Entlassung, sowie mit dem neuen Motiv der Eisenbahn die Welt der Technik.

Doch bereits 1892 wird Dehmels ambivalente Haltung zum Naturalismus deutlich: er formuliert mit seiner Abhandlung „Die neue deutsche Alltagstragödie" eine

1 Schmitt, Schattenrisse, S. 63.

2 Vgl. Klaus Günther Just, Von der Gründerzeit bis zur Gegenwart. Geschichte der deutschen Literatur seit 1871, Bern – München 1973, S. 227 u. 243.

3 Emil Ludwig, Richard Dehmel, Berlin 1913, S. 42.

4 Richard Dehmel, Mein Leben, hrsg. von Gustav Kirstein, Albert Mombert und Robert Petsch, Leipzig 1922, S. 40. Dehmel hörte Vorlesungen bei Helmholtz und Christiani.

umfassende Analyse und Kritik des naturalistischen Kunstprinzips – dem er motivisch und theoretisch vielfach verpflichtet war – und versucht, einen theoretischen Neuansatz zu entwickeln.[5] Dehmel wendet sich in der Folge vor allem gegen eine Hypostasierung des rein Tatsächlichen, gegen „die unbedenkliche Identifikation von Faktizität und Kunst“[6] und zieht das Resümee seiner sich seit 1890 abzeichnenden Kunstauffassung in der 1908 erschienenen Abhandlung „Natur, Symbol und Kunst“.[7] Er modifiziert hier das Verhältnis von Natur und Kunst und verlagert diese beiden Pole auf den „schaffenden Künstler“, dessen Organismus als „Korrelat“ der Natur sie in der schöpferischen Tätigkeit zur Einheit bringen kann.[8] Seine „Anhaltspunkte der Bewertung“ der Kunst konzentrieren sich deshalb „von selbst auf die Rhythmodynamik der psychomotorischen Nervenfunktion, die sich nur in der Angemessenheit der spezifisch technischen Darstellungsmittel an die ästhetischen Vorstellungsreize ausprägt“.[9] Diese Hinwendung zu den Sinnesdaten der Künstlerpersönlichkeit steht im Zeichen der von Bölsche formulierten „naturwissenschaftlichen Grundlagen der Poesie“.[10] Sie geht aber in ihrer Konzentration auf die Sinneseindrücke als Nervenreize, die einer „Reduktion des Naturbegriffs auf ein Chaos sinnlicher Vielfalt“ entspricht, insoweit darüber hinaus, als daraus nicht mehr eine Abbildung der Natur abgeleitet werden kann, sondern eine Transposition der verschiedenen, prinzipiell gleichwertigen Sinnesdaten.[11] Die Fokussierung der neuen Kunsttheorie Dehmels auf die Person des Künstlers weist diesem zwar als Medium der Kunst einen zentralen Stellenwert zu; er wird damit aber nicht zum Träger und Vermittler von Individualität, sondern zum elitären Träger der überindividuellen Naturgesetze. Deshalb hängt nun der Rang des Kunstwerkes davon ab, „wie weit sich in ihm ein ‚Unpersönlichkeitsbedürfnis‘ geltend“ macht.[12] Nicht zuletzt ist sein 1903

5 Richard Dehmel, Die neue deutsche Alltagstragödie, in: Die Gesellschaft, Heft 8/1892, S. 475–512.

6 Horst Fritz, Literarischer Jugendstil und Expressionismus. Zur Kunsttheorie, Dichtung und Wirkung Richard Dehmels, Stuttgart 1969, S.18.

7 Richard Dehmel, Natur, Symbol und Kunst. Ein Beitrag zur reinlichen Scheidung der Begriffe, in: ders., Gesammelte Werke, Bd. 8, Berlin 1908, S. 57–74.

8 Fritz, Literarischer Expressionismus, S. 23.

9 Dehmel, Natur, Symbol und Kunst, S. 71.

10 Wilhelm Bölsche, Die naturwissenschaftlichen Grundlagen der Poesie. Prolegomena zu einer realistischen Ästhetik, Leipzig 1887.

11 Fritz, Literarischer Expressionismus, S. 29.

12 Jürgen Viering, Nachwort zu: Richard Dehmel, Gedichte, Stuttgart 1990, S. 157. Vgl. auch: Richard Dehmel, Kunst und Persönlichkeit, in: ders., Gesammelte Werke, Bd. 8, S. 158, sowie Carl Schmitts Vorwort in „Wert des Staates“. Schmitt verweist hier auf die Eigenart des

erschienener Roman in Romanzen, „Zwei Menschen“, auf den Schmitt in seiner Abhandlung mehrfach anspielt, Dehmels ‚persönliches‘ Bekenntnis zum Pantheismus.[13] Seinen hier formulierten, emphatischen Ruf „sei du selbst“, greift Schmitt als Beispiel für die Differenz von echter Individualität und Subjektivität auf:

> „Für die Erörterung der Bedeutung des Individuums ist es lehrreich, zunächst daran zu erinnern, daß gerade der Spruch ‚sei du selbst‘ die Differenz zwischen einem konkreten Sein und einer zu erfüllenden Forderung und somit die zwei verschiedenen, in verschiedenen Sphären konstituierten Subjekte, die er enthält, prägnant entgegensetzt“.[14]

Dehmels Neuformulierung der Ästhetik, die den Naturalismus zu überwinden versucht, ihn jedoch zu einer extremen Form steigert und zugleich Elemente der Stilkunst aufnimmt,[15] mit ihrer Betonung der individuellen Persönlichkeit, geht nicht nur mit einer „extremen Nietzsche-Verehrung einher“.[16] Sie bringt auch Dehmels Abkehr von der Politik und eine neue Lyrik hervor, die vorwiegend optische und vor allem akustische Elemente verarbeitet.

Insbesondere Moeller van den Bruck, der in Dehmel den ersten und wichtigsten „Zarathustradichter“ erkennt, betont, daß das, was „uns Darwin gelehrt hat“,

---

modernen Zeitalters, das zwar im Individuum den Zurechnungspunkt finde, aber dennoch kein individualistisches sei, da es den Einzelnen oder die Persönlichkeit nur unter dem Gesichtspunkt von überindividuellen Faktizitäten zur Kenntnis nehmen könne.

13 Vgl. Ernst Wilhelm, Richard Dehmels „Zwei Menschen“, Marburg 1930, S. 65f.; Raoul Richter, Richard Dehmels „Zwei Menschen“ als Epos des modernen Pantheismus, Leipzig 1913.

14 Schmitt, Wert des Staates, S. 86. In seiner Anmerkung weist Schmitt auf den Mißbrauch hin, der „mit dem ‚sei du selbst‘ von vielen getrieben werde, die aus dem erhabenen übermenschlichen Prinzip einer autonomen Ethik den Freibrief für eine indolente oder narcizissistische Süffisanz entnehmen“.

15 Vgl. zum Zusammenhang von Naturalismus und Stilkunst: Hamann/Hermand, Impressionismus, S. 181, bzw. Fritz, Literarischer Expressionismus, S. 25. Daß Dehmels Lyrik Elemente des Jugendstils bzw. des Expressionismus enthält, soll hier nur angedeutet werden. So ist sein „Roman in Romanzen“, „Zwei Menschen“, in dekorativer Manier gestaltet, seine Sei-Du-Gesinnung enthält monistische und vitalistische Elemente. Seine „Lebensmesse“, die als Beispiel für die von Peter Behrens geforderte „Formdichtung“ gelten kann, reiht sich ein in die Gralssuche, deren ‚Religiosität‘ in einer Orientierung am Lebensgenuß besteht.

16 Hamann/Hermand, Impressionismus, S. 24. Vgl. dazu Elisabeth Höpker-Herberg, die betont, daß Dehmel in den Jahren 1901 bis 1904 nicht sicher war, ob er in Blankenese ansässig bleiben oder sich in Weimar niederlassen sollte, wo sich seit 1902 „ein Kreis von Künstlern zusammengefunden“ hatte, der, vom „Weimarer Hof vorübergehend protegiert, die Tendenzen des neuen Stils in Kunst und Leben durchzusetzen suchte und ein ‚Drittes

Dehmels Lyrik zur Weltanschauung umwandelt.[17] Dehmel überführt seine Erhebung des „Einzigen“, in Abwandlung des Begriffs der „Selbstzucht“, in Darwins Begriff der „Züchtung“ des Selbst,[18] das er in seinem Nachruf auf Nietzsche der Nachfolge Zarathustras überantwortet: Der Jünger stellt Zarathustra die Frage, „was er tun soll, daß er selig werde“. Und Zarathustra antwortet: „Folge mir nach! Da ward der Jünger sehend und verstand den Meister: folgte ihm und verließ ihn.“[19] Der damit sichtbar werdende Wille zur Autonomie des Selbst, „zur Auswirkung der persönlichen, individuellen Triebkräfte“ und die Verwerfung „der Fesseln der philisterhaften Konvention“, korreliert mit Dehmels Wendung gegen die Politik.[20] Zum Stichwort ‚Politik‘ äußert Dehmel in einer Rundfrage:

> „Welchen besseren Mann kann es seelisch reizen, bei solcher Politik mitzutun? [...] Die Gegenwart überläßt er den Leuten, die jetzt für wertvoll gehalten werden, den Maulaufreißern und Gelegenheitsmachern.“[21]

An die Stelle der Masse, auf die und deren Probleme die Dichtung des Naturalismus ausgerichtet war, tritt nun das Ideal der von materiellen Sorgen „unabhängigen Persönlichkeit“; die „milieugebundene Sachlichkeit wird durch einen Lyrismus ersetzt, der die Wirklichkeit auf Stimmungsträger und Sensationswerte reduziert.“[22]

Dehmels Lyrik, die von den Zeitgenossen entweder „als schockierend oder aber erregend ‚modern‘“ empfunden wurde, war häufig mit dem Vorwurf konfrontiert, daß sie „unverständlich“, „dunkel“ und „unklar“ bleibe – ein Vorwurf,

---

Weimar‘ nach dem Weimar Goethes und Liszts anstrebte“. Neben Richard Dehmel waren „Henry van de Velde, Harry Graf Kessler, Ludwig v. Hofmann und Elisabeth Förster-Nietzsche bzw. das Nietzsche-Archiv“ Mittelpunkt dieses Kreises. Zit. nach: dies., Ida Dehmel, 1870–1942, Katalog der Ausstellung 1970 in der Staats- und Universitätsbibliothek Hamburg, Hamburg 1970, S. 33.

17 Moeller van den Bruck, Dehmels Lyrik, in: Die Gesellschaft, 1. Quartal/1897, S. 248.

18 Richard Dehmel, Selbstzucht, in: Erlösungen, Gesammelte Werke, Bd. 1, S. 8f.

19 Zit. nach: Slochower, Dehmel, S. 83f. Carl Schmitts Schattenriß zu Richard Dehmel folgt der Struktur des Gesprächs zwischen dem Jünger und Zarathustra, wenn auch mit umgekehrten Vorzeichen: der „junge Freund“ versteht ganz offensichtlich nichts von dem, was der Dichter ihm sagt, verläßt ihn am Ende des Gesprächs und „fuhr kopfschüttelnd mit dem Vorortzug nach Hause“ (Schmitt, Schattenrisse, S. 23).

20 Slochower, Dehmel, S. 84.

21 So Dehmel im Januar 1912 in der Zeitschrift Pan, zit. nach: ders., Bekenntnisse, Berlin 1926, S. 98.

22 Hamann/Hermand, Impressionismus, S. 21.

der seinen Grund in Dehmels Verhältnis zur Sprache findet.[23] Bereits in seinem frühen Aufsatz „Die neue deutsche Alltagstragödie“, in dem er sich grundsätzlich mit dem Naturalismus auseinandersetzt, fordert Dehmel die Erfindung einer „Kunstsprache“, die „ausschließlich auf die Übereinstimmung mit der alltäglichen Möglichkeit berechnet ist“. Diese Forderung nach einer Sprache, die dem Austausch und den Notwendigkeiten des Alltags entspricht, markiert den radikalen Gegensatz zu Carl Schmitt und dessen Beschreibung der Sprache Däublers, die sich gerade durch einen Verzicht auf den Zweck auszeichne und deshalb dem Alltag wie der Zeit enthoben sei.[24]

Die Wirklichkeit, auf die hin sich Dehmels „Möglichkeit berechnet“, stellt seine Erläuterung klar: „Ich sage ausdrücklich ‚Möglichkeit‘, da uns über die Wirklichkeit wohl erst der – verbesserte phonographische Zukunftshorchkasten aufklären wird.“[25] Orientiert an der neuen Wirklichkeit der Technik, verwendet Dehmel in seiner Lyrik vielfach optisch-akustische Elemente und löst das lange Gedicht ab „durch ein ganz knappes und aufs äußerste komprimiertes“, das in seiner radikalen Vereinfachung die Wirklichkeit ins Visionäre steigert.[26] Dehmels Dichtung im „Telegrammstil“ orientiert sich nicht mehr am universalen Bildungsgang des Menschen, sondern folgt den Realien des neuen Zentralgebiets „Technik“, dem Carl Schmitt nicht nur Entscheidungslosigkeit supponiert, sondern auch das Anheimfallen an die Positionen dessen, der sich ihrer bedient.[27]

Neben dieser technischen Neuerung der Lyrik,[28] die im Verbund mit Dehmels Vortragstechnik einen „neuen Stil der Übermittlung“ versuchte und sich „in sehnsüchtiger Verzückung [...] dem Gesang“ näherte, war seine Dichtung auch auf der inhaltlichen Ebene ebenso Leitbild wie Skandalon.[29] Denn Dehmel, der „hervorra-

---

23 Viering, Dehmel, S. 154.

24 Vgl. zur Sprache Däublers und Dehmels den Kommentar zur „Systematischen Tabelle“.

25 Dehmel, Alltagstragödie, S. 480. Vgl. dazu auch Wilhelm Schäfer, der in Dehmel enthusiastisch den „Befreier der deutschen Dichtersprache aus mißverstandener Vergoethung“ feiert (zit. nach: ders., Lebensabriß, München 1918, S. 22).

26 Viering, Dehmel, S. 161.

27 Vgl. Schmitt, Begriff des Politischen, S. 93. Zum Zusammenhang von neuer Telegraphentechnik und Stilentwicklung der Literatur: Friedrich A. Kittler, Im Telegrammstil, in: Stil. Geschichten und Funktionen eines kulturwissenschaftlichen Diskurselements, hrsg. von H.-U. Gumbrecht und K. L. Pfeiffer, Frankfurt/M. 1986, S. 358–370.

28 Ähnlich wie Arno Holz ordnete Dehmel seine reimenden Gedichte in „Weib und Welt“ der Mittelachse zu. Vgl. dazu Gerhard Schulz, Arno Holz. Dilemma eines bürgerlichen Dichterlebens, München 1974, S. 76.

29 Hans Carossa, Dichterabend, S. 12. Siehe dazu auch Victor Klemperer, Curriculum Vitae. Jugend um 1900, Bd. 1, Berlin 1989, S. 573f.

gendste Mitarbeiter an dem Ziele, dem wir alle zustreben, der Erschaffung des ‚neuen‘ Menschen“,[30] huldigt einer ebenso radikalen Absage an noch geltende christliche Normen wie einer Hinwendung zu den neuen Leitbegriffen: Lebensfreude, Ausleben, Sinnlichkeit und Freiheit, die vor allem der Intensität und Steigerung des eigenen Lebensgefühls dienen sollen. Den damit einhergehenden Kult der Einzelpersönlichkeit und übersteigerten Subjektivismus versuchte Dehmel stets an das Volk rückzukoppeln und mit der Haltung einer Weltzugewandtheit auf das Ganze der Gesellschaft zu erweitern. In seiner Abhandlung „Kunst und Volk“ entwirft Dehmel ein Neun-Punkte-Programm, mit dem er die Aufgaben der Kunst im Verhältnis zum Volk definiert: Das entscheidende Kriterium liege darin, ob es ihr gelingt, in das Volk einzudringen.[31] Er sah jedoch im Gegensatz zur Sozialdemokratie – deren Presse mehrfach eine Diskussion über seine Lyrik anstrengte – nicht so sehr in der Sicherung der materiellen Bedürfnisse der Massen[32] den Weg zur Herausbildung des „absolut vollendeten Individuums“, sondern in einer Ästhetisierung aller Lebensbereiche, wie sie „etwa in der Schrift seines Freundes Peter Behrens ‚Feste des Lebens und der Kunst‘ (1900) propagiert wurde“ und mit deren Zielen er sich ausdrücklich identifizierte.[33] Dem im Banne des Ästhetizismus und der zarathustrischen Nachfolge stehenden Dichter schreibt Dehmel „eine sehr wesentliche Kulturmission in seinem Volk“ zu, der aber um 1900 eine desolate ökonomisch-gesellschaftliche Situation dieses nun zum Berufsstand des „Schriftstellers“ gewordenen Dichters entgegensteht.[34] Hervorgerufen durch die dynamische Entwicklung von Wirtschaft und Industrie, war in „dem Land der Unternehmer, der Ingenieure, der Arbeiter (und der Militärs)“ für dessen vormals ‚idealistische‘ Produktion, die in dieser veränderten Umwelt zur Ware mutierte, kein Platz.[35] Und trotz des rapide anwachsenden Büchermarktes verarmte der Schriftsteller in der wilhelminischen Gesellschaft zusehends. Aufgrund dieser Lage engagierte sich

30 Franz Servaes, Der Fall Richard Dehmel, in: Zeitschrift für den Unterricht, Nr. 24, Heft 6/1910, S. 386.

31 Richard Dehmel, Kunst und Volk, in: ders., Gesammelte Werke, Bd. 8, S. 192–205.

32 So schreibt Dehmel während der Entstehung seiner „Erlösungen“: „Ich für meine Person glaube überhaupt nicht, daß der sozialistische Staat an und für sich auch nur einen Funken mehr wahren Glückes in die Welt bringen würde.“ Zit. nach: Julius Bab, Dehmel, S. 60.

33 Viering, Dehmel, S. 174. Eine materialreiche und ausführliche Darstellung des Verhältnisses von Richard Dehmel und Peter Behrens gibt: Peter-Klaus Schuster, Leben wie ein Dichter – Richard Dehmel und die bildenden Künste, in: Mai u. a. (Hrsg.), Ideengeschichte und Kunstwissenschaft. Philosophie und bildende Kunst im Kaiserreich, Berlin 1983, S. 71–98.

34 Bab, Dehmel, S. 309.

35 Martens, Lyrik kommerziell, S. 17.

Dehmel mit Nachdruck für „die materiellen Lebensbedingungen seines Standes“ und gründete 1902 das von Schmitt erwähnte „Kartell lyrischer Autoren“.[36] Es sollte nach dem von Arno Holz entwickelten Plan den Nachdruck der literarischen Produktion überwachen und die Rechtsvertretung der Mitglieder übernehmen, mit dem Ziel, die

> „skrupellose Ausplünderung der lyrischen Produktion [...], wie sie in der Form von unbezahltem Nachdruck Zeitschriften und Zeitungen und besonders die Anthologienmacher betreiben“,

zu verhindern.[37] Das zum Schutz der Autoren gebildete Kartell übernimmt das Modell der Monopolindustrie und versucht, mit deren (zeitgemäßen) Methoden die literarische Warenproduktion zu regeln. Parallel zu dieser allgemeinen Entwicklung, die die Literatur ökonomisch notwendig zu einem konkurrierenden Produkt unter anderen macht, steht die Stilisierung der Persönlichkeit des Künstlers zum Medium und neuen Garanten der Wahrheit. Seine Person garantiert, daß die Literatur der profanen Ebene enthoben wird und verleiht ihr zur Durchführung ihres Anspruchs der ‚Kulturmission‘ einen sakralen Status. Damit rückt ein zentrales Moment von Schmitts Romantikkritik in den Blick: die mit der liberalbürgerlichen Welt einhergehende Verlagerung des „geistigen Zentrums“ in das „ästhetisch produzierende Subjekt“, in der es dem „privaten Individuum überlassen“ ist, sein „eigener Priester zu sein“. Der Schattenriß zu Dehmel fügt dieser Diagnose Schmitts ein präzisierendes Element hinzu: die mit diesem „privaten Priestertum“ einhergehende Verrechtlichung geistigen Eigentums.[38] Dieser nicht unwesentliche Schritt in Richtung Gesetzesstaat, den der ‚Schriftsteller als Beruf‘ zur Sicherung seiner Lebensgrundlage benötigt, erhält jedoch durch Dehmels zeittypische Einbettung in das Programm der Hervorbringung des Übermenschen eine weltanschauliche Stoßrichtung und dieser gilt die ‚Kritik‘ von Carl Schmitt. Denn das Priestertum des Künstlers verhüllt die den ökonomisch-technischen Bedingungen entspringenden Veränderungen und verhindert, daß sie als solche erkennbar bleiben. Gegründet, damit die Schriftsteller nicht „wie die Arbeiter in den Seidenfabriken“ brotlos werden, enthüllt das ‚lyrische Kartell‘ das Reale der neuen Religion. Und diese müsse „dem Volk“ – so Schmitt in ironischer Umsetzung von Dehmels Selbststilisierung – „erhalten werden“.[39]

---

36 Bab, Dehmel, S. 309.

37 Bab, Dehmel, S. 309. Das publizistische Organ des Kartells war die Zeitschrift „Die Feder“, Berlin.

38 Schmitt, Politische Romantik, S. 26f.

39 Schmitt, Schattenrisse, S. 63. Vgl. dazu auch ders., Begriff des Politischen, S. 83f.

Dehmel fand für seinen Ich-Kult bei gleichzeitiger Weltzugewandtheit in seinem Roman „Zwei Menschen“ die Formel „Wir Welt“. Diese Einheit von Ich und Welt, die er aufgrund der sakralen Rolle des Künstlers nicht in ein soziales, sondern ausschließlich in das Programm der Verrechtlichung geistigen Eigentums überführt, entspringt einer monistischen Vorstellung der Einheit des Lebens. Moeller van den Brucks hymnische Darstellung von Fechner verdeutlicht, daß beide gleichermaßen die „Physis“ ohne Ausnahme „als eine Funktion der Psyche“ auffassen und „auch umgekehrt“; denn „alles, was in der Welt ist, ist Natur, es gibt nichts außer der Natur“ – so die unverzichtbare Voraussetzung für diese wechselseitige Vertauschbarkeit, die in der Natur den „ursprünglichen Beweger der Dinge“ erkennt.[40] Mit Fechner reiht sich Dehmel ein in das Programm der ‚Allbeseelung‘, mit dem die idealistische Wendung des naturwissenschaftlichen Materialismus und Positivismus hinreichend charakterisiert werden kann. Diesem Programm aber gilt nicht nur Carl Schmitts Erzählung „Der Spiegel“,[41] sondern auch seine „Politische Romantik“. Seine Beschreibung der „occasionellen“ Struktur der Romantik, die die „Relation des Subjektivistischen“ ist, findet in Richard Dehmel und seiner Dichtung ein lucides Modell.[42]

6. Herbert Eulenberg

Im Zentrum des ironisch zugespitzten Portraits von Herbert Eulenberg steht der künstlerische Schaffensprozeß in seinem Verhältnis zur (bürgerlichen) Lebensform des Künstlers. Da diese Relation den nucleus des Produktionsprinzips von Eulenbergs „Schattenbildern“ aufgreift, konzentriert sich die Analyse in erster Linie auf diese Abhandlungen. Eulenbergs „Schattenbilder“ sind nicht nur formal das „berühmte Muster“ von Schmitts „Schattenrissen“ – worauf Schmitt selbst in seinen „Anmerkungen für Ungebildete“ hinweist –, sie sind auch die paradigmatische Vorlage für deren thematische Zielrichtung: Die im Umfeld der modernen Naturwissenschaften sich herausbildene Neo-Romantik und der damit einhergehende Persönlichkeitskult, der eine neue Aktualität des Künstler-Genies, das mit sakralem Anspruch auftritt, mit sich bringt.

Die bisherige Abfolge der „Schattenrisse“ zeigt bereits deutlich die durch Schmitt vorgenommene Entfaltung der Bereiche, in deren Horizont er den Vollzug der

40 Moeller van den Bruck, Die Deutschen, Bd. III: Verschwärmte Deutsche, S. 201f.

41 In: Die Rheinlande, 22. Bd., S. 61f.

42 Vgl. dazu Schmitt, Politische Romantik, S. 120–145.

Kreation des neuen Menschen situiert: von Ostwalds monistisch-naturwissenschaftlichem Substitut des christlichen Weltbildes, das anhand von Rathenau[1] in den Kontext von Industrie und Handel eingerückt wird, bis hin zu einem spezifischen Kunst- und Bildungsbegriff, den Schmitt dieser Entwicklung zuordnet. Rathenaus kunsttheoretische Abhandlungen verdeutlichen die neue Ästhetik, mit ihrer neuen Begründung der alten Forderung nach Orientierung am „großen Einzelnen". Im Schattenriß zu Nietzsche und Pannwitz zeigt Schmitt dessen philosophische und pädagogische Grundlagen, die mit der Zuordnung zur Aviatik ein technisches Korrelat erhalten. Mit Dehmels Kulturmission des Künstlers, die seiner Persönlichkeit eine priesterliche Funktion zuschreibt, wird der Künstler zum Statthalter der neuen Kulturreligion, deren Verwerfungslinien nun zwischen Gebildeten und Ungebildeten verlaufen. Schmitts Abhandlung zu Eulenberg schließlich thematisiert den Zusammenhang von Leben und Werk des ‚Künstler-Priesters'.

Im Dezember 1905 übernahm der bis dahin glücklose Dramatiker Eulenberg die „Dichter- und Tondichter-Matinee" des Düsseldorfer Schauspielhauses.[2] Die dort mit großem Publikumserfolg zur Einleitung der „Morgenfeiern" vorgetragenen Texte veröffentlichte Eulenberg erstmalig 1910 unter dem Titel „Schattenbilder".[3] Ähnlich wie Wilhelm Ostwalds „Monistische Sonntagspredigten" sollten seine Matineen

> „nicht mehr und nicht weniger als dem Volke an seinen Sonntagen den Gottesdienst ersetzen, der in seinen alten Formen den höheren Menschen heute nicht

---

1 Vgl. dazu auch Schmitt, Schattenrisse, S. 27.

2 Mit der Gründung im Jahre 1905 wurde Eulenberg Dramaturg am Schauspielhaus, nachdem er zuvor nach einem mißglückten Start am Deutschen Theater Berlin seine Laufbahn als Jurist aufgegeben hatte.

3 Verlag Bruno Cassirer, Berlin. Im gleichen Jahr erschienen als sichtbarer Ausdruck seines Anschlusses an den Deutschen Monistenbund seine „Deutschen Sonette", von denen vier den Titel „Das biogenetisches Grundgesetz" tragen. Sein Drama „Ikarus und Daedalus" wurde im September 1913, während der Hauptversammlung des Deutschen Monistenbundes, im Schauspielhaus uraufgeführt. Vgl. dazu Herbert Eulenberg, So war mein Leben, Düsseldorf 1948, S. 209ff., sowie ders., Heinrich Heine an die deutschen Monisten, in: Das monistische Jahrhundert, 2. Jg., Heft 22/23, Leipzig 1913. Wilhelm Ostwald spricht in einer seiner „Monistischen Sonntagspredigten" von Eulenberg als „unserem monistischen Dichter". Darüber hinaus stand Eulenberg der Wandervogelbewegung nahe, der er zum Jugendtreffen auf dem Hohen Meißner einen Festgruß in Versen übersandte. Vgl. dazu: Freideutsche Jugend. Zur Jahrhundertfeier auf dem Hohen Meißner, Jena 1913, S. 63. Im Jahre 1917 erschienen Eulenbergs Schattenbilder unter dem Titel „Das Deutsche Angesicht. Eine Auswahl fürs Feld", erneut bei Bruno Cassirer.

> mehr befriedigen kann. Sie vereinigten an jedem Sonntage ein zahlreiches Publikum unter dem Sockel eines großen Mannes zu einer schönen stillen Feier zu seinen Ehren, in seinen Manen die Gottheit achtend, die ihn uns schenkte. Denn uns Heutigen sind wirklich die gewaltigen oder zarten Künstler vor uns in der Musik, der Malerei, der Philosophie, der Staats- und der Dichtkunst zu unseren Heiligen und Schutzpatronen geworden, an denen wir uns im Glück erfreuen, im Leid trösten können. ‚Du sollst keine anderen Götter haben neben ihnen!‘“[4]

Eulenbergs Charakterisierung der Matineen unterstreicht deren sakralen Anspruch: Sie ersetzen den christlichen Heiligen durch den Künstler, den „allsonntäglich festgesetzten [...] Heiligen des Tages“, und richten sich an den „höheren Menschen“, den „Gebildeten“, der zugleich derjenige sei, dem die Religion in ihrer taditionellen Form nicht mehr genügen könne.[5] Zur Gestaltung einer religiös-rituellen Handlung geschrieben, sollten seine Abhandlungen durch Teilhabe am Leben der ‚großen Einzelnen‘ ihre Rezipienten „adeln“, denn „an dem Adel des Umgangs, den er sich wählt, wird sein eigener innerer Adel erkannt“.[6] Mit „priesterhaftem Ernst“ hält Eulenberg seine „Laienpredigt für das Theater“ und ersetzt die Kanzel durch die Bühne, den Priester durch den Künstler und das „Wort Gottes“ durch das Wort der „großen Künstlerpersönlichkeit“.[7] Seinem ersatzreligiös-erzieherischen Anliegen entsprechend, kam es ihm bei seinem Vortrag

> „nicht darauf an, wissenschaftlich genau und haarscharf dem Vorbild getreu meine Schattenrisse aufzuzeichnen, nein, diese peinliche und mühselige äußere Ähnlichkeitspinselei des Anstreichers mußte vermieden werden, wenn nur ein gutes, das Wesen des Modells wiedergebendes künstlerisch wertvolles Bild entstand“.

Um das „Wesen des Modells“ für seine „biblia pauperum“[8] – wie er seine „Schattenbilder“ nannte – zu finden, ersetzte Eulenberg die Stelle des abwesenden „großen Mannes“ durch seine eigene Person, weshalb man sich „für diese meine Persönlichkeit [...] freilich in etwa interessieren“ muß.[9] Denn

---

4 Eulenberg, Schattenbilder, S. XXIf.

5 Eulenberg, Schattenbilder, S. XXII.

6 Zit. nach: Thissen, Eulenberg, S. 26.

7 Herbert Eulenberg, Das Düsseldorfer Schauspielhaus und seine Morgenfeiern, in: Freihochschulbund Düsseldorf (Hrsg.), Das Schauspielhaus Düsseldorf. Ein Vierteljahrhundert deutscher Bühnenkunst, Düsseldorf 1930, S. 80 und 75.

8 Eulenberg, Schattenbilder, S. XXIII.

9 Eulenberg, Schattenbilder, S. XXIV. Selbst Eulenbergs Bescheidenheitstopos am Ende

> „je mehr der Maler von sich, von seiner Persönlichkeit oder – altmodisch gesprochen! – von seiner Seele in das Bildnis, das er in seinem Vorwurf vor Augen hat, hineinmalt, umso wertvoller, um so interessanter und um so ähnlicher wird zum Schluß das Bild geworden sein“.[10]

Damit stehen „die Helden der Morgenfeiern“ nicht nur „in der Gefahr, der Subjektivität Eulenbergs preisgegeben“ zu werden, sondern Eulenbergs Persönlichkeit selbst wird zum unverzichtbaren Bestandteil des Bildungskanons und -rituals.[11] „Wem Leben und Dichten der nämliche Vorgang ist, der schafft wie er atmet“, so Eulenbergs Preisgabe seiner Produktionsprinzipien zur Verteidigung seiner umfangreichen literarischen Erzeugnisse.[12] Seine Matineen geben daher nicht nur Einblick in Leben und Werk exemplarischer Gestalten, sondern auch und vor allem in sein eigenes Leben, das auf diese Weise als ebenbürtig in die „Gemeinschaft der ‚Schöpferischen‘“ aufgenommen wird: transponiert zum Werk, wird es „in die Gesellschaft verehrungswürdiger Dokumente“ eingereiht.[13] Die künstlerische Verarbeitung der großen Künstler zu seinen „Schattenbildern“ gestalten – so Eulenbergs Selbstaussage – ein „Kunstwerk für sich, wert, dem schönsten in unserer Literatur beigezählt zu werden“.[14] Carl Schmitts Darstellung von Eulenberg inszeniert das von diesem selbst im Vorwort zu den „Schattenbildern“ geforderten und in seinem „Selbstkonterfei“ praktizierten Interesse für seine Person und spielt seinen Selbstanspruch, durch den Kult des Schöpferischen selbst zum Schöpfer zu werden, in dem refrainartig wiederholten Satz: „Die Schattenrisse müssen Gemeingut aller Gebildeten werden“ aus.[15]

Angegriffen insbesondere von seiten der katholischen Kirche und dem Zentrum, reiht sich Eulenberg mit seiner scheinbar mit der bisherigen Tradition bre-

seines Vorwortes „Ich merke zu meinem Schrecken, daß ich [...] mich und meine Person in den Vordergrund“ gerückt habe, führt den Leser doch wieder auf Eulenberg selbst zurück. Denn der Leser, der nur diesen letzten Satz gelesen hat, müsse – so Eulenberg – sein Buch „zur Strafe nun wirklich von vorne an lesen“.

10 Eulenberg, Schattenbilder, S. XXIII.

11 Thissen, Eulenberg, S. 33.

12 Eulenberg, Gestalten und Begebenheiten, S. 279.

13 Helgard Bruhns, Herbert Eulenberg. Drama, Dramatik, Wirkung, Frankfurt/M. 1974, S. 108.

14 So der Grundtenor der zeitgleichen Kritik. K. H. Maurer, Schattenbilder, in: Das litterarische Echo, 12. Jg., Heft 24/1910, Sp. 1748.

15 In konsequentem Vollzug seines Kunstbegriffs hält Eulenberg während einer Morgenfeier 1909 „Eine Rede über mich selbst“, in: Herbert Eulenberg, Ein rheinisches Dichterleben, Bonn – Berlin 1927.

chenden Kunst- und Künstlerverehrung doch nahtlos in die kultur-konservativen Hoffnungen weiter Teile des „gebildeten“ Bürgertums ein.[16] Ausschließlich auf eine bürgerliche Hörer- und Leserschaft zugeschnitten betont Eulenberg zwar, daß er „durch keinerlei Rücksichten auf Nation, Konfession, Partei oder Rasse“ oder andere vorgegebene Orientierungen „beschränkt“ sei.[17] Dennoch zeigt sich in seiner Auswahl und Behandlung der ‚großen Einzelnen‘ deutlich die Tendenz, die Vergangenheit als Garant und Gründer der bürgerlichen Gegenwart zu subsumieren, um sie damit zu stabilisieren: Bismarck schildert er als das von Pflichttreue erfüllte Genie; in Napoleon feiert er den Eröffner der bürgerlichen Epoche und in Friedrich II. erkennt er in erster Linie den Vorgänger und Wegbereiter von Wilhelm II.; Friedrich Nietzsche ist ihm „ein Führer und Abgott des heutigen jungen Deutschlands“, nicht „weil er alte Tafeln zerbrach“, sondern „weil er neue Tafeln aufrichtete und neue Worte und Werte daraufschrieb“.[18] Werte, die in der ‚wertfreien‘ Adaption durch Eulenberg zum Bestand des bestehenden politischen Gemeinwesens und seiner Elite, der Gebildeten, beitragen. Deren geistiges Band wird gebildet und aktualisiert in der Erfahrung der Zugehörigkeit zu einer kunstverehrenden Gemeinde. Daß durch die bürgerliche Bildungsreligion soziale Schranken prinzipiell aufgehoben werden, zeigt bereits Eulenbergs Ankündigung, mit seinen „Schattenbildern“ „auch dem Laien in literarischen Dingen, verständlich“[19] sein zu wollen und damit jedem – so Carl Schmitt –, der „der allgemeinen Schulpflicht nicht entgangen ist“.[20] Diesem Anspruch hält Schmitt jedoch die Feststellung entgegen, daß der Künstler Eulenberg sich in Wirklichkeit vom Bürger distanziert und ihm lediglich die Rolle des bewundernden Rezipienten zuweist. Er reiht Eulenberg damit in seine Definition des romantischen, „sich selbst reservierenden Subjekts“ ein, die eng mit dem „bürgerlichen Publikum“ verknüpft sei.[21] Das ergänzende Gegenstück des Kultes der Künstlerpersönlichkeit – den Eulenberg selbst explizit einfordert – ist „der einfache Bürgersmann“, dem untersagt wird „seine Krämernase in die hohe Kunst zu stecken“.[22] Die neue

16 Vgl. dazu Hans Wehbergs Verteidigungsschrift für Eulenberg: Wie stellt sich Düsseldorf zu den Reformbestrebungen seines Schauspielhauses? Ein Beitrag zur modernen Decadence und der Geistesfreiheit der katholischen Kirche, Köln 1907; sowie: Thomas Mann, Versuch über das Theater, in: Nord und Süd, 32. Jg./1908, Heft 370/371.

17 So Eulenberg in seinem Vorwort zu „Letzte Bilder“, Berlin 1915, S. XI.

18 Eulenberg, Schattenbilder, S. 314.

19 Eulenberg, Schattenbilder, S. XXII.

20 Schmitt, Schattenrisse, S. 26.

21 Schmitt, Politische Romantik, S. 17.

22 Schmitt, Schattenrisse, S. 26.

Trennlinie, die nun zwischen dem priesterhaften Künstler und dem bewundernden, „anspruchlosen Volk" verläuft, wird von Schmitt durch eine Veränderung der Vorzeichen umgekehrt: Er setzt an die Stelle dieser Differenz die Banalität von Kunst und Künstler.[23]

Die durch Eulenbergs Matineen nicht unwesentlich mitgeprägte Herausbildung des gebildeten Bürgertums ging zwar mit einer „schichten- und klassenüberwölbenden, von daher tendenziell sozialintegrativen Normsetzungskompetenz" einher, sie zog aber die neue Grenzlinie: Gebildete versus Nichtgebildete.[24] Da das Selbstverständnis des Bürgertums aber geprägt war von einem expansiven und teleologischen Anspruch, konnte man der Idee nach die Einebnung dieser Differenz antizipieren. Die zunehmende Nivellierung verwirklicht sich für Carl Schmitt jedoch nicht als soziale, sondern bleibt auf den Bereich der Kunst beschränkt. Schmitt nimmt hier die Tendenz zur Veralltäglichung der „großen Persönlichkeit", die Eulenberg mit seinen „Schattenbildern" praktizierte, in den Blick und dehnt sie von der Kunst auf den Künstler, mit seinem Stabreim „schabend und schaffend", aus.[25] Eulenbergs Darstellung der „Heiligen des Tages" betont zwar, daß es sich bei allen um „besondere Menschen" – „Genies", den „größten Deutschen", das „Originalgenie", „Held", „Heros" usw. – handle. Deren individuelle Züge dienen ihm aber nicht zur Charakterisierung der einzelnen Personen, sondern nur als Beleg für allgemeine, wiederkehrende typische Merkmale, wie der Künstlerexistenz an sich oder des menschlichen Schicksals schlechthin. Die einzelnen Personen werden damit vollkommen austauschbar und es entsteht der Eindruck, „jene großen Männer seien irgendwie, und zwar nicht durch Bande historischer Abhängigkeit, zusammengehörig".[26] Dieses „irgendwie" der Zusammengehörigkeit der Geniegemeinde beruht vor allem darauf, daß „alle Genies ein und dieselbe tiefe Urwahrheit" verkünden, die „zwar bei jedem einzelnen eine völlig andere Gestalt angenommen hat, was aber nur durch irdisch-materielle Trübungen verursacht und verschuldet" sei.[27] Eulenbergs Überführung aller Persönlichkeitsmerkmale in typisch menschliche Eigenschaften ebnet – von Hans Sachs bis Goethe und Nietzsche – die Künstler ein zur Projektions- und Identifikationsfläche des gebil-

---

23 Schmitt, Politische Romantik, S. 100.

24 Ulrich Engelhardt, ‚Bildungsbürgertum'. Begriffs- und Dogmengeschichte eines Etiketts, Stuttgart 1986, S. 156f.

25 Schmitt, Schattenrisse, S. 27.

26 Edgar Zilsel, Die Geniereligion. Ein kritischer Versuch über das moderne Persönlichkeitsideal, mit einer historischen Begründung, hrsg. und eingel. von Johann Dvořak, Frankfurt/M. 1989, S. 83.

27 Zilsel, Geniereligion, S. 60.

deten Bürgertums. Zugleich stattet Eulenberg alle dargestellten Personen – ob Literaten, Maler oder Politiker – mit einem gemeinsamen Merkmal aus: Ihr Alltag ist geprägt vom Drang nach künstlerischer Tätigkeit und ästhetisierender Welterfahrung, was die Zuhörer ganz offensichtlich nicht mit ihrer Alltagsrealität in Einklang bringen konnten. Diese Vorgehensweise zeigt Eulenbergs doppelte Buchführung: Annäherung bei gleichzeitiger Distanzerrichtung. Auf der einen Seite der große Einzelne und dessen Fähigkeiten zur Gestaltung des politischen und moralischen Lebens, auf der anderen Seite dessen betonte Ausstattung mit lediglich „gewöhnlichen“ bürgerlichen Eigenschaften. Im Verbund mit „ästhetischen Kategorien“, nach denen alles „aufzufassen und zu bewerten“ sei, wird auf diese Weise die imaginäre Identifikation des Bürgers mit dem großen Einzelnen ermöglicht und zugleich der Abstand erhalten.[28]

Von der Literaturgeschichtsschreibung wird Eulenberg, wenn er überhaupt Erwähnung findet, nahezu immer als Vertreter der „Neuromantik“ oder als Nachfolger der Romantiker eingeordnet.[29] So unterschiedlich die Abhandlungen zu Eulenberg sind, so konstant sind doch die Argumente: Seine poetische Überhöhung der Realität, seine übersteigerte Betonung des traum- und rauschhaften, seine Insistenz auf die Verwirrung der Gefühle, die das Leben des Menschen lenke, sowie die daraus resultierende antibürgerliche Lebenshaltung, die doch mit einer Bejahung der bestehenden bürgerlichen Lebenswelt einhergeht. Geradezu idealtypisch verwirklicht Eulenberg die von Schmitt als dem Romantiker eigentümlich bezeichnete Wendung von der Sache zur Persönlichkeit. Die Sache – so das bei Carl Schmitt mehrfach wiederkehrende Argument – oder Realität ist nur noch Anlaß („occasio“) für die Darstellung der eigenen Person. Genau diese Relation beschreibt Schmitts Schattenriß zu Eulenberg, dessen absichtsvoll ausgespielte Trivialität eine mimetische Wiedergabe seiner Ästhetik versucht. Eulenberg – der sich selbst den „Titel ‚Romantiker‘“ verleiht, weil „er sich ganz mit dem Wesen eines Künstlers deckt“[30] – betont nicht nur, daß er „auf dem Vorposten für eine neue Romantik“ steht, sondern unterstreicht auch den Gegensatz des Romantikers zum „Normalmenschen“.[31] Während dieser der sicht- und definierbaren Welt verhaftet bleibe, wisse der Romantiker um die Relativität aller Wahrnehmung, weshalb er mit „Vorliebe das Traumhafte, das Vorbeifliegende, Bild- und Gleichnisar-

28 Martin Warnke, Ein Motiv aus der politischen Ästhetik, in: Jürgen Kocka (Hrsg.), Bürger und Bürgerlichkeit im 19. Jahrhundert, Göttingen 1987, S. 227.

29 Vgl. dazu auch: Thissen, Eulenberg, S. 100ff.

30 Eulenberg, Ein rheinisches Dichterleben, S. 11.

31 So Herbert Eulenberg in seinem „Schattenbild von ihm selbst“, S. 74.

tige des ganzen Daseins“ aufnehme.[32] Der Romantiker, so Eulenberg weiter, wolle in erster Linie „ein Spiegel der Zeit sein“, der dem Leben „einen Sinn verleiht oder einen solchen in das Leben hineinsieht“.[33] Diese Beschreibung Eulenbergs kann als Kommentar für Schmitts Aussage herangezogen werden, daß die Romantiker bei aller kritischen Distanz zur Realität über keine eigene politische Gestaltungsmöglichkeit verfügen, da sie aufgrund ihrer dem Traumhaften verpflichteten Geisteshaltung nur das jeweils Existierende bejahend begleiten können.[34] Eulenbergs Betonung, daß die „Tendenz der Neuromantiker in Deutschland“ nicht „nach Rom“[35] gerichtet ist, ordnet ihn dem von Schmitt diagnostizierten „anti-römischen Affekt“ zu. Das Bekenntnis Eulenbergs, daß die Neuromantik die „Gleichgültigkeit des Absoluten erkannt“ habe und mit dem „Trotz des Prometheus“ ohne „Götter und selbst ohne Gott durchs Dasein“ schreite, gibt jedoch nur die halbe Wahrheit preis, denn den Horizont des Romantikers Eulenberg bevölkern zahlreiche Götter: die „großen Menschen“.[36] Die imaginäre Identifikation mit ihnen ermöglicht in einer entzauberten Welt die Akzeptanz der bestehenden Daseinsbedingungen. Für Eulenberg selbst war Nietzsche der wichtigste Vertreter der diesseitig ausgerichteten Religion. Anläßlich einer „Nietzsche-Feier“ bezeichnete er den Philosophen als „Abgott des jungen Deutschland“ und beruft sich auf die zarathustrische Idee der Verwerfung des Mitleids.[37] Eulenbergs Nietzschenachfolge steht ganz im Zeichen der Bejahung des Bestehenden:

> „Ein Gutes hat uns Nietzsche gelehrt, dieser Erzieher des Deutschlands von gestern, den wir heutigen Neuromantiker in manchem ablehnen. Ein Gutes hat er uns gepredigt: die Bejahung, die Lebensfreudigkeit, die Liebe zu seinem Schicksal, wie er es bezeichnet hat. In diesem Daseinsgefühl sind wir Neuromantiker einig mit dem jungen Amerika von heute, das den Optimismus, den Willen zur Lust, auf seine siegreichen Fahnen geschrieben hat. Wir Urenkel Schopenhau-

---

32 Eulenberg, Ein rheinisches Dichterleben, S. 11. Vgl. dazu auch: Frank Thissen, Die Neuromantik und Herbert Eulenberg, in: ders., Eulenberg, S. 106–111. Schmitt führt dazu als Korrektiv nicht die Wirklichkeit an, sondern den Begriff der Fiktion, der sich stets seines Bezuges zur Realität bewußt bleibe, ohne diese jedoch in sich aufzunehmen.

33 Eulenberg, Die Neuromantik im heutigen Deutschland, in: Königsberger Allgemeine Zeitung vom 20. August 1926; zit. nach: Thissen, Eulenberg, S. 109.

34 Eulenberg verbinde des Neuromantikers „Bejahung, die Lebensfreudigkeit, die Liebe zu seinem Schicksal“ mit dem, was der Erzieher Deutschlands, Nietzsche, gelehrt habe. Eulenberg, Neuromantik, zit. nach: Thissen, Eulenberg, S. 111.

35 Eulenberg, Neuromantik, zit. nach: Thissen, Eulenberg, S. 110.

36 Eulenberg, Neuromantik, zit. nach: Thissen, Eulenberg, S. 111.

37 Thissen, Eulenberg, S. 73.

ers, dieses größten Pessimisten, der sein eigenes Leben bekanntlich wie ein Jünger Epikurs durchaus genossen hat, suchen wieder ein Heim auf dieser Erde zu finden, sind Diesseits-Menschen geworden und möchten nach Möglichkeit eine Einheit zwischen unseren Lehren und unserem Leben herstellen.“[38]

Eulenbergs populäres, im Zeichen Epikurs stehendes Streben nach Einheit bringt das Angriffsziel von Carl Schmitts „Schattenrissen“ auf den Begriff: Er stellt ihm die unauflösliche Spannung einer dualistischen Struktur entgegen.

7. Pipin der Kleine

Schmitts Stellungnahme zum Paradigmenwechsel in der Geschichtswissenschaft enthält bereits im Rückgriff auf den Karolinger „Pipin der Kleine“ einen wesentlichen Hinweis auf seine Beurteilung der neuen Kultur- und Sozialgeschichte, die vor allem im Hinblick auf die im Zentrum der Auseinandersetzungen stehenden Person Karl Lamprecht dargestellt wird. Im Namen „Pipin der Kleine“ sind für Schmitt Methode und Konsequenzen von Lamprechts Historiographie zum Programm geronnen: Die Marginalisierung der großen historischen Persönlichkeit. „Das Kleine hinauf, das Große hinab“, so Schmitts Charakterisierung der neuen Kulturgeschichte, der er sein Plädoyer für die „Einteilung der Menschheit“ in „Volk und Genie“ entgegensetzt.[1] Er insistiert damit auf jener Polarität von „Masse und Individuum“, die Lamprecht gerade zu überwinden versuchte.[2] Schmitts Verzicht, diesen Schattenriß in die am Anfang der „Schattenrisse“ stehende „Systematische Tabelle“, die eine kategoriale Einteilung der Deutschen vornimmt, aufzunehmen, ordnet die mit dem Umbruch der Historiographie einhergehenden Auseinandersetzungen explizit einem Zusammenhang zu, den er als Differenz zwischen „gallischer und germanischer Rasse“ charakterisiert.[3] Damit wird nachdrücklich gegen die sich in Frankreich bereits früher als in Deutschland entwikkelnde Kultur- und Sozialgeschichte – die sich in ihren Anfängen „gegen die nach deutschem Vorbild hochspezialisierte traditionelle Historiographie“ wandte

38 Eulenberg, Neuromantik, zit. nach: Thissen, Eulenberg, S. 111.

1 Schmitt, Schattenrisse, S. 30f.

2 Rüdiger vom Bruch, Wissenschaft, Politik und öffentliche Meinung. Gelehrtenpolitik im Wilhelminischen Deutschland, Husum 1980, S. 194. Vgl. dazu auch: Karl Lamprecht, Eine Wendung im geschichtswissenschaftlichen Streit, o. O. o. J. (Separatdruck aus „Die Zukunft“ Nr. 14 vom 2. Januar 1897), S. 2.

3 Lamprecht, Wendung, S. 65.

– das Modell einer politischen Geschichtsschreibung reklamiert, die er der Tradition der deutschen Staatswissenschaft („Legitimisten") zuordnet.[4] Darüber hinaus thematisiert Schmitt den formalen Ablauf des in verschiedenen Publikationsorganen von den Vertretern beider Richtungen auf heftigste in der Öffentlichkeit ausgetragenen Streit; er supponiert diesem Verlauf zwei Motive:[5] Zum einen stellt er die Tatsache, daß dieser Streit in der breiten Öffentlichkeit ausgetragen wurde in einen Zusammenhang mit dem bereits mehrfach erwähnten Kult der Persönlichkeit, mit dem aus seiner Sicht die von ihm beklagte Verfallsform der publikumsabhängigen „Begabung" zutage tritt. Des weiteren charakterisiert Schmitt die mediale Form des Historikerstreites als Ausdruck des Selbsterhaltungstriebes der Beteiligten. Er wirft damit einen Seitenblick auf die Ausweitung des Universitätsbetriebes und dessen zunehmende Orientierung an berufsrelevantem Wissen sowie auf die neue Rolle, die der Person des Historikers bei Lamprecht zukommt. Eine Entwicklung, die in Lamprechts Historiographie mit ihrem kultur- und entwicklungsgeschichtlichen Ansatz intendiert war. Seine Ansätze zur Reform des akademischen historischen Unterrichts, die von der Überzeugung der kulturpolitischen Relevanz der Geschichtswissenschaft getragen waren, können deshalb als konsequente praktische Umsetzung seiner wissenschaftlichen Arbeiten angesehen werden und verdeutlichen, daß sein „wissenschaftstheoretischer Ansatz" ein „implizit pädagogischer" war.[6] Mit der Entwicklung der Kulturgeschichte und ihrer positivistisch-naturwissenschaftlichen Ausrichtung wurde die Möglichkeit gesehen, das Interesse der Naturwissenschaften auf die Geisteswissenschaft zu lenken; sie sollte in Konkurrenz zu diesen der Geschichtswissenschaft eine eigene zentrale Orientierungsfunktion zuweisen. Denn – so der Tenor des Berichtes der dritten Versammlung deutscher Historiker von 1895 im Hinblick auf die neue Geschichtsschreibung – sie sei „in Wahrheit dazu berufen, die Lehrmeisterin der Menschheit zu sein".[7] Damit wird jenen beiden Größen die Funktion zugewiesen, die Carl Schmitt in seiner „Politischen Romantik" als die neuen Demiurgen des gegenwärtigen Zeitalters bezeichnet.[8]

---

4 Luise Schorn-Schütte, Karl Lamprecht und die Internationale Geschichtswissenschaft an der Jahrhundertwende, in: Archiv für Kulturgeschichte, 67/1985, S. 442.

5 So beispielsweise in der „Historischen Zeitschrift", in den „Preußischen Jahrbüchern", in Maximilian Hardens „Zukunft" und der Leipziger „Deutschen Zeitschrift für Geschichtswissenschaft".

6 Schorn-Schütte, Lamprecht, S. 247.

7 Bericht über die dritte Versammlung deutscher Historiker 1895 in Frankfurt/M., Leipzig 1895, S. 9.

8 Schmitt, La recherche de la Réalité, in: ders., Politische Romantik, S. 77–114.

Das Erscheinen des ersten Bandes von Lamprechts Hauptwerk „Die deutsche Geschichte“ im Jahre 1891, die nicht nur in der Fachpresse, sondern auch in populären Organen ein ausgedehntes Interesse fand, bildete den Auftakt der von Schmitt dargestellten Kontroverse, in deren Verlauf die Konturen der beiden Gegenströmungen in aller Schärfe sichtbar wurden.[9] Bereits im Vorfeld stellte sich in der in den 80er Jahren zwischen dem Kultur- und Wirtschaftshistoriker Eberhard Gothein und dem politischen Historiker Dietrich Schäfer stattfindenden Debatte die Frage, ob angesichts der zunehmenden Dominanz der mit der industriellen Revolution einhergehenden ökonomisch-sozialen Problemen, die idealistische Geschichtsschreibung Rankes den Erfordernissen entsprechend erweitert werden könne, oder ob es zu einem radikalen Wandel der Geschichtswissenschaft kommen müsse.[10] Die Kritik an der in der Nachfolge Rankes stehenden politisch-etatistischen Geschichtsschreibung wurde noch verschärft durch die als spezifische Gesellschaftswissenschaft „nach Anerkennung im Universitätsbereich ringenden Soziologie“.[11] Die Ausgangslage der Auseinandersetzungen stand im Zeichen des immer stärker in den Vordergrund tretenden naturwissenschaftlichen Denkens, dessen Methode und Zielsetzung zunehmend als einzig wahre Form von Wissenschaft angesehen wurde und die Geisteswissenschaften zwang, sich dieser Herausforderung zu stellen. Nicht zuletzt provozierte die veränderte Bedeutung von Technik und Naturwissenschaft mit ihrem erhöhten Bedarf an Spezialisierung – der sich im universitären Bereich in steigenden Studentenzahlen, Neugründungen und der Finanzausstattung der technischen und naturwissenschaftlichen Fakultäten bemerkbar machte – die humaniora, deren traditionelle Bildungsinhalte zunehmend in den Hintergrund traten, zu einer grundlegenden Revision. Dieser Entwicklung versuchte Lamprechts Kulturgeschichtsschreibung – die als Einbruch des Materialisten in die idealistische, an Ideen orientierte politische Historiographie bezeichnet wurde – Rechnung zu tragen.[12] Er griff die naturwissenschaftliche

9 Vgl. Friedrich Seifert, Der Streit um Karl Lamprechts Geschichtsphilosophie, Augsburg 1925, der eine Auswahl der Kontroversliteratur vorlegt. Einen präzisen Überblick über die Geschichte des Erscheinens von Lamprechts Werk bietet: G. Schnürer, Lamprechts Deutsche Geschichte, in: Historisches Jahrbuch der Görresgesellschaft, 18/1897, S. 88ff.

10 Vgl. Oestreich, Fachhistorie, S. 320–363, bes. S. 323; sowie: Karl Lamprecht, Alte und neue Richtungen in der Geschichtswissenschaft, Berlin 1896.

11 Oestreich, Fachhistorie, S. 324.

12 Vgl. Seifert, Streit um Karl Lamprecht, S. 20. Nicht zuletzt reklamierte auch Franz Mehring Lamprechts „Deutsche Geschichte“ für die marxistisch-materialistische Geschichtsauffassung und sah in ihr einen Ansatz, um die „preußische Geschichtsklitterung“ der „bürgerlichen Geschichtsschreibung“ zu überwinden. Vgl. Franz Mehring, Deutsche Geschichte

Methode auf und beschrieb mit ihrer Hilfe die Struktur historischer Gesetze und Kausalbeziehungen, die den Gesamtzustand einer historischen Epoche rekonstruieren sollten. Diese Methode, die ihm den Vorwurf des naturwissenschaftlichen Determinismus einbrachte, ermöglichte Lamprecht die Formulierung seiner „Kulturzeitalter", die den Zustand einer historischen Zeit und deren ausnahmslos geltende Bedingungen – das Handeln des Einzelnen ebenso wie das Handeln der Massen und die klimatischen Erscheinungen – beschreiben. Die Summe des Verhaltens ermittelte Lamprecht „durch statistische Induktion", aus der sich „Durchschnittseigenschaften" ergeben, die für „bestimmte Erscheinungen als kausal angesehen werden können".[13] Deshalb forderte Lamprecht, die Geschichtswissenschaft müsse sich von ihrem idealistischen Vermächtnis wie von jeglicher Bindung an eine Weltanschauung lösen, da sie nur „als eine induktive Wissenschaft" denkbar sei.[14] Aufgrund dieses methodischen Vorgehens spielen für ihn die individuellen Faktoren, seien es einzelne Personen oder Ereignisse, nur eine untergeordnete Bedeutung. „Die tiefsten und untersten Ursachen", so Lamprecht, „können nicht anders begriffen werden, denn als besondere Vorgänge der einen Entwicklungspotenz, die durch die Geschichte aller großen menschlichen Gemeinschaften hindurch immer wieder zur Erscheinung gelangt". Sie seien daher nur „Regungen der spezifischen Potenz der menschlich-sozialen und letzten Endes wiederum der menschlich-individualen Seele, insofern diese der allgemeinen Zeitfolge und der besonderen Entwicklung ihrer sozialen Umgebung eingeschrieben scheint".[15] Das Individuum erscheint bei Lamprecht nur als ein in die verschiedensten Gemeinschaftsbildungen und den psychischen Gesamtorganismus seiner Zeit eingebundenes. Lamprecht betont, daß sein „Kollektivismus" auch „die höchsten Ansprüche des Geistes von heute" erfülle, da er eindeutiger als die „alten heroisierenden Auffassungen der Persönlichkeit die Würde des Einzelmenschen" zu erkennen imstande sei und „jeden" als „selbständigen Träger eines der Welt immanenten geschichtlichen Geschicks" anerkenne. Zur Begründung seines nicht weiter spezifizierten „immanenten Idealismus"

1893/1894, in: ders., Zur Deutschen Geschichte von der Revolution 1848/49 bis zum Ende des 19. Jahrhunderts, Gesammelte Schriften, Bd. 7, Berlin 1965, S. 496.

13 Schorn-Schütte, Lamprecht, S. 141.

14 Lamprecht, zit. nach: Seifert, Streit um Karl Lamprecht, S. 23. Lamprecht ordnete der politischen Historiographie das Reich des Glaubens zu und grenzt dieses gegen das Gebiet des Wissens der Kulturgeschichte ab. Vgl. Ernst Engelberg, Zum Methodenstreit um Karl Lamprecht, in: Joachim Streisand (Hrsg.), Studien über deutsche Geschichtswissenschaft 2, Berlin 1965, S. 143.

15 Karl Lamprecht, Moderne Geschichtswissenschaft. Fünf Vorträge, Freiburg 1905, S. 17.

beruft sich Lamprecht auf Darwin und betont, daß auf der Basis von dessen Lehren „sehr wohl ein immanenter Idealismus denkbar“ sei.[16] Gegen Lamprechts Insistenz auf psychischen Entwicklungsstufen, die er unter Übernahme von Wilhelm Wundts exakter Psychologie – sie orientiert sich am Ideal einer „Naturwissenschaft des Seelenlebens“ – formuliert, richtet sich bereits Hintzes Versuch, „ein wenig von der willkürlichen Freiheit des Individuums“ zu retten. Lamprecht weist dies aber kategorisch mit dem Hinweis ab, daß für die „alte Theorie“ nur die Helden „volle Menschen“ seien.[17]

Lamprechts kulturgeschichtliche Methode, von der „organologischen Geschichtstheorie der Romantik“ nachhaltig beeinflußt, stellt sich damit in einen scharfen Gegensatz zu der an „Haupt- und Staatsaktionen“ orientierten Geschichtswissenschaft, deren Träger die große Persönlichkeit ist.[18] Sie richtete sich vornehmlich auf „das Singuläre, auf das Individuelle im geschichtlichen Leben“, während sich die Kulturgeschichte „dagegen auf das ‚Generische‘, auf das Allgemeine, ‚Kollektive‘“ konzentriert. Deshalb scheiden „sich der alte und der neue Glaube“ wie „individualistischer und kollektivistischer Standpunkt“.[19] Diese Differenz wird besonders deutlich, wenn man die Argumente der Gegenpartei, der Carl Schmitt anhand dieses vorliegenden Textes zugeordnet werden kann, Revue passieren läßt.[20]

Eine Zwischenposition nahm unter anderem der in Straßburg lehrende Nationalökonom Gustav Schmoller ein, bei dem zwar die „wirtschaftlich-materiellen Probleme im Vordergrund“ der Forschung standen, der aber zugleich die wirtschaftshistorischen Vorgänge „grundsätzlich in das allgemeine Staats- und Gesellschaftsleben“ einordnete.[21] Dennoch stand auch er methodisch, wie es mit seinem „Grundriß der Allgemeinen Volkswirtschaftlehre“[22] und der Hinwendung zu Entwicklungsreihen sozialer Prozesse und Massenerscheinungen sichtbar wird, der neuen Historiographie nahe. Während mit Lamprecht vor allem Kurt Breysig –

16 Lamprecht, zit. nach: Seifert, Streit um Karl Lamprecht, S. 45.

17 Lamprecht, Der Ausgang, S. 207.

18 Ernst Cassirer, Das Erkenntnisproblem in der Philosophie und Wissenschaft der neuen Zeit, Bd. 4: Von Hegels Tod bis zur Gegenwart (1832–1932), Darmstadt 1973, S. 285.

19 Lamprecht, zit. nach: Seifert, Streit um Karl Lamprecht, S. 25.

20 Schmitts Schilderung des Paradigmenwechsels in der Geschichtswissenschaft bedient sich der beiden zentralen Kategorien der Auseinandersetzung: Der Haupttext „Pipin der Kleine“ folgt der Lamprechtschen Zustandsbeschreibung, während der Text des Anmerkungsteiles im Sinne des „Ereignisses“ der politischen Historie wiedergegeben wird.

21 Oestreich, Fachhistorie, S. 339.

22 2 Bde., Leipzig 1901/04.

der 1900 die Totenrede für Nietzsche in Weimar hielt[23] – und zeitweise auch Otto Hintze Verteidiger der neuen Kulturgeschichte waren, zählte der in Freiburg lehrende Georg von Below zu ihren erbittertsten Gegnern.[24] Im Zentrum des Streites mit Below stand die von Schmitt im vorliegenden Schattenriß umgesetzte Formulierung Lamprechts, daß der „Lehnsstaat des fränkisch-deutschen Reiches“ ein „Erzeugnis der Naturalwirtschaft“ sei.[25] Nicht zuletzt darin sah Below bereits den Niederschlag einer positivistisch-materialistischen Geschichtsauffassung, gegen die er den staatlichen Charakter des Mittelalters geltend zu machen versuchte.[26] Dem Angriff Belows setzte Lamprecht seine Abhandlung „Die historische Methode des Herrn von Below“[27] entgegen, in der er der „politischen“ Schule die Wissenschaftlichkeit abspricht.

Die Diskussion um die neue Historiographie wurde von den Vertretern der traditionellen, am politisch-etatistisch orientierten, Geschichtswissenschaft gegen die Kulturgeschichte mit dem Argument geführt, daß deren Konzentration auf „Literatur, Kirche, Recht, Kunst und Pädagogik“ der allgemeinen, an den Wechselbeziehungen zwischen staatlicher Ordnung und Geistesleben ausgerichteten Geschichtsschreibung nur „Hilfsmittel geben könnte“.[28] Die auf einer prinzipiellen Trennung von Staat und Gesellschaft beharrenden Historiker, die im Staat die maßgebliche, übergeordnete Einheit und in der geschichtlichen Persönlichkeit das zentrale handelnde Moment erkennen – Schmitt läßt sie in seinem Schattenriß als „Legitimisten“[29] in einer fiktiven Versammlung der beiden historischen Schulen auftreten –, sehen in der Hinwendung zu den Kulturphänomenen einen Verlust der politischen Dimension der Geschichte. Sie stellen deren Entwicklungsprinzipien –

---

23 Vgl. Kurt Breysig, Aus meinen Tagen und Träumen, Berlin 1962, S. 57. Pannwitz, der mit Breysig befreundet war, betont in seiner Einleitung zu diesem Band: „Gemeinsam war uns Nietzsche als Vorbereiter von Zukunft und der schöpferische Mensch als ihr Mittelpunkt.“ Ebenda, S. IX.

24 Von den Vorwürfen der Textkompilation, des unkritischen Umgangs mit den Quellen und der unsauberen Drucklegung an die Adresse Lamprechts, die den Auftakt des Streites bildeten, soll hier abgesehen werden. Vgl. Hermann Oncken, Lamprechts Verteidigung. Eine Antwort auf zwei Streitschriften, Berlin 1898.

25 Karl Lamprecht, Deutsche Geschichte, Bd. 4, S. 304, Leipzig 1894.

26 Vgl. Ernst-Wolfgang Böckenförde, Die deutsche verfassungsgeschichtliche Forschung im 19. Jahrhundert, Berlin 1961, S. 203f.

27 Berlin 1899. Vgl. dazu auch: Matti Viikari, Die Krise der „Historischen“ Geschichtsschreibung und die Geschichtsmethodologie Karl Lamprechts, Helsinki 1977, S. 218ff.

28 Oestreich, Fachhistorie, S. 327.

29 Schmitt, Schattenrisse, S. 65.

typisierte, gesetzmäßige Abläufe von Zuständen – die Kategorien von Ereignis und Persönlichkeit entgegen.

Der von Schmitt im Rahmen des Historikerstreites erwähnte „schwerverständliche Berliner Soziologe“ Georg Simmel – er lehrte seit 1884 in Berlin –, dessen „Soziologie, wie überall, so auch hier, zu einer Lösung geführt hätte“, stand in engem Austausch mit Lamprecht und führte mit diesem 1913 in Maximilian Hardens „Zukunft“ eine Diskussion über das Wesen der zeitgenössischen Philosophie, in deren Verlauf Nähe und Differenz zwischen beiden sichtbar wurde.[30] Anhand der Namen Wundt und Rickert thematisierten sie den Gegensatz zwischen positivistischer Wissenschaft und Wertphilosophie. Während Lamprecht fürchtete, daß die Dominanz der Rickertschen Schule eine Zusammenarbeit von Philosophie und experimenteller Psychologie infrage stellt, wies Simmel „die Relevanz eben jener naturwissenschaftlichen Psychologie für eine an Kulturwerten orientierte Philosophie strikt zurück“.[31] In diesen differenten Positionen wird die unterschiedliche Rolle und Begründung der Sozialpsychologie erkennbar, die Lamprecht eine „Kollektiv-Seele“ und ein „gesellschaftliches Bewußtsein“ als reale, existente und zu untersuchende Größe annehmen läßt, während Simmel ihr eine der Individualpsychologie untergeordnete Rolle zuwies, mit der Begründung, daß es einer Wertphilosophie um Verstehen und nicht um empirisch begründbares Zurechnen gehe.[32] Trotz dieser unterschiedlichen Positionen in der Einschätzung des Stellenwertes der sozialen Differenzierung zur Beschreibung der modernen Gesellschaft war vor allem Simmels 1890 erschienene Arbeit „Über sociale Differenzierung. Soziologische und psychologische Untersuchungen“ für Lamprechts „Deutsche Geschichte“ ein ganz wesentlicher Bezugspunkt.

Ebenso übte die Genossenschaftstheorie des von Schmitt als „Hofhistoriographen“ charakterisierten Otto von Gierke auf das Werk der Lamprechtschen Kulturgeschichte einen nachhaltigen Einfluß aus. Lamprechts Rezeption von Gierkes „Deutschem Genossenschaftsrecht“ ermöglichte ihm die Übernahme von dessen organischem Entwicklungsprinzip, sowie des Begriffs der realen Verbandspersönlichkeit, die Lamprechts Vorstellungen einer „Einheit von ethisch/geistiger und

30 Vgl. dazu Karl Heinz Metz, Grundformen historiographischen Denkens. Wissenschaftsgeschichte als Methodologie, München 1979, S. 599.

31 Schorn-Schütte, Lamprecht, S. 96.

32 Vgl. zur Differenz zwischen „erklären“ und „verstehen“: Hermann Lübbe, Die Einheit von Naturgeschichte und Kulturgeschichte. Bemerkungen zum Geschichtsbegriff, in: Akademie der Wissenschaften und Literatur. Abhandlungen der Geistes- und Sozialwissenschaftlichen Klasse, Nr. 10/1981, S. 4ff.

materieller Kultur" entsprachen.[33] Nicht zuletzt formulierte Gierke den Begriff der Entwicklung und dessen „Gipfelung in überindividuellen, gesellschaftlichen Gebilden" in biologischen Analogien und beruft sich dabei – ebenso wie Lamprecht – auf die Kronzeugen Haeckel und Darwin.[34] Das spezifische ‚Persönlichkeits'merkmal seiner Kollektive, die er auf die Begriffe „Volk", „menschlicher Gattungsverband", „Volksgeist", „Gemeinwillen" oder „Organismus" bringt, ist geprägt durch eine „naturalistische, ahistorische Qualität".[35] Deutlich wird damit, daß ebensowohl Lamprecht, wie die seiner Kulturgeschichte – bei aller Differenz im Detail – Nahestehenden, die erkenntnistheoretische Wendung vollziehen, auf die Schmitt am deutlichsten in seiner Einleitung zu „Der Wert des Staates und die Bedeutung des Einzelnen" sowie in seiner Schrift „Politische Theologie" verweist. In der neuen Zentrierung auf den Menschen und die „Alltagskultur" erkennt Schmitt eine radikale antiindividualistische Wendung, da der Einzelne nur als Teil des allgemeinen Naturgesetzes und nicht mehr in seiner Singularität in Betracht komme. Dem aufgrund der „ausnahmslos geltenden Naturgesetze" herrschenden Monismus setzt Schmitt eine dualistische Struktur entgegen und damit dem Modell der Homogenität das der Differenz.

Im Zuge des Historikerstreites war es nicht zuletzt Lamprecht, der sich am radikalsten gegen den Dualismus der bisherigen Historie wandte[36] und – deutlich beeinflußt von Wilhelm Ostwalds monistischer Weltanschauung – den Versuch unternahm, einen Natur wie Kultur umfassenden Wissenschaftsbegriff, der auf der Annahme der „Parallelität von ‚Entwicklung' im Bereich psychischer und physischer (gleich natürlicher und kultureller) Erscheinungen beruhte", zu formulieren.[37] Dementsprechend sah es Lamprecht als Aufgabe des Historikers, die vielen Einzelheiten der Natur ebenso wie die Einzelgeschichten der Kultur zu einer allgemeinen Geschichte zusammenzufassen. Lamprechts Geschichte der Zustände, die nicht nur – wie die politischen Historiker – einen „losgerissenen Teil des geschichtlichen Lebens" erscheinen lassen wollte, bedurfte gleichwohl der „die Eindrücke der umgebenden Welt in sich sammelnden Persönlichkeit" und die Merkmale dieser Persönlichkeit sind für Lamprecht ganz „wesentlich (die) des

33 Schorn-Schütte, Lamprecht, S. 59.

34 Hans Boldt, Otto von Gierke, in: Hans-Ulrich Wehler (Hrsg.), Deutsche Historiker, Göttingen 1982, S. 18.

35 Boldt, Gierke, S. 17.

36 Vgl. Lamprecht, Moderne Geschichtswissenschaft, S. 4f.

37 Schorn-Schütte, Lamprecht, S. 81f. Lamprecht war, wie Ostwald und Wilhelm Wundt, Mitglied des sog. „Leipziger Debattierkränzchens".

Künstlers“.[38] „Allein ist es möglich“, so Lamprechts Frage, „rein aus verstandesmäßiger Tätigkeit heraus Geschichte zu schreiben? Ersetzt nicht alsbald der Künstler den Gelehrten??“[39] Und er betont, im Reiche der Geschichtsschreibung „herrscht die Kunst und der Künstler; und mit ihm die Persönlichkeit“.[40] Die in der Darstellung der Geschichte eliminierte große historische Persönlichkeit kommt damit im Medium der Person des Historikers als einheitsbildendes Moment und als Garant der historischen Wahrheit wieder zur Geltung. Der Historiker selbst wird ein höchst subjektives, konstituierendes Element der Geschichte.[41] In diesem Lichte, das Schmitt als „Selbsterhaltungstrieb“ qualifiziert, karikiert er die neue Kulturgeschichtsschreibung.[42]

8. Wilhelm Schäfer

Der aus zwei Texteinheiten bestehende Schattenriß zu Wilhelm Schäfer ist sowohl stilistisch als auch inhaltlich in Anlehnung an dessen Anekdoten gestaltet. Im ersten Teil vorwiegend aus Versatzstücken seiner bis 1912 erschienenen Anekdoten und anderen Abhandlungen zusammengesetzt, wird in der zweiten Texthälfte mit Peter Behrens sowie dem Charon-Kreis das Umfeld angesprochen, dem Schmitt das Werk von Schäfer zuordnet. Neben der Herausarbeitung dieses Kontextes soll im Hinblick auf den ersten Teil das theoretische und weltanschauliche Konzept der von Schäfer bevorzugt verwendeten literarischen Form der Anekdote, sowie die Rolle und Funktion des Literaten, wie er sie in seiner Abhandlung „Der Schriftsteller“ ausarbeitet, erläutert werden.

Schäfer behandelt in seinen „Anekdoten“, die im literarischen Sinne keine Anekdoten, sondern – von wenigen Ausnahmen abgesehen – Novellen sind, geschichtliche Stoffe, „Begebenheiten also, die nicht in die Geschichte eingegangen

38 Wilhelm Wundt/Max Klinger, Karl Lamprecht. Ein Gedenkblatt, Leipzig 1915, S. 9 und 12.

39 Lamprecht, in: Die Zukunft, Nr. 7/1896, S. 308f., zit. nach: Adolf Kuhnert, Der Streit um die geschichtswissenschaftlichen Theorien Karl Lamprechts, Diss. Gütersloh 1906, S. 30.

40 Lamprecht, Moderne Geschichtswissenschaft, S. 5.

41 Lamprechts Situierung der Person des Historikers als Künstler, der zugleich das einheitsstiftende Moment der Einzelgeschichten ist, entspricht formal dem Programm von Eulenbergs Matineen wie auch Hegels „Phänomenologie des Geistes“. Vgl. dazu das Kapitel „Herbert Eulenberg“ und „Eberhardt Niegeburth“.

42 Schmitt, Schattenrisse, S. 30.

waren", sondern die „von einer zufälligen Seite aus in die Weltgeschichte hineinleuchteten".[1] Denn „in Wirklichkeit", so Schäfer selbst, „existiert die Weltgeschichte nur als die Summe solcher Sagen in den Köpfen, Napoleon ebensogut wie die Schlacht bei Lützen".[2] Quelle seiner historischen Begebenheiten war, neben dem „Hausfreund" Johann Peter Hebels, der „Rheinische Antiquarius". Deren Berichte bearbeitet Schäfer aber in einer Weise, die zeigt, daß ihm das historische „Milieu völlig gleichgültig" ist, denn im „Mittelpunkt" allen Geschehens steht stets „der Mensch" und seine ausweglose Determiniertheit durch das Schicksal.[3] Gemäß dem Diktum Nietzsches „Aus drei Anekdoten ist es möglich, das Bild eines Menschen zu geben", begreift Schäfer Geschichte als Hinwendung zu „kleinen" Begegenheiten und zur ‚konkreten' Einzelperson.[4] Er entwirft deren Biographie anhand einer anekdotischen Begebenheit, die aber in keiner Weise zur Schilderung eines individuellen Daseins, sondern ausschließlich zur Darstellung der über den Menschen verfügenden Schicksalsmächte herangezogen wird.[5] Die von Schmitt zitierten „geheimnisvollen Fußangeln des Schicksals, an dessen Gittern wir machtlos kratzend uns die Hände wundreiben" und das „mit erschütterndem Zaunpfahlwinken in Erscheinung" tritt, sind die das Leben des Menschen völlig determinierenden Schicksalsmächte, die in Schäfers Novellen als Zufall auf den Plan treten, der im Sinne eines Kausalgesetzes den Handlungsablauf steuert und den Menschen im Spannungsfeld zwischen Freiheit und Notwendigkeit ganz letzterem zuordnet. Der ereignishaft eintretende Zufall eröffnet keinen Handlungsspielraum, sondern führt ausschließlich einer vorgegebenen Bestimmung zu oder korrigiert einen durch den Menschen selbst vorgenommenen „Abweg vom Lebensgesetz".[6] Der Zufall ist ihm zugleich Zeichen für einen „letzten Sinn des Weltgeschehens", der sich am Einzelnen, stellvertretend für die Menschheit, of-

1 Wilhelm Schäfer, Rechenschaft, Kempen 1948, S. 310 und 252.

2 Wilhelm Schäfer, Wie entstanden meine Anekdoten?, in: Mitteilungen der Literarhistorischen Gesellschaft Bonn, 5. Jg., 1910, S. 209.

3 Josef Hamacher, Der Stil in Wilhelm Schäfers epischer Prosa, Diss. Bonn 1950, S. II.

4 Friedrich Nietzsche, Vorwort zur „Philosophie im tragischen Zeitalter der Griechen", 1879.

5 Die „Literarische Welt" (Nr. 49/1928, Heft 4, S. 10) reiht Schäfers Anekdoten in die „Mode der Romanbiographien" ein, die zum Teil „Effekt einer zurückgebliebenen und langweiligen Geschichtsschreibung" und zum anderen Ausdruck der „Ermüdung in der Romanerfindung" seien. Er weist darauf hin, daß diese Art der Geschichtsschreibung in der Serie „Leben berühmter Hände" bereits ihre Parodisten gefunden habe.

6 Günther Eten, Die Anekdotenkunst Wilhelm Schäfers. Stil und Weltbild, Diss. Leipzig 1938, S. 57.

fenbart.[7] Aus diesem Grunde verzichtet Schäfer nahezu vollkommen auf die für Novelle oder Anekdote eigentümliche Herausarbeitung der Pointe, die das Geschehen als punktuelles ausweist.[8] Denn die sich im Ereignis manifestierende Wende des Lebensverlaufes ist ihm Ausdruck der Natur und „ihrer furchtbaren Gesetzmäßigkeit“, die „mitten durch uns hindurch geht“, ohne sie „bestimmen zu können“ und prägt den gesamten Ablauf der Erzählungen.[9] In Schäfers Weltbild von „strenger Diesseitigkeit“ bleibt dem Menschen nur eine Möglichkeit dem ihm durch die Naturgesetze auferlegten Zwang zu entkommen bzw. gegenüber diesen einen Handlungsspielraum zu erringen: sich so zu verhalten, daß „Schicksal und Wesen eins werden; und so heißt frei sein ‚nicht mehr tun dürfen, was wir möchten, sondern tun wollen, was wir tun müssen‘“.

Dementsprechend definiert Schäfer die Aufgabe des Dichters: er habe nicht „das Chaos zu wecken“, das auch „ohne ihn da ist, sondern den Kampf um die Ordnung zu führen, ist seines Amtes“.[10] Der die zumeist kosmisch-organischen Ordungsmächte darstellende Dichter, muß für Schäfer „Erzieher sein, nationaler Erzieher“,[11] und „so war mein Volk meine Kirche“, den „Dienst an der Menschheit in meinem Werk lebendig und rein zu halten, mein Amt“.[12] Schäfer, der sich aus seinem erzieherischen Auftrag heraus als „Hüter der Volksseele“ verstand, begriff sich zugleich als

> „Priester, nur nicht einer der Kirche, sondern der Kultur, die in einem viel natürlicheren, innigeren und weiseren Sinn die Erlösung der Menschheit umgriff. Der Menschheit Würde war in meine Hand gegeben.“

Um dieser priesterlichen Aufgabe nachzukommen, bemühte sich Schäfer um eine Definition des Schriftstellers, derzufolge „eine Schrift stellen können [...] heißt, eine gebildete Sprache, heißt gebildete Gedanken haben“ und ein „Mann ‚von Bildung‘ sein“.[13] Schäfers unmittelbare Vorbilder des Schriftstellers als Beruf, der nichts anderes als der ‚Dichter‘ des bürgerlichen Lebens ist, sind Friedrich Nietz-

---

7 Eten, Schäfer, S. 61.

8 Vgl. Schmitt, Schattenrisse, S. 34, sowie: Hans Lorenzen, Typen deutscher Anekdotenerzählung, Diss. Hamburg 1935, S. 42.

9 Franz Stuckert, Wilhelm Schäfer. Ein Volksdichter unserer Zeit, München 1935, S. 12.

10 Stuckert, Schäfer, S. 12f.

11 Hamacher, Schäfers Prosa, S. VI.

12 Schäfer, Rechenschaft, S. 268.

13 Wilhelm Schäfer, Der Schriftsteller, Frankfurt/M. 1911, S. 63; vgl. dazu auch die Rezension dieses Werkes durch Hermann Hesse „Vom Schriftsteller“, in: März, Bd. 5/1/1911, S. 335f.

sche, sowie der „große Forscher Darwin [...], der das Gefühl des Lebens auf eine neue Basis stellte"[14]. Im Gegensatz zu den Dichtern, verzichtet der Schriftsteller Schäfer nicht nur betontermaßen auf deren wichtigstes Sujet, das „Liebesmotiv",[15] sondern er stellt auch dem bisherigen Medium Buch die Zeitung und Zeitschrift als ebenbürtig an die Seite und propagiert neben dem Fachschriftsteller jenen Vertreter, der sich mit allgemeinen Fragen der Bildung auseinandersetzt.[16] Da für Schäfer der „Schriftsteller als Beruf" sowohl den Hüter der Sprache als auch den Träger der Bildung – die nun „nicht mehr Zierde, sondern den Sinn des Lebens darstellt" – verkörpert, ist seine Gründung der Zeitschrift „Die Rheinlande" die konsequente Umsetzung des von ihm propagierten Erziehungsauftrags.[17] In engem Zusammenhang mit der Volkserziehungsbewegung stehend hatte seine Kunstzeitschrift mit dem „Kunstwart" „den nationalen Idealismus gemeinsam".[18] In ihrer Begrenzung auf ein landschaftliches Gebiet reiht sie sich ein in die „Los-von-Berlin!"-Bewegung, die als „natürliche Gegenwirkung gegen die Vorherrschaft des von aller Bodenständigkeit verlassenen Geistes der werdenden Weltstadt nicht vereinzelt ihre Stimme erhob".[19] Entsprechend verstand sich Schäfers Zeitschrift als ein „Akt völkischer Selbstbehauptung", als „ein Aufstand des Volkstums gegen das entwurzelte Berliner Literatentum".[20] Seine Suche nach einer volkstümlichen und doch künstlerischen Bildung in Dichtung, Malerei und Musik war programmatisch sowohl für seine Herausgebertätigkeit als auch für seine eigene schriftstellerische Arbeit.

---

14 Schmitt, Schattenrisse, S. 59.

15 Schäfer, Lebensabriß, S. 36.

16 Die finanzielle Sicherung des Schriftstellerberufes, die Schäfer im weiteren vorschlägt, steht in engem Zusammenhang mit den Bemühungen von Dehmels lyrischem Kartell. Vgl. Schäfer, Lebensabriß, S. 72ff. und 88.

17 Schäfer, Lebensabriß, S. 89.

18 Otto Doderer, Die Rheinlande. Die Geschichte einer Zeitschrift, in: Dichtung und Volkstum. Neue Folge des Euphorion, 39. Bd./1938, S. 69.

19 Doderer, Rheinlande, S. 70. Schäfers Kritik reiht sich ein in die Richtung von Paul de Lagarde, der sich „gegen die Verflachung und Veräußerlichung des Lebens [...], gegen Parlamentarismus und Industrialisierung, Kapitalismus und großstädtische Zivilisation" wendet. Hans-Günter Zmarzlik, Der Sozialdarwinismus in Deutschland. Ein Beitrag zur Vorgeschichte des Dritten Reiches, Freiburg 1961, S. 454.

20 Doderer, Rheinlande, S. 71. Dennoch hatte Schäfer in Berlin freundschaftlichen Kontakt mit „Richard Dehmel und Paul Scheerbart". Vom „literarischen Leben der Reichshauptstadt waren die Nächte im ‚Schwarzen Ferkel' ziemlich das einzige, was mir nahe kam", so Schäfer in seinem „Lebensabriß", S. 26. Nicht zuletzt widmete ihm auch Herbert Eulenberg zum 60. Geburtstag einen Glückwunschartikel.

Bereits mit der ersten Nummer wandte er sich der Darmstädter Künstlerkolonie zu und begrüßte die „umfassende Kulturarbeit“ des Großherzogs von Hessen, dessen Initiative die Gründung der Mathildenhöhe ermöglicht hatte.[21] Vor allem der Arbeit von Peter Behrens, der auch als Autor in den „Rheinlanden“ vielfach präsent ist, räumte Schäfer einen breiten Raum ein.

Schäfer versuchte sowohl mit seinen Anekdoten als auch mit seiner Zeitschrift, einen Begriff von Literatur und Kunst zu verwirklichen, deren Programm angesichts der industrialisierten Welt bewußt eine vormoderne und rückwärtsgewandte Ästhetik entwarf, die sich aber dennoch deren Mittel bediente. Die von Carl Schmitt zitierten „Millionen schönheitstrunkener Existenzen“ in der „Tabakspfeife des Weltenbaumeisters“ spielt auf die vor allem von Peter Behrens entworfene Stilkunst und deren Programm der Ästhetisierung aller Lebensbereiche an. Diese Ästhetik, die ein Produkt höchster technischer Verfeinerung und Ausnutzung moderner industrieller Kapazität ist, erzeugte das Äußere einer Lebenswelt, die eine vorindustrielle Seinsweise suggerierte. Schäfers „Agrarliteratur im durchorganisierten Industriestaat“ orientiert sich am Leitbild „des bäuerlichen Schollenmenschen, hausväterlicher Heimlichkeit und landschaftlicher Innerlichkeiten“; seine „Heimatkunst“ verstand sich als Gegenbewegung gegen die Moderne und blieb allenfalls bei einem landschaftlichen Naturalismus stehen.[22] Sein rückwärtsgewandter, romantisierender Kunstbegriff, der auch in seinem antiquierten, historisierenden Sprachstil zum Ausdruck kommt, blendet die Moderne als soziale Realität einer Industrienation und als Stil- und Kunstbegriff aus und versucht die Gegenwart sowohl mit Hilfe vormoderner Sprachformen und Inhalte zu überwinden, wie auch ihr durch eine Ästhetisierung der Lebensbereiche zu entgehen – womit er ihr aber desto nachhaltiger anheimfiel. Ähnlich wie Dehmel und Eulenberg, wenn auch deutlich „provinzieller“ und mehr zu „den Quellen gezogen“, propagiert Schäfer die Erziehung durch Bildung und Kunst, denen zugleich eine ersatzreligiöse Funktion zukommt.[23] Sein „mit fast fanatischem Eifer gepflegtes Sprachgefühl“, das durch seine „Sätze braust“, gibt jedem Wort einen „gedankenschweren Inhalt“ und bleibt, trotz gelegentlicher Verwendung der Mundart und Umgangssprache, reine Kunstprosa. Neben dem Wortklang ist es vor allem der durchgehend „anaphorische und hyperbolische Zug, der dem Stil sein

21 Doderer, Rheinlande, S. 75.

22 Hans Schwerte, Deutsche Literatur im Wilhelminischen Zeitalter, in: Deutsche Literatur der Jahrhundertwende, hrsg. von Viktor Žmegač, Hanstein 1981, S. 11.

23 Ernst Volkmann, Dr. h.c. Wilhelm Schäfer, in: Imprimatur, Heft XI/1952/53, S. 209.

rhetorisches Gepräge gibt."[24] Seine inhaltliche Orientierung an der den Naturgesetzen unterliegenden Ordnung des Lebens, findet ihre Umsetzung in dieser Sprachverwendung; sie kündigt den erzieherischen Auftrag an der Gesamtheit des Volkes durch den Schriftsteller an, dessen Nucleus schließlich im Begriff der „Tragik des Künstlers" deutlich zutage tritt. Paradigmatisch sichtbar wird diese Tragik, der sich Schäfer selbst auch ausgesetzt sieht, anhand seiner Darstellung des Scheiterns des Malers, Radierers und Bildhauers Karl Stauffer, aus dessen Lebensbericht – von Schäfer in identifikatorischer Ich-Form verfaßt – Carl Schmitt in seinem Schattenriß wörtlich zitiert.[25] Schäfer bezeichnet hier das triebhaft zwischen den Künsten Malerei und Plastik schwankende Genie Karl Stauffer[26] – der zur „Zeit seines Berliner Aufenthaltes im Ruf" stand, „ein Bohème allerersten Ranges zu sein" –, als einen Ausdruck ‚gesteigerten Leichtsinns'.[27] Diese Demontage des Genies durch Schäfer verdeutlicht, daß sein Genie-Begriff in Adaption des den Künstler stets existentiell bedrohenden Chaos der Natur formuliert wird. Er verkörpert zwar die Zentralfigur des großen Einzelnen, doch seine Überschreitung der Ordnungsvorstellungen, die identisch mit einer durch die Tradition vermittelten Ordnung der Gesellschaft sind, zeigt, daß das Genie wie jeder andere den als natürliche Kräfte in Erscheinung tretenden Schicksalsmächten (die fast immer kulturell codierte Ordnungsmuster sind) unterliegt. Für Schäfer steht die Ignoranz des Genies gegenüber diesen Ordnungsmächten im Widerspruch zu seiner ‚eigentlichen Aufgabe', nämlich in das Chaos ordnend einzugreifen. Er betont daher den dauernden Prozeß der Selbsterziehung, das „Ringen mit seinen Leidenschaften", dem sich der Künstler als Voraussetzung für seine Kunst selbst ausgesetzt sieht. Diese Deutung des Genies durch Schäfer ist scheinbar eine Relativie-

---

24 Hamacher, Schäfers Prosa, S. 102f.

25 Wilhelm Schäfer, Karl Stauffers Lebensgang. Eine Chronik der Leidenschaft, München – Leipzig 1912. Vgl. auch den im gleichen Jahr erschienenen Lebensbericht von Otto Brahm, Karl Stauffer-Bern. Sein Leben, seine Briefe, seine Gedichte, Berlin 1912; sowie: Cornelius Gurlitt, Die Deutsche Kunst seit 1800. Ihre Ziele und Taten, Berlin 1924, S. 466f.

26 An dieser Stelle sei kurz auf die Verbindung und Ähnlichkeit von Karl Stauffer und Gottfried Keller hingewiesen; vgl. dazu u. a.: Hermann Boeschenstein, Gottfried Keller, Stuttgart 1969, S. 20f.; Paul Schaffner, Gottfried Keller als Maler, Stuttgart – Berlin 1923, S. 10f.

27 Julius Bab, Die neuromantische Bohème, in: ders., Berliner Bohème, Bd. 2 der Großstadtdokumente, Berlin – Leipzig 1904, S. 73. Bab verweist darauf (S. 76), daß in der Berliner Bohème das ständige Absinthtrinken als Ausdruck „für Echtheit und innere Notwendigkeit" galt; es nimmt damit den Stellenwert ein, den Schäfer dem Schnapstrinken der bäuerlichen Personen in seinen Anekdoten zuweist.

rung der ästhetischen Kategorien des Genie-Kultes, die zugleich mit dem Verdikt jeder Art von Ordnungsüberschreitung einhergeht. Tatsächlich sind jedoch die ästhetischen Ordnungsmuster bei Schäfer dominant; sie werden lediglich aus anderem Material gebildet, nämlich aus quasi naturwüchsig gegebenen Hohlformen, die ihr Maß vorwiegend im einfachen, naturnahen, ländlich-provinziellen Dasein finden.

Scheinbar im Widerspruch zu seinem konservativen politisch-gesellschaftlichen Modell, auf das seine Dichtungen ausgerichtet sind, steht sein Werben um Verständnis für das durch kulturelle Zwänge stets bedrohte Genie, wie es in seiner Lebensbeschreibung des Künstlers Stauffer-Bern paradigmatisch zur Darstellung kommt. Diese Ambivalenz zwischen Abstandnahme von und Agitation für das Genie findet aber ihren gemeinsamen Ausgangspunkt in Schäfers Kunsterziehungsprogramm, das er mit seiner Zeitschrift „Die Rheinlande“ in die Tat umsetzt. Mit diesem Unternehmen, das die Kunst zum Gemeineigentum des Volkes – dem Schäfer als Herausgeber zugleich Führer und Erzieher sein will – erklärt, reiht er sich ein in die Nachfolge von Langbehns Programm, das dieser in seiner Schrift „Rembrandt als Erzieher“ formuliert und das um die Jahrhundertwende eines der am meisten verbreiteten Bücher war.[28] Carl Schmitts ‚polemische‘ Annahme, daß Schäfers Situierung des Genies im Spannungsfeld zwischen ‚gesteigertem Leichtsinn‘ und ‚Scheitern‘ dazu diene, dessen eigene Genialität zu unterstreichen, findet durchaus reale Entsprechungen: zum einen in der oben erwähnten Ich-Form der Darstellung von Stauffers Lebensbericht, aus dem er den erzieherischen Führungsauftrag des Dichters, wie seine priesterliche Funktion ableitet. Und zum anderen in Schäfers identifikatorischer Verehrung Nietzsches, der sich gerade durch sein „scheiterndes“ Ende als Genie erwiesen habe. Denn gerade im Scheitern des Künstlers enthüllt sich dessen erzieherische Leistung, die noch im Akt der mißlungenen Disziplinierung des eigenen Selbst die bestehende Ordnung bestätigt.

Mit der ästhetisierenden, rückwärtsgewandten Hinwendung zum natürlichen Leben, das ausschließlich dem Diktat der Naturgesetze unterstellt wird, geht – so auch bei Schäfer – eine „durchgehend problematische Auseinandersetzung mit dem dogmatischen Katholizismus“ einher, die einen zentralen Ansatzpunkt für

---

28 August Julius Langbehn, Rembrandt als Erzieher. Von einem Deutschen, Leipzig 1890. Langbehn, der sich in der Tradition von Lagarde bewegt, dessen Sendungsgedanken er in den Bereich der Kunst verlagert, huldigt wie Schäfer der romantischen Version einer Ständegesellschaft. Vgl. dazu auch Peter Ulrich Hein, Visionen von „Rembrandt-Deutschland“, in: ders., Transformation der Kunst. Ziele und Wirkungen der deutschen Kultur- und Kunsterziehungsbewegung, Köln – Wien 1991, S. 59–81.

Carl Schmitts Aversion bildet. „Unversöhnlich" im Ton wird Schäfer, „wenn er den Katholizismus kritisiert" und wenn es um die

> „katholische Kirche geht, dann ist es entweder das Pathos, in dem sich seine Kraft äussert, oder die immer denselben Wortfeldern entnommene Wortwahl, in der sich seine Ausdauer zeigt, oder die immer zur Satire und Ironie gesteigerte Offenheit, in der sich seine Ehrlichkeit beweist".

Auffallend ist Schäfers tendenziöse Darstellung von kirchlichen Figuren, die er stets „krank und kraftlos" zeichnet, von wenigen „kirchengeschichtlichen Persönlichkeiten" abgesehen, an denen er „um der historischen Wahrheit willen nicht vorbei kann". Im Gegensatz dazu stattet er die rein diesseitsorientierten Menschen überall mit „einem kraftvollen Naturell aus".[29]

Dieser ausgeprägt anti-römische Affekt von Schäfer steht in enger Verbindung mit dem in seinen Anekdoten bzw. Novellen entfalteten Geschichtsbegriff, der im stets sich schicksalhaft einstellenden Wendepunkt sichtbar wird. Dieser Wendepunkt, der durch „eine Handlung, eine Begegnung oder ein anderes Ereignis" eintritt, ist der Punkt, an dem

> „der Kreis des Geschehnisberichts von der unendlichen Linie irdischer und überirdischer Gesetze und Erkenntnisse berührt wird".[30]

Die als Schicksalsmächte waltenden Gesetze dienen Schäfer jedoch nicht, um die Unterordnung des Menschen unter objektiv gegebene äußere Mächte zu zeigen, sondern sie enthüllen stets ein „inneres Geschehen", sind also nur Anlaß, psychologisch motivierte Handlungsabläufe sichtbar zu machen.[31] Der Untertitel von Schäfers Lebensbeschreibung Karl Stauffers – „Eine Chronik der Leidenschaft" – könnte nicht zuletzt deshalb als Motto über sein gesamtes literarischen Schaffen gesetzt werden. Irreführend ist hier allerdings der Begriff der Chronik, der den Eindruck der möglichst objektiven Wiedergabe des Geschehens erweckt und doch nur dazu dient, das innere subjektive Erleben zum objektiven und allgemeingültigen Strukturmuster, dem die menschliche Natur unterliegt, zu erheben. Von hier aus erklärt sich auch Schäfers Hinwendung zur Geschichte als Geschichte von Personen, die im traditionellen Sinne nicht Träger offizieller Geschichte sind. Dies wird besonders deutlich, wenn er in seltenen Fällen auf Personen die „Geschichte gemacht" haben, zurückgreift, so z. B. im Falle von Napoleon in seiner

29 Hamacher, Schäfers Prosa, S. 108ff.

30 Eten, Schäfer, S. 59.

31 Eten, Schäfer, S. 59.

Anekdote „Die Gräfin Hatzfeld“. Hier, wie in allen anderen Fällen zeigt sich, daß die historischen Figuren lediglich der Ausstattung des Erzählrahmens dienen, die Handlung aber zwischen den rein „menschlichen Individuen“ (zwischen Herrn Bonaparte und der Ehefrau Hatzfeld) verläuft. Festzuhalten bleibt, daß Schäfers Begriff von Geschichte der vor allem durch Karl Lamprecht entwickelten Kulturgeschichte angehört, deren zentraler Ausgangspunkt das Subjekt und dessen psychische Handlungsmuster sind. Mit dieser Form der Geschichtsschreibung, die Carl Schmitt in seinem Schattenriß „Pipin der Kleine“ ins Visier nimmt und in Anlehnung an Lamprecht als „Zeitalter der Reizsamkeit“ bezeichnet, kommt zwangsläufig dem Dichter eine neue Funktion zu.[32] Geschichte als Geschichte von „dem Leben, das in uns allen so starke und geheimnisvolle Schalen brennt“, wie es in Schäfers pathetischer Formulierung heißt, verankert das Reich der Sittlichkeit nicht mehr in äußeren Mächten, wie Staat oder Kirche, sondern in „der sittlichen Persönlichkeit jedes Einzelnen“ ist nun das „Reich gegründet“.[33] Mit der Folge, daß

> „der Menschheit Würde, das Wort der Volksseele beim Dichter [liegt]; seine Kündigung ist die Summe dessen, was sein Volk als Stimme Gottes der Menschheit zu sagen hat“.[34]

Dem dergestalt zum Priester erhobenen Dichter können „Gott und Ewigkeit, Himmel und Hölle, Tod und Teufel [...] keine Namen für die Gebildetensprache“ mehr sein. Unter diesen Vorzeichen ist es ebenso Aufgabe wie „Natur des Dichters [...] volkstümlich zu sein“, denn „in ihm wächst das Rettende“.[35] Sakralisierung des Dichters und Hypostasierung des Völkischen – auf diese Formel kann das Programm Wilhelm Schäfers gebracht werden.

9. Eberhardt Niegeburth

Die fiktive Person ‚Niegeburth‘ ist eine Konstruktion aus den Elementen der verschiedenen Facetten der Kultur um 1900, die Schmitt in Form von Namen und Begriffen, die für Motive und Themen stehen, in eine fiktive Handlung überführt. Den beiden „Gründungsvätern“, Nietzsche und Darwin, ordnet er auch hier die

32 Schmitt, Schattenrisse, S. 67.

33 Wilhelm Schäfer, Anekdoten, München 1928, S. 145.

34 Eten, Schäfer, S. 107. Schäfer entspricht damit sehr präzise dem von Schmitt in seiner „Politischen Romantik“ beschriebenen Typus.

35 Wilhelm Schäfer, Wider die Humanisten. Eine Rede, München 1943, S. 20.

bereits mehrfach thematisierten Felder zu: Subjektivismus und Genie-Kult als Diesseits-Religion einerseits sowie eine rein biologische Definition des Menschen, deren Ausarbeitung durch die Naturwissenschaften erfolgt und die in alle Wissensbereiche und Künste expandiert. Nietzsches „genialer Ästhetizismus", seine „Überlegenheit über jeden Wert" und die „Vogelschau der Genialität", bilden mit Darwins „1000 Seelen durch Teilung und Spezialisierung", die beiden Eckpfeiler des von Schmitt beschriebenen ‚stand of the arts'. Die Elemente, die beides verbinden, sind die Technik und die „Prinzipien moderner Arbeitsorganisation". Auf dieser Basis entfaltet Schmitt im Stile eines banalen ‚Kurz-Krimis' – mit einer Form also, die ihrerseits programmatisch das Darzustellende abbilden soll – die Struktur des Protagonisten, der zugleich als Prototyp seiner Zeit entworfen wird. Er wird präzisiert anhand einer Reihe von Namen, die zur Differenzierung und Spezifizierung des Begriffsfeldes eingesetzt und auf verschiedene kulturelle und gesellschaftspolitische Bereiche angewandt werden.

Ausgehend von Darwin und Nietzsche skizziert Schmitt den auf deren Ideengut rekurrierenden Prozeß der Subjektivierung: Niegeburths „Harmonium seiner Gefühle", das „Farbenspektrum" und die „Reizsamkeit seiner Psyche" sind Schlüsselbegriffe der modernen Psychophysiologie, die die Bildung und Intensivierung des Subjekts und des Subjektiven ebenso beschreiben wie hervorbringen. ‚Erlebnis' im ‚Selbstgenuß' statt ‚Tat' – auf diese Formel bringt Schmitt die Konsequenz dieser Entwicklung, die er anhand von Niegeburths ‚letztem Abenteuer' darstellt.[1] Er rückt damit nicht nur den von Karl Lamprecht mit dem Begriff der „Reizsamkeit" initiierten Blickwechsel der Geschichtswissenschaft, den dieser unter Rückgriff auf Nietzsche formulierte, ins Zentrum, sondern er führt am Beispiel Niegeburths auch vor, was er in seiner „Politischen Romantik" als charakteristisch für die „romantische Produktivität" bezeichnen wird: Die „Welt als Anlaß eines Erlebnisses".[2] Thematisiert wird damit die Wendung von der „Individualität des denkwürdigen Menschen" hin zur „Individualität des berechenbaren Menschen", dessen Parameter durch die neuen Biowissenschaften definiert und hervorgebracht werden.[3] Schmitts Kontrastierung von ‚Tat' und ‚Erlebnis', die er im Schattenriß „Niegeburth" umsetzt, charakterisiert den Übergang

1 Diese Gegenüberstellung – „nicht mehr die große Tat, sondern das große Erlebnis" – formuliert Schmitt auch in den „Buribunken". Leporellos Aufzeichnungslust ersetzt hier die eigene Tat.

2 Schmitt, Politische Romantik, Inhaltsverzeichnis und bes. S. 135–150.

3 Michel Foucault, Überwachen und Strafen. Die Geburt des Gefängnisses, Frankfurt/M. 1977, S. 249. Zur Verdeutlichung der Terminologie soll hier noch einmal festgehalten wer-

> „vom Epos zum Roman, von der Großtat zur heimlichen Besonderheit, von den langen Irrfahrten zur inneren Suche nach der Kindheit, von den Kämpfen zu den Phantasmen auf die Formierung einer Disziplinargesellschaft“.[4]

Den entscheidenden Anfang dieses Umbruchs – der mit dem Begriffspaar ‚Individualität‘ versus ‚Subjektivität‘ charakterisiert werden kann – situiert er in der Romantik; um 1900, mit den neuen Naturwissenschaften, erfährt er seine vorläufig höchste Stufe der Ausdifferenzierung.[5]

Die kultursoziologischen Phänomene, die anhand von „Niegeburth“ zunächst thematisiert werden, sind die Wirkungen der neuen Werbemittel auf die Printmedien. Schmitt supponiert, daß die inhaltliche wie formale Veränderung der neuen literarischen Massenproduktion deren spezifischen Bedingungen folgt. Als gesellschaftspolitischen Nukleus erwähnt er – neben der Aktualisierung der Schullektüre, in der die neuen Parameter zum pädagogischen Programm umgesetzt werden – mit dem „Kunstwart“ und dessen Programm zur Schaffung einer „Ausdruckskultur“, die neue psychophysische Indienstnahme des Menschen. Auf die Produktion und Leistungssteigerung von dessen Innenleben, die sich auf die Sinne – als Bindeglied zwischen Körper und Geist – und deren austest- und spezialisierbare Fähigkeiten konzentriert, verweist Schmitt anhand von Jaques Dalcroze, dessen Musikerziehung wesentlicher Bestandteil der Reformbewegung war. Das erwähnte Kleid der Tochter Tizians stellt über den engeren Rahmen von Dalcroze hinaus eine Verbindung zu zahlreichen anderen Lebensreform- und Kunsterziehungsbewegungen her.[6] Einen ähnlichen Stellenwert nimmt in Schmitts Darstellung von Niegeburth das Theater ein, das von ihm paradigmatisch für den Wechsel vom ‚Abenteuer‘ oder der ‚Tat‘ zum ‚Erlebnis‘ eingesetzt wird. Nicht nur Fuldas „Schlaraffenland“ ersetzt ‚die Tat‘ durch das innere Erleben, sondern auch Arnolds „Pierrot“, der das theatralische Vorbild für Niegeburths letztes Abenteuer ist.

---

den, daß Schmitt zur Differenzierung die Begriffe „Individuum“ und „Subjekt“ verwendet. Die vorliegende Arbeit folgt dieser Begrifflichkeit.

4 Foucault, Überwachen, S. 249. Schmitt verweist sowohl in seinem „Vorwort“ als auch im Text zu „Niegeburth“ – am Beispiel Dehmels und Ellen Keys – auf die mit der Romantik beginnende „Entdeckung“ der Kindheit hin. Zur „Geschichte der Kindheit“ vgl. den gleichnamigen Titel von Philippe Ariès, 1. Aufl. 1960; dtsch.: München 1975; sowie zur ‚Verwertung‘ des Themas ‚Kind‘ und dessen Überformung in der Literatur: A. Söntgerath, Pädagogik und Dichtung. Das Kind in der Literatur des 20. Jahrhunderts, o. O. 1967.

5 „Romantik kommt von Roman“ – so Schmitts bündige Formel in einer Nachlaßnotiz.

6 Das gesamte Spektrum um 1900, das vom „Werkbund“ bis hin zur ‚Ausdruckskultur‘ eines Rudolf Steiner reicht, findet in der Zeitschrift „Der Kunstwart“ ein Forum.

Die mit dem „Kartell lyrischer Autoren“ Praxis gewordene Verrechtlichung geistigen Eigentums,[7] die durch den Schriftsteller als Beruf unter den Parametern von Markt und Konkurrenz erforderlich wird, sind die juristischen wie wirtschaftlichen Rahmenbedingungen und Komplementärphänomene, denen aus Schmitts Sicht die neue Literatur entspricht. Deren formales Erscheinungsbild, das die Schattenrisse aufgreifen und wiederholen, schildert er als ‚mobile‘ und subjektivistische Kurzform: Novellen, Anekdoten, Aphorismen, Manifeste, sowie Kriminal- und Fortsetzungsromane der Zeitungen.[8] Daß auch die letztgenannten dem Kriterium Rechnung tragen, wird unterstrichen durch die Erwähnung von Nick Carter – eine Figur, mit der die Singularität des Helden in Serie ging. Die „Schattenrisse“, die der neuen Kurzform folgen, adaptieren auf diese Weise ein erwähntes und ein verschwiegendes Vorbild: Herbert Eulenberg und dessen „Schattenbilder“, an die Schmitt mit dem Titel „Schattenrisse“ einen Schüttelreim zur Bewertung des abgebildeten Inhalts knüpft, wird ausdrücklich angegeben.[9] Nicht erwähnt dagegen wird Hegels „Phänomenologie des Geistes“, in der Hegel dafür plädiert, das bisherige Wissen sich in Form von „Spielen des Knabenalters“ anzueignen, um im „pädagogischen Fortschreiten die wie im Schattenrisse nachgezeichnete Geschichte der Bildung der Welt“, vereinfacht, aber rascher verarbeiten zu können.[10] Eine Vorgehensweise, die Hegel selbst in seiner Schrift bereits in die Tat umsetzt.[11] Das

7 Vgl. dazu neben der im Kommentar angeführten Literatur zur Kartellbildung zum Schutze der Autorenrechte, die grundlegende Abhandlung zum Beginn der neuzeitlichen Definition des geistigen Eigentums von Heinrich Bosse, Autorschaft ist Werkherrschaft, Paderborn u. a. 1981.

8 Vgl. Schmitt, Schattenrisse, S. 37 und 43f. In seinem Vorwort zum „Begriff des Politischen“ aus dem Jahre 1963 thematisiert Schmitt zwei mögliche Kurzformen, die er scharf gegeneinander abgrenzt. Da mit der Epoche der Staatlichkeit die „Zeit der Systeme“ vorbei sei, bleiben der Aphorismus und das Corollarium. Während der Aphorismus – nach antiken Vorstufen und der Aphoristik der französischen Moralisten des 17. und 18. Jahrhunderts – mit dem beginnenden Subjektivismus durch Nietzsche zu dessen bevorzugter Form wird, betont Schmitt, daß ihm als Juristen, der „Sprung in den Aphorismus“ nicht möglich ist. Er entscheidet sich für das Corollarium, das er als Konstitution eines Begriffsfeldes definiert, in „welchem die Begriffe sich durch ihre Stellung im Begriffsfeld gegenseitig informieren“. Schmitts Erläuterung rekurriert auf eine strenge Logik des Begriffs, die alles subjektive ausschaltet (Schmitt, Begriff des Politischen, S. 17).

9 Vgl. dazu Text und Kommentar des Schattenrisses „Herbert Eulenberg“.

10 Georg Wilhelm Friedrich Hegel, Phänomenologie des Geistes, Frankfurt/M. 1981, S. 32.

11 Ohne darauf näher eingehen zu wollen, möchte ich hier an Nietzsches Feststellung erinnern: „Ohne Hegel kein Darwin“, in: Fröhliche Wissenschaft, Kröner Taschenbuch-Ausgabe, S. 262. Daß Schmitt auf die Zusammmenfassung des Wissens durch Hegel rekur-

enzyklopädische Wissen wird auf diese Weise zusammengefaßt und unterliegt notwendig der subjektiven Auswahl des Interpreten, für dessen Person man sich deshalb, so Eulenberg, interessieren muß.[12] Der Interpret, nun Stellvertreter des Wissenskanons und Garant der Wahrheit, rückt damit in eine Schlüsselstellung ein.

Anhand des Dramas „Zu klein geraten“ erweitert Schmitt seine formale Charakteristik und wendet sie auf den Inhalt der Literatur an; dem Dramentitel kommt dabei eine programmatische Qualität zu. Er verweist auf die Hinwendung vor allem der naturalistischen Literatur zu den kleinen Einzelheiten. Diese Literatur situiert Schmitt in der ganzen polyvalenten Bedeutung des Wortes als Literatur des ‚Abfalls‘. Die einzelnen Facetten dieser Abfall-Kultur leuchtet er über Namen und Begriffe aus, die das neue „Schlaraffenland“ – um auf seine Erwähnung der einzigen Vertonung eines ziemlich unbeachtet gebliebenden und eher nebensächlichen Werkes von Fulda[13] zu rekurrieren – und dessen Merkmale spezifizieren. Er stellt dazu dem Protagonisten ‚Niegeburth‘ ein weibliches Gegenstück zur Seite, das – aufgeteilt in mehrere Personen und Namen, die für verschiedene Zuschreibungen stehen – die Weiblichkeitsentwürfe um 1900 verkörpert. Die weiblichen Namen reflektieren den fragmentierten und fragmentierenden Blick, der zugleich wesentliche kulturelle Facetten widerspiegelt. Im Zentrum steht dabei mit der Figur von ‚Carmencita de los Canonares‘ die Frau als Projektionsfläche für Sexualität, die um die Jahrhundertwende von Wedekinds „Lulu“ bis zu Otto Erich Hartlebens „Hanna Jagert“ und das heißt, im Spannungsfeld von „reinster Natur“ und „schlangenbe-

---

riert, geht aus seiner „Nordlicht“-Schrift hervor. Er betont hier den „Geschichtsphilosophen, der Jahrtausende menschlicher Geschichte zusammenrafft“ (Schmitt, Nordlicht, S. 56). Er hebt hier allerdings auch Hegels Interesse an der rätselhaften Sekunde hervor und stellt ihn in enge Verbindung mit Däubler – eine Interpretation, der er später mit der Aufgabe seiner christlichen Deutung von Däublers Werk den Boden entzog. Zur Nähe und Differenz Hegels zu den an den Kategorien des ‚Lebens‘ orientierten Theoremen vgl. Friedrich A. Kittler, Aufschreibesysteme 1800/1900, München 1987, S. 164ff.; Jürgen-Eckhardt Pleines, Einengung der anthropologischen Fragestellung, in: ders., Bildung. Grundlegung und Kritik eines pädagogischen Begriffs, Heidelberg 1971, S. 55ff.

12 Vgl. dazu auch Kommentar und Analyse des Titelblattes, sowie dasselbe zu Eulenberg. In diesem Zusammenhang steht auch der um 1900 viel thematisierte Begriff des „Dilettantismus“, der eine Popularisierung des Wissens ermöglichen soll. Schmitts ‚Refrain‘ in den „Schattenrissen“ vom „Gemeingut aller Gebildeten“ zielt auf diese Form der Wissensvermittlung. Er rückt damit zugleich jene ‚Zielgruppe‘ der „Gebildeten“ in den Blick, der auch seine Kritik des Liberalismus und der Politischen Romantik gilt.

13 Fuldas aktuelle Version des Schlaraffenlandes versucht die beiden, in einem Spannungsverhältnis stehenden, Pole menschlichen Daseins – Realität und Traum – zur problemlosen Übereinstimmung zu bringen. Vgl. dazu den Kommentar.

schwatztem" ‚Überweib' vielfach thematisiert wurde.[14] Dabei spiegelt Schmitts Version der ‚Dollar- und Canonencarmen' sehr lucide den Wechsel des erotischen Dispositivs wieder. Etablierten die Romantiker um 1800 die Koppelung der Sexualität an Mutter- wie Menschenliebe, so wird um 1900 ein Kurzschluß zwischen Liebe und Geld hergestellt.[15] Darauf verweist die erweiterte Namensgebung von ‚Carmen', die mit ‚Gabriele Simon' und ‚Rothschild' den Zusammenhang mit dem annihilierenden Signifikanten „Geld", dem allgemeinen Tauschmittel und Äquivalent, herstellt.[16] Die Carmen-Figur wird kontrastiert durch das Pseudonym ‚Werwolffsohn' und den Namen ‚Mariechen' und ‚Lene', die als Begriffe für das andere Extrem des Entwurfs von Weiblichkeit stehen. Dieses Spektrum der Erotik von Mutter und Hure wird von Aspekten der Exotik umrahmt und unterstreicht sie als zentrale Elemente der Ästhetisierung und Konstituierung des Subjekts.[17]

Der annihilierende Signifikant wird nicht nur in das erotische Dispositiv eingerückt, sondern die Verbindung der kapitalgesättigten südamerikanischen Carmen mit den Namen der jüdischen Bankhäuser Rothschild und Simon, stellt einen Zusammenhang mit den beiden, um 1900 sich im Umbruch befindenden, Formen der Finanzwirtschaft her: dem Bank- und Börsenwesen und seiner Spekulation einerseits sowie dem Kapital der Großunternehmer andererseits. Beides steht für die ‚jüdische' versus ‚amerikanische' Wirtschaftsform, oder für: „Rothschild oder Morgan?"[18] Während Rothschild als Repräsentant der jüdischen „Handhabung des Geldes" galt, die „in der Abwägung der Werte gegeneinander" bestehe und „die die Werte ewig nur verschiebt", verkörpere Morgan den Typus der kommenden Fi-

---

14 Leo Berg, Der Übermensch in der modernen Literatur, Paris – Leipzig – München 1897, S. 212.

15 „Wenn heute eine Frau aus Liebe fällt, so fällt sie morgen aus Geld", so Thomas Manns präzise Wiedergabe in seiner frühen Novelle „Gefallen". Zitiert nach: ders., Gesammelte Werke in dreizehn Bänden, Bd. VIII, Frankfurt/M. 1974, S. 42.

16 Vgl. Jacques Lacan, Das Seminar über E. A. Poes „Der entwendete Brief", in: ders., Schriften I, Frankfurt/M. 1975, S. 37.

17 Schmitts Auflistung der Merkmale der Kultur um 1900 stimmt sehr genau mit Hermann Bahrs Schilderung des „Mottos aller Kämpfe" überein: „Darum nach unempfundenen Reizen das Wühlen durch die schaurigsten Laster, daher das irre Schweifen nach den letzten Winkeln der Erde, daher die fletschende Wuth um neue Parfüme, brünstigere Farben und die fremdesten Klänge. Der Sadismus, der Exotismus, der Bibelotismus der Moderne – das alles sind nur verschiedene Ausbrüche der nämlichen folie sensationiste." Hermann Bahr, Studien zur Kritik der Moderne, Frankfurt/M. 1894, S. 11.

18 G. A. Friese, Rothschild oder Morgan? Eine unparteiische Studie über ideale und praktische Rassenveranlagung sowie über die modernen wirtschaftlichen Machtverhältnisse, Leipzig 1904, S. 26ff.

nanzgröße, die eine „produktive Finanzspekulation“ betreibe, indem sie „neue Werte wirklich“ schaffe; sie stelle deshalb ein „wirtschaftliches Ferment höherer Potenz“ dar.[19] Dergestalt rassisch anmutende Überlegungen kommen denn auch zu dem Schluß, daß „der große produktive Spekulationsgeist“ nur im „arischen, speziell germanischen Gehirn“ greife.[20] Schmitt, der die Vertreterin des amerikanischen Reichtums ebenso wie Rothschild und Simon in den Kontext des „großen Genies“ Niegeburth stellt, distanziert sich nicht nur mit seinen zahlreichen Seitenhieben gegen Darwin von biologisch-rassischen Zuordnungen, sondern auch von beiden Finanzmodellen.

Die bisher aufgezeigte Konstellation wird durch weitere Namen, die jeweils für bestimmte Sachverhalte stehen, spezifiziert. Mit der Figur des Cesare Borgia rückt der Antikatholizismus und damit zugleich der anti-römische Affekt in den Blick, auf den sich Schmitt 1923 in seiner Schrift „Römischer Katholizismus und politische Form“ konzentriert.[21] Der mit Borgia verbundene Don-Juanismus, den Niegeburth zu praktizieren plant, wird aus dem Realen ins Imaginäre der dichterischen Phantasie verlagert. Diese Transposition im Zeichen des Zypernweins, substituiert das tätige Schöpfertum Pygmalions durch den die Einbildungskraft anregenden Alkohol. Dementsprechend spielen sich die Ereignisse – deren imaginäre Abfolge erst durch den Einbruch des Realen unterbrochen wird – ausschließlich in der Vorstellung Niegeburths ab. Als weiteres Stimulanz dient der Revolver, mit dem der neue Serienheld der Massenliteratur, Nick Carter, zitiert wird.[22] Den Plan Niegeburths beschließt mit dem Namen Tizians und dem Kleid seiner Tochter Livinia ein Hinweis auf die Kunstrezeption der ‚Gebildeten‘.

Schmitts Entfaltung der „Welt als Anlaß eines Erlebnisses“ präzisiert die Thesen seiner „Politischen Romantik“ ‚avant la lettre‘. Er zeigt mit ‚Niegeburth‘, der Nick-Carter-Variante des ‚Romantikers‘, das zeitgemäße, die Jahrhundertwende abbildende Modell seiner dort die Anfänge um 1800 herausarbeitenden Diagnose. „Schattenrisse“ und „Politische Romantik“ beschreiben damit jeweils den Anfang eines Jahrhunderts; der zeitliche Schnitt läßt die Entwicklung der „Relationen des Subjektivistischen“, die Kontinuitäten wie Brüche, hervortreten.[23]

19 Friese, Rothschild oder Morgan, S. 26. Friese koppelt dieses differente Verhalten an Rassenmerkmale, die bis in die Schilderung der Gestalt der Schädelform hineinreicht. Vgl. dazu insbes. ebenda, S. 10f., 15 und 27.

20 Friese, Rothschild oder Morgan, S. 27.

21 Carl Schmitt, Römischer Katholizismus und politische Form (1923), 4. Aufl. (nach der 2. Aufl. von 1925), Berlin 1985.

22 Schmitt, Schattenrisse, S. 40.

23 Schmitt, Politische Romantik, S. 29.

10. Anatole France

Anatole France wird von Marcel Proust unter dem der „L'histoire contemporaine" entlehnten Namen ‚Bergotte' folgendermaßen geschildert:

> „Er erblickte in dem, was er sagte, eine Art plastischer Schönheit, die ganz unabhängig von der Bedeutung seiner Sätze war, und da das gesprochene Wort in Beziehung zur Seele steht, sie aber nicht ausdrückt wie der Stil beim Schreiben, schien Bergotte fast dem Sinn entgegensetzt zu sprechen, indem er gewisse Worte halb singend in die Länge zog und, wenn er unter ihrem Fluß ein einziges Bild verfolgte, sie ohne Unterbrechung mit ermüdender Monotonie auf einem einzigen Stimmton hielt. Auf diese Weise prägte die gleiche Darstellungskraft, die in seinen Büchern fortlaufende Bilder und Harmonie hervorbrachte, seinem gesprochenen Wort in ästhetischer Hinsicht das Merkmal einer anmaßenden, emphatischen und zugleich eintönigen Redeweise auf."[1]

Diese Beschreibung Prousts enthält bereits wesentliche Elemente, die auch Carl Schmitt zur Charakterisierung von France heranzieht: seine Produktion von Harmonie, sein Verhältnis zur Buchstäblichkeit des Wortes und seine monotone Wiederholung des Gleichen. Figuriert in den „Schattenrissen" durch die immer gleiche sich aufschlagende Seite, die er selbst als „ein Symbol der Gleichförmigkeit seiner Arbeiten"[2] bezeichnet, symbolisiert sie zugleich seine Abwehr des gedruckten, weil dadurch festgelegten Wortes: France betont, daß er weder moderne Bücher noch seine eigenen im Hause habe und sich deshalb beständig wiederhole.[3] Sein gesamtes Werk steht unter dem von ihm vielfach variierten Diktum: „Und geschiehet nichts Neues unter der Sonne".[4] Die Wiederholung des immer Gleichen, die Schmitt in den Zusammenhang der Lektüre des großen Plötz und einer fiktiven ‚Urszene' des Autors stellt, bildet den zentralen thematischen Komplex

---

1 Marcel Proust, Im Schatten junger Mädchenblüte, 2 Bde., Frankfurt/M. 1981, Bd. 1, S. 164. Schon bevor Proust Anatole France in „die Gestalt von Bergotte verwandelte, machte er ihn in ‚Jean Santeuil' zum Vorbild für M. de Traves, einem Schriftsteller, dessen Romane sich einander ebenfalls geheimnisvoll ähneln." William Howard Adams/Paul Nadar, Prousts Figuren und ihre Vorbilder. Aus dem Amerikanischen von Christoph Groffy, Frankfurt/M. 1988, S. 195.

2 France, Ulme, S. 137; vgl. dazu den Kommentar, sowie Schmitt, Schattenrisse, S. 46.

3 Vgl. dazu die Einführung von Georg Brandes zu Anatole France' „Komödiantengeschichte", Leipzig o. J., S. XVIf., in der es heißt: „Allzuoft kehrt bei ihm derselbe Gedanke fast mit denselben Worten wieder, zuweilen wiederholt er sich von einem Buche zum andern. Seite für Seite."

4 France, Epikur, S. 66.

seiner Darstellung von Anatole France. Neben der Erwähnung der Dreyfus-Affaire, dem politischen Diskurs der nationalen Rechten der III. Republik, der Rezeption seiner Werke in Deutschland, dem Blick auf das Deutsche Reich und das heißt, das politisch-gesellschaftliche Feld, karikiert Schmitt vor allem die philosophisch-theoretische Basis der Franceschen Literatur.[5]

Ein grundlegendes Merkmal des Skeptikers und „mandarin-dilettante“[6] Anatole France ist – neben dem vielfach erwähnten Ästhetizismus[7] – die ebenso häufig thematisierte Ironie seiner Texte. Daß er „mit jedem und allem sein Spiel treibe“, so daß der Leser häufig nicht mehr weiß, wann er seine Figuren „ernst nimmt und wann nicht“, ist einer der Hauptvorwürfe gegen den Autor.[8] France, der vor allem anhand der Gestalt des Abbé Coignard einen durchaus ernsthaften Angriff auf die Theologie und den katholischen Klerus unternimmt, überführt durch seinen ironischen Gestus alle Positionen und Bedeutungen in ein permanentes Flimmern, so daß die Leser, wenn sie „auf der letzten Seite angekommen sind“, kaum noch wissen, „was alles zur Sprache kam“.[9] Der anhaltende Wechsel der Positionen, der es France ermöglicht – so Carl Schmitt –, „die Menschen weder als gut noch als böse, weder als durchaus zweibeinig, noch als schlechtweg mikrozephal“[10] zu

5 Dieses Feld markiert France' Übergang von der „vita contemplativa“ in die „vita activa“, mit dem er zugleich einen (politisch-)weltanschaulichen Wandel vollzog. Eloesser, France, in: Literarische Portraits, S. 213. Zum weltanschaulichen Wandel von France vgl. Eugen Lerch, Das Problem Anatole France, in: Neue Jahrbücher für Wissenschaft und Jugendbildung, 1. Jg., 1925, S. 82f.

6 So der Begriff für den ironischen „professeur du néant“, den G. Renard im Hinblick auf France prägte, zit. nach: Albert Giers, Der Skeptiker im Gespräch mit dem Leser. Studien zum Werk von Anatole France und zu seiner Rezeption in der französischen Presse 1879–1905, Tübingen 1985, S. 161.

7 Vgl. dazu beispielsweise: Max Lorenz, Besprechung von Anatole France, Die rothe Lilie, in: Preußische Jahrbücher, 105. Bd./1901, S. 345–348. Lorenz' Kritik an France' Ästhetizismus argumentiert mit denselben Begriffen (alles wird in Stimmung aufgelöst, Ästhetisierung aller Lebensbereiche u. a.), die Schmitt in seiner Abhandlung „Politische Romantik“ zur Charakterisierung der romantischen Ästhetik einsetzt.

8 Giers, Skeptiker, S. 161.

9 So Brisson in seiner Besprechung von France' 1893 erschienenen „La rotisserie de la reine Pédauque“, zit. nach: Giers, Skeptiker, S. 161. Es ist bezeichnend – und Giers macht auf diesen Sachverhalt aufmerksam –, daß die Kritik von katholischer Seite mit der von seiten eines engagierten Sozialismus im Vorwurf an France' ‚Unernst‘, der aus seinem ironischen Spiel entsteht, übereinstimmt. Die daraus resultierende Unklarheit des Gesagten, führte im Falle von Lacoste zu einer Kritik, die versucht, der Figur des Abbé – deren „Aufgabe es ist, die Religion ad absurdum zu führen“ – ihre Heterodoxie nachzuweisen, vgl. Giers, Skeptiker, S. 161.

10 Schmitt, Schattenrisse, S. 46.

betrachten, beruht auf Anatole France' Technik der Textproduktion, der materiellen Basis seiner Weltanschauung.

Carl Schmitt, der bei Thomas Mann eine aus seiner doppelten Optik resultierende ‚Sowohl-als-auch'-Struktur herausarbeitet, die sich aus dessen paralleler Verarbeitung des Realen und des Imaginären ergibt, suggeriert, daß Anatole France' Werk einem ähnlichen Grundmuster folgt: einer permanenten Oszillation zwischen Imaginärem und Realem.[11] Aus dieser Technik des sich beständig gegenseitig aufhebenden Wechsels der Positionen, resultiert eine ‚Weder-Noch'-Struktur, die einem Verzicht auf jegliche Position gleich kommt.[12] Die Hinweise, die Schmitts Abhandlung zur Charakterisierung dieser ‚positionslosen' Texte von France gibt und die er als Ausdruck „bourgeoisoide(r) Abgründigkeit"[13] bezeichnet, erwähnen folgende Merkmale: Zum einen die Zentrierung auf banale und im Kontext vollkommen nebensächliche Kleinigkeiten des täglichen Lebens. Schmitt ersetzt beispielsweise zur Herausarbeitung dieser Charakeristik die theologisch-philosophischen Erörterungen des Abbé Lantaigne mit Herrn Professor Bergeret durch Gespräche über Fleischpreise. Ferner erwähnt er den Namen Robespierres in Verbindung mit der für das Revolutionsgeschehen völlig randständigen Figur Alexandre, den er – ebenso wie den Protagonisten und Revolutionär Evariste Gamelin – nicht in einer politischen, sondern vielmehr in einer banalen und ‚alltäglich-bürgerlichen' Situation zeigt.[14] Die beiden in France' Roman „Le dieux ont soif"[15] erwähnten Personen werden weder handelnd noch sprechend, sondern anhand von aus Gefühlen resultierenden Sinnenreizreaktionen dargestellt (das „traurige Lächeln", das „schmerzhafte Stirnrunzeln"). Schmitt zitiert damit das von France immer wieder hervorgehobene Erkenntnisinstrument des Gefühls, mit dem dieser die für ihn zentrale Kategorie des Lebens in den Blick nimmt.[16] Man kann

11 Vgl. dazu die Analyse zum Schattenriß „Thomas Mann".

12 „France ist der Feind aller Prinzipien. Für ihn gilt: jede Formel bindet; jegliches Dogma macht unfrei; jegliche Partei, jegliche Sekte, jegliche Kaste trägt als solche schon die Anlage zu künftiger Erstarrung in sich. [...] So schränkt er ein, was er gesagt hat, weicht zurück, macht allerlei Vorbehalt, sieht die Sache von sovielen Seiten, sieht soviele „Für" und soviele „Wider", daß er weder ein entschiedenes „Ja" noch ein entschiedenes „Nein" finden kann." Eduard Schön, Anatole France: La vie littéraire, Hamburg 1911, S. 3 und 10.

13 Schmitt, Schattenrisse, S. 48.

14 Zu Alexandre Robespierre und Evariste Gamelin vgl. den Kommentar.

15 Vgl. dazu den Kommentar.

16 So betont France beispielsweise in: Thais, München o. J., S. 109, daß Frauen, die am ehesten noch „die reinste Wahrheit und die göttlichen Dinge" erkennen können, dies durch das Gefühl vermögen. Nicht übersehen werden darf, daß dieser Äußerung France' fundamentaler Zweifel an der Möglichkeit von Wahrheit überhaupt gegenübersteht, werden doch als

darüber hinaus davon ausgehen, daß die durch Schmitt vorgenommene Verlagerung der Gespräche unter der Ulme in den zoologischen Garten als ein basaler Hinweis auf die Beeinflussung von France durch die Entwicklungstheorie Darwins zu lesen ist.[17] Dessen Name steht – wie bereits bei den anderen Schattenrissen erwähnt – stets für die Hinwendung zu den kleinen und „banalen“ Zusammenhängen.

Ein weiteres, von Schmitt angegebenes, Merkmal ist das mit der Konzentration auf „das Kleine“ eng verknüpfte Verhältnis Anatole France' zum Begriff des Wunders, das er in einen Kontext mit der von France bevorzugt thematisierten Epoche des Mittelalters stellt. Zur Wiedergabe von France' Auffassung des Wunders bedient sich Schmitt einer Aneinanderreihung von ‚spiralförmig‘ absteigenden Schlußfolgerungen, die ihren Ausgang beim kopernikanischen Weltbild nehmen und zum Abfall des „anderen Jardin d'Epicure“ führen, wobei die argumentative Anordnung das eben Gesagte jeweils zurücknimmt.[18] Beginnend also bei der ‚Großkonstellation‘ Erde und Sonne, führt eine fortlaufende Relativierung zur ‚banalen‘ Wirklichkeit des Abfallkorbes. Dessen Standort „Jardin d'Epicure“,[19] mit dem Schmitt das gleichnamige Werk von France zitiert, weist zugleich den Autor als Vertreter des „naturalisme mondain“ aus, den France „statt des kruden Naturalismus“, der keinen „Gesprächsgegenstand für Salons abgeben“ könne, forderte.[20] In diesem, im November 1894 erschienen, kleinen Band von „Maximen und Reflexionen“ führt France paradigmatisch seine bereits durch die Gestalt des Abbé Coignard im Rahmen eines wenig überzeugenden Handlungsgefüges dargelegte Philosophie

---

die einzig denkbaren Erkenntnisformen, die eine gewisse Annäherung an die Wahrheit ermöglichen, die Naturwissenschaften und das Gefühl immer wieder erwähnt. In „Der Garten des Epikur“, S. 175f., führt France schließlich beides zusammen und betont, daß physikalische Werte nichts anderes als sinnliche Werte seien. Vgl. dazu auch Giers, France, S. 195.

17 Neben Darwins Entwicklungslehre bilden Comtes Positivismus, Taines Determinismus und Ernest Renans Skeptizismus die theoretische Grundlage des Werkes von France; vgl. dazu Walter Gottschalck, Anatole France – der Dichter und sein Werk, in: Zeitschrift für französische Sprache und Literatur, Jena – Leipzig 1927, Bd. L, S. 85–130.

18 Schmitt, Schattenrisse, S. 45. In France' „Sur la pierre blanche“ (1906) heißt es über den Apostel Paulus, er „habe die niedrigste Wundertätigkeit geübt und keine Kultur gehabt“; zit. nach: Paul Wiegler, Anatole France, München 1920, S. 64.

19 Zu den Regeln des theoretischen Verhaltens bei Epikur vgl. Hans Blumenberg, Die Gleichgültigkeit der Götter Epikurs, in: ders., Legitimität der Neuzeit, Frankfurt/M. 1988, S. 303–308.

20 Giers, France, S. 179. France erhebt deshalb den Genuß zur Tugend, dessen Ethik er in „Epikur“ darstellt. Nahezu zeitgleich mit diesem Werk erschien im Deutschen unter dem Pseudonym „Allostis“ ein umfangreiches Werk, das detailliert ausführt, was France nur aphoristisch umreißt. Allostis, Die Tugend des Genusses, Jena 1904.

aus. Sie läuft auf eine vehemente Absage an jede Form von Metaphysik hinaus, die nur bloßes Spiel sei. An ihre Stelle tritt die hier von France formulierte radikale Relativierung von Wahrheit und Erkenntnis.

Seine Technik der Textproduktion schildert er sowohl in seiner „Vorrede" zur „Insel der Pinguine", als auch – und hier am deutlichsten – in der Eingangspassage im „Gespräch mit einem Gespenst über den Ursprung des Alphabets".[21] Dort heißt es:

> „Ich schrieb und schrieb in der Stille der Nacht. Der Lampenschirm warf das Licht der Lampe auf meinen Tisch und ließ die Bücher, die die vier Wände des Studierzimmers reihenweise füllten, im Dunkeln."[22]

Programmatische Bedingung des Schreibens ist hier die von France selbst praktizierte Abwesenheit der Bücher und damit der Schrift. In dieser Schreibanordnung erscheint das Alphabet aus dem Rauch seiner Tabakspfeife als Bibliotheksgespenst in Gestalt von Kadmus.[23] Diesem nur im Imaginären des Autors anwesenden Erfinders der für France nur hier existierenden „zweiundzwanzig Buchstaben" – die „nur aus Bequemlichkeit" für den „Handel", der ein „System einfacher und schneller Notierung" benötigt, entstanden seien – lastet er die Verantwortung für alle kriegerischen Stationen der Geschichte an.[24] Darüber hinaus läßt France Kadmus, den Vertreter der Buchstäblichkeit des Wortes und der Schrift, als das „einzig Bleibende auf dieser Welt [...] Reichtum und Macht" bezeichnen.[25] France' Schreiben dagegen überspringt gerade diese Wortwörtlichkeit der Schrift und damit scheinbar auch die ihr angelasteten Werte Reichtum und Macht und wendet sich dem Imaginären zu, in das er sowohl das Symbolische wie das Reale überführt. Deshalb kann er das historische Ereignis eine ganz undefinierbare Sache nennen.[26] Denn die „sicheren Beweise", die der Geschichtsschreiber „unter den Augen hat", täuschen nur; das, was „als historische angesehene Tatsache" gelte, erfordere den Künstler und eine subjektive Bearbeitung durch seine Phantasie.[27] Denn diese erst erkenne die kleinen Einzelheiten des Lebens und stelle die Verknüpfungen her, auf die es allein ankomme. Ein Buch ist ihm deshalb zunächst

---

21 France, Epikur, S. 103–116.

22 France, Epikur, S. 105.

23 Vgl. France, Epikur, S. 106.

24 France, Epikur, S. 113.

25 France, Epikur, S. 116.

26 France' Verachtung der Buchstäblichkeit des Wortes zeigt sich auch in seinen „Namenstravestien", vgl. Wiegler, France, S. 43.

27 France, Epikur, S. 80.

nur „eine Folge kleiner Zeichen“, die alles der Vorstellung überlassen: „man liest darin, oder vielmehr, man liest heraus was man will“.[28] France, für den es keine die Einzelheiten übergreifende oder übergeordnete Wahrheit und daher „niemals den Grund der Gründe und das Ende aller Dinge“ gibt, stellt sich ganz auf den Boden des Positivismus, dessen Defizit – er verbannt „die Laune“ und die „Neugier des Geistes“[29] – er auf für sein Werk signifikante Weise ersetzt: „Wir legen“ die Religion oder „das Unbegrenzte in die Liebe. Es ist nicht die Schuld der Frauen.“[30] Die metaphysischen Abhandlungen liest er deshalb als Romane, nicht wahrer oder falscher als diese.[31] Weiter erkennt der Lebensbejaher, der alles so begrüßt, wie es ist, in der „merkwürdigen Vorliebe“ der Metaphysiker für das Wort „absolutum“ deren Konzentration auf die Verneinung, die eine Folge der Abstraktion sei und betont, daß sie sich damit gegen die Natur stellen.[32] France ersetzt den „Himmel der Theologen“, der nur noch „mit hohlen Schatten bevölkert“ sei und deshalb auch keine „Unsterblichkeit der Persönlichkeit“ mehr garantiere, durch die Unsterblichkeit „im Andenken der Menschen“, und das heißt, er entwirft ein Programm von Autorschaft, das ein ganz diesseitiges ‚Jenseits‘ sichert.[33]

Der „feine mit den Dingen spielende Skeptiker“, der an nichts glaubt „oder was dasselbe besagt [...] an alles“,[34] an „alles, was in Tatsachen, Gedanken, Wünschen je existiert hat“,[35] und der sich vom konservativen Beamten zum Dreyfusard und auf der Höhe seines Ruhmes zum mit den Bolschewisten fraternisierenden Sozialisten gewandelt hat,[36] schildert immer wiederkehrend in seinen Werken sich selbst

28 France, Epikur, S. 26.

29 France, Epikur, S. 68.

30 France, Epikur, S. 25.

31 Vgl. France, Epikur, S. 68.

32 France, Epikur, S. 165f. France führt hier als Beispiel für die Verneinung Hegels „Phänomenologie des Geistes“ an, in der er auf drei zufällig aufgeschlagenen Seiten, „von sechsundzwanzig Worten, Hauptworten wichtiger Sätze, neunzehn Verneinungen auf sieben Bejahungen“ fand.

33 France, Epikur, S. 85.

34 Eloesser, France, in: Literarische Portraits, S. 209.

35 Arthur Eloesser, Die Götter dürsten, in: Die neue Rundschau, 20. Jg., 2. Bd./1912, S. 1629.

36 Zu den verschiedenen politischen Positionen France’ vgl. Lerch, Das Problem, S. 74ff. Thomas sieht France’ Positionswechsel ganz unter dem Aspekt des Ehrgeizes, der ihn „von Zeit zu Zeit zu öffentlichen Kundgebungen der Kultur oder Politik“ trieb, und „da die Masse, je größer, desto radikaler, so brachte er’s im Verlauf eines über achtzigjährigen Lebens selbst bis zur Mitgliedskarte der kommunistischen Partei Frankreichs“. Johannes Thomas, Anatole France, der Mensch der Vergangenheit, in: Hochland, 22. Jg./1925, Bd. 1, S. 492.

„oder seine nächste Umgebung". „Und wo er das nicht tun kann, sind seine Gestalten [...] aus zweiter Hand übernommen" und das heißt, aus anderen Büchern ‚heraus gelesen'.[37] Als Historiker der ‚Pinguine' entwirft er die Historie als Kunst, die gegen die Fakten-Geschichte das Reich des Geistes, der Phantasie, der Idee und Originalität für sich beansprucht. Er läßt Fulgentius Tapir, den Idealtypus des enzyklopädischen Wissens und gelehrten Verfasser der „Welt-Annalen", in seinem „Berg von gedruckten und handschriftlichen Dokumenten" und einer „unzähligen Menge von Karteikarten", kurz in der „Fülle von Gelahrtheit", jämmerlich ertrinken.[38] Die Geschichte der Pinguine, die der Autor danach selbst schreibt und die den Zeitraum vom Beginn der Christianisierung bis in die Jetztzeit umfaßt, ist eine Geschichte ohne Daten und Fakten. Aus einer Fülle von kleinen ‚Ereignissen' zusammengesetzt, kreiert France die Geschichte des „großen Fetisch"[39] Erde als ein Gewebe von Leidenschaften, „von Verbrechen, Elend und Wahnsinn".[40] Diese andere Historie, die sich auf die sinnlichen Gegebenheiten des allgemein menschlichen konzentriert, ist so ahistorisch, daß jeder Abschnitt zeitlich vollkommen austauschbar ist, da alle „Übel dieser Welt" zu jeder Zeit stets wiederkehren. Ein Ende dieser Wiederholung des Gleichen erwartet France erst von „jenen außerordentlichen Wesen, die sich eines Tages aus dem Menschen entwikkeln werden": den „zukünftigen Übermenschen".[41]

Am Anfang der menschlichen Geschichte aber steht bei France jene Urszene, in der er die Wurzel allen Übels erkennt und die Carl Schmitt als die „Urverfassung, die konkrete Urnorm", den „Anfang von Recht und Eigentum" bezeichnet: die Grenzziehung.[42] Was Schmitt als den Anfang der konkreten Ordnung beschreibt, ist für France der Beginn des unbegrenzten Krieges:

> „Wer Nachbar sagt, sagt Feind. Seht das Feld, das an meines grenzt. Es ist das des Menschen, den ich am meisten hasse."[43]

37 Lerch, Das Problem, S. 86.

38 Anatole France, Die Insel der Pinguine, Weimar 1985, S. 13f. (Vorrede). Gegen den Buchstaben reklamiert France „Leben oder Wahrheit" der Geschichte, die in diesem nicht enthalten seien. Vgl. Wiegler, France, S. 67.

39 France, Epikur, S. 69.

40 France, Vorrede, S. 10.

41 France, Epikur, S. 86.

42 Carl Schmitt, Nomos-Nahme-Name, in: Siegfried Behn (Hrsg.), Der beständige Aufbruch. Festschrift für Erich Przywara, Nürnberg 1963, S. 100.

43 France, Pinguine, S. 12.

Bei France heißen diejenigen, die das Recht schaffen, die „Rasenden", von denen einer dem andern den Kopf unter einem Stein zermalmt; sie

> „gründen das Eigentum; sie stiften die Grundsätze der Gesittung, die Grundlage aller Gesellschaft und die Fundamente des Staates. [...] Indem sie Grenzsteine um ihre Felder setzen. Dies ist der Ursprung aller sittlichen Ordnung."[44]

France' Identifizierung des Fundamentes von Recht, Staat und sittlicher Ordnung mit totaler Feindschaft wurzelt in jenem „Credo", das „nur noch das problemlose Glück des reinen Konsums" und das heißt, nur noch das „teilen und zuteilen, ohne zu nehmen", kennt. Doch – so Carl Schmitt – „nur ein Gott, der die Welt aus dem Nichts erschafft, kann geben und zuteilen ohne zu nehmen".[45] Das Credo des Konsums[46] gehört für ihn in die „Geschichte einer als Fortschritt gedeuteten Entwicklung", das auf eine „von Menschen für Menschen – und manchmal leider auch gegen Menschen – geschaffene Welt" zielt.[47] In dieser Welt bewegt sich France, der daraus die radikale Konsequenz gezogen hat: Er kennt keine Positionen, sondern nur Relativitäten; bei ihm folgt immer das „tout pardonner aus dem tout comprendre", das erst möglich wird, wo es nur „lauter partielle Wahrheiten" gibt.[48] Einzig in bezug auf die Menge, die „einfach" ist und „nur die Einfachheit faßt", kann es für ihn ein „ja oder nein" geben.[49] France, der „sich in allen Weltanschauungen herumtreibt",[50] stellt sich schließlich in seinen „Livre de mon ami" selbst die Diagnose, die allerdings ebenso hellsichtig, wie verschleiernd ist:

> „Ich bin als Zuschauer geboren und werde wohl mein ganzes Leben jene naive Unbefangenheit der Großstadtgaffer bewahren, die alles amüsiert, die in einem

44 France, Pinguine, S. 61.

45 Schmitt, Nomos, S. 102.

46 Anatole France, der „die schöne Linie in alle Kleinigkeiten des Lebens einzuführen" und die „Stunden des Lebens möglichst dekorativ auszugestalten" versucht, ist ein Prototyp des von Schmitt erwähnten Credos, jedoch scheinbar mit dem einen Unterschied, daß der Ästhet diese Lebenshaltung problematisiert (Max Lorenz, Rezension von France' „Die rothe Lilie", in: Preußische Jahrbücher, 105. Bd., 1901, S. 324). France selbst aber betont: „Der Weltschmerz der Dichter ist ein vergoldeter Weltschmerz" und das heißt, noch die Problematisierung selbst ist Teil dieses Konsums (France, Epikur, S. 86).

47 Schmitt, Nomos, S. 101. Vgl. dazu folgenden Aphorismus von France: „Alte Leute hängen viel zu sehr an ihren Ansichten. Darum töten die Eingeborenen der Fidji-Inseln ihre Eltern, sobald diese alt werden. Sie fördern auf diese Weise die Entwicklung, während wir dadurch, daß wir Akademien gründen, den Fortschritt hemmen." (France, Epikur, S. 86.)

48 Schön, France, S. 9.

49 France, Epikur, S. 70f.

50 Schön, France, S. 9.

Alter, wo man sonst was gelten will, die interesselose Wißbegier der kleinen Kinder bewahren."[51]

Sein Gestus des naiven unbeteiligten Zuschauers verdunkelt, daß seine Umsetzung der kindlichen Wißbegier alles andere als „kindlich" ist: sie ist der Garant des literarischen Erfolges.

Die Differenz zwischen Schmitt und France erweist sich als ebenso signifikant wie buchstäblich: während dieser den Buchstaben, den er nur noch als Gespenst goutiert, verachtet und an dessen Stelle die im Imaginären wirkende Sinnenwelt des Menschen setzt, rekurriert Schmitt gerade auf die Wortwörtlichkeit, in der für ihn die „konstituierenden Vorgänge und Ereignisse, auch wenn die Menschen sie vergessen haben" gespeichert sind.[52]

11. Thomas Mann

In Umsetzung von Thomas Manns Abneigung gegen das Theater, das die Dichtung seiner „künstlerischen Vorherrschaft, die es sich seiner wirkungssüchtigen Natur nach gern zu häufig anmaßt", zu unterwerfen versucht, rückt Carl Schmitt mit einer fiktiven Theaterszene Thomas Mann gerade in diesen ‚wirkungssüchtigen' Kontext ein.[1] Anhand von Manns Ausstattung mit einer Militärtrommel stellt er eine Verbindung zum „Epos von der ‚Kleinen Garnison'" her, das den Anlaß bot, den Roman vom Untergang der Buddenbrooks als Beispiel für einen „Bilse-Roman" zu bezeichnen.[2] Eine „kleine Militärtrommel rührend" läßt Carl Schmitt Thomas Mann „ad spectatores" den Zustand seiner Dichtung – unter Zustimmung von Vertretern der Verlage – verkünden. Innerhalb dieses Szenarios entfaltet Schmitt sein Bild von Thomas Manns Dichtung als Doppelstruktur, die – „subtile Malice des modernen Kulturmenschen" – als grundlegendes Merkmal dargestellt wird.[3] Schmitt situiert

51 France, Livre de mon ami, zit. nach: Schön, France, S. 9.

52 Schmitt, Nomos, S. 101.

1 Thomas Mann, Mitteilungen an die Literarhistorische Gesellschaft in Bonn, in: ders., Über mich Selbst, Frankfurter Ausgabe, S. 380. Vgl. dazu auch Manns Essay „Versuch über das Theater", in: Nord und Süd, 32. Jg., Heft 370 und 371, 1908, S. 116–119 und 259–299 als Antwort auf die Rundfrage „Die kulturellen Werte des Theaters". Mann betont in seinen „Mitteilungen" an gleicher Stelle, daß er durch die „Fiorenza"-Aufführung „ein mit Auszeichnung aufgenommener Gast im theatralischen Reich" geworden sei.

2 Thomas Mann, Bilse und ich, in: ders., Rede und Antwort, Frankfurter Ausgabe, S. 17. Erstmalig in: Münchner Neueste Nachrichten vom 15. und 16. Februar 1906.

3 Schmitt, Schattenrisse, S. 48.

die damit von ihm erstmals in der Literaturgeschichte zur Beschreibung des Werkes von Thomas Mann formulierte „doppelte Optik“ im Spannungsfeld von „Urwüchsigkeit“ und „Ästhetentum“, das er in den „neuen Schrei [...] nach der Banalität“, dem Manns Künstlerschaft Rechnung trage, münden läßt. Der Begriff der „doppelten Optik“ – den Thomas Mann selbst in bezug auf sein Werk und im Zusammenhang mit Nietzsche erstmals 1948 erwähnt,[4] wurde 1950 durch Hans Mayer aufgegriffen, der ihn jedoch für die Analyse nicht nutzbar machte.[5] Erst Koopmann[6] weist überzeugend nach, daß das von Schmitt bereits 1913 aufgezeigte Strukturprinzip der „doppelten Optik“ geeignet ist, die gesamte Dichtung von Thomas Mann zu analysieren.[7] Lämmert schließlich, der diesen Begriff auf die frühen Werke von Thomas Mann anwendet, betont, daß Manns ‚wechselnde Optik‘, ebenso wie die Optik des Wagnerschen Kunstwerks, „Ausdruck einer Vermittlung zwischen aristokratischen und demokratischen Eigenschaften“ sei und damit zugleich „Garant eines doppelten Erfolges: ‚bei den Artisten und bei den Bürgern‘“.[8] Denn Manns Versuch der ‚Vermittlung‘ zwischen zwei Extremen ist, gemäß Nietzsches Wort, imstande die „gröbsten Bedürfnisse“ und zugleich „die raffiniertesten“ zu befriedigen.[9] Darauf bezieht sich auch der von Schmitt im selben Kontext erwähnte „Ruf“ Manns „als vornehmer Künstler“, der zugleich auf „unvornehm breiten Füßen“ stehe.[10] Künstlerschaft und die „Wonnen der Gewöhnlichkeit“ sind die beiden

4 „Die vermittelnde Aufgabe des Künstlers, seine hermetisch-zauberhafte Rolle als Mittler zwischen oberer und unterer Welt, zwischen Idee und Erscheinung, Geist und Sinnlichkeit kommt hier zum Vorschein. [...] Dies Mittlertum ist die Quelle ihrer Ironie.“ Thomas Mann, Adel des Geistes, Stockholm 1948, S. 336f.; vgl. zum Thema „Vermittlung“: ders., Nachlese, Berlin 1956, S. 108.

5 Hans Mayer, Thomas Mann. Werk und Entwicklung, Berlin 1950, S. 117.

6 Helmut Koopmann, Zum Prinzip der doppelten Optik, in: ders., Die Entwicklung des ‚Intellektualen Romans‘ bei Thomas Mann, Bonn 1962, 2., erw. Aufl. 1971, S. 28ff.

7 Vgl. Friedhelm Marx, Thomas Mann und Nietzsche. Eine Auseinandersetzung in „Königliche Hoheit“, in: Deutsche Vierteljahresschrift für Literaturwissenschaft und Geistesgeschichte, 62. Jg., S. 327.

8 Eberhard Lämmert, Doppelte Optik. Über die Erzählkunst des frühen Thomas Mann, in: Karl Rüdinger (Hrsg.), Literatur, Sprache, Gesellschaft, München 1970, S. 53. Lämmert erwähnt erstaunlicherweise an keiner Stelle die grundlegende Arbeit von Koopmann.

9 Nietzsche, Wille zur Macht, Aphorismus 825.

10 Schmitt, Schattenrisse, S. 48. Lämmert betont zurecht, daß Mann auch nach seiner sog. ‚demokratischen‘ Wendung die schon sehr früh gestellten „Weichen zu einem ‚doppelten Erfolg‘“ nicht verlassen hat und mit „Unbeirrbarkeit“ daran festhielt. Lämmert, Optik, S. 53. Der große Erfolg des Romans „Buddenbrooks“ war für Mann der „Umschlagspunkt“ zu seiner

Gegensätze, die Schmitts Schattenriß abbildet und die das Werk von Thomas Mann prägen.[11] Seine Technik der Vermittlung der Gegensätze kann am besten verdeutlicht werden anhand jenes Wortes, das Mann selbst im Zusammenhang mit dem Bilse-Prozeß so nachdrücklich irritierte:

> „dies süße Wörtlein ‚Und', mit Tristan zu reden, es will mir nicht aus dem Sinn. Es macht mir Gedanken, es verallgemeinert sich, es wird zum Problem ... Wie konnte es geknüpft werden, dieses Und?"[12]

Unter der Herrschaft dieses „Und" tritt bei Thomas Mann an die Stelle der Antithese von Geist und Leben, die er als Produkt der „Zivilisationsliteraten"[13] bezeichnet, die Relativierung aller Polaritäten, denn, so Mann:

> „auch das Leben verlangt nach dem Geiste. Zwei Welten, deren Beziehung erotisch ist, ohne daß die Geschlechtspolarität deutlich wäre, ohne daß die eine das männliche, die andere das weibliche Prinzip darstellte: das sind Leben und Geist. Darum gibt es zwischen ihnen keine Vereinigung und Verständigung, eine ewige Spannung ohne Lösung."[14]

Nachdrücklich wendet sich Mann daher gegen „Teilung", gegen „ein Nacheinander des Betrachtens", gegen die „Sonderung des Geistigen vom Künstlerischen" und betont: „Natürlich gibt es da nichts als Einheit".[15] Im Gegensatz zu Carl Schmitts Insistenz auf Dualität, die auf einer klaren Grenzziehung zwischen den polaren Gegensätzen besteht und die als solche erkennbar aufrechterhalten werden soll, verwischen sich bei Mann die „Grenzen zwischen Kunst und Leben, die Grenze überhaupt zwischen den Bezirken des Menschentums sind fließend geworden".[16] An ihre Stelle tritt die Totalität des Menschlichen in einer andauernden wechselseitigen Spannung, die nicht nur thematisch im hier zur Rede stehenden Frühwerk präsent ist, sondern die auch Manns Definition des künstlerischen Prozesses umgreift, auf die hier zunächst kurz eingegangen werden soll.

Professionalisierung. Vgl. Susanne Otto, Literarische Produktion als egozentrische Variation des Problems von Identitätsfindung und -stabilisierung, Frankfurt/M. 1982, S. 149.

11 Nach beidem sehnt sich auch der Künstler Tonio Kröger, zit. nach: C. A. M. Noble, Krankheit, Verbrechen und künstlerisches Schaffen bei Thomas Mann, Bern 1970, S. 95.

12 Thomas Mann, Bilse und ich, S. 18.

13 Thomas Mann, Betrachtungen eines Unpolitischen, Frankfurt/M. 1956, S. 561.

14 Mann, Betrachtungen, S. 281.

15 Mann, Betrachtungen, S. 399f.

16 Thomas Mann, Altes und Neues. Kleine Prosa aus 5 Jahrzehnten, Frankfurt/M. 1953, S. 385.

Unter Berufung auf den „Erkenntnis-Lyriker Friedrich Nietzsche“, der diese „Schule von Geistern“[17] begründet habe, weist Mann die Vorstellung von der Erfindung des Dichters[18] zurück und betont an deren Stelle dessen nahezu ausschließliche Aufnahme und Verarbeitung von Wirklichkeit, die er als Prozeß der „Beseelung“ beschreibt.[19] Dieser Vorgang bringe den „Anschein einer Feindseligkeit des Dichters gegenüber der Wirklichkeit“ mit sich, die um so größer sei, je stärker die Fähigkeit „der Reizbarkeit des Künstlers gegeben ist“.[20] Aus dieser – von Schmitt als „subtile Malice“ bezeichneten – Definition des künstlerischen Schaffens folgen für Thomas Mann drei zentrale Merkmale, die ganz wesentliche Angriffspunkte von Carl Schmitts Kulturkritik sind und deren Genese er in Zusammenhang mit dem durch die Romantik inaugurierten Diskurs stellt. Zwar betont Mann zunächst, daß es im „Reiche der Kunst“ keinerlei „objektive Erkenntnis“ geben könne, „sondern nur eine intuitive“ und damit jene unbewußte Form, die Schmitt am Werk von Theodor Däubler so nachhaltig als deren besonderes Wesensmerkmal hervorhebt.[21] Mann widerruft aber in „Ein Nachwort“ – das sich auf die in „Bilse und ich“ beschriebenen Vorgänge bezieht – diesen Begriff der Intuition sehr deutlich und zeigt, daß dies schon in seinen Ausführungen zum Fall „Bilse“ enthalten ist: „Wenn ein Dichter lebende Personen zeichnet, so geschehe das unbewußt“, sei eine „Behauptung“, die er nicht unterstützen kann. Er betont weiter: „Ich habe, als ich ‚Buddenbrooks‘ schrieb, mit vollem Bewußtsein auf die Wirklichkeiten geblickt, nach denen ich, aus Eigenstem hinzufügend, meine Arbeit gestaltete.“[22] Diese, im Gegensatz zur intuitiven Wahrnehmung stehende, hochreflektierte Form

17 Mann, Bilse und ich, S. 25.

18 Mann paraphrasiert dazu Goethes Aussage „Das Benutzen der Erlebnisse ist mir immer alles gewesen; das Erfinden aus der Luft war nie meine Sache: ich habe die Welt stets für genialer gehalten als mein Genie“. Zit. in: Thomas Mann, Mitteilungen an die Literarhistorische Gesellschaft in Bonn, in: ders., Über mich selbst, S. 379; erstmalig veröffentlicht als Beitrag zum Sonderheft „Ziele und Wege deutscher Dichtung nach Äußerungen ihrer Schöpfer“, in: Mitteilungen der Literarhistorischen Gesellschaft Bonn, 2. Jg., Heft 7/1907.

19 Mann, Bilse und ich, S. 22.

20 Mann, Bilse und ich, S. 24 und 26. Mit dieser Definition reiht sich Mann ein in den um die Jahrhundertwende außerordentlich virulenten Begriff der „Nervenkunst“. Vgl. dazu auch Karl Lamprechts Kulturgeschichtsschreibung und den von ihm geprägten Begriff der „Reizsamkeit“, den Schmitt in seinem Schattenriß „Pipin der Kleine“ an zentraler Stelle einsetzt.

21 Mann, Bilse und ich, S. 23.

22 Thomas Mann, Ein Nachwort; erstmals in: Lübecker Generalanzeiger vom 7. November 1905, zit. nach: ders., Rede und Antwort, S. 29.

der „Verwertungsmethode",[23] die Mann als Versuch einer „bewußten Naivisierung, zum willentlichen Unbewußt werden"[24] bezeichnet, weist der Person des Künstlers eine zentrale und nahezu priesterhafte Aufgabe und Stellung zu.[25] Denn die Wiedergabe des Realen in den Äußerungen des Künstlers ist für Mann vor allem Wiedergabe seines eigenen Selbst: „Meine Vorstellung, mein Erlebnis, mein Traum, mein Schmerz".[26] Diese Technik der Aneignung der Welt, die „alle Außenwelt [...] virtuell bloß als Möglichkeit für künftige Schreibvorgänge" nutzt und deren „harte Spielregel" besagt, daß nichts „‚unausgesprochen' bleiben" darf, versetzt den Dichter in die Position des Schöpfers der Welt.[27] Unter Berufung auf Nietzsches Wort „Vom geschaffenen Menschen" ist für Mann der Dichter durch diesen Prozeß der Verarbeitung der Wirklichkeit im Medium seines „Ich" imstande, daß „böse und stumme Dinge erlöst und gutgemacht werden" und zwar „indem er sie ausspricht".[28] Die „sittliche Weihe", die er deshalb dem erkennenden und das Erkannte gestaltenden Künstler zuspricht, weist diesem nicht nur die Rolle einer Erlöserfigur zu,[29] sondern sie bringt auch eine Kunst hervor, bei der „die Grenze zwischen Kunst und Kritik viel unbestimmter" ist, als „sie ehemals war".[30] Mit dieser zwischen Kunst und Kritik nicht mehr unterscheidenden Kunstform tritt Mann – neben

23 Den Begriff „Verwertung" und „Verwerter" wendet Schmitt in verschiedenen Nachlaßnotizen (RW 265) vor allem auf Thomas Mann und dessen Dichtung an. Im Hinblick auf Ernst Jünger vgl. Schmitt, Glossarium, S. 284. Schmitt verwendet diese Begriffe im Kontext der Wert-Philosophie, deren Herkunft er – mit Heidegger – in den Schriften Nietzsches findet und die er als Versuch eines positivistischen Ersatzes für das Metaphysische bezeichnet. Vgl. dazu auch Carl Schmitt, Die Tyrannei der Werte, hrsg. von Sepp Schelz, Hamburg 1979, S. 9–44, bes. S. 30ff. (eine Kurzfassung erschien erstmals 1959 als Privatdruck).

24 Hermann Kurzke, Auf der Suche nach der verlorenen Irrationalität. Thomas Mann und der Konservativismus, Würzburg 1980, S. 69.

25 Vgl. dazu auch Herbert Eulenbergs bewußt inszeniertes Künstler-Priestertum.

26 Mann, Bilse und ich, S. 28.

27 Mayer, Thomas Mann, S. 20. Mayer verwendet damit für Thomas Mann das Attribut, mit dem Schmitt die „Buribunken" charakterisiert.

28 Mann, Bilse und ich, S. 23.

29 Mann betont in diesem Zusammenhang „das geduldige und stolze Ertragen der Schmerzen" und die innere Einsamkeit des Dichters, die mit dem künstlerischen Erkenntnisprozeß einhergehe (Mann, Bilse und ich, S. 25 und 28). Vgl. dazu auch Lublinski, der Thomas Mann als Sebastian-Gestalt beschreibt, die in „stolzer Scham die Zähne aufeinander beißt und ruhig dasteht, während ihr die Schwerter und Speere durch den Leib gehen" (Samuel Lublinski, Die Bilanz der Moderne, Berlin 1904, S. 226).

30 Mann, Bilse und ich, S. 25.

der Zentrierung der Dichtung auf das Subjekt des Autors und die viel thematisierte Ironie seines Werkes – in die durch die Romantik[31] begründete Tradition der Kritik ein, die hier von Schmitt in der ihr inhärenten Form der Hypokrisie (wie sie durch Koselleck präzisiert wurde) dargestellt wird.[32]

Diese Hypokrisie ist im Werk von Thomas Mann zur Gestalt des Hochstaplers Felix Krull geronnen; sie verkörpert jene ‚doppelte Optik‘, die Schmitts Theaterszene wiedergibt. Man kann mit Sicherheit davon ausgehen, daß Schmitt sich damit auf jene Szene im Theater bezieht, die als einziges Bruchstück des Krull-Romans bis 1913, dem Erscheinungsjahr der „Schattenrisse“, veröffentlicht worden war.[33] Der Hochstapler Krull, diese, so Mann, „anstößige und – für mich – aufwühlende Sache“,[34] dessen komplizierte Entstehungsgeschichte „sich mit den wesentlichen Werken seiner frühen Schaffensperiode verschränkt“,[35] wurde durch die (autobiographischen) Romane des Betrügers Manolescu angeregt.[36] Sie boten Thomas Mann nicht in erster Linie das erzählerische Rohmaterial, sondern viel mehr, aus der Vergleichbarkeit des kriminellen Betrügers mit dem Künstler, eine Philosophie des Betruges, die er in eine „zeitlose Metaphysik der Kunst umwandelte“.[37] Kunst als Betrug und Kunst des Betruges – auf diesen Nenner lassen sich die Transpositionen bringen, die Mann als ‚Chronist und Analytiker der décadence‘ – wie er es in seinen „Betrachtungen eines Unpolitischen“ nennen wird – vorgenommen hat. Dieser Betrug erhebt den Anspruch, scheinbar naiv dem ohnehin vorhandenen Betrug der betrügerischen gesellschaftlichen Realität zu folgen, wie Manolescu sie in seinem Roman „Gescheitert“ beschreibt:

---

31 Vgl. Friedrich Schlegel, Vom Wesen der Kritik, in: ders., Schriften zur Literatur, München 1972, S. 253 und 258.

32 Vgl. Reinhart Koselleck, Kritik und Krise. Ein Beitrag zur Pathogenese der modernen Welt (1959), Frankfurt/M. 1973, S. 81ff.

33 Veröffentlicht 1911 im Fischer-Almanach auf das 25. Jahr.

34 So Thomas Mann in einem Brief an A. Bernus vom 22. Mai 1910, zit. nach: Klaus Hermsdorf, ‚Bekenntnisse des Hochstaplers Felix Krull. Der Memoiren Erster Teil‘, in: Das erzählerische Werk Thomas Mann. Entstehungsgeschichte, Quellen, Wirkung, Berlin – Weimar 1976, S. 402.

35 Hermsdorf, Krull, S. 402.

36 Georges Manolescu, „Ein Fürst der Diebe. Memoiren“, sowie „Gescheitert. Aus dem Seelenleben eines Verbrechers“, Berlin 1905. Zur Entstehungsgeschichte des Krull-Romans siehe: Hans Wysling, Archivalisches Gewühle, in: Paul Scherrer/Hans Wysling (Hrsg.), Quellenkritische Studien zum Werk Thomas Manns, Bern – München 1967 S. 234–257.

37 Hermsdorf, Krull, S. 411.

> „Je pompöser die Aufmachung, desto wertloser der Inhalt – je lärmender die Reklame, desto bedenklicher die Ware –, auch auf die Menschen übertragen, denen sie ihr Vertrauen schenken. Man sollte glauben, daß sie sich bewußt sind, wie schwer, ja, wie unmöglich heute die Aristokratin von der Halbweltdame, der Millionär vom Hochstapler zu unterscheiden sind. [...] Vom stolzen Kaufmann bis zum biederen Droschkenkutscher, vom hochmütigen Kavalier bis zum flinken Liftboy – sie alle fliegen wie die Mücken ins Licht und lassen sich durch jeden Humbug blenden, betölpeln, bestehlen. [...] Und ist das nicht ein mildernder Umstand für den, der die Welt nach allen Regeln der Kunst betrügt, die Welt, die seit Ewigkeit betrogen sein will, die förmlich vor Sehnsucht danach schreit, sich betrogen zu sehn?“[38]

Diese Schilderung Manolescus setzt Thomas Mann in die 1911 veröffentlichte Szene im Theater um, die ganz auf dieser Sehnsucht der Welt nach Betrug beruht: Das Theater ist der Ort seiner Institutionalisierung und die Betrogenen, die sich in dieser „Kirche des Vergnügens“ versammeln, sind die „erbauungsbedürftigen Menschen“.[39] Das Publikum, aus „Bürgern und Bürgersfrauen, Kommis, einjährig dienenden jungen Leuten und kleinen Blusenmädchen“[40] bestehend, sah an jenem von Krull erzählten Abend, ein Stück „von bescheidenem Genre, ein Werk der leicht geschürzten Muse“ – mithin also von jener von Schmitt so betonten Banalität, in die sich die Dichtung Thomas Manns flüchte.[41] Es wurde vom „Stern des Theaters, einem überaus beliebten Sänger namens Müller-Rosé, zur Darstellung gebracht“.[42] Die Person dieses Sängers verkörpert in paradigmatischer Weise den perfekten Betrug, den Thomas Mann anhand seiner „doppelten Optik“ ebenso offenlegt wie reproduziert: Auf der Bühne von „betörender Selbstgefälligkeit“, verbreitete Müller-Rosé

38 Manolescu, zit. nach: Hermsdorf, Krull, S. 410.

39 Thomas Mann, Krull, S. 274. Mann schildert damit in völliger Übereinstimmung mit Eulenberg Rolle, Funktion und Publikum seiner Matineen („Morgenandachten“) im Düsseldorfer Schauspielhaus. Vgl. dazu das Kapitel „Herbert Eulenberg“.

40 Mann, Krull, S. 277.

41 Vgl. dazu auch Franz Bleis Besprechung des Romans „Buddenbrooks“, in der er betont, daß der „Autor keine grosse Maschinerie in Bewegung“ setze, sondern sich mit dem Kleinen und wenig aufregenden Ereignissen bescheide, in: Die Insel, 3. Jg., Bd. 1, 1901/02, S. 115ff.

42 Mann, Krull, S. 274.

„Lebensfreude, – wenn anders dies Wort das köstlich schmerzhafte Gefühl von Neid, Sehnsucht, Hoffnung und Liebesdrang bezeichnet, wozu der Anblick des Schönen und Glücklich-Vollkommenen die Menschenseele entzündet".[43]

Nach der Vorstellung von Krull und dessen Vater in der Garderobe aufgesucht, bot er, nun abgeschminkt, einen „Anblick von unvergeßlicher Widerlichkeit":

„Dieser unappetitliche Erdenwurm ist die wahre Gestalt des seligen Falters, in welchem eben noch tausend betrogene Augen die Verwirklichung ihres heimlichen Traumes von Schönheit, Leichtigkeit und Vollkommenheit zu erblicken glaubten."[44]

Wesentlich für Thomas Manns ‚doppelte Optik' ist, daß er sowohl betont, daß es unentscheidbar sei, welches nun wirklich die ‚wahre Gestalt' des Sängers ist („Hüte dich, darüber zu entscheiden"), und daß auf dem Boden dieser Unentscheidbarkeit die Darstellungsweise seines gesamten Werkes verbleibt. Mann verzichtet von vorneherein auf „die Positionen einer möglichen Parteinahme";[45] er kennt kein Nacheinander oder Nebeneinander, sondern ausschließlich die Gleichzeitigkeit des Sowohl-als-Auch.[46] Aber trotz Thomas Manns Warnung vor einer Entscheidung, nimmt er das „stillschweigende Einverständnis" des Publikums, „den Betrug nicht für Betrug" zu nehmen, zum Anlaß, sich auf eben diese dem Publikum supponierte Seite zu stellen und dessen Bedürfnis nach Betrug Rechnung zu tragen, da nur der Betrug „Aussicht auf Erfolg" habe:[47]

„Rufe dir [...] das Bild zurück, das du vorhin [während der Vorstellung – I.V.] zu sehen glaubtest: diesen Riesenschwarm von armen Motten und Mücken, der

43 Mann, Krull, S. 277.

44 Mann, Krull, S. 282.

45 In einem Brief an Karl Kerenyi schreibt Thomas Mann: „Ich bin ein Mensch des Gleichgewichts. Ich lehne mich instinktiv nach links, wenn der Kahn nach rechts zu kentern droht, – und umgekehrt." Karl Kerenyi (Hrsg.), Thomas Mann – Karl Kerenyi, Gespräch in Briefen, Zürich 1960, S. 42.

46 Koopmann, Thomas Mann, S. 28. In seinen „Betrachtungen eines Unpolitischen" betont Mann: „Ich scheue zurück vor einer Analyse, [...] weil ich die erledigende Wirkung des kritischen Wortes im Grunde hasse." Mann, Betrachtungen, S. 399f.

47 Gunter H. Hertling, Selbstbetrug und Lebenskunst: Gerhart Hauptmanns Lorentz Lubota und Thomas Manns Felix Krull, in: Orbis Litterarum, Vol. XX, No. 1/1965, S. 207. Hertling (S. 206) weist darauf hin, daß Krull „besessen" ist von der „Herrschaft eines gewissen Liebesanspruches an die Welt" – er gehört damit zu dem von Schmitt charakterisierten Typus der nur Freunde und keine Feinde mehr hat. Vgl. dazu Schmitt, Begriff des Politischen, S. 102ff.; ders., Politische Theologie, S. 82ff.

> sich still und toll in die lockende Flamme stürzte! Welche Einmütigkeit in dem guten Willen, sich verführen zu lassen! Hier herrscht augenscheinlich ein allgemeines, von Gott selbst der Menschennatur eingepflanztes Bedürfnis, dem die Fähigkeiten dieses Müller-Rosé entgegenzukommen geschaffen sind. Hier besteht ohne Zweifel eine für den Haushalt des Lebens unentbehrliche Einrichtung, als deren Diener dieser Mensch gehalten und bezahlt wird. [...] Lediglich der Hang und Drang seines Herzens zu jener bedürftigen Menge hat ihn zu seinen Künsten geschickt gemacht; und wenn er ihr Lebensfreude spendet, sie ihn dafür mit Beifall sättigt, – ist es nicht ein wechselseitiges Sich-Genüge-Tun, eine hochzeitliche Begegnung seiner und ihrer Begierden?“[48]

Gott als Initiator des Betruges und dessen Vollzug durch die Dichtung des Künstler Thomas Mann – auf diesen Nenner läßt sich das von Krull entfaltete Programm bringen, das in Schmitts Beschreibung von Thomas Manns Verhältnis zu seinem – insbesondere weiblichen – Publikum wiederkehrt.[49] Denn in diesem Sinne läßt Carl Schmitt den Dichter Mann über sich selbst verkünden, daß er sich „für den größten lebenden Künstler“ halte und zwar

> „nicht, weil ich mich davon mit Gründen überzeugt hätte oder weil ich eitel wäre, sondern weil eine herzlose Mißachtung der heiligsten Empfindungen meiner Verehrerinnen darin läge, mich nicht für den größten zu halten“.[50]

Diese auf den ersten Blick rein polemisch wirkende Darstellung Schmitts läßt auf dem Hintergrund der Schilderung von Felix Krull die Matrix der ‚doppelten Optik‘ sichtbar werden, die der Dichtung Thomas Manns nicht nur Publikumsorientierung supponiert, sondern mit der zugleich dessen Kunstprinzip als Betrugsstrategie dargestellt wird. Nur sie garantiert eine „erfolgreiche Künstlerexistenz“, die in der „polaren Bürger-Künstler Haltung seiner Helden“ zum Ausdruck kommt.[51] Wenn auch Koopmann zu Recht darauf hinweist, daß Thomas Manns Technik der „doppelten Optik“ imstande sei, ganz offensichtlich widerspruchsvolle Zusammenhänge „ohne Vereinseitigung zu erfassen“, so bleibt doch als Grundprinzip dieser Betrachtungsweise festzuhalten, daß dieser Optik „jede Aussage nur eine bedingte Aussage“ ist und jede Position durch eine Gegenposition wieder relativiert wird.[52] Zur Anwen-

---

48 Mann, Krull, S. 282f.

49 Vgl. zur Erwähnung des weiblichen Publikums auf den im Kommentar hingewiesenen Erfolg der „Buddenbrooks“ bei der Frauenemanzipationsbewegung.

50 Schmitt, Schattenrisse, S. 4.

51 Hertling, Selbstbetrug, S. 207.

52 Koopmann, Thomas Mann, S. 32 und 30.

dung der doppelten Sichtweise ist Thomas Mann jedes beliebige Ereignis so geeignet, wie das Ergebnis nicht in Alternativen, sondern in ‚Beliebigkeit‘ mündet. Sein Versuch, „scheinbar eindeutig zu bestimmende Gestalten“ zu beschreiben, führt stets zur immer neu ansetzenden Analyse immer weiter „divergierender Bestandteile“.[53] Relativität, Zweideutigkeit und Paradox sind die Begriffe, die Manns essayistisches und dichterisches Schaffen prägen. Seine Charakterisierung eines Buches von Erich Kahler als „ein Buch des doppelten Blicks und der gemischten Gefühle“, hätte er – so betont Koopmann zu Recht – auch auf seine eigenen Werken anwenden können.[54] Ähnlich wie bei Novalis ist ihm Krankheit eine „gesteigerte Form der Gesundheit, Gesundheit“ eine letzte „Konsequenz der Krankheit“.[55] Genialität eine Abstufung des Abnormalen, das selbst nur eine Varietät des Normalen ist; Kunst entsteht erst aus dem Verfall, den Krankheit mit sich bringt und dieser Verfall heißt bei Thomas Mann nicht Verfall, sondern „Verfeinerung, Vertiefung, Veredlung“.[56] Mit seiner Technik der Poetisierung aller Lebensbereiche – die bei Mann noch dem kleinsten Detail gilt – reiht er sich nicht nur nachdrücklich in die Tradition der Romantik ein, sondern er verwirklicht mit seiner ‚doppelten Optik‘ in hervorragender Weise die von Schmitt – am Beispiel des aus seiner Sicht ‚typischen‘ Romantikers Adam Müller – beschriebene romantische Struktur der „Gegensätzigkeit“.[57] Die von Lämmert in bezug auf die Dichtung Thomas Manns betonte Vermittlung von aristokratischen und demokratischen Eigenschaften ist ein Programm, das auch Müller zu verwirklichen suchte: Er entwickelte den Plan, „eine Ministerial- und Oppositionszeitung zugleich zu schreiben“, da er „von der Notwendigkeit einer regelmäßigen Einwirkung der Regierung auf die öffentliche Meinung“ ebenso überzeugt war, wie davon, daß die „Opposition dadurch zu sabotieren“ sei, daß „man sie vorwegnahm“.[58] Hier wie dort mündet die Gleichzeitigkeit von zwei polaren Extremen im Versuch ihrer gleichzeitigen Vermittlung notwendig in den Betrug.

Schmitt führt in seiner Theaterszene aus, daß „eine überschliffene Kulturgesättigtheit in ihrem Indifferenzpunkt einer ausgehöhlten Barbarei mit Augurenlächeln zuzwinkert“ und Thomas Mann deshalb der „Gefahr einer Banalität eben durch die Banalität zuvorzukommen“ versuche.[59] Er thematisiert damit jene Sehnsucht

53 Koopmann, Thomas Mann, S. 31.
54 Koopmann, Thomas Mann, S. 34.
55 Koopmann, Thomas Mann, S. 32.
56 Koopmann, Thomas Mann, S. 32. Vgl. auch Noble, Krankheit, Verbrechen, S. 48ff.
57 Vgl. Carl Schmitt, Politische Romantik, S. 60ff. und 65ff.
58 Schmitt, Politische Romantik, S. 65.
59 Schmitt, Schattenrisse, S. 49.

Krulls nach der „verführerischen Banalität", was nicht nur als ein Hinweis auf den Naturalismus der Thomas Mannschen Dichtung zu lesen ist.[60] Schmitt verweist damit vielmehr auch auf dessen Spannungsverhältnis von Leben und Kunst, das in der durch Krull (und ebenso Tonio Kröger) verkörperten (Künstler-)Existenz des schönen und notwendig lügenhaften Scheins seinen Ausdruck findet und das Mann als Grundkonstante des menschlichen Daseins erscheint:

> „wir alle hegen eine verstohlene und zehrende Sehnsucht in uns nach dem Harmlosen, Einfachen und Lebendigen, nach ein wenig Freundschaft, Hingebung, Vertraulichkeit und menschlichem Glück. Das ‚Leben', von dem wir ausgeschlossen sind –, nicht als Vision von blutiger Größe und wilder Schönheit, nicht als das Ungewöhnliche stellt es uns Ungewöhnlichen sich dar; sondern das Normale, Wohlanständige und Liebenswürdige ist das Reich unserer Sehnsucht, ist das Leben in seiner verführerischen Banalität."[61]

Diese Sehnsucht führt den Künstler zur Indienstnahme des Alltäglich-Banalen, in der die Okkupation des Lebens durch die Kunst ihren sichtbaren Ausdruck findet und in der sich gemäß Nietzsches Bestimmung der „Wille zur Macht" manifestiert.[62] Der Scheincharakter des Artistischen, der als Grunddefinition des Künstlerischen Nietzsches Werk durchzieht, vermag zwar „über die Welt den schönen Schein" zu legen und sie so „vom Leiden", „welches ohne das Ästhetische unerträglich wäre", zu erlösen.[63] Der Bezug auf das Leben führt aber zugleich zu einer deutlich lebensfeindlichen Haltung: der Künstler wird „oberflächlich – aus Tiefe".[64] Denn

> „das Gefühl, das warme herzliche Gefühl ist immer banal und unbrauchbar, und künstlerisch sind bloß die Gereiztheiten und kalten Ekstasen unseres verdorbe-

60 Vgl. Hertling, Selbstbetrug, S. 208. Die Begriffe „Naturalismus" und „Realismus" werden hier nicht im Sinne einer künstlerischen Epoche verstanden, sondern als bestimmte Relation zur empirischen Realität. Siehe dazu: Koopmann, Thomas Mann, S. 39f.

61 Thomas Mann, Die Hungernden. Studie, erstmals in: Die Zukunft, 11. Jg., Heft 17/ 1903; zit. nach: ders., Die Erzählungen, S. 292.

62 Vgl. Nietzsche, Wille zur Macht, Bd. XIX, S. 209–218; Gesammelte Werke, Musarionausgabe, 23. Bd., München 1922–1929. Vgl. dazu auch Heinz Peter Pütz, Die Kunst als Funktion des Lebens, in: ders., Kunst und Künstlerexistenz bei Nietzsche und Thomas Mann. Zum Problem des ästhetischen Perspektivismus in der Moderne, Bonn 1963, S. 15–18.

63 Pütz, Kunst, S. 17. Thomas Mann, der „ein sehr guter Nietzsche-Kenner" war, bezeichnete als Nietzsches Erbe u. a. seine Auffassung von Kunst und Künstler. Vgl. Heinz Peter Pütz, Thomas Mann und Nietzsche, in: ders. (Hrsg.), Thomas Mann und die Tradition, Frankfurt/M. 1971, S. 227f.

64 Nietzsche, Nietzsche contra Wagner, Bd. XVII, S. 300, Musarionausgabe.

> nen, unseres artistischen Nervensystems. Es ist nötig, daß man irgend etwas Außermenschliches und Unmenschliches sei, daß man zum Menschlichen in einem seltsam fernen und unbeteiligten Verhältnis stehe, um imstande und überhaupt versucht zu sein, [...] es wirksam und geschmackvoll darzustellen. Die Begabung für Stil, Form und Ausdruck setzt bereits dies kühle und wählerische Verhältnis zum Menschlichen, ja eine gewisse menschliche Verarmung und Verödung voraus. [...] Es ist aus mit dem Künstler, sobald er Mensch wird und zu empfinden beginnt.“[65]

Manns Aufnahme und Verarbeitung des Realen, das er an die Stelle der ‚Erfindung‘ setzt, erfordert zwingend den Zwischenschritt einer distanzierenden Abstandnahme, um es in das Symbolische transformieren zu können. Demgegenüber versucht Carl Schmitt den Weg einer grundlegenden Fiktionalisierung des Tatsächlichen nach dem Modus des „Als-ob“ zu gehen, da es ihm nicht auf „die Wirklichkeit von etwas Gedachtem“ ankommt. Er wendet sich damit gleichermaßen gegen „die Tendenz, das Gedachte als Realität zu behandeln“, wie dagegen, daß das „Wort Fiktion“ beinahe „gleichbedeutend mit lügenhafter Erfindung“ ist.[66] Im Gegensatz zu Hans Vaihinger, auf den er sich hier bezieht, betont Schmitt, daß die Fiktion „keine bewußt falsche Annahme“ sei und das „‚Unwahre‘ erst [...] durch den Naturalismus in sie hineingelegt“ werde.[67] Fiktion, im Sinne einer „Lüge“, ergebe sich erst daraus, daß die Tatsache „zur Vergleichung herangezogen wird“ und die Fiktion damit keine „selbständige Bedeutung“ erhalte. Als Beispiel für eine nicht auf das Reale bezogenen Fiktion führt Schmitt „die Unabhängigkeit des ‚Willens‘ des Gesetzes von irgend einem tatsächlich vorhandenen Willen“ an: der nach „‚Treu und Glauben‘ anzunehmende Wille“ der Parteien trage gegenüber den „unkontrollierbaren Einzelvorgängen, wie sie sich in der Seele der Kontrahenten abspielten“ den „Sieg davon“. Denn zur Geltung komme so das „Tatbestandsmoment“ und nicht die „zufällige Tatsache“.[68] Schmitt verweist in diesem Zusammenhang auf den „unangenehmen Spannungszustand der Seele“, den man „zu beseitigen sucht, indem man dem Gedachten Realität zuschreibt“.[69] Auf diesem, aus der wechselseitigen Durch-

65 Thomas Mann, Tonio Kröger, erstmals in: Neue Deutsche Rundschau, 14. Jg., Heft 1/1903; zit. nach: ders., Die Erzählungen, S. 325f.

66 Carl Schmitt, Juristische Fiktionen, in: Deutsche Juristenzeitung, 18. Jg., Heft 12/1913, Sp. 804f.

67 Schmitt, Wert des Staates, S. 102. Schmitt bezieht sich hier auf: Hans Vaihinger, Die Philosophie des Als-ob, 2. Aufl., Berlin 1913.

68 Schmitt, Wert des Staates, S. 102f.

69 Schmitt, Fiktionen, Sp. 805.

dringung von Kunst und Leben oder von Fiktion und Realität entstehenden ‚Spannungszustand' und dem immer wiederkehrenden Versuch ihn aufzuheben, basiert aber die Dichtung Thomas Manns. Sie erteilt der reinen Fiktion oder ‚Erfindung' eine explizite Absage und rekurriert auf das Reale, das oszillierend das Imaginäre durchdringt und wieder auf den Ausgangspunkt zurückverweist.[70] Die aus dieser Vermittlungsstruktur entstehende „Ironie als das Pathos der Mitte", fällt schließlich mit der Kunst überhaupt in eins.[71] Ihr bleibt die ‚lügenhafte Erfindung' des Hochstaplers.

12. Fritz Mauthner

Schmitts Nachlaßnotizen ebenso wie sein Schattenriß zu Mauthner sind zentriert um das Problem der Möglichkeit von Erkenntnis. Er führt gegen den durch Mauthners Gleichung von Sprechen und Denken initiierten Absturz der Grammatik, die „in ihrem Sturze die Logik mit sich reißt", die geltenden Gesetze der Erkenntnis, die über Entwicklung und Pragmatismus stehen, ins Feld.[1] Diesen gültigen Gesetzen schreibt Nietzsche in Gegnerschaft zur „‚Vernunft' in der Philosophie" ihre Herkunft zu: „Ich fürchte, wir werden Gott nicht los, weil wir noch an die Grammatik glauben."[2] In diesem Sinne verweist Schmitt noch 1917 auf den „absoluten Herrscher", der sowenig über dem „Recht" wie „über der Grammatik" steht, da er – wie der „infallible Papst" – nichts ist im Hinblick auf seine Person, sondern nur

70 Manns Bezugnahme auf das empirisch Reale, aus der sich die „Feindseligkeit des Dichters gegenüber der Wirklichkeit" ergibt, relativiert seine in „Bilse und ich" formulierte Zurückweisung der Vorwürfe, lebende Personen in den „Buddenbrooks" zum Modell genommen zu haben.

71 Thomas Mann, zit. nach: Gunter Reiß, Herrenrecht. Bemerkungen zum Syndrom des Autoritäten in Thomas Manns frühen Erzählungen, in: Rolf Wiecker (Hrsg.), Gedenkschrift für Thomas Mann, 1875–1975, Kopenhagen 1975, S. 90.

1 Fritz Mauthner, in: Die Philosophie der Gegenwart in Selbstdarstellungen, hrsg. von Raymund Schmidt, Leipzig 1922, S. 136.

2 Friedrich Nietzsche, Die Vernunft in der Philosophie, Nr. 5, in: Götzendämmerung. (Montinari-Ausgabe), S. 78. Vgl. dazu auch Nietzsches „Hinfall der kosmologischen Werte". Nietzsche macht hier deutlich, daß der Glaube an den christlichen Gott „unglaubwürdig geworden sei auf Grund der Einsicht in die psychologischen Entstehungsbedingungen der Vorstellung eines transzendenten Wesens" und deshalb „der ganze Bereich absoluter und metaphysischer Wahrheiten einer grundsätzlichen Skepsis nicht stand zu halten vermöge" (Silvio Vietta, Lyrik des Expressionismus, Tübingen 1976, S. 4). Der Skeptiker Mauthner trägt dieser These Nietzsches im präzisen Sinne Rechnung.

in bezug auf sein Amt.[3] Demgegenüber erkennt Mauthner gerade in den Erkenntnisformen Grammatik und Logik und deren zeitenthobener Gültigkeit jene „Einflüsterungen einer Gottheit“, deren „Wertlosigkeit“ nachzuweisen er für das „stolzeste Ergebnis“ seiner „Untersuchungen halten“ würde.[4] Aus der Gleichung ‚Denken ist Sprechen‘ folgt für Mauthner, daß es aufgrund der vielen Sprachen, auch „so viele Logiken“ wie es „Sprachen mit verschiedenem Bau gibt“; damit aber sei die „Logik als die allgemeine Gesetzmäßigkeit des menschlichen Denkens [...] preisgegeben“, denn es verbiete sich von selbst, von Logik im Plural zu reden.[5] Da für Mauthner nicht nur „in“ der Sprache, sondern „aus Sprache“ gedacht werden kann, ist die Sprache für die Philosophie „der Grenzbegriff, der limes“, der nicht überschritten werden kann und deshalb werde „alle Philosophie zu menschlicher Psychologie umgewandelt“.[6] Schmitt setzt an diesem Punkt von Mauthners Sprachkritik an und insistiert darauf, daß der Nachweis der Identität von Denken und Sprechen, der die Logik und mit ihr die Philosophie durch die Psychologie ersetzt, selbst nur psychologisch zu führen und deshalb außerhalb der Erkenntnisgesetze liegend, für die Erkenntnistheorie belanglos sei. Er beharrt nachdrücklich auf der Gültigkeit der bestehenden Erkenntnisgesetze auch gegen das Mißtrauen und den Zweifel an diesen (im Hinblick auf mögliche andere, eines Tages geltende Denkgesetze) und betont, daß es der Erkenntniskritik nur auf die Formen des Erkennens und nicht auf die Inhalte ankomme, weshalb ihr alle Empirie gleichgültig sei. Mauthner dagegen versucht gerade die „falsche Lehre der deutschen Schullogik“ genannte Deduktion „zu beseitigen, welche die Induktion immer offen oder versteckt“ mit sich schleppe und zu zeigen, daß „das Wesen der Induktion [...] mit der Logik ganz und gar nichts zu tun“ habe, „weil sie von den Sinneseindrücken“ ausgeht.[7]

Eine bezeichnende Differenz zwischen Schmitt und Mauthner läßt sich nicht zuletzt gerade an dem von Schmitt gewählten Beispiel Wotans verdeutlichen. Mauthners Wotan ist – so Schmitt – gezwungen, die Ordnung des Vertrages zu brechen, weil er diese dem Bereich der Wirklichkeit unterstellt. Tatsächlich gehört

3 Schmitt, Wert des Staates, S. 95.

4 Fritz Mauthner, Wesen der Sprache, in: Gershon Weiler (Hrsg.), Fritz Mauthner. Sprache und Leben, Salzburg – Wien 1986, S. 64. Schmitt zitiert am Ende seiner Abhandlung „Der Wert des Staates“ für das Verhältnis von Mittelbarkeit und Unmittelbarkeit die Metapher von Strom und Quelle, die an dieser Stelle auch von Mauthner verwendet wird.

5 Fritz Mauthner, Beiträge zu einer Kritik der Sprache, 3 Bde., Stuttgart 1906, II, S. 64; vgl. Max Krieg, Fritz Mauthners Kritik der Sprache. Eine Revolution der Philosophie, München 1914, S. 110ff.

6 Mauthner, Beiträge, III, S. X.

7 Mauthner, Beiträge, III, S. 473 und 448.

für Mauthner diese Ordnung sowenig zur „Natur der Dinge" wie zur „Denknotwendigkeit des Menschen". Sie ist für ihn vielmehr, basierend auf Logik und Grammatik, „ein staatlicher Begriff" und Ausdruck des Zwangsgehäuses, dem er die rein „subjektive Ordnung in unserem Kopfe" und den „mit Vertretern der Polizei einmal" ausgearbeiteten „Fahrplan" und das heißt die Planung entgegensetzt.[8] Dieser zweckmäßigen Regelung der Gesellschaft stellt Mauthner einen aus der Subjektivität der Einzelnen entstehenden Selbstregelungsmechanismus an die Seite, der aus einem Zusammenspiel der „unzähligen Egoismen" entstehe.[9]

Da für Mauthner alles in der Sprache enthalten ist – „Denken, Logik und Grammatik" sind lediglich „Merkmale", die „gewissermaßen in der Sprache drinstecken und nur von müßigen Ordnungsfanatikern herausgezogen worden sind" –, stellt sich die Frage, woher ein „Kriterium zu Begriffsunterscheidungen" und Urteilen gewonnen werden kann.[10] Zur Klärung dieser Frage muß zunächst festgehalten werden, daß für Mauthner „Begriffsbildung, Induktion und Abstraktion" dasselbe sind und der Begriff, der „vor jeder Logik da" war, der Psychologie angehört.[11] Urteile oder Sätze sind daher „nicht aus Begriffen hervorgegangene höhere Gestaltungen", sondern „vielmehr ein Rückschritt zu den Sinneseindrücken" und deshalb „aus der logischen Disziplin auszuschalten".[12] Seine Rückführung des Begriffs auf Erfahrungstatsachen der Sinneswelt und dessen Ausscheidung aus dem Bereich der Logik entzieht ihm aber jede definitorische Funktion. Mauthners Bestimmung des Begriffs als Ausdruck des „Wortaberglaubens"[13] steht in diametralem Gegensatz zu Schmitts Bemühen um „Positionen und Begriffe" und seiner Entfaltung eines Begriffsfeldes, in „welchem die Begriffe sich durch ihre Stellung im Begriffsfeld gegenseitig informieren".[14]

Mauthners Argument von der Unmöglichkeit des Begreifens einer translinguistischen Wirklichkeit, führt ihn zur Aufgabe aller geltenden Wahrheits- und Normbegriffe. Aufgrund seiner Annahme, daß „objektive Wahrheit" nur in der „Sprache zu suchen" ist, weshalb sie nicht anderes sei „als nur der gemeine Sprachgebrauch",

8 Mauthner, Beiträge, III, S. 589.

9 Mauthner, Beiträge, III, S. 589. Diese Gegenüberstellung von subjektiver und objektiver Ordnung bezeichnet Schmitt in seiner Nachlaßnotiz als Verbleiben in Kategorien, die der Mauthnerschen Sprachkritik die eigene Basis entziehen.

10 Weiler, Mauthner, S. 24.

11 Mauthner, Beiträge, III, S. 470 und 299.

12 Mauthner, Beiträge, III, S. 337 und 342.

13 Vgl. Mauthner, Beiträge, I, S. 155.

14 Schmitt, Begriff des Politischen, S. 17.

gelangt er „über den Hominismus nicht hinaus“.[15] Dementsprechend stellt er fest, daß die „wenigen wirklich ewigen Gesetze der Logik [...] Armseligkeiten, Tautologien wie A=A“ sind und dieser Satz in der „ganzen Welt auf nichts paßt als auf sich selber“.[16] Da in Natur und Wirklichkeit nicht einmal „eine Identität der identischen Dinge“ vorhanden sei, könne es außer diesem Satz nur „eine identitas relativa“ geben.[17] Da in der „Welt der Sprache“ und das heißt für Mauthner, in der „Welt der Seele“, „A niemals ganz genau A“ ist, lautet deren Formel: „A=A – b“.[18]

Mauthners Ausgangpunkt, das Postulat des Relativen, findet seine sprachtheoretische Umsetzung in seiner Relativierung des Substantivs, das, Ausdruck einer (identifizierbaren) Substanz, zur Stabilität neige und deshalb alles Werden verhindere. Paradigmatisch dafür sei das Substantiv Gott, das nur der Verwirrung und Unterjochung des Menschen diene. Gegen diese Herrschaft fordert Mauthner die Befreiung vom „Schein der substantivischen Welt“, die sich auch in der „substantivischen Konstruktion des Rechts wiederholt“. Er weist deshalb dem Substantiv prinzipiell diesselbe Position wie dem Verbum und dem Adjektiv zu. Weiter betont Mauthner, daß sich die Wirklichkeit nur in der adjektivischen Welt zeige, da nur diese die Sinnesdaten aufnehmen könne und deshalb transzendiere gerade sie die Welt des Substantivischen. Er kann daher in der „Sucht“ der Richter „unter allen Umständen zu entscheiden“ nur den Ausdruck der „Unbekümmertheit“ des Rechts um die „feinen Wertunterschiede der adjektivischen Gefühlswelt“ erkennen. Diese Gefühlswelt ist für ihn das Reich der Gerechtigkeit, das er in einen unüberbrückbaren Gegensatz zum Recht stellt.[19] Mauthner setzt deshalb dem aus der ewigen Gültigkeit der Gesetze der Logik resultierenden „Sollen“ (eins der wunderlichsten Worte“),[20] „das es in der Wirklichkeitswelt aber nicht gibt“, das aus der Sinnenwelt ableitbare und daher auf das endliche und relative konzentrierte „Wollen“ entgegen.[21]

Um diese Kategorie des „Wollen“ sind die Notizen aus dem Nachlaß Schmitts zu Stammlers Rechtstheorie zentriert.[22] Der Rechtsgedanke, so heißt es bei Stammler, sei „die notwendige Bedingung, um alle Besonderheiten von menschlichem

15 Mauthner, Beiträge, III, S. 695.

16 Mauthner, Wörterbuch, I, S. 479.

17 Mauthner, Wörterbuch, I, S. 2.

18 Mauthner, Beiträge, III, S. 277f.

19 Mauthner, Wörterbuch, I, S. 299.

20 Mauthner, Artikel „Sollen“, in: ders., Wörterbuch, II, S. 412. Carl Schmitts Anmerkung in seiner Nachlaßnotiz bezieht sich auf diesen Abschnitt in Mauthners Wörterbuch.

21 Mauthner, Beiträge, III, S. 343.

22 Vgl. dazu den Anhang zum Kommentar dieses Schattenrisses.

Wollen in der einen gesuchten Einheit zusammenzufassen, daß sie als rechtliches Wollen begreifbar sind".[23] Stammler ordnet das menschliche Wollen verschiedenen Kategorien zu und kommt zum Schluß, daß letztlich alle durch die rechtliche hindurchlaufen und deshalb die gegebenen Willensinhalte in diesem als „allgemeingültige Art des Wollens überhaupt" bezeichnet werden können.[24] Die Frage nach der Wirklichkeit im Recht formuliert Stammler in Abgrenzung zu Hegels Philosophie des Rechts, für die im „Schein des Zeitlichen und Vorübergehenden" stets „die Substanz", das „Ewige gegenwärtig" sei. Und er betont, daß deshalb der „wahre Gegenstand der wissenschaftlichen Bestimmung" das „stofflich bedingte Wahrnehmen und Wollen" sei, das die „mannigfachen Verhältnisse [...] als Material" in einheitlicher Weise der Idee zuführe. Nur dieses Material sei wirklich und gegenwärtig, wohingegen das „Ewige als solches [...] niemals gegenwärtig" sei.[25] Analog zu Mauthner, der diese Aufgabe der Psychologie zuweist, ist für Stammler im „erfolgreichen Ordnen vom Stoffe sinnlicher Eindrücke [...] die Vorstellung der objektiven Wirklichkeit begründet". Die „geordneten Bedingtheiten" des „wirklichen Rechts" sind daher den „reinen Formen" des „feststehenden und nicht veränderlichen Systems" der Rechtsidee vorgeordnet.[26] Während Schmitt darauf verweist, daß das erkenntnistheoretische Subjekt nicht „das empirische, zufällige, der Sinnenwelt angehörende Individuum sein" könne, rekurriert Stammlers Rechtstheorie gerade auf das empirisch reale Subjekt, allerdings mit der Ein-

23 Rudolf Stammler, Theorie der Rechtswissenschaft, Halle 1911, S. 12.

24 Stammler, Rechtswissenschaft, S. 109.

25 Stammler, Rechtswissenschaft, S. 554f. Stammler verweist an dieser Stelle darauf, daß das „methodische Verfahren" das wirklich Gegenwärtige sei, da es „in seiner unbedingten Gültigkeit das Wechselnde und Zufällige leitet". Dem methodischen Problem der Findung des richtigen Rechts wendet sich Schmitt in seiner Schrift „Gesetz und Urteil" zu und kommt mit seiner Formulierung der richtigen richterlichen Entscheidung zu einem Ergebnis, das die Zufälligkeiten der richterlichen Entscheidung, die durch einen einzelnen Richter (und dessen Subjektivität) in diese hineingetragen wird, aufzuheben sucht. Schmitt stellt sich damit zunächst durchaus auf den Boden der Rechtstheorie Stammlers, bei der der Methode, aufgrund der Hereinnahme der subjektiven Faktoren, eine eminent hohe Bedeutung zukommt. Er geht aber einen entscheidenden Schritt weiter, wenn er einmal den Richter ausschließlich als den „empirischen Typus des modernen rechtsgelehrten Juristen", bei dem sich bestimmte Auslegungsmethoden verfestigt haben, definiert und die Entscheidung dieses einzelnen empirischen Typus darüber hinaus an die eines anderen Richters rückkoppelt, was die individuellen Besonderheiten der Rechtsauffassung auflebt. Vgl. dazu Schmitt, Gesetz und Urteil, S. 71ff.

26 Stammler, Rechtswissenschaft, S. 554f.

schränkung, daß es ein „vernünftiges Wesen ist“.[27] Stammler erwähnt damit, wenn auch nur nebenbei, die mit seinem Rekurs auf das Reale einhergehende Grenzziehung, die nun ins Innere des Subjekts verlagert wird. Mit der Abwendung von außerhalb der Empirie liegenden Normen machen Stammler wie Mauthner das „Ueberindividuelle zum Interindividuellen“, woraus zwar durchaus eine Abkehr von der „empirischen Existenz“ der „Einzelheit“ folgt.[28] Mauthners wie Stammlers Zurechnungspunkt bleiben aber die konkreten Sinnesdaten der zwischen den Subjekten entstehenden, intersubjektiven Eindrücke. Im Gegensatz dazu nimmt Carl Schmitt den Einzelnen nur im Hinblick auf seine „Hingabe an den überindividuellen Rhythmus einer Gesetzlichkeit“, die in der „überpersönlichen Organisation“ des Staates am deutlichsten zum Ausdruck komme, in den Blick.[29]

Mauthners Sprachkritik ist geprägt von einem tiefen Mißtrauen gegen die Sprache, die ihm eine einzige Ansammlung des Ballastes der Vergangenheit ist: überladen von „toten Symbolen“ wie Rhetorik und Poetik, ermögliche sie weder Erkenntnis noch Kunst.[30] Ausgehend von seiner „Sprachkrise“ kommt Mauthner durch die Lektüre von Nietzsches „Vom Nutzen und Nachteil der Historie für das Leben“ zu der Überzeugung, daß der historische Wandel zur Entleerung der Worte geführt habe.[31] Er beginnt deshalb 1891 mit der Ausarbeitung seiner „Kritik der Sprache“, in der er den einzigen Ausweg sah. Seine parallel dazu verfaßten dichterischen Werke, die sich mit sprachkritischen Gedanken beschäftigten, endeten in einem Verzicht auf Dichtung, da der „an der Sprache verzweifelnde Dichter ohne Inspiration“ blieb.[32] Dennoch war Mauthner der Überzeugung, daß die Kunst der eigentliche Bereich der Sprache sei, da in der Kunst die sinnliche Wahrnehmung und damit die einzig gültige Wirklichkeit zur Artikulation komme, was allerdings eine neue, nicht-rhetorische Sprache erforderte. Ansätze der neuen Sprache erkannte

27 Schmitt, Wert des Staates, S. 88; vgl. auch S. 60ff.

28 Schmitt, Wert des Staates, S. 88f.

29 Schmitt, Wert des Staates, S. 93.

30 Fritz Mauthner, Tote Symbole, Kiel – Leipzig 1892.

31 Vgl. dazu Mauthners Brief vom 18. Oktober 1897 an Maximilian Harden, zit. nach: Kühn, Mauthner, S. 200, sowie: Fritz Mauthner, Die Herkunft des sprachkritischen Gedankens, in: Die Zukunft, 47/1904, S. 15. Mauthner, der 1871 das Studium der Rechtswissenschaften abgebrochen hat, betont nachträglich, daß „kein Philosophieprofessor [...] in der Hauptsache mein Lehrer gewesen“ war, sondern nur „der philosophierende Dichter Nietzsche und der Positivist Ernst Mach“. Fritz Mauthner, in: Die Philosophie der Gegenwart in Selbstdarstellungen, hrsg. von Raymund Schmidt, Leipzig 1922, S. 127.

32 Kühn, Mauthner, S. 207.

Mauthner in der naturalistischen Dichtung, die er als „eine erfreuliche Bestätigung seiner Sprachkritik“ bezeichnete.[33] Die dichterische Umsetzung der sprachkritischen Gedanken und die „Abkehr von Dem, was sich bisher Poesie nannte und was Rhetorik war“, sah Mauthner vor allem in Hofmannsthals Prosadichtung „Ein Brief“, der 1902, kurz nach Erscheinen des dritten Bandes seiner „Beiträge zu einer Kritik der Sprache“, in einer Berliner Zeitung zum Abdruck kam und den auch Schmitts Schattenriß erwähnt. In diesem Brief begründet der erfolgreiche Dichter Lord Chandos seinen Verzicht auf literarische Betätigung mit der Schilderung des Erlebnisses, das ihm das Vertrauen in die Sprache geraubt habe:[34]

> „Zuerst wurde es mir allmählich unmöglich, ein höheres oder allgemeineres Thema zu besprechen und dabei jene Worte in den Mund zu nehmen, deren sich doch alle Menschen ohne Bedenken geläufig zu bedienen pflegen. Ich empfand ein unerklärliches Unbehagen, die Worte ‚Geist‘, ‚Seele‘ oder ‚Körper‘ nur auszusprechen. Ich fand es innerlich unmöglich, über die Angelegenheiten des Hofes, die Vorkommnisse im Parlament, oder was Sie sonst wollen, ein Urteil herauszubringen.“[35]

Lord Chandos' Versuch, sich „aus diesem Zustand“ – der sich im Verlust der Möglichkeit einer Anerkennung überpersönlicher Größen äußert – „in die geistige Welt der Alten hinüberzuretten“, brachte ihm nur „furchtbare Einsamkeit“ und den Entschluß, kein Buch mehr zu verfassen, da ihm deren Lektüre nur klar vor Augen führte, daß er über keine Sprache mehr verfüge, in „welcher nicht nur zu schreiben, sondern auch zu denken mir vielleicht gegeben wäre“.[36] Der von Hofmannsthal geschilderte Sprachverfall Lord Chandos' ist aber – auch wenn sich Hofmannsthal selbst in einer krisenhaften, dichterisch unproduktiven Zeit befand – selbst kein Dokument der Krise, sondern bereits Ausdruck ihrer artistischen Überwindung.[37] Während Mauthner darauf besteht, daß „der Mensch die Welt“ nur „sprachlos“ verstehen und „die verlorengegangene Einheit mit allem Sein zurückgewinnen“ könne, treibt Hofmannsthal ein virtuoses Spiel mit den Elementen von Mauthners Sprachkritik.[38] Lord Chandos' Verlust der „religiösen Auffassungen“, der meta-

---

33 Gustav Landauer, Mauthners Werk, in: Die Zukunft, 42. Bd., 1903, S. 463.

34 Hugo von Hofmannsthal, Ein Brief, 1902, in: ders., Gesammelte Werke. Erzählungen, Erfundene Gespräche und Briefe, Reisen, hrsg. von Schoeller/Hirsch, Frankfurt/M. 1979, S. 461ff.

35 Hofmannsthal, Brief, S. 465.

36 Hofmannsthal, Brief, S. 466 und 472.

37 Vgl. Kühn, Mauthner, S. 26f.

38 Kühn, Mauthner, S. 29.

physischen Begriffe, der (politischen) Urteilsfähigkeit, der Unterscheidung von Wahr und Falsch, kulminierend in der Wahrnehmung, daß die Begriffe es nur mit sich selbst zu tun haben und sein Denken davon ausgeschlossen bleibe, führt ihn zum Bereich der Sinnenwelt, in der auch Mauthner die einzige Möglichkeit der Wirklichkeitswahrnehmung erkennen konnte:

> „Seither führe ich ein Dasein, das Sie, fürchte ich kaum begreifen können, so geistlos, so gedankenlos fließt es dahin; [...] es ist ja etwas völlig Unbenanntes und auch wohl kaum Benennbares, das in solchen Augenblicken, irgendeine Erscheinung meiner alltäglichen Umgebung mit einer überschwellenden Flut höheren Lebens wie ein Gefäß erfüllend, mir sich ankündet. [...] ich muß Sie um Nachsicht für die Albernheit meiner Beispiele bitten. Eine Gießkanne, eine auf dem Feld verlassene Egge, ein Hund in der Sonne, [...] alles dies kann das Gefäß meiner Offenbarung werden. Jeder dieser Gegenstände, [...] über die sonst ein Auge mit selbstverständlicher Gleichgültigkeit hinweggleitet, kann für mich plötzlich in irgend einem Moment [...] ein erhabenes und rührendes Gepräge annehmen, das auszudrücken mir alle Worte zu arm scheinen. [...] Es ist mir dann, als bestünde mein Körper aus lauter Chiffern, die mir alles aufschließen. Oder als könnten wir in ein neues, ahnungsvolles Verhältnis zum ganzen Dasein treten, wenn wir anfingen, mit dem Herzen zu denken.“[39]

Verwiesen auf die reine Sinnenwelt, die sich dem logischen Gebäude der Sprache entzieht, reiht sich Hofmannsthal damit – gemäß Schillers Pentameter: „Spricht die Seele, so spricht, ach! schon die Seele nicht mehr“ – in die seit 1800 durch die Romantik thematisierte Unzulänglichkeit der Rhetorik zur Wiedergabe der Welt ein. Die Differenz zur Hinwendung der Romantiker an die innere Welt des Menschen besteht aber zu dem um 1900 als Sprachkrise in Erscheinung tretenden Phänomen in der Rückkoppelung der traum- und rauschhaft erlebten Sinnenwelt an hirnphysiologische Wahrnehmungen. So erscheint Lord Chandos das Bild des Fischers Crassus, der über den Tod einer zahmen Muräne in Tränen ausbrach und deshalb zum Stadtgespräch wurde,

> „zuweilen nachts in meinem Hirn, wie ein Splitter, um den herum alles schwärt, pulst und kocht. Es ist mir dann, als geriete ich selber in Gärung, würfe Blasen auf, wallte und funkelte. Und das Ganze ist eine Art fieberisches Denken, aber Denken in einem Material, das unmittelbarer, flüssiger, glühender ist als Worte.“[40]

39 Hofmannsthal, Brief, S. 467 und 469.
40 Hofmannsthal, Brief, S. 471.

Diese Beschreibung der Sinnenwelt des Subjekts überführt das Subjektive in psychophysische Kategorien und unterstellt es deren interindividuellen Gesetzlichkeiten.

Bezieht Hofmannsthal in das Sprachspiel des Chandos-Briefes seine zeitgleichen Nervenkrisen[41] ein, so schildert Mauthner erst nachträglich in seinen 1918 erschienen Erinnerungen das Erschrecken über die Nichtigkeit der Sprache als „angeblich folgenschwerstes Ereignis seiner Jugendzeit", das er auf das Jahr 1873 datiert:[42]

> „Bestimmt weiß ich nur, daß der Schrecken über die Sprache, dessen Analyse ich dann zu meiner Lebensaufgabe machte, mich einmal auf einem langen Marsche überfiel, als ob ich einen Schlag vor die Stirn erhalten hätte."[43]

Kühn weist zurecht darauf hin, daß die Authentizität dieser Darstellung durch Mauthner in Zweifel gezogen werden kann, da die in Zusammenhang mit einer Wanderung beschriebene Wende einen gängigen romantischen Topos verarbeitet, den er darüber hinaus in weiteren biographischen Schriften nicht unerheblich variiert.[44] In Mauthners erster Darlegung über die „Herkunft des sprachkritischen Gedankens" von 1904, die zugleich die einzige war, die Schmitt zur Zeit der Entstehung seiner „Schattenrisse" zur Verfügung stand, ist von einem „Sprachschreck" noch keine Rede. Gleichwohl rekurriert Schmitt – wenn auch in ironischer Absicht – im Hinblick auf die Herkunft von Mauthners Sprachkritik auf ein biographisches Datum, das jedoch in einen Kontext mit dem Piaristengymnasium gestellt wird und damit für einen anderen Bruch im Leben Mauthners steht: für den Wechsel aus dem jüdischen Milieu in ein stark christlich geprägtes. Nicht zuletzt zitiert Schmitt einen „jüdischen Witz", der Mauthner die Kritik der Sprache deutlich gemacht habe. Man kann davon ausgehen, daß Schmitt im Spannungsverhältnis von Judentum und Christentum, das sich bei Mauthner in der Befürwortung einer totalen Assimilation äußert, das Entstehen der Sprachkritik situiert.[45] Schmitts Rekurs auf Mauthners Person zur Erklärung der Sprachkritik – eine Vorgehensweise, der

41 Vgl. Brief an Stefan George vom 14. Dezember 1902, in: Briefwechsel zwischen George und Hofmannsthal, 2. erg. Aufl., München – Düsseldorf 1953, S. 173f., sowie: Kühn, Mauthner, S. 25f.

42 Kühn, Mauthner, S. 127.

43 Fritz Mauthner, Erinnerungen. Prager Jugendjahre, München 1918, S. 207.

44 Vgl. Kühn, Mauthner, S. 127.

45 Vgl. dazu Mauthners Roman „Der neue Ahasver", Dresden – Leipzig 1882. Mauthner widmet diesen Roman Theodor Mommsen, dessen Gedanken zum Judentum er aufgreift.

er in der oben angeführten Notiz explizit jeden Erkenntniswert abspricht – imitiert die „Bekenntnischarakter“ benannte Eigenart von Mauthners Werk. Er greift damit sowohl auf das durch Mauthner selbst in seinem Vorwort zum „Wörterbuch der Philosophie“ Nahegelegte zurück, als auch auf seine zentrale These, daß Erkenntnis nur über die (persönliche) Sinneswahrnehmung möglich sei.[46]

Der „große Schriftsteller“ Mauthner, dem Worte „gleichgültige Stellen in dem ewigen Zirkeltanze der Assoziationen“[47] sind, billigt trotz seiner Feststellung, daß die Zwillingspaare „Kunst und Religion, Ästhetik und Theologie“[48] keine besonderen Gegenstände haben, der Kunst aufgrund ihrer Nähe zu den Sinneseindrükken eine gewisse Möglichkeit der Beschreibung von Wirklichkeit zu.[49] Die Poesie nennt Mauthner die „umfassendste Kunst, weil sie mit ihrem Wortvorrat sämtliche spezifischen Sinnesenergien zur Reproduktion von Vorstellungen reizen kann“. Der auf den Speicher seiner Sinneseindrücke – den Mauthner mit „Seele oder Bewußtsein“ in eins setzt – angewiesene Künstler arbeite wie „das Gedächtnis des gewöhnlichen Kopfes“, mit „verschiedenen Vorstellungserinnerungen“, die sich „kreuzen und kombinieren“. Ein Kunstwerk entstehe aber erst dann, wenn sich dies zu einem „neuen Ganzen verbinden“ läßt.[50] Daraus folgt für Mauthner, daß der große Künstler, das Genie, „das er auf ein nüchternes Wort zurückführen“ möchte, aufgrund seiner vom Durchschnitt abweichenden Gedächtnisfunktionen, dem latenten Grenzgang zwischen Genialität und Wahnsinn ausgesetzt ist.[51] Mauthner reduziert damit den von Schmitt betonten Dualismus von Genie und Volk auf eine Abstufung pathologischer Relativitäten. Er reiht das Genie ein in die von der „neueren Naturwissenschaft“ festgestellten Varietäten, die ursprünglich als „Fehler, als eine Art von Krankheit“ in Erscheinung getreten sind und die „zur Bildung neuer Arten führen“.[52]

Mauthners totale Sprachskepsis – die gegen die „Gefahr der Scheinbegriffe, daß sie von keiner Realität abstrahiert sind, und dennoch sind, in der Sprache oder im Denken der Menschen sind“ – führte ihn zwar zur Infragestellung dieser Scheinbegriffe, jedoch nicht aus dem Dilemma, daß diese Begriffe „durch das Wesen der

46 Vgl. dazu den Kommentar.

47 Mauthner, Beiträge, I, S. 523.

48 Weiler, Mauthner, S. 19.

49 Vgl. dazu die Nachlaßnotiz, in der Schmitt betont, daß die Sprache auch als Kunstmittel unzulänglich und unberechenbar sei.

50 Mauthner, Beiträge, I, S. 98, 585 und 584.

51 Mauthner, Beiträge, I, S. 585.

52 Mauthner, Beiträge, I, S. 527.

Sprache" selbst notwendig sind.[53] Die Unlösbarkeit des Zwiespalts, das Unsagbare doch nur in Worten und Begriffen sagen zu können – von Hofmannsthals Chandos-Brief virtuos thematisiert – eröffnete Mauthner nur den einen Weg, den bereits Nietzsche aufgezeigt hat: „Wenn Skepsis und Sehnsucht sich begatten, entsteht die Mystik".[54] In seinen „Beiträgen zu einer Kritik der Sprache",[55] wie auch in seiner Abhandlung zu Spinoza,[56] wird die Mystik als Alternative zur Verzweiflung an der Sprache dargestellt.[57] Doch nicht nur sein Rückgriff auf die Mystik Meister Eckharts zeigt, daß er, „wie die meisten theoretischen Mystiker", wieder in bereits „vorgeprägte Formen" einmündet: „in das Tao Laotses".[58] Was als Befreiung der Sprache aus dem Gefängnis von Logik und Grammatik und damit aus „den Händen der Theologen"[59] begann, endete in einer neuen „Sehnsucht nach Einheit".[60] Gegen diese Einheitssehnsucht betont Schmitt, daß

> „der Sinn unserer allgemeinen Menschenfreiheit nur der sein kann, den Dualismus in größter Sachlichkeit, unbeirrt von den gegebenen sozialen Gruppen- und Machtverhältnissen, herauszuarbeiten, damit nicht äußere Zufälle entscheiden".[61]

Ist es für Schmitt zunächst noch die „überpersönliche Organisation" Staat, die sich der „Reihe von Mitteln und Zwecken" der einzelnen Menschen und damit dem Wechsel der Zufälle entzieht, so bleibt für ihn auch nach dem Ende dieser Epoche die strenge Ordnung des Begriffs; er ist die maßgebliche Größe, mit der die „letzte, radikal systematische Struktur gefunden" werden kann.[62]

Die „unwandelbaren Gesetze" der Erkennbarkeit, die vor allen Erfahrungstatsachen in der Form des Erkennens liegen und die von Schmitt als Modus der Wahrheitsfindung gegen Mauthners Sprachkritik ins Feld geführt werden, sind

53 Mauthner, Wörterbuch, I, S. XCV–XCVI.

54 Vgl. Mauthner, Nietzsche und die Sprachkritik, in: ders., Beiträge, I, S. 366.

55 Mauthner, Beiträge, III, S. 616–618.

56 Fritz Mauthner, Spinoza, Berlin – Leipzig 1906.

57 Vgl. Gustav Landauer, Skepsis und Mystik. Versuche im Anschluß an Mauthners Sprachkritik, Berlin 1903.

58 Kühn, Mauthner, S. 251. Auch Schmitt erwähnt Laotse, der „für die Bedeutung des Staates die tiefsten Worte gefunden hat" und betont, daß hier für die „partikuläre Wichtigkeit nichts übrig bleibt" (Schmitt, Wert des Staates, S. 92).

59 Mauthner, Beiträge, III, S. 619.

60 Mauthner, Der Atheismus und seine Geschichte im Abendlande, Bd. 4, Stuttgart – Berlin 1923, S. 447.

61 Schmitt, Wert des Staates, S. 92f.

62 Schmitt, Begriff des Politischen, S. 59.

formal wie thematisch in seinem Werk präsent. Seine These, daß „alle prägnanten Begriffe der modernen Staatslehre [...] säkularisierte theologische Begriffe“ sind, setzt er in eine systematische Struktur radikaler Begrifflichkeit um. Mit ihr realisiert er – gemäß Nietzsches Diktum vom Zusammenhang von Gott und Grammatik – die von ihm beschworene Analogie von Theologie und Rechtswissenschaft.[63] Hinter diesem „juristischen Begriffsrealismus“[64] und damit auch hinter der ‚magischen‘ Begrifflichkeit des Schmittschen Werkes lauert aber stets die Ungewißheit der Frage Descartes', welcher Geist sich hinter dem Wort, das den abwesenden Gott vertritt, verbirgt.[65] Das Wort ist die Kulisse, die – so auch Mauthner im Hinblick auf Spinoza – es unentscheidbar macht, ob er sie als Maske „für Atheismus benützt“ oder ob er „ehrlich an seinen Deus sive Natura geglaubt“ hat. Und er fügt ergänzend hinzu, man müsse erkennen, daß auch Spinoza „ohne Mythologie nicht auskam“.[66] Auch Schmitt erkennt gerade im ‚Deus Absconditus‘ die „Quelle unabsehbarer Betrugsmöglichkeiten“: im „Stadium des schlimmsten Betruges, des Selbstbetruges [...] befindet sich gegenwärtig die von Descartes eröffnete Epoche. Es war ein spiritus malignus, dessen abgründigen Betrug Descartes für möglich hielt; [...] vor ihr fand er Rettung in seinem cogito.“[67] Es war das „Wort des Descartes: ‚(Ich) trete maskiert hervor‘“, das die Geschichte der modernen Philosophie des Subjekts eröffnete und das zugleich den Modus deren Wahrheitsermittlung und -vermittlung offenlegt. Denn hinter der Wahrheit, der Maske des Descartes, verbirgt sich Descartes selbst: „larvatus pro Deo, müßte man schreiben – ich bin maskiert, um Gottes Platz einzunehmen“. Die Rhetorik des Descartes folgt damit der „strengen Notwendigkeit einer Perversion“ – oder mit Schmitt des Betruges –, die „das Subjekt der Subjekttheorie zeitigt“.[68] Die Alter-

63 Schmitt, Politische Theologie, S. 49. Nicht zuletzt erörtert Schmitt so ausführlich wie sonst an keiner Stelle die Struktur der juristischen Begriffe in seinem Kapitel „Politische Theologie“.

64 Schmitt, Glossarium, S. 34.

65 Vgl. Schmitt, Glossarium, S. 58.

66 Mauthner, Beiträge, III, S. 619.

67 Schmitt, Glossarium, S. 58 und 63. Auch Schmitt kam, wie sein Nachlaß zeigt, angesichts des Todes Gottes ohne Mythologie nicht aus und legte unter dem Titel „Politische Mythologie“ Konvolute zur Fortschreibung seiner Lehre von der Souveränität, der „Politischen Theologie“, an. Seine Überschrift einer Sammlung von Notizen zum Thema: „Der Mythos ist die Auslegung des Symbols“ (RW 265), deutet aber bereits eine wesentliche Differenz zu Mauthner an.

68 Jean-Luc Nancy, Larvatus pro Deo, in: Volker Bohn (Hrsg.), Bildlichkeit, Frankfurt/M. 1990, S. 468 und 473.

native, die sich stellt, und auf die Schmitts Auseinandersetzung mit Mauthner verweist, lautet deshalb: Betrugsstrategie aus der Maskierung des Subjekts, bei der der Mensch die Stelle Gottes einnimmt, oder Rekurs auf die Dualität des abwesenden Gottes und der Sprache, in der dieser sich (in den ‚ewig gültigen Gesetzen' von Logik und Grammatik) repräsentiert. Die Differenz zwischen dem Repräsentierten und dem zu Repräsentierenden öffnet aber den Raum für das unendliche Spiel der rhetorischen (Betrugs-)Möglichkeiten. Gleichviel, womit in beiden Fällen die prinzipielle Leerstelle besetzt werden mag: was bleibt, ist die Beobachtung und Beschreibung ihres jeweiligen Funktionsmodus.

Satzungen der Schattenrißakademie

Die Darstellung der Satzungen der „Schattenrißakademie" ist durch zwei korrespondierende Merkmale geprägt: dem unter Punkt I als keiner näheren Angabe bedürftig bezeichneten und damit als selbstverständlich vorausgesetzten Zweck der Akademie wird durch die im folgenden aufgelisteten Einzelbestimmungen ebenso implizit wie lucide doch das Programm zugeschrieben. Das in sieben Punkten aufgelistete System von – im Verhältnis zur geleisteten Zahlung ansteigenden – Gratifikationen bewegt sich in einem Feld von Ordensabzeichen, Titeln und Rechtsvorteilen und kulminiert im höchsten Titel „Geheimer Oberschattenrißmajor vom Stuhl". Diese auf den ersten Blick unsinnig oder abstrus anmutende Darstellung, die ganz offensichtlich mit einem – wie auch immer geprägten – antisemitischen Hinweis auf die Freimaurer endet, deren Sieben-Grade-Organisationsstatuten insgesamt das Modell der vorliegenden Satzungen bilden, findet in den Abläufen um die Gründung der Kaiser-Wilhelm-Gesellschaft ihr tatsächliches Äquivalent. Sie gibt darüber hinaus eine spezifische Position der Kritik an der sich mit dieser Gesellschaft etablierenden Verschränkung von Wissenschaft, Finanzkapital und Großindustrie einerseits und staatlicher Wissenschaftspolitik andererseits wieder.

Die nach dem Vorbild des Stiftungswesens in den USA über freiwillig zu leistende Beiträge – deren Höhe zugleich ein Mitspracherecht über die Projekte einräumt – einzelner Geldgeber ins Leben gerufene Gesellschaft hatte ihren Schwerpunkt in den aus den Naturwissenschaften und deren rapider Entwicklung sich ergebenden Möglichkeiten und Notwendigkeiten einer koordinierten Grundlagenforschung.[1]

---

1 Nach längeren Diskussionen einigte man sich abschließend darauf, daß „jede Summe über den geforderten Aufnahmebeitrag (20 000) hinaus vom Stifter mit einer Zweck-

Mit dieser neuen Verschränkung von Staat und Privatkapital sollte erreicht werden, daß die wissenschaftliche Forschung sowohl in den Dienst der Interessen der Industrie wie auch darüber hinaus in den des allgemeinen Wohls gestellt wird. Der vom preußischen Kultusminister von Trott zu Solz in einer Rede vorgelegte Satzungsentwurf ruft „diejenigen, die mit Glücksgütern versehen sind“, auf, „von ihrem Überfluß der Wissenschaft“ zu spenden, da damit „nicht nur der Wissenschaft selbst, sondern auch der Förderung des Wohlstandes“ gedient werde. Im Hinblick auf die befürchtete staatliche Bevormundung betont Solz, daß die Kaiser-Wilhelm-Gesellschaft „eine völlig freie Gesellschaft“ sei, frei von „behördlicher Einwirkung“ und „bürokratischer Herrschaft“.[2]

Sowohl im Vorfeld der Gründungsversammlung vom 11. Januar 1911 wie auch nach dem Auftreten von Wilhelm II. zur Hundertjahrfeier der Berliner Universität und noch nach der Gründung der Gesellschaft spielte die Diskussion um den Modus der Mitgliedschaft der Stifter und der damit verknüpften Bedingungen eine erhebliche Rolle. Sie war, in Verbindung mit dem zu erreichenden Einfluß auf die Forschungsinhalte und der Entscheidung über die Forschungsschwerpunkte, einer der am heftigsten umstrittenen Punkte. Die Zusammensetzung der Gesellschaft wurde schließlich über die Höhe des Eintrittsgeldes (20 000 M) und die zu leistenden Jahresbeiträge (1 000 M), sowie der Schaffung von zwei Kategorien von Mitgliedern, zu regeln versucht. Die zweite Kategorie sollte wissenschaftlich qualifizierten, aber nichtvermögenden Personen den Beitritt ermöglichen. Letzteres wurde jedoch in die rechtskräftig gewordenen Statuten der dem Protektorat von Wilhelm II. unterstellten und als eingetragener, rechtsfähiger Verein etablierten Gesellschaft nicht aufgenommen. Diese Entwicklung schloß die Aufnahme von nichtvermögenden Wissenschaftlern von vorneherein aus. Ohne Entrichtung von Beiträgen konnten „‚außerhalb der Gesellschaft stehende Gelehrte und sonstige Sachverständige‘ nur auf dem Wege der Berufung zu Senatoren durch den Kaiser in die Gesellschaft gelangen“.[3]

Da sich die Gesellschaft zunächst vor allem als Einrichtung zur Beschaffung von Geldern verstand, wurde neben der Beitrittshöhe bereits im Vorfeld ein ausdifferenziertes System von Titeln, Halsorden und „die Verleihung des Titels Ex-

---

bestimmung versehen werden kann“ (zit. nach: Günter Wendel, Die Kaiser-Wilhelm-Gesellschaft 1911–1914. Zur Anatomie einer imperialistischen Forschungsgesellschaft, Berlin 1975, S. 98).

2 Zit. nach: Wendel, Gesellschaft, S. 98. Vgl. dazu auch insgesamt: Internationale Wochenschrift für Wissenschaft, Kunst und Technik, Berlin, vom 5. Februar 1911, Sp. 1–20.

3 So die Statuten der Organisation, zit. nach: Wendel, Gesellschaft, S. 103.

cellenz oder des Adels“ in Erwägung gezogen, um den „individuellen Neigungen der Stifter und Kontribuenten Rechnung zu tragen“.[4] Dies entsprach nicht zuletzt auch den Vorstellungen von Wilhelm II., der einen „besonderen Wert auf möglichst vornehme Ausstattung der Gesellschaft“ legte.[5] Die von Harnack gesehene Gefahr „der Abhängigkeit der Wissenschaft von Clique und Kapital“, die in dem von Schmitt umgesetzten Gratifikationssystem ihren sichtbaren Ausdruck findet, wurde nach der Gründung der Gesellschaft von der Presse vielfach thematisiert.[6]

So war der von Schmitt explizit gemachte Hinweis auf jüdisch-freimaurerische Zusammenhänge sowie die Orden, Titel und sonstige gesellschaftliche Vorteile in der „Deutschen Tageszeitung“ Gegenstand von Diskussionen.[7] Das Blatt betont, daß es „genügend Leute“ gibt, die „ihre Eingliederung in die Hofgesellschaft höher schätzen als einen Stümmel Geldes, von dem sie übergenug besitzen, und die auch für Titel und Orden einen ganz besonderen Sinn haben und sich die Erlangung dieser Dinge etwas kosten lassen“.[8] Während die „Nationalzeitung“ den „auf hoher Warte stehenden Gemeinsinn“ betont, von „Werken des Friedens“ und „Opferwilligkeit“ spricht und die Auszeichnungen begrüßt,[9] bezeichnet Maximilian Harden die Kaiser-Wilhelm-Gesellschaft als „Jahrmarkt der Eitelkeiten“ und fordert, daß der Staat die notwendigen Mittel für die Wissenschaft bereitstellen solle.[10] Auch Harden thematisiert neben der Käuflichkeit der Orden und Titel das Judentum und prangert die Praktiken der Industriellen, Banken und Händler an; er fordert den preußischen Adel auf, sich an der Entwicklung des modernen Geschäftslebens zu beteiligen, vergleicht die gespendeten Stiftungsmittel mit den Rüstungsausgaben des Staates und ironisiert das Geltungsbedürfnis des Kaisers. Statt auf Spenden und Gratifikationen, insistiert er auf eine höhere Besteuerung

---

4 Auszug aus dem Protokoll einer Besprechung vom 6. Mai 1910, „betreffend die Durchführung der Allerhöchsten Befehle hinsichtlich der Denkschrift Harnacks ...“, zit. nach: Wendel, Gesellschaft, Nr. 44 und S. 90.

5 Valentini, zit. nach: Wendel, Gesellschaft, S. 96.

6 Harnack, in: 50 Jahre Kaiser-Wilhelm-Gesellschaft und Max-Planck-Gesellschaft zur Förderung der Wissenschaften, 1911–1916. Beiträge und Dokumente, Göttingen 1961, S. 95.

7 Ich möchte an dieser Stelle auf den Auszug der ersten Spenderlisten verweisen, in denen die Beiträger, die 100 000 M und mehr geleistet haben, aufgeführt sind. Unter den Banken, Versicherungsgesellschaften, Industrieunternehmern und Privatpersonen finden sich neben Krupp und Oetker auch Rothschild, von Mendelssohn, Simon u. a. Vgl. dazu: Wendel, Gesellschaft, S. 93f.

8 Deutsche Tageszeitung vom 5. November 1910.

9 Nationalzeitung vom 22. Januar 1911.

10 Maximilian Harden, Die Zukunft, 19. Jg., Nr. 19/1911, S. 182.

der besitzenden Klassen, damit der Staat selbst die Notwendigkeiten der Wissenschaften befriedigen könne.[11] Kritik an der aus privaten Geldern finanzierten Struktur und den sich daraus ergebenden „Orden- und Titelverleihungen“ der Gesellschaft, übt aus Anlaß der Jahrhundertfeier der Berliner Universität neben dem sozialdemokratischen „Vorwärts“ Franz Mehring in der Wochenschrift „Neue Zeit“. Der „Vorwärts“ betont, daß die Entwicklung schon lange nach spezialisierten Forschungsinstituten dränge, daß aber die aus „privaten (vielleicht notgedrungenen) Stiftungen“ nicht dem gewünschten Ideal entspreche[12] und – obwohl bei „Jud und Christ für die kaiserliche Gründung mit Hochdruck gesammelt wurde“[13] – der Ertrag angesichts der Orden und Titel außerordentlich gering sei. Ähnlich meint Mehring, daß angesichts der Riesenprofite der Industrie die gespendeten Gelder nicht mehr „als Almosen und Brosamen“ seien und doch darüber der „Byzantinismus seine allerdrolligsten Purzelbäume“ schlage, ohne zu „ahnen, daß gerade dies Pracht- und Prunkstück der Universitätsfeier die allergrausamste Satire auf den preußischen ‚Kulturstaat‘ ist“.[14]

Die von Schmitt inszenierte Satire mit ihrem auf die Spitze getriebenen, ausdifferenzierten Gratifikationssystem setzt nicht nur zentrale Punkte der Auseinandersetzungen um die Gründung der Kaiser-Wilhelm-Gesellschaft um, sondern zeigt darüber hinaus in außerordentlich klarer Weise die Funktion und den Stellenwert der vorliegenden „Schattenrisse“: Sie sind in ihrer Abbildung der wilhelminischen Gesellschaft eine Miniaturausgabe dieser selbst.

11 Harden, Zukunft, S. 178.

12 Vorwärts (Berliner Volksblatt) vom 12. Oktober 1912.

13 Vorwärts (Berliner Volksblatt) vom 24. Oktober 1912.

14 Franz Mehring, Mummenschanz und Revolution, in: Neue Zeit, 29. Jg., Bd. 1/Nr. 3 vom 21. Oktober 1910, S. 66.

Schlußkapitel

Die auf den ersten Blick wenig konsistent erscheinende Zusammenstellung der „Schattenrisse" soll zunächst in ihren übergreifenden, gemeinsamen Merkmalen aufgezeigt und in einem zweiten Schritt mit Carl Schmitts Analyse des Werkes von Theodor Däubler kontrastiert werden. Denn sein „Nordlicht" ist der Korrespondenztext zu den „Schattenrissen", der zwar nicht Ursache, aber doch Anlaß zu Schmitts ‚Abrechnung' mit der Kultur um 1900 war. Dabei wird aber die ‚eigentliche' Beschaffenheit des Werkes von Theodor Däubler nicht primär Gegenstand der Untersuchung sein; sie ist hier nur insoweit von Interesse, als Schmitt in späteren Jahren seine eigene Interpretation des „Nordlichts" aus dem Jahre 1916 korrigierte.[1] Im Zentrum steht vielmehr die von Schmitt nach eigenem Eingeständnis ‚subjektive' christliche Deutung, die er Däublers Werk gegeben hat.[2] Denn erst aufgrund dieser Deutung konnte es die Gegenfolie zu den Kulturerscheinungen werden, die Schmitt in den „Schattenrissen" aufgreift. Seine „Nordlicht"-Abhandlung dokumentiert also in erster Linie einen Niederschlag seines Denkens, das seine Parameter aus einem juridisch geprägten Katholizismus gewinnt. Die von ihm bei Däubler aufgezeigten Relationen sollen deshalb konfrontiert werden mit den ‚Positionen und Begriffen', die Schmitt in den „Schattenrissen" entfaltet. Dabei rücken zwei Begriffsfelder in den Blick: zum einen das Begriffspaar „Volk und Genie", auf das hier jedoch nicht näher eingegangen wird, da dies bereits im Rahmen der einzelnen „Schattenrisse" gezeigt wurde. Auch die damit angesprochenen Fragen nach den Kategorien ‚Bildung' und den ‚Gebildeten', die Schmitt in den „Schattenrissen" zum Refrain stilisiert, finden in bezug auf die in nahezu allen Schattenriß-Texten präsenten Begriffe von Kunst und Künstler ihre Klärung.

Das zweite Begriffsfeld, das in den Blick rückt, ist das von „Sprache und Fiktion". Der Sprache Däublers, die sich dem ‚Zweck' der alltagssprachlichen Konvention widersetzt, korrespondiert Carl Schmitts Kategorie der Fiktion. Mit beidem, der Deutung von Däublers Sprache und der Technik der Fiktionalisierung, formuliert Schmitt eine Antwort auf den Naturalismus. Er eliminiert damit die vom Na-

1 Ich stütze mich dabei auf die veröffentlichen Texte und auf Notizen aus dem Nachlaß von Carl Schmitt. Vgl. dazu auch die Ausführungen zur „Systematischen Tabelle".

2 Vgl. dazu Carl Schmitt, Zwei Gräber, in: ders., Ex Captivitate Salus, S. 35–55.

turalismus ins Zentrum gerückte Bezugsgröße des Realen, die aus den modernen Naturwissenschaften in Literatur und Philosophie eindringt. Ein Vorgang der – vor allem an den Beispielen Thomas Mann und Anatole France gezeigt – die Differenz zwischen Realität und Fiktion aufhebt. Schmitts Technik der Fiktionalisierung entspricht dagegen der Vorgehensweise der mit den Namen Cézanne und Picasso angesprochenen Formfindung des Kubismus, der deshalb mit dem Naturalismus kontrastiert und in seinem Funktionsmodus aufgezeigt wird. Daß es auch dabei nicht in erster Linie um die diesen Ismen inhärente Ästhetik gehen kann, sondern um deren Relation zum Naturalismus und damit um den zum Werk von Carl Schmitt gemeinsamen Horizont, versteht sich von selbst. Oder, um es ebenso dezidiert wie knapp zu sagen: Die Kategorie der ästhetischen Form als Form der Ästhetik ist für das Werk von Carl Schmitt irrelevant.[3] Von Interesse sind vielmehr die spezifischen Bezüge zu Natur, Subjekt, Wirklichkeit und Fiktion, denn das Verhältnis zu diesen Bezugsgrößen macht das Charakteristische, Nähe und Differenz, der Vorgehensweisen sichtbar. Die Begriffe der ästhetischen Formen werden hier für die Analyse jedoch als Chiffren der Verständigung beibehalten. Dem gegenwärtigen Forschungsstand entsprechend, soll vor allem der durch Ellen Kennedy geprägten These von Carl Schmitts „Expressionismus“ nachgegangen und zur Abgrenzung gegen den von Schmitt im Vorwort der „Schattenrisse“ positiv hervorgehobenen „Kubismus“ herangezogen werden. Dabei wird sich zeigen, daß Kennedy der Versuchung erlegen ist, die Texte Carl Schmitts einer bestimmten Ästhetik zu subsumieren, die einer Verwechslung von ‚Gebrauch‘ und ‚Erwähnung‘ aufruht. Um nur zwei Beispiele zu geben: Kennedys These von der – expressionistischen – Kategorie der „Intensität“, auf die Schmitt in seinem „Begriff des Politischen“ zur Beschreibung der Herausbildung des ‚Politischen‘ als Maß rekurruriert, kann analytisch nicht zugleich als Beschaffenheit seines Werkes bezeichnet werden.[4] Schmitt ‚erwähnt‘ damit vielmehr einen Zusammenhang, der indessen selbst keine Kategorie im Sinne des ‚Gebrauchs‘ oder der Eigenschaft seiner eigenen Texte ist. Daß Schmitts klare Begrifflichkeit auf einer anderen Kategorie als der einer ex-

3 Schmitt selbst weist zurecht sehr klar darauf hin, daß die Form der „ästhetischen Gestaltung, die eine Dezision nicht kennt“, keine Kategorie des Juristischen ist. Die Unmöglichkeit oder genauer die Grenzen einer wechselseitigen Übertragung werden evident, wenn man das Verhältnis umkehrt und versucht, Schmitts Kategorien auf die bildende Kunst anzuwenden. Bezugspunkt kann daher lediglich die gemeinsame Basis sein, aus der heraus die jeweils ausgearbeitete und zum Werk gewordene Form entsteht. Diese Basis ist allerdings ein nicht zu unterschätzender Faktor zur Klärung des Funktionsmodus des Dargestellten. Vgl. Schmitt, Politische Theologie, S. 46.

4 Kennedy, Politischer Expressionismus, S. 251.

pressionistisch zu nennenden ‚Intensität' beruht, zeigt bereits die Übertragung und Anwendung der expressionistischen Termini auf die Texte von Schmitt. Sichtbar wird dabei, daß sein „Begriff des Politischen" zwar das „Zentralgebiet der Ästhetik" (als das seit der Romantik maßgebliche) erwähnt, seine eigene Darstellung jedoch keineswegs der expressionistischen Ästhetik entspricht. Denn ‚Intensität' und ‚Ausdruck', diese beiden wesentlichen Merkmale des Expressionismus, entspringen der Psychologie und der Welt der Sinneseindrücke. „Psychologie" aber „ist nichts anderes als eine Reaktion gegen die Logik".[5] Sie stehen Schmitts klarer – auf Logik und Grammatik basierender – Begrifflichkeit diametral entgegen.[6] Dasselbe gilt für „den Augenblick der Entscheidung", den Kennedy ebenfalls als Beispiel für „eine Intensität" benennt, der aber ebenso schlicht als rein logische Definition einer juristischen ‚Nullsekunde' des Übergangs von einem Zustand in einen anderen angesehen werden kann.[7] Er besagt lediglich, daß er in seinem letzten Kern einer herkömmlichen Deutung nicht zugänglich und bestenfalls in Termini der Chaosforschung anhand eines Zufallsgenerators in Gesetzmäßigkeiten beschreibbar ist. Keinesfalls aber kann Schmitts Erwähnung des ‚Augenblicks' als Ausdruck einer ästhetischen Form auf sein Werk selbst übertragen werden. Die grundsätzliche Differenz zwischen Gebrauch und Erwähnung kann am Beispiel von Fritz Mauthner verdeutlicht werden.

Wie die Abhandlung zu Mauthner zeigt, setzt sich Schmitt mit dessen Ablehnung von Logik und Grammatik und seiner daraus resultierenden Abwehr von Begriffen und Definitionen auseinander. Beide sind für Mauthner Ausdruck der Sucht zur „Entscheidung", die dem „Wortaberglauben" angehöre. Diese ‚Erwähnung' wird bei Mauthner aber gleichzeitig zum ‚Gebrauch' und das heißt, zur Praxis seines eigenen Werkes. Sein „Wörterbuch der Sprache" ebenso wie sein „Wörterbuch der Philosophie" umkreisen unter den von A bis Z reichenden Stichworten und Begriffen diese in immer neu ansetzenden und ausufernden Wendungen. Bereits in dieser Form zeigt sich Mauthners praktizierte Vermeidung einer Definition, die weiter zur Folge hat, daß unter dem angegebenen Stichwort in fast allen Fällen nicht konkret das abgehandelt wird, was das Stichwort verheißt. Man kann vielmehr in vielen anderen Kapiteln und das heißt, unter gänzlich anderen Stichworten ebenso ausführliche Beschreibungen zu einem Begriff finden. Mauthner hat damit seine inhaltlich formulierte Ablehnung von Begriff und Definition und zu-

---

5 Auf diese Formel bringt es so knapp wie klar: Carl Einstein, Totalität I–V, in: ders., Präludium, hrsg. von Rolf-Peter Baacke und Jens Kwasny, Berlin 1979, S. 32.

6 Vgl. dazu Kommentar und Analyse zum Schattenriß „Fritz Mauthner".

7 Kennedy, Politischer Expressionismus, S. 251.

gleich die an dessen Stelle propagierte Form der Erkenntnis der sinnlichen Wahrnehmung in die Praxis umgesetzt. Das Verhältnis von ‚Gebrauch' und ‚Erwähnung' im Werk von Carl Schmitt kann anhand der Begriffe „Expressionismus" und „Kubismus" sichtbar gemacht werden. Nur auf diese Weise läßt sich eine sinnvolle Aussage zur ‚Ästhetik' und deren Konsequenzen für sein Werk gewinnen.

1. Zur Struktur der „Schattenrisse"

Bereits mit der ersten Abhandlung zu „Wilhelm Ostwald" wird der grundlegende Affekt und die zentrale Aussage der „Schattenrisse" sichtbar: Die Ersetzung der „göttlichen Einheit der Welt" durch ein neues säkulares ‚Dogma', das an die Stelle Gottes die Einheit der „großen Energie" treten läßt.[1] Von diesem Ausgangspunkt zeigt Schmitt den ersatzreligiösen Anspruch der „Monistengemeinde", die er zugleich mit seiner Organisationsangabe in den Kontext des Paramilitärischen stellt. Er rückt damit das auf dem Universalanspruch der naturwissenschaftlichen Erkenntnis aufbauende säkulare Heilsprogramm, das in der alles umfassenden Kategorie der Natur die Seinsweise aller Existenz erkennt, in ein spezifisches Licht.[2] Diesen grundlegenden Naturalismus, der weit über die nur literarische Gattung und Epoche hinausreicht, entfaltet Schmitt in verschiedenen Facetten, die in alle Bereiche des kulturellen und politischen Lebens hineinragen.

Im Zentrum der konkreten Ausformung der neuen ‚Religion' des Naturalismus steht der Künstler als der neue Priester. Da dieser aber nicht Stellvertreter und Handelnder eines außer ihm liegenden Auftrages ist, sondern er selbst die Position des ‚Schöpfers' seiner Innenwelten einnimmt, kommt seiner Person in der naturalistischen Ordnung der Welt ein zentraler Stellenwert zu. Der Diskurs um den Künstler-Priester, in dessen Stand potentiell jeder Gebildete eintreten kann – in der ‚Bildung' findet die ‚Natur-Religion' ihre Umsetzung –, wird in Terms des Genies und des Übermenschen geführt. Der philosophische Gewährsmann, den Schmitt zur Begründung des „großen Einzelnen" anführt und der in allen Schattenrissen präsent gehalten wird, ist Nietzsche. Sein ‚zarathustrischer' Übermensch ist nicht nur das Modell für die reformpädagogischen Bestrebungen und den literarischen Bildungsbetrieb, sondern er geht in der Darstellung Schmitts auch eine Verbin-

1 Schmitt, Schattenrisse, S. 10.

2 Siehe dazu Ostwalds grundlegende Zusammenfassung der kulturellen Anliegen des Monismus, in: ders., Der Monismus als Kulturziel, Wien – Leipzig 1912.

dung mit der Technik ein. Als Korrelat des technischen Übermenschen erscheint in den „Schattenrissen“ die moderne Arbeitsorganisation, die Carl Schmitt mit dem Namen Darwins verknüpft. Darwins Übertragung der Naturgesetze auf das menschliche Leben steht damit gleichwertig neben der Philosophie Nietzsches, diese ermöglichend und ergänzend.

Medium und Maß der neuen ‚Kunst‘-Religion sind die Kunst und der Künstler. Der von Schmitt aufgezeigte naturalistische Kunstbegriff umfaßt alle Prozesse, die als Formung und Gestaltung bezeichnet werden können; er reicht von der Politik, der Pädagogik, über die Philosophie, Geschichtsschreibung und Erkenntnistheorie bis hin zu Literatur und bildender Kunst. Letztere rückt Schmitt im Zusammenhang mit Walther Rathenau in den Kontext von Industrie und Großkapital ein. Damit wirft er nicht nur ein frühes Licht auf die später in seiner „Politischen Romantik“ gezeigte Heraufkunft des neuen Zentralgebiets ‚Ästhetik‘, sondern er deutet auch bereits den im „Begriff des Politischen“ dargestellten Übergang und den Zusammenhang der Ästhetik mit der Ökonomie an, die jenes als maßgebliche Einheit aus seiner Sicht ablösen wird.[3]

Bereits Schmitts fiktive Auswahl der Rathenau zugeordneten Künstler und Bilder zeigt die anvisierte Tendenz, die durch die Heranziehung von Rathenaus kunsttheoretischen Schriften bestätigt wird.[4] Nicht nur die genannten Künstler, sondern auch die motivische Wiedergabe steckt den Horizont der Künste ab: Naturalismus/ Realismus und dessen symbolistische Ausformung sowie die Innenkunst und das Kunstgewerbe, dessen industrielle Umsetzung des Stils das Transportmittel der Ästhetik in die alltäglichen Bereiche des Lebens war. Zugleich weist auch Rathenau, trotz seiner Klage über die Erscheinungen der Zeit, den Künsten das zeitgemäße Fundament der Natur und ihrer Gesetzlichkeit zu. Dies wird unterstrichen durch seine Forderung nach der großen Künstlerpersönlichkeit unter Berufung auf Darwin und anhand von zeittypischen rassischen Argumenten. Industrielle Umsetzung, Propagierung der großen Persönlichkeit (Künstler und Mäzen) und zugleich Hinwendung zur Natur und ihrer ausnahmslos geltenden Gesetzlichkeit – diese beiden einander ausschließenden Modelle, fallen bei ihm besonders deutlich in eins.

3 Schmitt, Die Stufenfolge der wechselnden Zentralgebiete, in: ders., Begriff des Politischen, S. 80–88.

4 Angesichts der wenig prägnanten Struktur dieser Texte sei auf Schulin verwiesen, der betont, daß Rathenaus eigentliche Stärke nicht im Schreiben, sondern beim Reden liegt; er unterstellt Rathenau damit jenem romantischen Topos, den Schmitt in seiner „Politischen Romantik“ anhand von Adam Müller herausarbeitet. Vgl. dazu Schmitt, Politische Romantik, S. 62–76, sowie: Ernst Schulin, Rathenau im Gespräch oder Über die Seltenheit guter Gesprächsaufzeichnungen, in: Neue Rundschau, 88. Jg./1977, S. 386–395.

Mit den am Beispiel Rathenau in den Blick gerückten Begriffen sind bereits zentrale, sich durch die „Schattenrisse“ hindurchziehende, Elemente benannt. Sie erfahren anhand der Texte zu Dehmel und Eulenberg sowohl eine Ausdifferenzierung und Zuspitzung wie auch eine Übertragung auf die Literatur. Beide etablieren unter Berufung auf Nietzsche den Künstler-Priester, den Eulenberg direkt in Ersatzgottesdiensten für alle ‚Gebildeten‘ zur pädagogischen Formung einsetzt. Dehmel dagegen wendet sich dezidiert von Politik und Pädagogik ab und der Verrechtlichung des geistigen Eigentums und damit der ökonomischen Sicherung der Autorschaft zu. Daneben steht Dehmels Transformation der Sinnenreize in Stimmungs- und Sensationslyrik, deren Credo die Erotik ist. Autorschaft und Liebe, diese beiden Parameter der neuen Religion, für die die literarische Produktion der Ort ihrer Unsterblichkeit ist, werden anhand von Anatole France mit der Theologie und dem Begriff des ‚Wunders‘ konfrontiert. Dabei tritt der Aspekt des Verzichts auf Positionen in den Vordergrund. Die daraus resultierende Unbestimmtheit und Verwischung des Unterschieds von Kunst und Kritik stehen bei France wie bei Thomas Mann, bei dem Schmitt die Unbestimmtheit des „Sowohl-als-auch“ in Hypokrisie überführt, zur Rede.[5] Beide richten sich an Nietzsche und Darwin und dem daraus abgeleiteten Naturalismus und dessen sinnlichen ‚Größen‘ der alltäglichen Wirklichkeiten aus. Der damit von Schmitt korrelierte Geschichtsbegriff, den er sowohl bei France wie bei Schäfer und insbesondere in der Abhandlung zu „Pipin dem Kleinen“ als herrschenden aufzeigt, ist nicht nur ahistorisch, sondern er führt auch zu Nietzsches Modell der Wiederkehr des immer Gleichen. Zugleich zeigt Schmitts Darstellung von Karl Lamprecht, daß mit diesem Geschichtsbegriff eine Abkehr von der ‚großen historischen Persönlichkeit‘ als Träger von Geschichte einhergeht, daß diese aber im Rekurs auf die Kunst und den Künstler in der Person des Historikers wiederkehrt.[6] Das heißt, daß die auf der theoretischen Ebene bewußt vollzogene ‚Vertreibung‘ des ‚großen Einzelnen‘ als besonders subjektivistisches Moment ‚hinterrücks‘ wieder Eingang findet. Ähnlich wie bei Eulenberg die Person des Dichters, wird der Historiker, die „Reizsamkeit“ seiner Psyche und deren sinnliche Wahrnehmung, zum Erkenntnismedium und Garanten der histori-

5 Die Ununterscheidbarkeit von Kunst und Kritik wird bereits von den Romantikern zum Programm erhoben: Sie fordern, daß jede Kritik selbst wieder Kunst sein müsse. Vgl. dazu Friedrich Schlegel, Vom Wesen der Kritik, in: ders., Schriften zur Literatur (1797), München 1972, S. 250–259.

6 Vgl. dazu Jörn Rüsen, Ästhetik als Geschichtstheorie, in: ders., Ästhetik und Geschichte. Geschichtstheoretische Untersuchungen zum Begründungszusammenhang von Kunst, Gesellschaft und Wissenschaft, Stuttgart 1976, S. 63–88.

schen Wahrheit. Seine Person rückt damit höchst unsichtbar, aber außerordentlich wirkungsvoll an die Stelle der historischen Persönlichkeit. In Koppelung mit der Erwähnung von France' Geschichte der „Pinguine“ wird ein weiteres Merkmal der neuen, nun vor allem an der Kultur des Alltags orientierten, Geschichte thematisiert: die Verachtung der Buchstäblichkeit und mit dieser der historischen Fakten und Daten. Schmitt stellt dies in den Kontext einer nicht an Logik und Grammatik, sondern an psychologischen Kategorien orientierten Erkenntnistheorie.[7] Das Erkenn- und Sagbare, das er anhand von Mauthner und im Blick auf Hofmannsthals Lord Chandos erwähnt, ist Ausdruck der Sinnenreize, die sich Begriffen und Definitionen verweigern. Mauthners adjektivische Einebnung der Sprache eliminiert besonders nachdrücklich objektive, substanzielle Begriffe und mit diesen die ‚alte Schullogik‘ und deren Methode der Deduktion. Ablehnung von Begriff und Definition, Logik und Grammatik, Ausschließlichkeit von identitas relativa und Hinwendung zur Induktion, der Methode der Naturwissenschaften, sind die erkenntnistheoretischen Grundlagen, die Schmitts „Schattenrisse“ herausarbeiten. Sichtbar werden damit in dieser frühen Schrift die Details der Struktur des von ihm beschriebenen ‚anti-römischen Affekts‘, den er anhand der fiktiven Geschichte „Gottfried von Bouillon“ an die Politik Wilhelms II. koppelt. Seine unter dem Namen „Niegeburth“ vorgenommene Montage der verschiedenen in den einzelnen „Schattenrissen“ angesprochenen Elemente zeigt weitere Ausdifferenzierungen: Die neue Religion der Erotik wird an jüdisch-amerikanisches Kapital und Exotik gekoppelt; das Objekt der Erotik, die Frau, wird in der bereits durch die Romantiker vorgenommenen Spaltung – die diese allerdings noch zu überbrücken versuchten – als fragmentiert gezeigt.[8] Daneben werden Motive des Antikatholizismus, des Amerikanismus und Ästhetizismus sowie erneut die Verrechtlichung geistigen Eigentums erwähnt. Als soziologische Träger werden Zeitungen und Verlage und ihre Massenproduktion der ‚subjektivistischen‘ Kurzform der Literatur sowie die Lebens- und Kunstreformbewegung benannt. Dem entspricht die auf einem Schema von Sinnenreiz und Reaktion beruhende psychische Verfaßtheit des Protagonisten ‚Niegeburth‘. Seine Gestalt erscheint bei Schmitt als Manifestation der Kultur der Reizsamkeit; sie umspannt einen Bogen, der von Anatole France' „skepti-

7 Vgl. dazu Dieter Henke, Gott und Grammatik. Nietzsches Kritik der Religion, Pfullingen 1981. Henke führt aus, daß Nietzsches Kritik unauflöslich verflochten ist mit anthropologischen Reflexionen und bezeichnet als „Grundrelation“ von dessen Verstehensprozeß die „Kategorie Leib“ (ebenda, S. 137).

8 Vgl. dazu beispielsweise Schlegels „Lucinde“.

schem Ästhetizismus" bis hin zu Wilhelm Schäfers „Blut-und-Boden-Literatur" reicht.[9] Nicht zuletzt wird anhand des um 1900 sehr populären Schriftstellers Schäfer deutlich, daß Schmitts Positionen mit dessen von deutschem Sendungsbewußtsein getragenen Hypostasierung des Völkischen – die sich aus seiner Orientierung an Kategorien der Natur speist und ihn zu einer Stilisierung des naturnahen bäuerlichen Lebens führt – keine Verbindung eingehen können.

2. Sprache, Fiktion und Wirklichkeit

Auf diesen in den „Schattenrissen" gezeigten Stand der Dinge rekurriert Schmitt nicht nur, wie bereits in den einzelnen Kapiteln dargelegt, in seinem späteren Werk, mit dem er versucht, einen Kontrapunkt zu setzen. Er schreibt diesem ‚stand of the art' auch die Mißachtung des „Nordlichts" von Theodor Däubler zu, das er in seiner Deutung anderen Parametern unterstellt.[1] In einer späten Nachlaßnotiz heißt es dazu in Anklang an den Schattenriß „Wilhelm Ostwald":

> „Woran scheiterte Däubler als deutscher Dichter bei den Deutschen. Weil er kein Sekten-Stifter war; totale Unfähigkeit sich zum Mittelpunkt eines Kreises […] Stefan George […]."[2]

9 Schmitt kommt mit der Zusammenstellung dieses Spektrums zu einer Abbildung von völlig anderen Relationen des, mit aller Vorsicht hier verwendeten, Begriffs von „Irrationalität". Ein Blick auf die Verhältnisse zu den nach 1913 sich entwickelnden politischen Ereignissen zeigt folgendes: France, der Ästhetizist, wandte sich dem Kommunismus zu; Rathenaus Friedenspolitik nach dem I. Weltkrieg ist ebenso bekannt wie der Zusammenhang von AEG und Rüstung; nicht weiter erwähnt werden muß Wilhelm II. sowie Thomas Manns Abwendung von der Politik, die aber doch eine „doppelte Optik" beibehielt; die Dramen des Kunst-Priesters Eulenberg wurden nach 1933 verboten, während er mit seinen säkularisierten Hagiographien – um 1900 von Sozialdemokratie und Zentrum kritisiert – sich dem ‚großen Einzelnen' und dem Volksgeist zuwendend, noch 1919 der Kriegspflicht huldigt; Dehmel versuchte unter hohem persönlichem Einsatz gegen Ende des I. Weltkrieges, mit seinem Aufruf „Papa Dehmel zieht in den Krieg" die letzten Reservisten zu mobilisieren; Ostwald gehörte vor dem I. Weltkrieg zu den ‚Kriegshetzern' der ersten Stunde gegen Frankreich; ähnlich Lamprecht, wenn auch nicht in dieser Ausprägung; Schäfer begrüßte den Krieg als Rettung der Scholle und Mauthner, der bis zuletzt auf einen Sieg Deutschlands hoffte, verfiel nach dem Kriegsende in eine wochenlange Depression, nach der er für die Abschaffung des Krieges zu Felde zog.

1 Vgl. dazu im einzelnen die Ausführungen zur „Systematischen Tabelle".

2 Nachlaß Carl Schmitt, RW 265–205.

Däublers, gemessen an dem in den „Schattenrissen" gezeigten Maßstäben, „verschrobenes, unverständliches, dilettantisches, anmaßliches, dickleibiges"[3] Werk zeichnet sich für Carl Schmitt zunächst durch Eigenschaften aus, die – ob analytisch haltbar oder nicht – für ihn konstituierend sind: seine „Absage an den Naturalismus"[4] der Sprache; eine ausschließliche Orientierung an den der Sprache immanenten Gesetzen; die Hinwegsetzung über die konventionelle Vereinbarung der Verbindung von Wort und Bedeutung; das daraus resultierende Zurücktreten des Dichter-Ichs und sein Aufgehen im Medium des „Wesens der Sprache", dessen Person damit nicht mehr, wie bei der naturalistischen Dichtung, Träger von Bedeutung ist.[5] In diesem Verhältnis Däublers zur Sprache gründet die christliche Deutung von Carl Schmitt, da er in den Gesetzen der Sprache eine Manifestation der göttlichen Gesetze erkennt.[6] Dieser Instanz ordnet er auch Däublers „Aufgeben des Ichs" zu.[7] Daß die „christliche Deutung" in bezug auf Däubler jedoch nicht haltbar ist, da sie wesentliche, durchaus technische und an den Sinnenreizen ausgerichtete Elemente ausblendet, hat Schmitt in seiner späten Schrift „Ex Captivitate Salus" deutlich gemacht. Er stellt hier fest, daß Däublers Schrift das „Signal einer sich selbst rettenden Menschheit" sei – eine Beobachtung, die Däublers frühen Äußerungen zu seinem Werk und den Bedingungen, unter denen es entstanden ist, eher entspricht.[8] Produkt und zugleich Äquivalent von psycho-physischen Experimenten, reiht es sich ein in den von der Psychophysik erarbeiteten, austestbaren Standard des Menschen, der ‚Geist' wie ‚Seele' als lediglich biologische Funktionen seiner Sinne qualifiziert. Diese Nähe von Däublers Werk zur Technik und den modernen Naturwissenschaften hat Carl Schmitt noch in späteren Jahren beschäftigt, wie aus einer weiteren Nachlaßnotiz hervorgeht. Er verweist hier auf Moeller van den Bruck und zitiert dessen Feststellung:

> „Es ist auch nicht zufällig, daß das ‚Nordlicht' in derselben Zeit entstand, in der das Radium entdeckt wurde, der Mensch fliegen lernte und bis zum Nordpol vordrang."[9]

---

3 Schmitt, Schattenrisse, S. 8.

4 Schmitt, Schattenrisse, S. 50.

5 Schmitt, Nordlicht, S. 50.

6 Schmitt, Nordlicht, S. 59. Vgl. dazu die Analyse der „Systematischen Tabelle" sowie: Carl Schmitt, Die Sichtbarkeit der Kirche. Eine scholastische Erwägung, in: Summa, 2. Viertel, 1917, S. 74. Dort heißt es: Gott gründet „alle Gesetzmäßigkeit auf sich", die er „aus seinem Munde hervorgehn läßt".

7 Däubler, Lucidarium, S. 126.

8 Schmitt, Ex Captivitate Salus, S. 49ff.

9 Moeller van den Bruck, Däubler, Kap. IX.

Dieser späten Korrektur entspricht Däublers frühe Feier des ‚Übermenschen', der als „homo novus" das Heidnische und Christliche „zusammenrafft".[10] Däublers Absage an den christlichen Gott korrespondiert mit seiner Absage an den Staat: er kann für ihn entfallen, da er nichts weiter sei als ein „sichtbarer, fühlbarer Beglaubigungsschein eines äußerlichen Gottes".[11]

Schmitt distanzierte sich späterhin aber nicht nur von seiner frühen christlichen Deutung, die schon angesichts Däublers eigenen Aussagen nicht aufrechterhalten werden kann, sondern auch von Däublers Sprache, die der Kern seiner Faszination war. Dies geht nicht zuletzt aus einer nicht genau datierbaren, sicher aber späten Nachlaßnotiz hervor. Dort heißt es über das „Nordlicht":

> „Elektronisierung [...] Ent-Dinglichung; Ver-Lichtung; totale Ver-Strahlung; Ver-Lichtung; Ent-Ortung; [...] Chromatisierung des Heul-Glissando [...] Laut-Gewoge; Lichtkerne, Licht-Keime, Neue Sterne".[12]

Fasz

Dennoch blieb die Faszination an einer der nicht-naturalistischen Sprache inhärenten Wahrheit für Carl Schmitt bestehen, die er zunächst in den als christlich bezeichneten Elementen der Sprache Däublers zu finden glaubte. Doch sie war nur eine ‚christliche Aufmachung', die sich als (medien-)technische Hervorbringung von Halluzinationen enthüllte. Der Grund dieser Verwechslung liegt im Ergebnis: das der technischen Sprachzerlegung zeitigt letztlich eine ebenso unindividuelle Sprache und legt die ‚allgemeine' Struktur des Unbewußten frei, wie eine rein der grammatischen Logik folgende, die dieser Struktur aufruht. Das heißt, die Alternative, die sich als Antwort auf die Frage stellt, was sich hinter dem cogito der Sprache, der Maske des Descartes, verbirgt: Gott oder Mensch und Natur, ist eine Frage von ‚Wahrheit' oder ‚Gewißheit', die letztlich nicht erklärt, sondern nur entschieden werden kann.[13] Nimmt man Schmitts spätere Widerrufung von Däublers ‚christlicher' Sprache beim Wort, dann bleibt sein Rekurs auf die sprachlichen Elemente dennoch unverändert bestehen. Läßt man seine Rückkoppelung der Sprache an göttliche Gesetze außer acht oder bezeichnet sie mit Lacan schlicht als Manifestation des Unbewußten,[14] dann rückt jenseits dieser Metaebene das in den Blick, was Schmitt (wie Lacan) daraus ableitet: der streng immanente Bezug auf Sprache.

---

10 Däubler, Lucidarium, S. 125.

11 Zit. nach: Rietzschel, Däubler, S. 109.

12 Nachlaß Carl Schmitt, RW 265–205.

13 Vgl. Nancy, Larvatus, S. 469f.

14 Lacan betont, sein Nachweis, daß die Annahme, „alles geschieht, so als ob" es geschieht, bedeute den „Allmächtigen" letzten „Endes aufs Schweigen zu reduzieren" (Jacques Lacan, Seminar II, Olten – Freiburg 1980, S. 306).

„Die Sprache spricht“, so Carl Schmitt zu Däublers Werk, heißt, es handelt sich bei dieser sprachlichen „Gigantomachie“, so lucide Moeller van den Bruck, um etwas, das „seine Bedingungen in sich“ trägt.[15] Sie weist also nicht auf eine außerhalb liegende Natur noch Bedeutung. Dem entspricht sowohl Däublers Entkoppelung von Wort und Bedeutung, mit dem er dem Naturalismus der Sprache entgeht, als auch die Bildgestaltung des Kubismus.

Schmitt selbst stand Däublers ‚Königsweg‘ zur Ausschaltung des Realen so wenig offen, wie ihm, dem Juristen, „der Sprung in den Aphorismus“, jener wichtigsten subjektivistischen Kurzform, möglich war.[16] Er mußte auf eine andere Möglichkeit der Abstandnahme von der Wirklichkeit zurückgreifen. Das heißt, zwischen Däublers ganz auf dem Unbewußten beruhenden Intuition einerseits und dem „überfeinerten Bewußtsein“ andererseits, mußte ein dritter Weg beschritten werden. Denn der Weg des Wissens, der für den Juristen einzig gangbare, verunmöglicht das, was Cioran, an C. G. Carus anknüpfend, am Beispiel von der „gelehrten Taube“ schildert:

> „Wenn man einer Brieftaube geographische Kenntnisse vermitteln könnte, so würde sie schlagartig ihre Fähigkeit verlieren, unbewußt und treffsicher auf ihr Ziel zuzufliegen.“[17]

Schmitts ‚dritter Weg‘ ist der der Fiktion, die er in Anlehnung und Modifikation von Vaihingers ‚Als-ob‘ zum Einsatz bringt;[18] sie ist zugleich die Antwort auf seine Feststellung: „die Zeit der Systeme“ ist vorbei.[19] Seine Erkenntnismethode nimmt damit ihren Ausgang am Endpunkt der Entwicklung, die mit Hegel begann:

> „Das Wahre ist nur als System wirklich oder daß die Substanz wesentlich Subjekt ist, ist in der Vorstellung ausgedrückt, welche das Absolute als Geist ausspricht, – der erhabenste Begriff und der der neueren Zeit und ihrer Religion angehört.“[20]

---

15 Moeller van den Bruck, Däubler, Kap. VIII.

16 Schmitt, Begriff des Politischen, S. 17.

17 E. M. Cioran, Die gelehrte Taube, in: Sprachwechsel als Erlebnis oder: Die sinnliche Beziehung zur Sprache. Verena von der Heyden-Rynsch über Gespräche mit dem rumänischen Schriftsteller E. M. Cioran, in: Dokumente, Dezember 1982, S. 365.

18 Hans Vaihinger, Die Philosophie des Als ob. System der theoretischen, praktischen und religiösen Fiktionen der Menschheit auf Grund eines idealistischen Positivimus. Mit einem Anhang über Kant und Nietzsche, Berlin 1911. Vgl. dazu die Rezension „Juristische Fiktionen“ von Carl Schmitt in: Deutsche Juristenzeitung, 18. Jg., Heft 12/1913, Sp. 804–806.

19 Schmitt, Begriff des Politischen, S. 17.

20 Hegel, Phänomenologie des Geistes, S. 28.

Daß die neue Religion um 1900 das Subjekt nicht mehr in den Kategorien von ‚Geist', sondern in den naturwissenschaftlichen Terms der Psychophysik beschreibt, wurde anhand der „Schattenrisse" gezeigt. Schmitts „Fabrikation der Fiktionen"[21] dagegen, die sich der ‚Substanz als Subjekt' entzieht und sich gegen den herrschenden Naturalismus nicht nur in der Kunst, sondern auch gegen dessen Eindringen in alle Wissensbereiche wendet, nimmt Heideggers „Explikation des neuzeitlichen Selbstbewußtseins" vorweg.[22] Heidegger stellt fest, daß „das neuzeitliche Weltbild" selbst dessen Ausdruck sei, und die Tatsache, daß „die Welt zum Bild wird" bereits „das Wesen der Neuzeit" charakterisiere.[23] Die ‚Welt als Bild', darauf weist Schmitt mehrfach hin, realisiere Däublers Sprache, die „nur noch das Gefäß wunderbarer Bilder" sei.[24] Auch Schmitts Erkenntnismethode der Fiktionalisierung überführt die Welt in Bilder und zwar (analog zu Däubler) gemäß den Modalitäten der Kubisten. Ihr Bild ist nicht mehr Abbildung von Natur und Realem, sondern ihre „künstlerische Architektonik" übergeht diese Kategorien und folgt nur den immanenten Mitteln der Malerei.[25] Sie bringen, gemessen an der äußeren Natur, ein rein fiktives Bild hervor, das aus räumlichen Korrespondenzen entsteht. Die damit entstehende Struktur oder Architektonik ist zugleich ein zentrales Merkmal des Werkes von Carl Schmitt, das zunächst bereits in seinem räumlichen Zuordnungsbegriff der „Adressierung" zum Ausdruck kommt.[26] Dasselbe gilt für seine Feststellung, daß die Begriffe seines Werkes „sich durch ihre Stellung im Begriffsfeld gegenseitig informieren".[27] Schmitts

---

21 Carl Einstein, Fabrikation der Fiktionen (entstanden um 1930), Hamburg 1973.

22 Jacob Taubes, Die Welt als Fiktion und Vorstellung, in: Dieter Henrich/Wolfgang Iser (Hrsg.), Funktionen des Fiktiven, Bd. X: Poetik und Hermeneutik, München 1983, S. 419.

23 Martin Heidegger, Holzwege, Frankfurt/M. 1950, S. 83.

24 Schmitt, Nordlicht, S. 55, sowie S. 25, 48 u. ö. Vgl. dazu Albert Wellek – mit dem Schmitt über viele Jahre im Austausch stand –, dessen Abhandlung „Das Laut-Sinn-Problem und die Entwicklungspsychologie der Sprache" sich in Schmitts Nachlaß (RW 265–205) bei weiteren Unterlagen zu Theodor Däubler befindet. Erschienen in: Phonetica. Internationale Zeitschrift für Phonetik, Supplementum ad Vol. 4/1959, S. 59–73. Wellek geht von der grundlegenden These aus, daß am Anfang der Sprachentwicklung ein physiognomisches Erleben von Wort und Sache steht.

25 Schmitt, Nordlicht, S. 17.

26 Vgl. Carl Schmitt, Der Adressat, in: Die Rheinlande, Jg. 1911, S. 429f.

27 Schmitt, Begriff des Politischen, S. 17. Schmitt spricht hier von den „Relationen" des von ihm umrissenen Begriffsfeldes. In diesem Kontext steht auch seine ungewöhnlich frühe Hinwendung zum Thema der „Adressierung" eines Textes. Vgl. dazu beispielsweise ebenda, S. 13; ders., Gesetz und Urteil, S. 64; ders., Die Diktatur, S. 13; ders., Der Adressat der Entscheidungsgründe, in: ders., Gesetz und Urteil S. 80–95.

Technik der Information durch „Relationen" übergeht die ‚Bedeutung' der traditionellen Kategorien Inhalt und Form und damit Subjekt und Natur und wendet sich einer räumlichen Ordnung zu. Auf diese ‚bildhafte' Form der Erkenntnis verweist noch seine Abhandlung aus dem Jahre 1950, deren ursprünglicher, von der Redaktion geänderter Titel lautete: „Drei Möglichkeiten eines christlichen Geschichtsbildes".[28] Das Geschichtsbild steht für Carl Schmitts dritten Weg: den der Fiktion; er entspricht dem Kubismus in der Malerei, und folgt, wie Däublers Dichtung, „einem strengen Formbedürfnis", das das Reale durch „Maße und Relationen" ersetzt.[29] Deshalb kann Carl Schmitt in der (nicht auf einen Inhalt bezogenen) Form „den entscheidenden Begriff" finden; der Inhalt ist damit zugleich ‚aufgehoben'. Er erreicht damit die Eigenständigkeit der Fiktion, die es ihm ermöglicht, von „Form im substanziellen Sinne"[30] zu sprechen; sie etabliert aus den Korrespondenzen der Begriffe „ein Ensemble von Relationen", deren ‚Topographie' er sich zuwendet.[31] Schmitts Verbleiben auf der rein symbolischen Ebene übergeht die naturalistischen Kategorien des Realen wie Inhalt, Bedeutung und empirische Einzelheiten; ebenso verflüchtigt sich das Imaginäre als Bezugsgröße. In seinem Prozeß der Fiktionalisierung sind sie nur als aus ihrer Stellung im Begriffsfeld resultierende Information ein kategorialer Bestandteil.

„Es ist also", so Schmitt 1913, „kein Zeichen von ‚Exaktheit', wenn man unbesehen jede Fiktion zurückweist; man schadet dadurch nur sich selber."[32] Er unterstreicht damit sowohl seine eigne Methode wie auch sein Interesse an der literarischen Fiktion, denn sie ist in hohem Maße geeignet, das Verhältnis von Signifikat und Signifikant, von Bedeutung und Zeichen, sichtbar zu machen. Sein Rückgriff auf die Fiktion steht aber nicht primär im Dienste der ‚schöngeistigen' Literatur, sondern markiert in erster Linie das „aktuelle Interesse des Juristen". Dessen Aufgabe ist für Schmitt „das Ergebnis der Auslegung" der Gesetze zu betrachten, „als

---

28 Der Text wurde unter dem Titel „Drei Stufen historischer Sinngebung" veröffentlicht in: Universitas, 5. Jg., Heft 8, S. 927–931.

29 Schmitt, Nordlicht, S. 18.

30 Schmitt, Politische Theologie, S. 36.

31 So Foucault zur Charakterisierung des Strukturalismus, der damit der „aktuellen Epoche" in ihrer Gleichzeitigkeit von „Nahem und Fernem, des Nebeneinanders, des Auseinanders", ihrem „Netz, das seine Punkte verknüpft und sein Gewirr durchkreuzt" Rechnung trage. Zit. nach: Michel Foucault, Andere Räume, in: um 1968 konkrete utopien in kunst und gesellschaft, hrsg. von der Städtischen Kunsthalle Düsseldorf, Nr. 1/1990, S. 4.

32 Schmitt, Juristische Fiktionen, Sp. 805.

ob es der Wille des Gesetzes sei".[33] Insoweit steht Schmitts Begriff der Fiktion, die er mit dem Paradox einer „bewußt willkürlichen Annahme" bezeichnet, in der Tradition der juristischen Auslegungslehre, deren große Ähnlichkeit mit der „Tätigkeit der Theologen" er betont.[34] Er insistiert damit auf einer Auslegungstechnik der Schrift, die ganz auf der Ebene des Textes verbleibt; deshalb wendet er sich zugleich gegen die aktuelle Tendenz, „das Gedachte als Realität zu behandeln".[35] Ursachen und Beispiele für diese Tendenz – der die Fiktion, weil sie als eigenständige Größe keinen Bestand mehr habe, inzwischen zu einem Synonym für „lügenhafte Erfindung" geworden sei – zeigen Carl Schmitts „Schattenrisse". In seiner Abhandlung „Fritz Mauthner" koppelt er die Entwicklung an die Hinwendung zu einer an den Sinneseindrücken orientierten Sprache.[36] Auch die Vermutung, daß eine bewußt fiktive Annahme die „Willkür" des Richters zeige, die das „Produkt der Hochgefühle eines durch Nietzsche aus dem Gleichgewicht gebrachten ‚Übermenschen'" sei, weist er zurück und ordnet sie der Unfähigkeit zur Unterscheidung von Fiktion und Realität zu.[37] Die negative Besetzung der Fiktion stellt Schmitt in den Zusammenhang der Forderung der Gegenwart, „die Jurisprudenz zu einer naturwissenschaftlichen Disziplin" und das heißt, zu einer „Tatsachenwissenschaft" zu machen.[38] Gegen diese Tendenz geht er davon aus, daß die hypothetische Annahme des ‚Als-ob' „nicht den Sinn" hat, „auf etwas Faktisches hinzudeuten".[39] Sie dient ihm vielmehr dazu, die spezifischen, auf das Juridische beschränkten ‚Maße und Relationen' sichtbar zu machen. Carl Schmitts Hinweis, daß die Methode der „willkürlichen und falschen Annahme" zur Berechnung der Wirklichkeiten einen „unangenehmen ‚Spannungszustand' der Seele" hervorrufe, den man zu beseitigen trachte, unterstreicht ein weiteres zentrales Merkmal.[40] Nämlich seine Forderung – so im Falle der Jurisprudenz – nur die „autochthonen Kriterien" des jeweiligen Sachgebietes anzuwenden, die er in seiner Schrift „Gesetz und Urteil" in die Formel für eine „richtige richterliche Entscheidung" umsetzt. Sein an dieser Stelle expliziter Hinweis auf den „empirischen Typus des modernen rechtsgelehrten Juristen" zeigt, in welcher Weise er außerjuridische Kriterien aus

33 Schmitt, Juristische Fiktionen, Sp. 805.

34 Schmitt, Gesetz und Urteil, S. 127.

35 Schmitt, Juristische Fiktionen, Sp. 805.

36 Vgl. dazu Kommentar und Analyse zum Schattenriß „Fritz Mauthner"; sowie Hans-Georg Gadamer, Rhetorik und Hermeneutik, Göttingen 1976.

37 Schmitt, Gesetz und Urteil, S. 72.

38 Schmitt, Gesetz und Urteil, S. 126.

39 Schmitt, Gesetz und Urteil, S. 77.

40 Schmitt, Juristische Fiktionen, Sp. 805.

dem Prozeß der Rechtsfindung ausblendet.[41] Denn der Garant für die richtige Entscheidung ist nicht der empirische Richter als Subjekt (und sein ‚Spannungszustand der Seele'), sondern eine Person, bei der „sich Auslegungsregeln fixiert haben", die „berufsmäßig angewandt" werden.[42]

Schmitts Rehabilitierung der Fiktion konstruiert eine Gegenwirklichkeit gegen eine Wirklichkeit, in der „der Unterschied des Wirklichen und Fiktiven sich auflöst" und beides ununterscheidbar geworden ist.[43] Dem stellt Schmitt eine „Fiktivität ohne Anspruch auf Faktizität"[44] und ein „Naturrecht ohne Naturalismus" entgegen.[45] ‚Natur' aber heißt zunächst stets das je Spezifische des Sachgebietes, das im Falle des Rechts dessen eigene, dem ‚normalen' Leben „fremde Begriffswelt" ist.[46] Die nicht auf Reales noch auf Imaginäres ausgreifende, sondern ganz im Symbolischen verbleibende, eigenständige Fiktion findet sich (wie Schmitt zunächst annahm) bei Däubler und in der kubistischen Malerei.[47] Beide verzichten auf der Sa-

---

41 Sie bezieht sich explizit nicht auf den Richter als Person, sondern auf die Person als Träger einer bestimmten juristischen Methode. Schmitt, Gesetz und Urteil, S. 71; vgl. auch Josef Esser, Wert und Bedeutung der Rechtsfiktionen, Frankfurt/M. 1969 (1. Aufl. 1940).

42 Schmitt, Gesetz und Urteil, S. 91; vgl. ders., Wert des Staates, S. 84–110; sowie: ders., Politische Theologie, S. 36–43 und 63–66; und: ders., Begriff des Politischen, S. 59–75. Die „Persönlichkeit" des Richters besteht für Schmitt lediglich darin, „Mund des Gesetzes" und „Funktion des Rechtes" zu sein (Schmitt, Wert des Staates, S. 73).

43 Odo Marquard, Kunst als Antifiktion – Versuch über den Weg der Wirklichkeit ins Fiktive, in: Henrich/Iser (Hrsg.), Funktionen des Fiktiven, S. 35. Wellershof geht noch einen Schritt weiter und koppelt das Ineinanderübergehen von Fiktion und Realität an die moderne Technik der Massenmedien. Dieter Wellershof, Fiktion und Praxis, in: Akademie der Wissenschaften und Literatur. Abhandlungen der Klasse der Literatur, Nr. 1/1969, S. 3–16; bes. S. 5ff.

44 Dieses Verfahren ist Schmitts Antwort auf Heideggers zeitgleiche Frage, wie die „Anwendung der transzendentalen Methode auf eine fertige Wissenschaft" möglich sei. Heidegger verweist darauf, daß „von reinen Tatsachen" keine „Gewißheit" prädiziert werden kann. Martin Heidegger, Das Realitätsproblem in der modernen Philosophie, in: Philosophisches Jahrbuch der Görresgesellschaft, 25. Bd., Heft 1/1912, S. 355 und 358.

45 Schmitt, Wert des Staates, S. 76; vgl. Hans Schade, Die Idee der Repräsentation. Ein Beitrag zur Behandlung des Problems der Repräsentation in der deutschen Staatslehre, in: A. Seidel (Hrsg.), Die Philosophie des Als Ob und das Leben. Festschrift zu Hans Vaihingers 80. Geburtstag, Berlin 1932, S. 107. Schade verweist auf den engen Zusammenhang von Fiktion und Repräsentation und betont, daß diese selbst nichts Fiktives sei.

46 So Esser, Jhering zitierend, in: Rechtsfiktionen, S. 135. Vgl. dazu auch Schmitts Kritik an Wagner, in: Schmitt, Nordlicht, S. 43f.

47 Vgl. dazu auch Kommentar und Analyse zum „Vorwort" der „Schattenrisse".

che nicht inhärente Wirklichkeiten. Däubler verbleibt im Raum der Sprache; die Kubisten, wie schon vor ihnen Cézanne, verbleiben ganz im Raum des Malers: der Form und der Farbe.

3. Expressionismus oder Kubismus?

Kants Frage, mit der er „eine Epoche der Philosophie beendet und eine neue eingeleitet hatte: wie ist Erfahrung möglich", wurde durch den Expressionismus im „Ästhetischen aufgenommen und hieß: wie ist Gestaltung möglich?"– so Benns knappe Beschreibung der Ausgangslage des expressionistischen Jahrzehnts.[1] Ebenso knapp wie ungenau fällt aber Benns Unterscheidung zwischen Expressionismus und Kubismus aus, den er lediglich als französische Variante des vorwiegend deutschen Expressionismus bezeichnet und dem er den Futurismus im Italienischen gleichsetzt. Dabei zeigt seine Präzisierung dessen, was Expressionismus ist, einen radikalen Gegensatz zu Theorie und Praxis des Kubismus.[2] Sicher war beiden Strömungen gemeinsam der Versuch, eine neue Welt zu gestalten angesichts der Entwicklung, daß „die Wissenschaft offenbar nur die alte zerstören konnte". „Draußen", so Benn weiter, „lösten sich die alten Restbestände auf"; alles war „imaginär, gestaltlos, ideologisch"; überall

> „nur Betriebsmonaden und alle verkrochen hinter Funktionen und Begriff. Auflösung der Natur, Auflösung der Geschichte. Die alten Realitäten Raum und Zeit: Funktionen von Formeln; Gesundheit und Krankheit: Funktionen von Bewußtsein; selbst die konkretesten Mächte wie Staat und Gesellschaft substantiell gar nicht mehr zu fassen, immer nur der Betrieb an sich, immer nur der Prozeß als solcher –: frappante Sentenz von Ford, gleich glänzend als Philosophie

---

1 Gottfried Benn, Expressionismus (1933), in: Gerhard Schuster (Hrsg.), Gottfried Benn, Sämtliche Werke, Stuttgarter Ausgabe, Prosa, Bd. 2, Stuttgart 1989, S. 83. Dieser Text Benns ist in weiten Teilen identisch mit seiner 1955 erschienenen Einleitung zu: Lyrik des expressionistischen Jahrzehnts. Von den Wegbereitern bis zum Dada, Wiesbaden 1955, S. 5–20.

2 In der folgenden Darstellung der spezifischen Merkmale des Kubismus wird kunsthistorisch stets auf den sog. ‚analytischen Kubismus' eines Picasso und Braque rekurriert und nicht auf die sensuelle Variante eines Delaunay. Vgl. zu Nähe und Differenz von Carl Schmitt und Gottfried Benn: Dirk van Laak, Gespräche in der Sicherheit des Schweigens. Carl Schmitt in der politischen Geistesgeschichte der frühen Bundesrepublik, Berlin 1993, bes. S. 108ff.

> wie als Geschäftsmaxime [...] mit 20 Mark in der Hosentasche gewinnen sie Distanz zu Sils-Maria und Golgatha.“[3]

Die Gestaltung, die in dieser Welt der Auflösung und der Herrschaft der technisch-physikalischen Wissenschaften von der expressionistischen Ästhetik verwirklicht wurde, war „die komplette Entsprechung im Ästhetischen der modernen Physik und ihrer abstrakten Interpretation der Welten, die expressive Parallele der nichteuklidischen Mathematik, die die klassische Raumwelt verließ zugunsten irrealer Räume“.[4] Die mit der Hinwendung zum Irrealen und Imaginären vorgenommene „Wirklichkeitszertrümmerung“ war auch eine Anwendung und Umsetzung der Ergebnisse der Psychophysik: „Das Unbewußte bewußt zu machen, das Erlebnis nur noch als Wissenschaft, den Affekt als Erkenntnis, die Seele als Psychologie und die Liebe nur noch als Neurose zu begreifen.“[5] Nietzsches „Hinfall der kosmologischen Werte“ und „Der tolle Mensch“, die die Erfahrung der Orientierungslosigkeit und Dissoziation des Ich präformierten, benennen die beiden zentralen Punkte dieser Ausgangslage: Verlust des Glaubens an den christlichen Gott, der mit der psychologischen Erklärung der Entstehungsbedingungen der Gottesvorstellungen einherging.[6] Der in der Folge „dämonisch“ gewordene Begriff der Wirklichkeit, wird nun besetzt durch eine „allgemeine Stimmung [...] affektiver Natur“.[7] Picards Formel für den Expressionismus – der „mehr ist als eine bloße Richtung in der Malerei, sondern auch eine Lebensauffassung“[8] – konnte deshalb lauten: „Tendenz zur Orientierung im Chaos, Fixierung des Chaos“.[9] Damit wird bereits eine erste und wesentliche Differenz zu den Kubisten und ihrer Raumgestaltung sichtbar. Denn die Fixierung und Gestaltung des Chaos konnten die Expressionisten nur in der „Ausdruckstätigkeit“ finden.[10] Aufbauend auf den biologischen Grundlagen des Menschen war ihre ‚Ausdruckstätigkeit‘ nichts anderes als eine Transformation

---

3 Benn, Expressionismus, S. 81f.

4 Benn, Expressionismus, S. 86.

5 Benn, Expressionismus, S. 83.

6 Friedrich Nietzsche, Die fröhliche Wissenschaft, 125. Stück (1882).

7 Ferdinand Fellmann, Phänomenologie und Expressionismus, Freiburg – München 1982, S. 44 und 51.

8 W. Warstat, Die Grundlagen des Expressionismus, in: Die Grenzboten. Zeitschrift für Politik, Literatur und Kunst, 73. Jg., Nr. 14/1914, S. 312.

9 Max Picard, Expressionismus, in: Die Erhebung. Jahrbuch für neue Dichtung und Wertung, hrsg. von A. Wolfenstein, 1919, S. 336.

10 Warstat, Grundlagen, S. 315.

und Fortsetzung des Naturalismus ins Imaginäre.[11] „Etwas durch und durch Subjektives", kam es hier vor allem auf den „gefühlsmäßigen Genuß der Kunst" an: „Ohne Nachfühlen kein Verstehen! Ohne Pflege des Gemütslebens überhaupt keine Kultur, keine echte Kunst!"[12]

Das expressionistische Programm des „sich verwandeln. Täglich die Nerven wechseln", das den Menschen „zum Grammophon der äußeren Welt erniedrigt", steht mit dieser ‚Gestaltung' der entzauberten Welt in radikalem Gegensatz zur Gestaltung der Kubisten.[13] Sie versuchen nicht nur – wie bereits gezeigt – das Subjekt, dessen Gefühle und Wahrnehmungen vollkommen zurücktreten zu lassen, sie bewegen sich auch ganz grundsätzlich auf einer Ebene, die nicht Mensch noch Natur anhört. Zwar führt in letzter Konsequenz auch der expressionistische Ausdruck entschieden über den individuellen Einzelnen, der ganz in Gefühlswerte und Gefühlsfunktionen aufgelöst wird, hinaus[14] – doch die Kubisten wenden sich der Gestaltung des Raumes zu. Ihre Gestaltung und Formung dieser Größe markiert den denkbar größten Gegensatz zum Expressionismus, bei dem alle Vorgänge im Bereich des Menschen bleiben und damit auf einem Gebiet, von dem beide, Carl Schmitt wie die Kubisten, sich völlig absichtsvoll abwenden.[15] Die Parameter, auf die sie zurückgreifen, stimmen deshalb ganz grundlegend nicht mit dem Expressionismus überein. Denn beide wenden sich ausschließlich den autochthonen Kriterien ihres Sachgebiets zu. Der Mensch kommt deshalb für Schmitt im Bereich des Rechts nur insoweit in Betracht, als er sich dem „überindividuellen Rhythmus einer Gesetzlichkeit", das heißt einer Aufgabe, hingibt. Daß diese „Einordnung des Einzelnen" aus „jedem Menschen eine Konstruktion" macht, so Carl Schmitt, mag einer „schwärmerischen Romantik als unerträgliche Nüchternheit erscheinen".[16] Dieser Konstruktion, die auf der Abkehr vom Subjekt und der Hinwendung zum „Überindividuellen" der Sache beruht, gilt das Bemühen der Kubisten. Wobei, gemäß dem Begriff der Konstruktion, dies gerade nicht in erster Linie die von Schnur suggerierte „Wirklichkeitszertrümmerung" meint, die denn auch Benn explizit den Expressionisten zuschreibt, sondern vor allem die Kreation eines Rau-

11 Vgl. O. Kohnstamm, Kunst als Ausdrucktätigkeit. Biologische Voraussetzungen der Ästhetik, München 1907; sowie Kommentar und Analyse zum Schattenriß „Niegeburth".

12 Warstat, Grundlagen, S. 317.

13 Hermann Bahr, Studien der Kritik der Moderne, Frankfurt/M. 1894, S. 11; sowie ders., Expressionismus, München o. J., S. 112.

14 Erich von Kahler, Die Prosa des Expressionismus, in: Der deutsche Expressionismus. Formen und Gestalten, hrsg. von Hans Steffen, Göttingen 1965, S. 160.

15 Vgl. Schmitt, Wert des Staates, S. 6.

16 Schmitt, Wert des Staates, S. 92 und 93.

mes.[17] Dieser Raum entsteht – und dies kann mit den Kubisten gesagt werden – in erster Linie aus der Gestaltung der spezifischen Mittel des jeweiligen Sachgebietes. Die Kubisten wandten sich deshalb weder einer „inneren Wirklichkeit" noch einer empirisch äußeren zu und haben auch nicht „mit wirklichen Köpfen Blut geleckt", wie Schnur dies mit Zitat und Seitenblick auf Paul Klee zur Unterstreichung einer wie auch immer begründeten Hervorhebung des Willens zur Zerstörung nahelegt.[18] Die von Schnur zitierte Äußerung Klees bezieht sich auch nicht auf seine Gestaltungsprinzipien, die denen der Kubisten nahestehen. Wie diese wendet er sich gegen einen einheitlichen Begriff und insistiert darauf, daß es „nur Begriffspaare" gibt, da der „Begriff ohne Gegensatz nicht denkbar ist".[19] Dies korrespondiert sowohl mit Schmitts Begriffspaaren wie auch mit Cézannes Kriterien der Formfindung und dem Gesetz der Kontraste, auf das sich auch die Kubisten berufen. In einer Notiz Klees zu seinen Naturstudien heißt es: „Triebkräfte sind innen (esoterisch), Grenzen sind außen (exoterisch). Kern, Innenraum, sachliche Schale, Außenraum. Begriffe: Triebform – Grenzform."[20] Diesem Außenraum, der Grenzform, wenden sich die Kubisten wie Schmitt und auch Klee zu.[21] Ähnlich wie die Expressionisten sehen die Kubisten darin nicht „nur ein Problem der Malerei", sondern ein umfassendes „menschliches Problem" und betrachten es als „soziale Aufgabe", die „äußeren Erscheinungen zu erneuern" und „wie ein Chirurg" die Objekte zu zerlegen (was nicht identisch ist mit zertrümmern), um damit deren spezifische Form zu gewinnen. Die „Formphilosophen", wie Paul Klee sie nannte, wandten sich damit von vorneherein der Struktur des „Überindividuellen" zu.[22] Sie bezeichnen die Malerei als „Schrift", versuchen die Subjektivität auf ein Minimum zu reduzieren und lassen mit ihrem „objektiven" Stil „das Kriterium der

17 Roman Schnur, Aufklärung. Bemerkungen zu einem Sammelband mit Studien über Carl Schmitt, in: Der Staat, 27. Jg., 1988, S. 449.

18 Schnur, Aufklärung, S. 449. Das Sachgebiet wird so selbständig und absolut.

19 Paul Klee, Das bildnerische Denken. Schriften zur Form- und Gestaltungslehre, hrsg. von Jürg Spiller, Basel – Stuttgart 1956, S. 15.

20 Paul Klee, Unendliche Naturgeschichte. Prinzipielle Ordnung der bildnerischen Mittel, verbunden mit Naturstudium, und konstruktive Kompositionswege. Form- und Gestaltungslehre Band II, hrsg. von Jürg Spiller, Basel – Stuttgart 1970, S. 11.

21 Schmitts Orientierung an der Grenze und an Grenzbegriffen, mit denen sein räumliches Denken deutlich wird, zeigt bereits die Erläuterung seiner Eingangsdefinition in der „Politischen Theologie" über Souveränität und Ausnahme (Schmitt, Politische Theologie, S. 11).

22 Max Raphael, Raumgestaltungen. Der Beginn der modernen Kunst im Kubismus und im Werk von Georges Braque, Frankfurt/M. – New York 1986, S. 12f.

schöpferischen Individualität hinter sich".[23] Ihre Suche nach einer objektiven, absoluten Wahrheit, die „man nicht mit der Wirklichkeit vergleichen kann", richtet sich gegen das „Diesseits der Ewigkeit", denn hier „tanzen die sterblichen Formen der Liebe, und der Name der Natur faßt ihre verworfene Zucht zusammen".[24] Die Kubisten setzen dazu eine Raumgestaltung ein, in „der Raumbeziehungen, Körper, Zeit und Energien neu kombiniert wurden".[25] Sie realisieren diese Gestaltung, indem sie „keinen anderen Gesetzen mehr gehorchen als denjenigen von Form und Farbe".[26] Ab 1912 durchbrechen Picasso und Braque diese Grenzen der ‚klassischen' Malerei und radikalisieren die räumlichen Vorstellungen. Sie integrieren, „gegen den penetranten Naturalismus", die Objekte entweder als Fiktion oder „leibhaftig" ins Bild, die auf diese Weise ihrer ‚Natur beraubt' und ganz Teil des Bildraumes werden.[27] Diese Technik des ausschließlichen Einsatzes von ‚autochthonen' Kriterien entspricht ganz prinzipiell der Vorgehensweise von Carl Schmitt, der im Blick auf Däubler feststellt, daß es für den Dichter „kein anderes Mittel als die Sprache" gibt.[28] Ebenso orientieren sich die Kubisten ausschließlich am Mittel der Malerei: an Form und Farbe und dem diesen inhärenten „Gesetz der Kontraste".[29] Sie lösen sich damit radikal von der nachahmenden Gegenstandsbeschreibung und „beginnen in der Nachfolge Cézannes den Raum und die Gegenstände in prismatisch gebrochene, kubistische Grundelemente zu zerlegen" und nach deren Gesetzen zu konstruieren.[30] Die damit ermöglichte „Bilderfindung" – dieser Grundbegriff des Kubismus –, die Cézanne als Repräsentation der Natur durch Farbe bezeichnet, bewirke ein „Wunder der Verwandlung": das Wasser werde zu Wein.[31] Die kubistische Bilderfindung und die Däublersche Worterfindung be-

---

23 Johannes Langner, Der Kubismus, in: Propyläen-Kunstgeschichte, Berlin 1990, S. 178.

24 Guillaume Apollinaire, Die Maler des Kubismus, Frankfurt/M. 1989, S. 12 und 9.

25 Raphael, Raumgestaltungen, S. 15.

26 Albert Gleizes/Jean Metzinger, Über den ‚Kubismus'. Übertrg. von „Du cubisme" von 1912 aus dem Frz. u. hrsg. von Fritz Metzinger, Frankfurt/M. 1988, S. 64.

27 „Eine Visitenkarte wird nicht abgezeichnet, sondern ins Bild eingeklebt." Dies Verfahren nimmt ihr die ‚Bedeutung' der Wirklichkeit (Langner, Kubismus, S. 179).

28 Schmitt, Nordlicht, S. 50.

29 Gleizes/Metzinger, Kubismus, S. 51.

30 Christa Lichtenstern, Pablo Picasso. Denkmal für Apollinaire. Entwurf zur Humanisierung des Raumes, Frankfurt/M. 1988, S. 16. Vgl. dazu auch: D. H. Kahnweiler, Der Weg zum Kubismus, München 1920.

31 Siehe dazu die Analyse des „Vorwortes" der „Schattenrisse". Paul Adler setzt in seiner Abhandlung über Däubler das Motiv Schmitts von den „dilettantischen, dickleibigen" Werken, das dieser in seinem Vorwort in strukturell gleicher Weise wie seine Erwähnung von

ruhen auf denselben Relationen;[32] auf sie verweist auch Carl Schmitt in seiner „Politischen Theologie“ an zentraler Stelle. Denn der „Ausnahmezustand“ – dieser Kernbestand des Denkens von Carl Schmitt –, der für die „Jurisprudenz eine analoge Bedeutung wie das Wunder für die Theologie“ hat, beruht auf „einem unmittelbaren Eingriff“ in die Natur und wird als „eine Ausnahme statuierende Durchbrechung der Naturgesetze“ bezeichnet.[33] Die dadurch möglich werdende „Erfindung“ im genuinen Sinn des Wortes steht in denkbar größtem Gegensatz zur Wirklichkeitsverarbeitung des Naturalismus und deren expliziter Absage an die Erfindung des Dichters. Schmitts Denken in Analogien mit Hilfe der Fiktion nach dem Vorbild von Vaihingers Modell des „Als-ob“ errichtet zum einen die Grenze gegen außerhalb des Sachgebietes liegende Wirklichkeiten.[34] Denn

> „es ist gar nicht abzusehen, wie eine kritische Sachlichkeit noch möglich sein wird, wenn erst einmal noch andere wirkungsvolle Wendungen aus der philosophischen Lehre vom Organismus für die Jurisprudenz ‚fruchtbar gemacht‘ werden [...] oder wenn jemand eine wissenschaftliche Tat darin sehen wird, für das Verhältnis der Entwicklung des Rechts und der Gesellschaft etwa die Vorstellung vom psychophysischen Parallelismus und was die Philosophen darüber gesagt haben, zu verwerten“.[35]

Zum anderen entspricht die Analogiebildung ganz grundsätzlich der ‚Mitteilungsform‘ der Musik. Sie beruht auf dem Prinzip einer Garantie der Verbindung von Auszudrückendem und Ausgedrücktem.[36] Musik, heißt das, drückt in erster Linie sich selbst aus. Mit der Analogiebildung steht Schmitt – gegen das Flottieren der Bedeutungen – eine Methode der (wiederholbaren) Verbindlichkeit der Grenzziehung zur Verfügung, deren ‚Wechsel‘ nur aus dem Wechsel des zentralen Sachge-

---

Cézanne und der Kubisten einsetzt, in die Praxis um. Auch er stellt zwischen Däubler und Cézanne eine unmittelbare Beziehung her. Vgl. Paul Adler, Theodor Däubler. Ein Gespräch mit dem unlustigen Leser über einen Dichter, in: Pan, 2. Jg., 1911/12, Nr. 1–45, Kraus Reprint 1975, S. 536–539.

32 Vgl. Schmitt, Nordlicht, S. 48f.

33 Schmitt, Politische Theologie, S. 49.

34 Schmitt, Gesetz und Urteil, S. 37f.

35 Schmitt, Gesetz und Urteil, S. 36.

36 Hier zeigt sich der Stellenwert von Carl Schmitts Betonung der Musikalität der Däublerschen Sprache: Auch die Musik bezeichnet nur, was sie selbst ist und die formelhafte Systematisierung des musikalischen Ausdrucks in der Komposition entspricht den Figuren der Rhetorik. In Abgrenzung dazu verweist Carl Schmitt auf die ‚sprachliche‘ Musik Wagners, die einer romantischen Mitteilsamkeit folgt, nämlich zu hören ‚was man wähnt‘.

bietes kommen kann. Das heißt, daß nur im Zusammenhang mit seiner Technik der Analogiebildung der funktionale Stellenwert seines (räumlichen) Begriffs des Zentralgebietes zureichend beschreibbar ist. Auf dieser Vorgehensweise Carl Schmitts beruht zugleich die vorwiegend diagnostische Kraft seines Werkes. Seine Formel in „Gesetz und Urteil" über die richtige richterliche Entscheidung ist bereits eine praktisch gewordene, auf Wiederholbarkeit angelegte Analogiebildung, die eine Grenzziehung und ‚Verneinung alles Subjektivistischen' ermöglicht. Ausgeführt und umgesetzt in seiner Schrift „Der Wert des Staates und die Bedeutung des Einzelnen" zeigt er in seiner „Politischen Theologie" die Grundlage seiner Analogie, die gegen die Homogenität des Naturalismus der „Proklamierung strengster Heteronomie" Rechnung trägt.[37] Damit kann die Unterscheidung, die Differenz des Anderen, die zugleich notwendig dessen Anerkennung impliziert, erhalten werden.

Carl Schmitts Theologie aber ist rückführbar auf „The Colors of Rhetoric".[38] Ihre Grundlagen, Grammatik und Logik, die er in seiner Abhandlung zu Fritz Mauthner deutlich gegen alles der Sprache Fremde abgrenzt, manifestieren sich in den „göttlichen Gesetzen", die er im Werk Däublers erkennt. Sie verweisen gemäß „Gertrude Stein's famous formula, 'A rose is a rose is a rose'", im strengen Sinne nur auf sich selbst.[39] Oder, frei nach Hofmannsthals Chandos-Brief: Begriffe haben es nur mit sich selbst zu tun.[40] Insofern ist die „Res Poetica", das Wort, das die „Differenz" sichtbar macht, die Grundlage des Werkes von Carl Schmitt.[41] Und der Kubismus, die „most important an certainly the moste complete and radical artistic revolution since the Renaissance", mit seiner „formal purity", das Modell.[42] Die

37 Schmitt, Gesetz und Urteil, S. 76.

38 Wendy Steiner, The Colors of Rhetoric. Problems in the Relation Between Modern Literature and Painting, Chicago – London 1982.

39 Steiner, Colors, S. 197. Die Selbstreferenz der Logik bringt Mauthner auf die Formel „A=A". Vgl. dazu Carl Schmitts Notizen und die Analyse zum Schattenriß „Fritz Mauthner".

40 Zur grundlegenden Verbindung des Rechts mit der Sprache vgl. Ernst Forsthoff, Recht und Sprache. Prolegomena zu einer richterlichen Hermeneutik, Darmstadt 1964, S. 1. Vgl. zu Hofmannsthal Kommentar und Analyse zum Schattenriß „Fritz Mauthner".

41 Steiner, Colors, S. 197. „The cubist work, cubism as a period, and a period conceived of cubistically are all scrutinies of the progress of knowledge itself." Ebenda, S. 196. Schmitts Abwendung von Däublers Werk liegt in dessen widersprüchlicher Basis, die im Grunde auf einer dem Expressionimus angehörenden Verarbeitung von psychophysischem Material beruht. „Recht wird gesprochen Rache wird genommen" lautet eine Nachlaßnotitz (RW 265–61).

42 John Golding, Cubism. A History an an Analysis 1907–1914, London – Boston 1988, S. XIII.

kubistische Abkehr von der Natur führte zur Gestaltung des Raumes – eine Wendung, die auch das Werk von Carl Schmitt, mit seinen „aus einem strengen Formbedürfnis erwachsenen Maßen und Relationen" vollzog.[43] Auf dem Zusammenhang von Raum und Sprache basieren die Erkenntnisgrundlagen seines Werkes, die es ihm ermöglichten, den Mythos und dessen Topik des Bildes in den Blick zu nehmen.

Die Konzentration auf die autochthonen Kriterien des jeweiligen Sachbereichs (Sprache, Malerei usw.), die diese selbstreferentiell abbilden und wiedergeben, rekurriert auf das Gedächtnis (hier: der Sprache) und nicht auf die Erinnerung an einen Sachverhalt. „Die Sprache weiß es noch" – so Schmitts Argument, mit dem er Kanne aus dem Kreis der Romantiker und deren Hinwendung zur Hermeneutik der Natur ausnimmt. Denn Kanne habe mit seiner Hinwendung zum Gedächtnis der Sprache aus

> „den ewigen Kreisen naturphilosophischer Gesetzmäßigkeiten und aus den unendlichen Wiederkünften und Entwicklungen der Geschichte entschlossen den Sprung in die Paradoxie des Christentums [getan] und [fand] dadurch auch den Weg aus dem Gefängnis seines rücksichtslosen Egoismus".[44]

Hier liegt sein Interesse für den ehemaligen Romantiker, der ein Vorbild für Schmitts Technik und Programm der Mnemosyne war, das ihm ermöglicht, den konkreten Vorgang in ein Bild zu überführen.[45] Die durch die sprachlichen „Begriffsbildungen hindurch erkannten Vorstellungen" tragen die Symbole und Merkmale des Mythos.[46] Er kann entstehen, wo Sprache als Sprache ohne Inhalt und sonstige Bedeutung verwendet wird – so Schmitts Hinweis auf Däubler, der auch auf die

---

43 Schmitt, Nordlicht, S. 18. Seine strenge Konzentration auf die Wortwörtlichkeit und sein Absehen von der konventionellen Bedeutung des Wortes, markiert zugleich den deutlichsten Bruch mit der Romantik, der die alte Rhetorik als ‚eine lügenhafte Erfindung' galt, weshalb sie sich dem Bedeutungsgehalt des Wortes, als Sitz der Wahrheit, zuwandte. „Das Recht liegt nur in der Form; es ist nichts als Form, Verfahren, Ritus und Ceremonie" – hält Schmitt am 7. Juli 1947 in einer Notitz mit Blick auf Jean Bodin fest (RW 265–61).

44 Carl Schmitt-Dorotic, Vorbemerkung des Herausgebers zu: Johann Arnold Kanne, Selbstbiographie, Berlin 1918, S. 4. Schmitt verweist darauf, daß damit Kannes „Schwerhörigkeit" begann, und das heißt, frei nach Nietzsche, daß er nicht mehr auf andere ‚Selbste' hörte.

45 Vgl. Schmitt, Nordlicht, S. 39.

46 Roland Kany, Mnemosyne als Programm. Geschichte, Erinnerung und die Andacht zum Unbedeutenden im Werk von Usener, Warburg und Benjamin, hrsg. von Barner, Brinkmann und Wiedemann, Tübingen 1987, S. 81.

Beschreibung der kubistischen Technik übertragen werden kann.[47] „Das Wort" verwandelt für Schmitt Empirisches in einen „Tatbestand", der ein autochthones Kriterium des Rechtes ist.[48] Dem Mythos aber fällt die Aufgabe zu, die Gesetzmäßigkeiten des Denkens aufzuweisen, die „mittels sprachlicher Analyse zu den Vorstellungen gelangen". In ihnen werden „die elementaren oder unbewußten Vorgänge der Vorstellung" und deren „Verbildlichung" erkennbar.[49] Deshalb kann die Realität für Schmitt erst in diesen „Bildern erkannt und aufgehoben" werden.[50]

Auf der Basis dieser Denkform nimmt Schmitt selbst den Mythos in den Blick. Darin liegt nach wie vor die Aktualität Däublers für sein Werk. Der Weg führt von seinen frühen Schriften, in denen er die Selbstreferentialität des jeweiligen Sachgebietes und dessen Kriterien ausarbeitet, über den Mythos von Hobbes' „Leviathan",[51] der Abhandlung „Land und Meer"[52] und „Nomos der Erde",[53] seinem Appell „Amnestie, die Kraft des Vergessens",[54] die besonders eindeutig auf die Kategorie des Gedächtnisses in Abgrenzung zur Erinnerung rekurriert, bis hin zu seinen zahlreichen Abhandlungen über die Ordnung und Struktur des Raumes.[55] Carl Schmitt folgt mit seinem Werk Lichtenbergs Diktum, es sei „richtiger zu sagen ‚es

47 Vgl. dazu die Analyse zum „Vorwort" der „Schattenrisse". Die Kubisten realisieren in ihrer Malerei die Malerei selbst: Form, Farbe und Raum. Das heißt, der Kubismus ist eine Malerei, die ihre Grundlage in sich selbst trägt und „ausschließlich sich selbst ausdrückt" (Gleizes/Metzinger, Kubismus, S. 32; vgl. dazu auch S. 40). Beide Autoren weisen darauf hin, daß der Kubismus nur durch das Objekt bestimmt wird, während die dekorativen Werke nur von ihrer ‚Bestimmung' und aus den ‚Beziehungen' zwischen ihnen und anderen Gegenständen leben. Vgl. Gleizes/Metzinger, Kubismus, S. 25 und 41.

48 Schmitt, Wert des Staates, S. 32. Der Tatbestand und Tatbestandsmerkmale, nicht Tatsachen, sind demnach der Gegenstand des Rechtes.

49 Kany, Mnemosyne, S. 80.

50 Schmitt, Nordlicht, S. 29.

51 Carl Schmitt, Der Leviathan in der Staatslehre des Thomas Hobbes. Sinn und Fehlschlag eines politischen Symbols, Hamburg 1938.

52 Carl Schmitt, Land und Meer. Eine weltgeschichtliche Betrachtung, Leipzig 1942.

53 Carl Schmitt, Nomos der Erde im Völkerrecht des Jus Publicum Eropaeum, Köln 1950.

54 Carl Schmitt, Amnestie, die Kraft des Vergessens, in: Christ und Welt vom 10. November 1949 (ohne Verfasserangabe); wiederabgedruckt in: Sonntagsblatt vom 15. Januar 1950.

55 Bereits in seiner ersten Auflage der „Politischen Romantik" stellt Schmitt fest, daß „sich die Zeit besser zum irrationalen Faktor des romantischen Gegenspiels als der Raum, der eine Rationalisierung unmittelbar nahelegt", eignet (Carl Schmitt, Politische Romantik, Berlin 1919, S. 64).

denkt in mir'", statt „,ich denke'" und trägt ihm mit seiner „Heranziehung der Fiktion" zur „Absage an die empirische Außenwelt" Rechnung.[56] Mit ihr erhält er, gegen den ‚Monismus' des Naturalismus, eine strenge Heteronomie. In den „Schattenrissen" entfaltet er das Spektrum der sich seit 1900 auf der Grundlage der modernen Naturwissenschaften entwickelnden Dynamik. Die aus seiner katholischen Prägung erwachsene Konzentration auf die Theologie überwindet die Natur (und damit auch den Menschen) als Maß und Einheitsinstanz und führt ihn zur Orientierung an den Gesetzen der Sprache.[57] Sie bilden die die Heteronomie überwölbende, nicht aber auflösende Einheit. Dadurch kann der Dualismus – diese „Folge der Selbstzerreißung unserer Gegenwart" – in Bilder überführt, und das heißt für Schmitt, in „mythologischen Gebilden" „aufgehoben" werden.[58] Den „Dualismus in größter Sachlichkeit, unbeirrt von den gegebenen sozialen Gruppen- und Machtverhältnissen, herauszuarbeiten, damit nicht äußere Zufälle entscheiden", ist Schmitts Entwurf gegen das monistische Denken der Gegenwart.[59] Die mythischen Bilder, aus der ‚Hingabe' an die Sprache entstanden, entziehen den Menschen der Determinierung durch die Naturgesetze, und hier liegt für Carl Schmitt zugleich dessen Freiheit. Sie zeigt sich auf der künstlerischen Ebene im Verhältnis: Bilderfindung versus Verarbeitung von Natur. Dafür stehen Däubler und der Kubismus einerseits und die in den „Schattenrissen" Dargestellten andererseits. Wie der Nachlaß von Carl Schmitt zeigt, sammelte er bis zuletzt Material und Notizen, die er unter dem Titel „Mythos" archivierte. Dabei wurden vor allem die Themen „Leviathan", „Land und Meer" und „Nomos der Erde" aufgenommen und weitergeführt. Parallel dazu legte er ein umfangreiches Konvolut mit Sprach- und Reimexperimenten an. Ein Blick auf diese Experimente bestätigt die hier vorgestellte These seiner anhaltenden Faszination an Däubler: Er suchte im Reim (Assonanzen, Alliterationen, Einschub einzelner Buchstaben usw.) des Wortes die diesem inhärente Erkenntnis oder Wahrheit. Schmitts Gnosis, heißt das, ist eine ‚Gnosis' der Sprache und der Mythos das ‚irdische' Seitenstück seiner „Politischen Theologie". Seine auf den Gesetzen der Sprache basierende Methode ermöglichte ihm, die Welt in räumlichen Ordnungskategorien von Strukturen und Relationen zu beschreiben. Hier liegt die Modernität und Aktualität seines Denkens, das sich hinter der scheinbaren Antiquiertheit der „Politischen Theologie" verbirgt. Darin liegt aber auch zugleich das „Skandalon" seines Werkes.

56 Schmitt, Wert des Staates, S. 87 und 105.

57 Vgl. Schmitt, Nordlicht, S. 75 und 29.

58 Schmitt, Nordlicht, S. 75 und 29.

59 Schmitt, Wert des Staates, S. 92f.

Anhang

Literaturverzeichnis

Schriften von Carl Schmitt

Drei Tischgespräche, in: Die Rheinlande, 21. Jg., 1911, S. 250.

Der Adressat, in: Die Rheinlande, 21. Jg., 1911, S. 429f.

Kritik der Zeit, in: Die Rheinlande, 22. Jg., 1912, S. 323f.

Gesetz und Urteil, Berlin 1912; München 1963.

Juristische Fiktionen, in: Deutsche Juristenzeitung, 18. Jg., 1913, Heft 12, Sp. 804–806.

Johannes Negelinus, Schattenrisse, o. O. [Straßburg] 1913.

Theodor Däublers „Nordlicht“. Drei Studien über die Elemente, den Geist und die Aktualität des Werkes, München 1916.

Der Wert des Staates und die Bedeutung des Einzelnen, Hellerau 1917.

Die Sichtbarkeit der Kirche. Eine scholastische Erwägung, in: Summa, 2. Viertel, 1917, S. 79.

Die Buribunken. Ein geschichtsphilosophischer Versuch, in: Summa, Bd. 1, Jg. 1917/18, Heft 4, S. 89–106.

(Hrsg.): Johann Arnold Kanne, Aus meinem Leben, Berlin 1918.

Politische Romantik, München – Leipzig 1919; 2. Aufl. 1925.

Politische Theologie. Vier Kapitel zur Lehre von Souveränität, München – Leipzig 1922; Berlin 1985.

Römischer Katholizismus und politische Form, Hellerau 1923.

Der Begriff des Politischen, München – Leipzig 1928; Berlin 1963.

Staatsstreichpläne Bismarcks und Verfassungslehre (1929), in: ders., Verfassungsrechtliche Aufsätze aus den Jahren 1924–1954. Materialien zu einer Verfassungslehre, Berlin 1958; 3. Aufl. 1985.

Hugo Preuß. Sein Staatsbegriff und seine Stellung in der Deutschen Staatslehre, Tübingen 1930.

Die drei Arten des rechtswissenschaftlichen Denkens, Hamburg 1934.

Staatsgefüge und Zusammenbruch des zweiten Reiches. Der Sieg des Bürgers über den Soldaten, Hamburg 1934.

Der Leviathan in der Staatslehre des Thomas Hobbes. Sinn und Fehlschlag eines politischen Symbols, Hamburg 1938.

Positionen und Begriffe im Kampf mit Weimar–Genf–Versailles 1923–1939, Berlin 1940.

Land und Meer. Eine weltgeschichtliche Betrachtung, Leipzig 1942.

Der Zugang zum Machthaber, ein zentrales verfassungsrechtliches Problem (1947), in: ders., Verfassungsrechtliche Aufsätze aus den Jahren 1924–1954. Materialien zu einer Verfassungslehre, Berlin 1958; 3. Aufl. 1985.

Zeus an die Bundesregierung. Amnestie – Urform des Rechts, in: Christ und Welt vom 10. November 1949 [ohne Verfasserangabe]; leicht verändert als: Amnestie ist die Kraft

des Vergessens. Wann werden wir den Bürgerkrieg beenden?, wiederabgedruckt in: Sonntagsblatt vom 15. Januar 1950.
Ex Captivitate Salus. Erfahrungen der Zeit 1945/47, Köln 1950.
Der Nomos der Erde im Völkerrecht des Jus Publicum Europaeum, Köln 1950.
Drei Stufen historischer Sinngebung, in: Universitas, 5. Jg., Heft 8/1950, S. 927–931.
Recht und Raum, in: Tymbos für Wilhelm Ahlmann. Dargebracht von seinen Freunden, Berlin 1951, S. 429f.
Nomos – Nahme – Name, in: Der beständige Aufbruch. Festschrift für Erich Przywara, hrsg. von Siegfried Behn, Nürnberg 1959, S. 92–105.
Die Tyrannei der Werte (1960), hrsg. von Sepp Schelz, Hamburg 1979.
Glossarium. Aufzeichnungen der Jahre 1947–1951, hrsg. von Eberhard Freiherr von Medem, Berlin 1991.

Sonstige Literatur

Accarino, Bruno: Filosofia della storia. La parabola della modernità, Mskr. Florenz.
Adam, Armin: Rekonstruktion des Politischen. Carl Schmitt und die Krise der Staatlichkeit 1912–1933, Weinheim 1992.
Adams, William Howard/Nadar, Paul: Prousts Figuren und ihre Vorbilder. Aus dem Amerik. von Christoph Groffy, Frankfurt/M. 1988.
Adler, Paul: Theodor Däubler. Ein Gespräch mit dem unlustigen Leser über einen Dichter, in: Pan, 2. Jg., 1911/12, Nr. 1–45, Kraus Reprint 1975, S. 536–539.
Alberti, Konrad: Der moderne Realismus in der deutschen Literatur und die Grenzen seiner Berechtigung, o. O. 1890.
Allostis: Die Tugend des Genusses, Jena 1904.
Amelung, Peter (Hrsg.): Briefe der Dunkelmänner, München 1964.
Apollinaire, Guillaume: Die Maler des Kubismus, Frankfurt/M. 1989.
Aschheim, Steven E.: After the Dead of God: Varieties of Nietzschean Religion, in: Nietzsche-Studien, Bd. 17/1988, S. 240ff.
Assmann, Jan: Politische Theologie zwischen Ägypten und Israel, hrsg. von Heinrich Meier, München 1992.
Avenarius, Ferdinand: Zu Böcklins Heimgang, in: Der Kunstwart, 14. Jg., Heft 9/1901, S. 395f.
Avenarius, Ferdinand: Halbmonatsschau für Ausdruckskultur auf allen Lebensgebieten, in: Der Kunstwart, 20. Jg., Heft 24/1907.

Bab, Julius: Die neuromantische Bohème, in: ders., Berliner Bohème, Bd. 2 der Großstadtdokumente, Berlin – Leipzig 1904.
Bab, Julius: Dalcroze, in: Die Schaubühne, 8. Jg./1912, S. 534–537.
Bab, Julius: Richard Dehmel, Leipzig 1926.
Bachem, Julius: Vorgeschichte, Geschichte und Politik der Deutschen Zentrumspartei, Bd. 9, Köln 1932.

Baechtold, Jakob: Gottfried Kellers Leben. Seine Briefe und Tagebücher, Bd. 3: 1861–1890, Berlin 1897.
Bahr, Hermann: Studien zur Kritik der Moderne, Frankfurt/M. 1894.
Bahr, Hermann: Expressionismus, München o. J.
Balfour, Michael: Der Kaiser. Wilhelm II. und seine Zeit, Berlin 1964.
Ball, Hugo: Carl Schmitts politische Theologie, in: Das Hochland, Jg. 21, 1924, S. 263f.
Barlach, Ernst: Leben und Werk in seinen Briefen, hrsg. von Friedrich Dross, München 1952.
Barlach, Ernst: Frühe und späte Briefe, 1904–1912, Hamburg 1962.
Baumeister, Martin: Von der „Parität" zur „Inferiorität": die Schlüsselfrage des „katholischen Bildungsdefizits", in: ders., Parität und katholische Inferiorität. Untersuchungen zur Stellung des Katholizismus im Deutschen Kaiserreich, Paderborn u. a. 1987, S. 39–72.
Becker, Winfried: Kulturkampf als Vorwand. Die Kolonialwahlen von 1907 und das Problem der Parlamentarisierung des Reiches, in: Gerhard Krems (Hrsg.), Die Verschränkung von Innen-, Konfessions- und Kolonialpolitik im Deutschen Reich vor 1914, Schwerte 1987.
Beckers, Edgar: Kommentierte Bibliographie zur Reformpädagogik, St. Augustin 1979.
Behr, M.: Schillerstiftung und Dichterpreise, in: Literarische Warte, 6. Jg., 1905, S. 690ff.
Behrens, Peter: Feste des Lebens und der Kunst, Leipzig 1900.
Peter Behrens und Nürnberg. Geschmackswandel in Deutschland. Historismus, Jugendstil und die Anfänge der Industrieform. Ausstellungskatalog des Germanischen Nationalmuseums, München 1980.
Benn, Gottfried: Expressionismus (1933), in: ders., Sämtliche Werke. Stuttgarter Ausgabe, hrsg. von Gerhard Schuster, Prosa, Bd. 2, Stuttgart 1989.
Benz, Ernst: Der Übermensch-Begriff, in: ders. (Hrsg.), Der Übermensch. Eine Diskussion, Zürich – Stuttgart 1961, S. 118–128.
Berg, Leo: Der Übermensch in der modernen Literatur, Paris – Leipzig – München 1897.
Berglar, Peter: Don Juan und Carmen, in: Archiv für Kulturgeschichte, 55/1973, S. 166–189.
Bergsträsser, Ludwig: Geschichte der politischen Parteien in Deutschland. Deutsches Handbuch der Politik, München – Wien 1965.
Bernoulli, Carl Albrecht: Franz Overbeck und Friedrich Nietzsche. Eine Freundschaft, Jena 1908.
Bie, Oskar: Dalcrozienne, in: Die neue Rundschau, 23. Jg. der freien Bühne, Bd. 2/1912, S. 1162–1166.
Bitterli, Urs: Die „Wilden" und die „Zivilisierten". Grundzüge einer Geistes- und Kulturgeschichte der europäisch-überseeischen Begegnung, München 1976.
Blumenberg, Hans: Die Gleichgültigkeit der Götter Epikurs, in: ders., Legitimität der Neuzeit, Frankfurt/M. 1988.
Böckenförde, Ernst-Wolfgang: Rezension des Werkes von Hasso Hofmann, Legalität und Legitimität. Der Weg der politischen Philosophie Carl Schmitts, Neuwied 1964, in: DÖV 19/1967.
Böckenförde, Ernst-Wolfgang: Der Begriff des Politischen als ein Schlüssel zum staatsrechtlichen Werk Carl Schmitts, in: Complexio Oppositorum, Berlin 1988, S. 283–300.
Bölsche, Wilhelm: Die naturwissenschaftlichen Grundlagen der Poesie. Prolegomena zu einer realistischen Ästhetik, Leipzig 1887.

Bölsche, Wilhelm: Hinaus über den Realismus, in: Freie Bühne für modernes Leben, 1. Jg., Heft 40/1890, S. 1047–1050.
Böning, Thomas: Metaphysik, Kunst und Sprache beim frühen Nietzsche, Berlin 1988.
Bohrer, Karl Heinz: Die Ästhetik des Schreckens, Stuttgart 1978; 2. Aufl., Frankfurt/M. u. a. 1983.
Bohrer, Karl Heinz: Fundierung der Politik auf Ästhetik, in: Zerstörung, Rettung des Mythos durch Licht, hrsg. von Christa Bürger, Frankfurt/M. 1986, S. 147–159.
Boldt, Hans: Otto von Gierke, in: Hans-Ulrich Wehler (Hrsg.), Deutsche Historiker, Göttingen 1982, S. 7–23.
Bolz, Norbert: Auszug aus der entzauberten Welt. Philosophischer Extremismus zwischen den Weltkriegen, München 1989.
Bolze, Wilhelm: Was haben wir von Frankreich zu erwarten?, in: Die Gegenwart, Nr. 32, 1914, S. 498ff.
Bosse, Heinrich: Autorschaft ist Werkherrschaft, Paderborn u. a. 1981.
Brahm, Otto: Zum Beginn, in: Freie Bühne vom 29. Januar 1890, S. 1f.
Brahm, Otto: Karl Stauffer-Bern. Sein Leben. Seine Briefe. Seine Gedichte, Stuttgart 1892.
Brandes, Georg: Einführung zu: Anatole France, Komödiantengeschichte, Leipzig o. J. [1904].
Brauer, Theodor: Der deutsche Katholizismus und die soziale Entwicklung des kapitalistischen Zeitalters, in: Archiv für Rechts- und Wirtschaftsphilosophie, 24. Jg., 1930/31, S. 209–254.
Brauneck, Manfred/Müller, Christine (Hrsg.), Naturalismus. Manifeste und Dokumente zur deutschen Literatur 1880–1900, Stuttgart 1987.
Brecht, Walther: Die Verfasser der Epistolae obscurorum virorum, Straßburg 1904.
Breitenbach, W.: Die Gründung und erste Entwicklung des Deutschen Monistenbundes, Brackwede 1913.
Breysig, Kurt: Aus meinen Tagen und Träumen, Berlin 1962.
Brod, Max: Johannes Reuchlin und sein Kampf. Eine historische Monographie, Stuttgart u. a. 1956.
Broermann, H.: Der Kunstwart in seiner Eigenart, Entwicklung und Bedeutung, München 1934.
Bröker, Werner: Politische Motive naturwissenschaftlicher Argumentation gegen Religion und Kirche im 19. Jahrhundert, Münster 1972.
Bruch, Rüdiger vom: Kulturstaat – Sinndeutung von oben?, in: Bruch/Graf/Hübinger (Hrsg.), Kultur und Kulturwissenschaften um 1900, Stuttgart 1989, S. 63–102.
Bruhns, Helgard: Herbert Eulenberg. Drama, Dramatik, Wirkung, Frankfurt/M. 1974.
Büchner, Ludwig: Kraft und Stoff oder Grundzüge der natürlichen Weltordnung nebst einer darauf gebauten Moral oder Sittenlehre in allgemeinverständlicher Darstellung, Frankfurt/M. 1855; 16. Aufl., Leipzig 1888.
Büchner, Ludwig: Die Darwinsche Theorie von der Entstehung und Umwandlung der Lebewelt. In sechs Vorlesungen allgemeinverständlich dargestellt, 4. Aufl., Leipzig 1876.
Buddensieg, Tilmann: Industriekultur. Peter Behrens und die AEG, Berlin 1979.
Bülow, Bernhard von: Denkwürdigkeiten, 4 Bde., Berlin 1930.
Busch, Alexander: Die Geschichte des Privatdozenten. Eine soziologische Studie zur großbetrieblichen Entwicklung der deutschen Universitäten, Göttinger Abhandlungen der Soziologie 5, Stuttgart 1959.

Burckhardt, Jacob: Die Kultur der Renaissance in Italien (1867), Leipzig 1925.
Burckhardt, Jacob: Weltgeschichtliche Betrachtungen (1905), Leipzig 1927.
Bürger, Peter: Die Wiederkehr der Analogie. Ästhetik als Fluchtpunkt in Foucaults „Die Ordnung der Dinge", in: Diskurstheorien und Literaturwissenschaft. Materialien, hrsg. von Jürgen Fohrmann und Harro Müller, Frankfurt/M. 1988, S. 45–52.
Buth, Werner: Das Lessingtheater in Berlin unter der Direktion von Otto Brahm (1904–1912), München 1965.

Carossa, Hans: Der Dichterabend, Hameln o. J. [1941].
Carossa, Hans: Das Jahr der schönen Täuschungen, in: ders., Gesammelte Werke, Bd. 2, o. O. o. J., S. 327–335.
Cassirer, Ernst: Das Erkenntnisproblem in der Philosophie und Wissenschaft der neuen Zeit, Bd. 4: Von Hegels Tod bis zur Gegenwart (1832–1932), Darmstadt 1973.
Cassou, Jean/Langui, Emil/Pevsner, Nikolaus: Durchbruch zum 20. Jahrhundert. Kunst und Kultur der Jahrhundertwende, München 1962.
Cecil, Lamar: Wilhelm II. und die Juden, in: Werner E. Mosse (Hrsg.), Juden im Wilhelminischen Deutschland, Tübingen 1973, S. 313–347.
Cioran, Emile M.: Die gelehrte Taube, in: Sprachwechsel als Erlebnis oder: Die sinnliche Beziehung zur Sprache. Verena von der Heyden-Rynsch über Gespräche mit dem rumänischen Schriftsteller E. M. Cioran, in: Dokumente, Dezember 1982.
Chamisso, Adelbert von: Peter Schlemihls wundersame Geschichte (1834), Stuttgart 1975.
Conti, Egon Caesar: Der Aufstieg des Hauses Rothschild, 2 Bde., Leipzig 1927.
Corinth, Lovis: Die neueste Malerei, in: Pan, 1. Jg., 1910/11, S. 432–437.

Dalcroze, Emile Jaques: Der Rhythmus. Ein Jahrbuch der Bildungsanstalt Dresden/Hellerau, Jena 1911.
Däubler, Theodor: Picasso, in: Die Neue Kunst 1, 1913/14, S. 231–241.
Däubler, Theodor: Lucidarium in Arte Musicae des Ricciotto Canudo aus Gioja del Colle (1916), 2. Aufl., Leipzig 1921.
Däubler, Theodor: Wir wollen nicht verweilen. Autobiographische Fragmente, Leipzig 1921.
Däubler, Theodor: Aufforderung zur Sonne. Bekenntnisse. Eine Schriftenfolge von Lebens- und Seelenbildern heutiger Dichter. Erstes Heft, Chemnitz 1926.
Däubler, Theodor: Bestrickungen, Berlin 1927.
Däubler, Theodor: Marbacher Magazin, Stuttgart 1988.
Däubler, Theodor: Im Kampf um die moderne Kunst und andere Schriften, hrsg. von Friedhelm Kemp und Friedrich Pfäfflin, Darmstadt 1988.
Dedner, Burghard: Die Ankunft des Dionysos, in: Thomas Koebner/Gerhart Pickerodt (Hrsg.), Die andere Welt. Studien zum Exotismus, Frankfurt/M. 1987.
Dehmel, Richard: Zwei Menschen. Roman in Romanzen, in: ders., Gesammelte Werke, Bd. 5,.3. Aufl., Berlin 1908.
Dehmel, Richard: Kunst und Volk, in: ders., Gesammelte Werke, Bd. 8, Berlin 1909, S. 192–205.
Dehmel, Richard: Dichtung und Vortragskunst, in: ders., Gesammelte Werke, Bd. 8, Berlin 1909, S. 131–140.

Dehmel, Richard: Natur, Symbol und Kunst. Ein Beitrag zur reinlichen Scheidung der Begriffe, in: ders., Gesammelte Werke, Bd. 8, Berlin 1909, S. 57–73.

Dehmel, Richard: Mein Leben, hrsg. von Gustav Kirstein, Albert Mombert und Robert Petsch, Leipzig 1922.

Dehmel, Richard: Bekenntnisse, Berlin 1926.

Delbrück, Hans: Gustav Freytag über Kaiser Friedrich, in: Preußische Jahrbücher, 64/1889, S. 587–595.

Delbrück, Hans: Die Krisis des persönlichen Regiments, in: Preußische Jahrbücher, 134/1908, S. 566–580.

Diersch, Manfred: Empiriokritizismus und Impressionismus. Über Beziehungen zwischen Philosophie, Ästhetik und Literatur um 1900 in Wien, Berlin 1973.

Dinter, Annegret: Der Pygmalion-Stoff in der europäischen Literatur. Rezeptionsgeschichte einer Ovid-Fabel, Heidelberg 1979.

Doderer, Otto: Die Rheinlande. Die Geschichte einer Zeitschrift, in: Dichtung und Volkstum. Neue Folge des Euphorion, 39. Bd./1938, S. 69–85.

Döhring, Sieghart: Louis Maillart. Les Dragon des Villars, in: Carl Dahlhaus (Hrsg.), Pipers Enzyklopädie des Musiktheaters, Bd. 3, München – Zürich 1989.

Dominik, Hans: Die Eroberung der Luft. Ein Handbuch der Luftschiffahrt und Flugtechnik, Stuttgart u. a. 1909.

Domschke, Jan-Peter: Irrwege der Philosophie, in: ders., Wilhelm Ostwald. Chemiker, Wissenschaftstheoretiker, Organisator, Köln 1982.

Dörpinghaus, Hermann Josef: Darwins Theorie und der deutsche Vulgärmaterialismus im Urteil katholischer Zeitschriften zwischen 1854 und 1914, Freiburg 1969.

Dotzler, Bernhard J.: Am Nullpunkt der Theorie. Heinz von Foerster und die Wirklichkeit des Radikalen Konstruktivismus, in: Rechtshistorisches Journal, Nr. 11/1992, S. 200–222.

Duwe, Willi: Deutsche Dichtung des 20. Jahrhunderts. Geschichte der Ausdruckskunst, Zürich 1936.

Dziatzka: Apelles, in: Pauly's Realencyclopädie der classischen Altertumswissenschaft. Neue Bearbeitung, hrsg. von Georg Wissowa, Bd. 1, Stuttgart 1894.

J. E.: Brauchen wir Dichterpreise?, in: Das litterarische Echo, 7. Jg., Heft 17, Juni 1905, S. 1229–1232.

Ehlers, Paul: Die Verdunkelung der Konzerträume, in: Die Gesellschaft, 18. Jg./1902, S. 304–320.

Ehlers, Paul: Nochmals: die „Verdunkelung der Konzerträume", in: Die Gesellschaft, 18. Jg./ 1902, S. 251–253.

Einstein, Carl: Sezession, in: Die Gegenwart, Nr. 48/1912.

Einstein, Carl: Fabrikation der Fiktionen (entstanden um 1930), Hamburg 1973.

Einstein, Carl: Totalität I–V, in: ders., Präludium, hrsg. von Rolf-Peter Baacke und Jens Kwasny, Berlin 1979.

Eisler, Franz: Epilog zum Monistentag, in: März, 5. Jg., 4. Bd., 1911, S. 195f.

Eisler, Fritz: Rechtsgut und Erfolg bei Beleidigung und Kreditgefährdung, Breslau 1911.

Eloesser, Arthur: Anatole France, in: Literarische Porträts aus dem modernen Frankreich, Berlin 1904, S. 207–223.

Engelberg, Ernst: Zum Methodenstreit um Karl Lamprecht, in: Joachim Streisand (Hrsg.), Die bürgerliche Geschichtsschreibung von der Reichseinigung von oben bis zur Befreiung Deutschlands vom Faschismus, Berlin 1965, S. 136–152.
Engelhardt, Ulrich: „Bildungsbürgertum". Begriffs- und Dogmengeschichte eines Etiketts, Stuttgart 1986.
Epstein, Klaus: Erzberger and the German Colonial Scandals, 1905–1910, in: English Historical Review, 74, 1959, S. 637–663.
Erdmann, B.: Über den modernen Monismus, in: Deutsche Rundschau, Bd. 158, 1914, S. 325ff.
Erzberger, Matthias: Das deutsche Zentrum, Amsterdam 1910.
Esser, Josef: Wert und Bedeutung der Rechtsfiktionen (1940), Frankfurt/M. 1969.
Eten, Günther: Die Anekdotenkunst Wilhelm Schäfers. Stil und Weltbild, Diss. Leipzig 1938.
Eten, Günther: Matthias Erzberger und das Dilemma der deutschen Demokratie, Berlin 1962.
Eulenberg, Hedda: Im Doppelglück von Kunst und Leben, Düsseldorf 1952.
Eulenberg, Herbert: Du darfst ehebrechen! Eine moralische Geschichte. Allen guten Ehemännern gewidmet, Berlin 1909.
Eulenberg, Herbert: Schiller. Eine Rede zu seinen Ehren. Gesprochen bei der Feier des Schillervereins im Alten Theater Leipzig, November 1909, Leipzig 1910.
[Eulenberg, Herbert]: Das keimende Leben. Aus dem Nachlaß eines jungen jüdischen Rechtsanwaltes, Leipzig 1911.
Eulenberg, Herbert: Selbstkonterfei, in: Die Rheinlande, 21. Jg., 1911, S. 105–107.
Eulenberg, Herbert: Schattenbilder, Berlin 1912.
Eulenberg, Herbert: Hebbels Frauen, in: Die Schaubühne, 5. Jg., Nr. 37/1909, S. 249–254.
Eulenberg, Herbert: Heinrich Heine an die deutschen Monisten, in: Das monistische Jahrhundert, 2. Jg., Heft 22/23, Leipzig 1913, S. 594–596.
Eulenberg, Herbert: Letzte Bilder, Berlin 1915.
Eulenberg, Herbert: Mein Leben für die Bühne, Berlin 1919.
Eulenberg, Herbert: Das Düsseldorfer Schauspielhaus und seine Morgenfeiern, in: Freihochschulbund Düsseldorf (Hrsg.), Das Schauspielhaus Düsseldorf. Ein Vierteljahrhundert deutscher Bühnenkunst, Düsseldorf 1930.
Eulenberg, Herbert: Gestalten und Begebenheiten, Dresden 1932.

Fechner, Gustav Theodor: Vorschule der Ästhetik, 2. Aufl., Leipzig 1897.
Fechner, Gustav Theodor: [Dr. Mises:] Vier Paradoxa, in: ders., Kleine Schriften, Leipzig 1913.
Fechter, Paul: Moeller van den Bruck. Ein politisches Schicksal, Berlin 1934.
Fechter, Paul: Das Europäische Drama, 2 Bde., Mannheim 1957.
Fehrenbach, Elisabeth: Wandlungen des deutschen Kaisergedankens 1871–1918, München – Wien 1969.
Fellmann, Ferdinand: Phänomenologie und Expressionismus, Freiburg – München 1982.
Flickinger, Hans-Georg (Hrsg.): Die Autonomie des Politischen. Carl Schmitts Kampf um einen beschädigten Begriff, Weinheim 1990.
Foltin, Hans-Friedrich (Hrsg.): Nick Carter. Amerikas größter Detektiv, [Dresden 1906], Reprint: 2 Bde., Hildesheim – New York 1972.

Forster, Georg: Reise um die Welt, in: ders., Werke in vier Bänden, hrsg. von Gerhard Steiner, Bd. 1, Leipzig 1972.
Förster-Nietzsche, Elisabeth: Vorbericht zu: Friedrich Nietzsche, Nachgelassene Werke aus den Jahren 1869–1872, Leipzig 1903.
Förster-Nietzsche, Elisabeth: Vorbericht zu: Friedrich Nietzsche, Nachgelassene Werke. Unveröffentlichtes aus der Umwerthungszeit 1882/83–1888, Leipzig 1903.
Forsthoff, Ernst: Recht und Sprache. Prolegomena zu einer richterlichen Hermeneutik, Darmstadt 1964.
Foucault, Michel: Überwachen und Strafen. Die Geburt des Gefängnisses, Frankfurt/M. 1977.
Foucault, Michel: Andere Räume, in: um 1968. konkrete utopien in kunst und gesellschaft, hrsg. von der Städtischen Kunsthalle Düsseldorf, Nr. 1/1990.
France, Anatole: Histoire contemporaine, 4 vols., Paris 1897–1901.
France, Anatole: Die rote Lilie, München 1899.
France, Anatole: Garten des Epikur, Minden 1906.
France, Anatole: Die Bratköchin zur Königin Pedauque, München o. J. [1907].
France, Anatole: La Vie de Jeanne d'Arc, 2 vols., Paris 1908.
France, Anatole: Die Insel der Pinguine, o. O. 1909; Berlin – Weimar 1985.
France, Anatole: Auf dem weißen Felsen, München – Leipzig 1910.
France, Anatole: Die Meinungen des Abbé Jerôme Coignard, München 1910.
France, Anatole: Die Götter dürsten, München 1912; Berlin – Weimar 1984.
France, Anatole: Der Amethystring, München 1920.
France, Anatole: Die Ulme am Wall, München 1920/21.
France, Anatole: Villa Said, München 1954.
Frank, Horst Joachim: Geschichte des Deutschunterrichts. Von den Anfängen bis 1945, München 1973.
Frank, Walter: Nationalismus und Demokratie im Frankreich der dritten Republik (1871–1918), Hamburg 1933.
Freideutsche Jugend. Zur Jahrhundertfeier auf dem Hohen Meißner, Jena 1913.
Freyburg, W. Joachim/Wallenberg, Hans (Hrsg.): Hundert Jahre Ullstein, Frankfurt/M. 1977.
Freydank, Ruth: Theater in Berlin. Von den Anfängen bis 1945, Berlin 1988.
Friedrich, Hugo: Abbé Prevost in Deutschland. Ein Beitrag zur Geschichte der Empfindsamkeit, Heidelberg 1929.
Friese, G. A.: Rothschild oder Morgan? Eine unparteiische Studie über ideale und praktische Rassenveranlagung sowie über die modernen wirtschaftlichen Machtverhältnisse, Leipzig 1904.
Fulda, Ludwig: Schlaraffenland. Märchenschwank in drei Akten, Stuttgart 1900.
Fulda, Ludwig: Die Reform des Urheberrechts, Berlin 1928.

J. G.: Arnold, Victor, in: Enciclopedia dello Spettacolo, Bd. I, Firenze – Roma 1954.
Gadamer, Hans-Georg: Rhetorik und Hermeneutik, Göttingen 1976.
Gajek, Bernhard: Theater als Gebrauchskunst. Überlegungen zu den Bühnenstücken von Ludwig Fulda, in: Gajek/Wedel (Hrsg.), Gebrauchsliteratur, Interferenz, Kontrastivität. Beiträge zur polnischen und deutschen Literatur- und Sprachwissenschaft, Frankfurt/M. – Bern 1982.

Giers, Albert: Der Skeptiker im Gespräch mit dem Leser. Studien zum Werk von Anatole France und zu seiner Rezeption in der französischen Presse 1879–1905, Tübingen 1985.
Giertz, Gernot: Kultus ohne Götter. Emile Jaques Dalcroze und Adolphe Appia, München 1975 (Münchener Universitätsschriften, Bd. 4: Münchener Beiträge zur Theaterwissenschaft).
Girtler, Roland: Die Eigenständigkeit der „Geisteswissenschaften" gegenüber den Naturwissenschaften, in: Hubert Ch. Ehalt (Hrsg.), Zwischen Natur und Kultur. Zur Kritik biologistischer Ansätze, Wien u. a. 1985.
Gleizes, Albert/Metzinger, Jean: Über den „Kubismus". Übertr. von „Du cubisme" von 1912 aus dem Frz. und hrsg. von Fritz Metzinger, Frankfurt/M. 1988.
Gold, Alfred: Schöne Frauen, in: Arena, Heft 1910/11.
Golding, John: Cubism. A History and an Analysis 1907–1914, London – Boston 1988.
Gottlieb, Ernst: Walther-Rathenau-Bibliographie, Berlin 1929.
Gottschalck, Walter: Anatole France – der Dichter und sein Werk, in: Zeitschrift für französische Sprache und Literatur, Bd. L, Jena – Leipzig 1927, S. 85–130.
Gottwald, Herbert: Zentrum und Imperialismus. Zur Geschichte der Wandlung des Zentrums beim Übergang zum Imperialismus in Deutschland, Diss. Jena 1965.
Graf, Friedrich Wilhelm: Rettung der Persönlichkeit. Protestantische Theologie als Kulturwissenschaft des Christentums, in: Bruch/Graf/Hübinger (Hrsg.), Kultur und Kulturwissenschaft um 1900. Krise der Moderne und Glaube an die Wissenschaft, Stuttgart 1989, S. 103–132.
Grauthoff, Otto: Buddenbrooks, in: Insel, 3. Jg., Nr. 4, Januar 1902, S. 115–117.
Grosser, Dieter: Vom monarchischen Konstitutionalismus zur parlamentarischen Demokratie. Die Verfassungspolitik der deutschen Parteien im letzten Jahrzehnt des Kaiserreichs, Den Haag 1970.
Grun, Bernhard: Kulturgeschichte der Operette, München 1961.
Gurlitt, Cornelius: Die Deutsche Kunst seit 1800. Ihre Ziele und Taten, Berlin 1924.
Gutsche, Willibald: Wilhelm II. Der letzte Kaiser des Deutschen Reiches, Berlin 1991.

Haeckel, Ernst: Generelle Morphologie der Organismen, Berlin 1866.
Haeckel, Ernst: Der Monismus als Band zwischen Religion und Wissenschaft, 2. Aufl., Bonn 1893.
Haeckel, Ernst: Die Welträthsel. Studien über monistische Philosophie, Bonn 1899; 2. Aufl. 1903.
Haeckel, Ernst: Monismus und Naturgesetz, Brackwede 1907.
Haller, Johannes: Aus dem Leben des Fürsten Phillip zu Eulenburg, Berlin 1924.
Hamacher, Josef: Der Stil in Wilhelm Schäfers epischer Prosa, Diss. Bonn 1950.
Hamann, Richard/Hermand, Jost: Stilkunst um 1900, München 1973.
Hamann, Richard/Hermand, Jost: Gründerzeit, München 1973.
Hansen, Klaus/Lietzmann, Hans (Hrsg.): Carl Schmitt und die Liberalismuskritik, Opladen 1988.
Hanslick, Eduard: Von älteren Opern (Das Glöckchen des Eremiten. Der Wildschütz. Stradella. Belisar), (1888), in: ders., Musikalisches und Litterarisches. Kritiken und Schilderungen der Modernen Oper, V. Theil, Berlin 1889.
Harden, Maximilian: Schillerpreis, in: Die Zukunft, 13. Januar 1894, S. 48.

Harnack, Adolf von: Geschichte der Königlich Preußischen Akademie der Wissenschaften zu Berlin, Bd. 2, Berlin 1900.
Hart, Heinrich: Neue Welt, in: Deutsche Monatsblätter. Zentralorgan für das literarische Leben der Gegenwart, hrsg. von Heinrich und Julius Hart, Bd. 1/1878, S. 14–23.
Haug, Wolfgang (Hrsg.): Franz Pfemfert. Ich setze diese Zeitschrift wider die Zeit, Darmstadt 1985.
Hegel, Georg Wilhelm Friedrich: Phänomenologie des Geistes, Frankfurt/M. 1981.
Heichen, Paul: Die Drucker- und Verleger-Zeichen der Gegenwart, Berlin 1892.
Heidegger, Martin: Das Realitätsproblem in der modernen Philosophie, in: Philosophisches Jahrbuch der Görresgesellschaft, 25. Bd., Heft 1/1912.
Heidegger, Martin: Holzwege, Frankfurt/M. 1950.
Heidegger, Martin: Nietzsche, 2 Bde., Pfullingen 1961.
Hein, Peter Ulrich: Visionen von „Rembrandt-Deutschland", in: ders., Transformation der Kunst. Ziele und Wirkungen der deutschen Kultur- und Kunsterziehungsbewegung, Köln – Wien 1991.
Heißel, Sebastian: Theodor Däubler – ein Schwabe?, in: Dichtung und Volkstum. Neue Folge des Euphorion, Bd. 38, Heft 2/1937, S. 208–224.
Heitzer, Horstwalter (Hrsg.): Deutscher Katholizismus und Sozialpolitik bis zum Beginn der Weimarer Republik, Paderborn u. a. 1991.
Henke, Dieter: Gott und Grammatik. Nietzsches Kritik der Religion, Pfullingen 1981.
Henze, Herbert: Otto Brahm und das Deutsche Theater in Berlin, Berlin 1929.
Hermann-Röttgen, Marion: Die Familie Borgia. Geschichte einer Legende, Stuttgart – Weimar 1992.
Hermsdorf, Klaus: „Bekenntnisse des Hochstaplers Felix Krull. Der Memoiren Erster Teil", in: ders., Das erzählerische Werk Thomas Mann. Entstehungsgeschichte, Quellen, Wirkung, Berlin – Weimar 1976.
Hertling, Gunter H.: Selbstbetrug und Lebenskunst: Gerhart Hauptmanns Lorentz Lubota und Thomas Manns Felix Krull, in: Orbis Litterarum, Bd. 20, Nr. 1/1965, S. 205–216.
Hess, Walter: Das Problem der Farbe in den Selbstzeugnissen der Maler von Cézanne bis Mondrian, Mittenwald 1981.
Hesse, Hermann: Vom Schriftsteller, in: März, Bd. 5/1/1911, S. 335f.
Hillermann, Horst: Der vereinsmäßige Zusammenschluß bürgerlich-weltanschaulicher Reformvernunft in der Monismusbewegung des 19. Jahrhundert, Düsseldorf 1967.
Hillermann, Horst: Zur Begriffsgeschichte von „Monismus", in: Archiv für Begriffsgeschichte, Bd. 20/1970, S. 214–235.
Hirdt, Willi: Alkohol im französischen Naturalismus. Der Kontext des Assommoir, Bonn 1991.
Hocke, Brigitte: Die Friedensideen von Jean Jaurés und Anatole France, Diss. Leipzig 1965.
Hoffmann, David Marc: Zur Geschichte des Nietzsche-Archivs, Berlin – New York 1991.
Hofmann, Hasso: Legitimität gegen Legalität. Der Weg der politischen Philosophie Carl Schmitts, Neuwied 1964.
Hofmannsthal, Hugo von: Ein Brief (1902), in: ders., Gesammelte Werke, Erzählungen, Erfundene Gespräche und Briefe, Reisen, hrsg. von Schoeller/Hirsch, Frankfurt/M. 1979, S. 461ff.
Holm, Kofiz: ich – kleingeschrieben, München 1932.

Holm, Kofiz: Farbiger Abglanz, München 1940.
Horneffer, August: Nietzsche als Moralist und Schriftsteller, Jena 1906.
Horneffer, Ernst: Nietzsches letztes Schaffen, Jena 1907.
Huber, Ernst Rudolf: Dokumente zur deutschen Verfassungsgeschichte, 3 Bde., Stuttgart 1961–66.
Huesmann, Heinrich: Welttheater Reinhardt. Bauten, Spielstätten, Inszenierungen, München 1983.

Ilgenstein, Heinrich: Moderne Kreuzritter, in: Die Gegenwart, 40. Jg., Bd. 80/1911, Nr. 46, S. 765f.
Imiela, H. J.: Max Liebermann als Zeichner, Mainz 1970.
Ingold, Felix Phillip: Literatur und Aviatik. Europäische Flugdichtung 1909–1927. Mit einem Exkurs über die Flugidee in der modernen Malerei und Architektur, Basel – Stuttgart 1978.

Jaeckle, Erwin (Hrsg.): Rudolf Pannwitz. Eine Auswahl aus seinem Werk, Wiesbaden 1983.
Jaron, Norbert/Möhrmann, Renate/Müller, Hedwig: Berlin – Theater der Jahrhundertwende. Bühnengeschichte der Reichshauptstadt im Spiegel der Kritik (1889–1914), Tübingen 1986.
Johann, Ernst (Hrsg.): Reden des Kaisers. Ansprachen, Predigten und Trinksprüche Wilhelms II., München 1966.
Joll, James: Die Anarchisten, Frankfurt/M. u. a. 1966.
Just, Klaus Günther: Von der Gründerzeit bis zur Gegenwart. Geschichte der deutschen Literatur seit 1871, Bern – München 1973.

Kahl, Wilhelm: Das neue preußische „Irrlehregesetz“ (Deutsch-Evangelisch), o. O. 1910.
Kahler, Erich von: Die Prosa des Expressionismus, in: Der deutsche Expressionismus. Formen und Gestalten, hrsg. von Hans Steffen, Göttingen 1965, S. 157–178.
Kahnweiler, A.: Der Weg zum Kubismus, München 1920.
Kaiser, Gerhard: Gottfried Keller. Das gedichtete Leben, Frankfurt/M. 1981.
Kaiser, Joseph H.: Konkretes Ordnungsdenken, in: Complexio Oppositorum. Über Carl Schmitt, hrsg. von Helmut Quaritsch, Berlin 1988, S. 319–332.
Kany, Roland: Mnemosyne als Programm. Geschichte, Erinnerung und die Andacht zum Unbedeutenden im Werk von Usener, Warburg und Benjamin, hrsg. von Barner, Brinkmann und Wiedemann, Tübingen 1987.
Kennedy, Ellen: Politischer Expressionismus, in: Complexio Oppositorum. Über Carl Schmitt, hrsg. von Helmut Quaritsch, Berlin 1988, S. 233–252.
Kennedy, Ellen: Carl Schmitt und Hugo Ball: Ein Beitrag zum Thema „politischer Expressionismus“, in: Zeitschrift für Politik, 35/1988, S. 143–162.
Kerenyi, Karl (Hrsg.): Thomas Mann – Karl Kerenyi, Gespräch in Briefen, Zürich 1960.
Kerr, Alfred: Schollenbörse, in: Pan, 23. Dezember 1913, S. 733.
Kippenberg, Anton: Poeschel & Kippenberg, in: ders., Reden und Schriften, Wiesbaden 1952.
Kittler, Friedrich A.: Weltatem. Über Wagners Medientechnologie, in: Diskursanalysen 1: Medien, hrsg. von Friedrich A. Kittler, Manfred Schneider und Samuel Weber, Opladen 1987, S. 94–107.

Kittler, Friedrich A.: Fiktion und Simulation 1, in: Kanalarbeit. Medienstrategien im Kulturwandel, hrsg. von Hans Ulrich Reck, Basel – Frankfurt/M. 1988, S. 269–274.

Kittler, Friedrich A.: Im Telegrammstil, in: Stil. Geschichten und Funktionen eines kulturwissenschaftlichen Diskurselements, hrsg. von Hans-Ulrich Gumbrecht und Karl Ludwig Pfeiffer, Frankfurt/M. 1986, S. 358–370.

Klaar, Alfred: Ludwig Fulda. Leben und Lebenswerk, Stuttgart – Berlin 1922.

Klee, Paul: Das bildnerische Denken. Schriften zur Form- und Gestaltungslehre, hrsg. von Jürg Spiller, Basel – Stuttgart 1956.

Klee, Paul: Unendliche Naturgeschichte. Prinzipielle Ordnung der bildnerischen Mittel, verbunden mit Naturstudium, und konstruktive Kompositionswege. Form- und Gestaltungslehre, Bd. II, hrsg. von Jürg Spiller, Basel – Stuttgart 1970.

Knackfuß, H.: Tizian, 4. Aufl., Bielefeld – Leipzig 1903.

Kohut, Thomas A.: Wilhelm II and the Germans. A Study in Leadership, New York – Oxford 1991.

Kohnstamm, O.: Kunst als Ausdruckstätigkeit. Biologische Voraussetzungen der Ästhetik, München 1907.

Koopmann, Helmut: Zum Prinzip der doppelten Optik, in: ders., Die Entwicklung des „Intellektualen Romans“ bei Thomas Mann, Bonn 1962, 2., erw. und verb. Aufl. 1971, S. 28ff.

Koselleck, Reinhart: Kritik und Krise. Ein Beitrag zur Pathogenese der modernen Welt, Freiburg – München 1959.

Koselleck, Reinhart: Die Verzeitlichung der Utopie, in: Wilhelm Voßkamp (Hrsg.), Utopieforschung, Bd. 3, Stuttgart 1982, S. 1–14.

Kramme, Rüdiger: Helmuth Plessner und Carl Schmitt. Eine historische Fallstudie zum Verhältnis von Anthropologie und Politik in der deutschen Philosophie der zwanziger Jahre, Berlin 1989.

Krammer, Mario: Berlin im Wandel der Jahrhunderte. Eine Kulturgeschichte der deutschen Hauptstadt, Berlin 1956.

Krieg, Max: Fritz Mauthners Kritik der Sprache. Eine Revolution der Philosophie, München 1914.

Krockow, Christian Graf von: Die Entscheidung. Eine Untersuchung über Ernst Jünger, Carl Schmitt, Martin Heidegger, Stuttgart 1958.

Krummel, Richard Frank: Nietzsche und der deutsche Geist. Ausbreitung und Wirkung des Nietzscheschen Werkes im deutschen Sprachraum vom Todesjahr bis zum Ende des Weltkrieges. Ein Schrifttumsverzeichnis der Jahre 1901–1918, Bd. II, Berlin – New York 1983.

Kühn, Joachim: Gescheiterte Sprachkritik. Fritz Mauthners Leben und Werk, Berlin – New York 1975.

Kuhnert, Adolf: Der Streit um die geschichtswissenschaftlichen Theorien Karl Lamprechts, Diss. Gütersloh 1906.

Kunze, Kurt: Die Dichtung Richard Dehmels als Ausdruck der Zeitseele, 26. Heft der Beiträge zur Kultur- und Universalgeschichte hrsg. von Karl Lamprecht, Leipzig 1914.

Lacan, Jacques: Das Seminar über E. A. Poes „Der entwendete Brief“, in: ders., Schriften I, Frankfurt/M. 1975.

Lacan, Jacques: Seminar II, Olten – Freiburg 1980.

Lämmert, Eberhard: Doppelte Optik. Über die Erzählkunst des frühen Thomas Mann, in: Karl Rüdiger (Hrsg.), Literatur, Sprache, Gesellschaft, München 1970, S. 50–72.
Lamprecht, Karl: Deutsche Geschichte, 5 Bde., Berlin 1892–96.
Lamprecht, Karl: Deutsche Geschichte. Neue Folge, Berlin 1913.
Lamprecht, Karl: Der Ausgang des geschichtswissenschaftlichen Kampfes, Berlin 1897.
Landauer, Gustav: Mauthners Werk, in: Die Zukunft, 42. Bd., 1903, S. 455–464.
Landauer, Gustav: Skepsis und Mystik. Versuche im Anschluß an Mauthners Sprachkritik, Berlin 1903.
Langbehn, Julius August: Rembrandt als Erzieher. Von einem Deutschen, Leipzig 1890.
Langner, Johannes: Der Kubismus, in: Propyläen–Kunstgeschichte, Berlin 1990.
Lenz, Max: Lamprecht's Deutsche Geschichte, 5. Bd., in: Historische Zeitschrift, Neue Folge, Bd. XLI, Heft 3/1896.
Lerch, Eugen: Das Problem Anatole France, in: Neue Jahrbücher für Wissenschaft und Jugendbildung, 1. Jg., 1925, S. 74–87.
Lichtenstern, Christa: Pablo Picasso, Denkmal für Apollinaire. Entwurf zur Humanisierung des Raumes, Frankfurt/M. 1988.
Linde, Otto zur: Andeutender Versuch einer Einreihung der Charonbewegung in die Kunst unserer Zeit, in: Der Kunstwart, 25. Jg., Heft 20/1912, S. 77–79.
Lindner, J. W. S.: Vorrede über die Sitte der literarischen Verkappung, in: Friedrich Rossmann (Hrsg.), Kurzgefaßtes Lexikon deutscher pseudonymer Schriftsteller, Leipzig 1830.
Lietzmann, Hans: Glanz und Niedergang der deutschen Universität. 50 Jahre deutscher Universitätsgeschichte in Briefen an und von Hans Lietzmann 1892–1942, Berlin – New York 1979.
Litzmann, Berthold: Im alten Deutschland, Berlin 1923.
Loewenberg, J. (Hrsg.): Vom goldenen Überfluß. Eine Auswahl aus neuern deutschen Dichtern für Schule und Haus (1901), Leipzig 1910.
Lorenz, Max: Besprechung von Anatole France, Die rothe Lilie, in: Preußische Jahrbücher, 105. Bd./1901, S. 345–348.
Loth, Wilfried: Katholiken im Kaiserreich. Der politische Katholizismus in der Krise des wilhelminischen Deutschlands, Düsseldorf 1984.
Lotz/Dunsch/Kring (Hrsg.): Forschen und Nutzen. Wilhelm Ostwald zur wissenschaftlichen Arbeit, Berlin 1978.
Lübbe, Hermann: Die Einheit von Naturgeschichte und Kulturgeschichte. Bemerkungen zum Geschichtsbegriff, in: Akademie der Wissenschaften und Literatur. Abhandlungen der Geistes- und Sozialwissenschaftlichen Klasse, Nr. 10/1981.
Lublinski, Samuel: Die Bilanz der Moderne, Berlin 1904.
Ludwig, Emil: Richard Dehmel, Berlin 1913.

Mach, Ernst: Analyse der Empfindungen und das Verhältnis des Psychischen zum Physischen, Jena 1885.
Mann, Thomas: Bajazzo, in: Neue Deutsche Rundschau, 8. Jg., Heft 9/1897, S. 930–950.
Mann, Thomas: Tobias Mindernickel, in: Neue Deutsche Rundschau, 8. Jg., Heft 1/1898, S. 91–96.
Mann, Thomas: Bilse und ich, in: Münchner Neueste Nachrichten vom 15./16. Februar 1906.

Mann, Thomas: Im Spiegel, in: Das litterarische Echo, Berlin, 10. Jg., Heft 6/1907, S. 395–397.
Mann, Thomas: Versuch über das Theater, in: Nord und Süd, 32. Jg./1908, Heft 370, S. 116–119, Heft 371, S. 259–290.
Mann, Thomas: Bekenntnisse des Hochstaplers Felix Krull. Bruchstück aus einem Roman, in: S.F.V., Das XXVte Jahr, Berlin 1911, S. 273–283.
Mann, Thomas: Betrachtungen eines Unpolitischen, Frankfurt/M. 1956.
Mann, Thomas: Das Eisenbahnunglück, in: ders., Die Erzählungen, Frankfurt/M. 1986.
Mann, Thomas: Werke in sieben Bänden, Frankfurt/M. 1986.
Marquard, Odo: Kunst als Antifiktion – Versuch über den Weg der Wirklichkeit ins Fiktive, in: Dieter Henrich/Wolfgang Iser (Hrsg.), Funktionen des Fiktiven, Bd. X: Poetik und Hermeneutik, München 1983, S. 35–54.
Martens, Wolfgang: Lyrik kommerziell. Das Kartell lyrischer Autoren 1902–1933, München 1975.
Martin, Rudolf: Deutsche Machthaber, Berlin – Leipzig 1910.
Marx, Friedhelm: Thomas Mann und Nietzsche. Eine Auseinandersetzung in „Königliche Hoheit“, in: Deutsche Vierteljahrsschrift für Literaturwissenschaft und Geistesgeschichte, Bd. 62, 1988, S. 326–341.
Mattern, Wolfgang: Gründung und erste Entwicklung des Deutschen Monistenbundes 1906–1918, Diss. Berlin 1983.
Matzigkeit, Michael: Literatur im Aufbruch, Düsseldorf 1990.
Maurer, K. H.: Schattenbilder, in: Das litterarische Echo, 12. Jg., Heft 24/1910, Sp. 1748.
Maurice, Denis: Théories 1890–1910. Du Symbolisme et de Gauguin vers un novel ordre classique, Paris 1912; 4. Aufl. 1920.
Mauthner, Fritz: Schmock oder die litterarische Karriere der Gegenwart. Satire, Berlin 1888.
Mauthner, Fritz: Tote Symbole, Kiel – Leipzig 1892.
Mauthner, Fritz: Herkunft, in: Die Zukunft, 12. Jg., 1904, Bd. 47, S. 12ff.
Mauthner, Fritz: Beiträge zu einer Kritik der Sprache, 3 Bde., Stuttgart 1906.
Mauthner, Fritz: Wörterbuch der Philosophie, München 1910/11.
Mauthner, Fritz: Judentaufen, in: Arthur Landsberger (Hrsg.), Judentaufen von Werner Sombart u. a., München 1912, S. 74–77.
Mayer, Hans: Thomas Mann. Werk und Wirkung, Berlin 1950.
Mayer, Hans: Schillers Nachruhm, in: Sinn und Form, 11. Jg., 1959, S. 701–714.
Mayer, Richard M.: Bücherschau, in: Zeitschrift für deutsche Wortforschung, 13. Bd., Heft 1/1911, S. 77.
Mehring, Franz: Mummenschanz und Revolution, in: Neue Zeit, 29. Jg., Bd. 1, Nr. 3 (21. Oktober 1910), S. 65–68.
Mehring, Reinhard: Pathetisches Denken. Carl Schmitts Denkweg am Leitfaden Hegels: Katholische Grundstellung und antimarxistische Hegelstrategie, Berlin 1989.
Mehring, Reinhard: Carl Schmitt. Zur Einführung, Hamburg 1992.
Mehring, Reinhard: Vom Umgang mit Carl Schmitt. Zur neueren Literatur, in: Geschichte und Gesellschaft, 19/1993, S. 388–407.
Meier-Graefe, Julius: Entwicklungsgeschichte der modernen Kunst, 3 Bde., Stuttgart 1904; München – Zürich 1987.

Meier-Graefe, Julius: Der Fall Böcklin und die Lehre von den drei Einheiten, Stuttgart 1905.
Meier-Graefe, Julius: Paul Cézanne, München 1923.
Mendes-Flohr, Paul R.: Von der Mystik zum Dialog. Martin Bubers geistige Entwicklung bis hin zu „Ich und Du", Königstein 1979.
Mendelssohn, Peter de: Der Zauberer. Das Leben des deutschen Schriftstellers Thomas Mann. Erster Teil 1875–1918, Frankfurt/M. 1975.
Metz, Karl Heinz: Grundformen historiographischen Denkens. Wissenschaftsgeschichte als Methodologie, München 1979.
Meyer, Georg: Lehrbuch des deutschen Staatsrechts. Bearb. von Georg Anschütz, München – Leipzig 1919.
Meyer, Reinhart: Novelle und Journal. Bd. 1: Titel und Normen, Stuttgart 1987.
Michael, Friedrich: Erinnerungen an Anton Kippenberg, Düsseldorf o. J. [um 1967].
Mocek, Reinhard (Hrsg.): Wilhelm Ostwalds naturwissenschaftlicher Materialismus, Wittenberg 1981.
Moeller van den Bruck, Arthur: Richard Dehmels Lyrik, in: Die Gesellschaft, 13. Jg., 1. Quartal, Februar 1897, S. 247–255.
Moeller van den Bruck, Arthur: Die moderne Literatur, Berlin – Leipzig 1902.
Moeller van den Bruck, Arthur: Die Deutschen, 8 Bde., Minden o. J. [1905–10].
Moeller van den Bruck, Arthur: Theodor Däubler und die Idee des Nordlichts, in: Deutsche Rundschau, Bd. CLXXXVI, Januar–März 1921, S. 20–34.
Moeller van den Bruck, Arthur: An Ludwig Schemann, in: Deutschlands Erneuerung. Monatsschrift für das deutsche Volk, 18. Jg., Heft 6/1934, S. 321–327.
Mommsen, Wolfgang J.: Max Weber und die deutsche Politik, 1890–1920, 2. Aufl., Tübingen 1974.
Morosow und Schtschukin – Die russischen Sammler. Monet bis Picasso, Köln 1993.
Mouldu, Ken/Wilpert, Gero von (Hrsg.): Buddenbrooks-Handbuch, Stuttgart 1988.
Müller, Annegret: Melchior Lechter (1865–1937). Leben und malerisches Werk, Diss. Siegen 1982.
Müller, Joachim: Die Figur des Trinkers in der deutschen Literatur seit dem Naturalismus, in: Wissenschaftliche Zeitschrift der Friedrich-Schiller-Universität Jena, Nr. 17/1968, S. 255–267.
Müller-Blattau, Joseph: Oper und Dichtung. Probleme des zeitgenössischen Musiktheaters, Bremen 1965.
Muschg, Walter: Der fliegende Mensch in der Dichtung, in: Neue Schweizer Rundschau. Neue Folge, 7. Jg./1940.
Muth, Heinrich: Carl Schmitt in der Innenpolitik des Sommers 1932, in: Historische Zeitschrift, Beiheft 1, München 1971, S. 75–147.

Nancy, Jean-Luc: Larvatus pro Deo, in: Volker Bohn (Hrsg.), Bildlichkeit, Frankfurt/M. 1990, S. 468–501.
Naumann, Friedrich: Demokratie und Kaisertum. Ein Handbuch für innere Politik, Berlin 1900.
Neugebauer, Hugo: Ein sibyllinisches Buch, in: Der Brenner, 1. Jg., Heft 13, 1910/11, S. 345–359.

Neumann, Gerhard: Edition und Interpretation, in: Freiburger Universitätsblätter, 21. Jg., Heft 78, Dezember 1982.
Nielson, Einar: Inszenierung, in: Hugo Fetting (Hrsg.), Max Reinhardt. Leben für das Theater, Berlin 1989.
Nietzsche, Friedrich: Jenseits von Gut und Böse. Zur Genealogie der Moral, Leipzig o. J.
Nietzsche, Friedrich: Götzendämmerung. Der Antichrist. Ecce homo. Gedichte, Leipzig o. J.
Nietzsche, Friedrich: Der Wille zur Macht, 2 Bde., Leipzig o. J.
Nietzsche, Friedrich: Sämtliche Werke. Kritische Studienausgabe in fünfzehn Bänden, hrsg. von Giorgio Colli und Mazzino Montinari, München 1988.
Niewöhner, Friedrich: Zum Begriff „Monismus" bei Haeckel und Ostwald. Ein Nachtrag zu Horst Hillermann: Zur Begriffsgeschichte von „Monismus", in: Archiv für Begriffsgeschichte, Bd. 24, 1980, S. 123–130.
Nigg, Walter: Franz Overbeck. Versuch einer Würdigung, München 1931.
Noble, C. A. M.: Krankheit, Verbrechen und künstlerisches Schaffen bei Thomas Mann, Bern 1970.

Oehler, A.: Nietzsches Werke und das Nietzsche-Archiv, Leipzig 1910.
Oestreich, Gerhard: Die Fachhistorie und die Anfänge der sozialgeschichtlichen Forschung in Deutschland, in: Historische Zeitschrift, Bd. 208/1969, S. 326–363.
Oncken, Hermann: Lamprechts Verteidigung. Eine Antwort auf zwei Streitschriften, Berlin 1898.
Ostwald, Wilhelm: Energetische Grundlagen der Kulturwissenschaft, Leipzig 1909.
Ostwald, Wilhelm: Der energetische Imperativ, Leipzig 1912
Ostwald, Wilhelm: Die Einheit der Natur, Leipzig 1912.
Ostwald, Wilhelm: Der Monismus als Kulturziel, Wien – Leipzig 1912.
Ostwald, Wilhelm: Lebenslinien. Eine Selbstbiographie, 3. Teil: Gross-Bothen und die Welt 1905–1927, Berlin 1927.
Otto, Hans: Rudolf Pannwitz, ein Nietzsche-Epigone, in: Das Hochland, 18. Jg., Bd. 2/1921, S. 228–235.

Palmer, Alan: Kaiser Wilhelm II. Glanz und Ende der preußischen Dynastie, Wien u. a. 1982.
Pankok, Bernhard: Ein Lebensbild, in: Bernhard Pankok 1872–1943. Ausstellungskatalog des Württembergischen Landesmuseums, Stuttgart 1973.
Pannwitz, Rudolf: Der Volksschullehrer und die deutsche Kultur, Berlin 1909.
Pannwitz, Rudolf: Charon-Briefe an Berthold Otto, Leipzig 1914.
Pannwitz, Rudolf: Theodor Däublers expressionistisches Gedicht, in: Das junge Deutschland, Jg. 2, Nr. 12/1919, S. 339f.
Pannwitz, Rudolf: Einführung in Nietzsche. Flugblatt Nr. 8, München 1920.
Pannwitz, Rudolf: Grundriss einer Geschichte meiner Kultur, Regensburg 1921.
Pannwitz, Rudolf: Umriß meines Lebens und Lebenswerks, in: Udo Rukser, Über den Denker Rudolf Pannwitz, Meisenheim 1970, S. 143–155.
Paret, Peter: Die Berliner Secession. Moderne Kunst und ihre Feinde im Kaiserlichen Deutschland, Berlin 1981.

Pauli, Fr.: Die philosophischen Grundanschauungen in den Romanen des Abbé Prevost, besonders in der Manon Lescaut, Marburg 1912.
Peters, H. F.: Zarathustras Schwester. Fritz und Lieschen Nietzsche – ein deutsches Trauerspiel, München 1983.
Peterson, Erik: Der Monotheismus als politisches Problem, Leipzig 1935.
Picard, Max: Expressionismus, in: Die Erhebung. Jahrbuch für neue Dichtung und Wertung, hrsg. von A. Wolfenstein, o. O. 1919, S. 329–338.
Picasso und Braque: die Geburt des Kubismus (anläßlich der Ausstellung im Kunstmuseum Basel), München 1990.
Platon, Sämtliche Dialoge, hrsg. von Otto Apelt, Hamburg 1988.
Pleines, Jürgen-Eckhardt: Einengung der anthropologischen Fragestellung, in: ders., Bildung. Grundlegung und Kritik eines pädagogischen Begriffs, Heidelberg 1971.
Podach, E. F.: Gestalten um Nietzsche. Mit unveröffentlichten Dokumenten zur Geschichte seines Lebens und seines Werkes, Weimar 1932.
Podach, E. F.: Ein Blick in die Notizbücher Nietzsches, Heidelberg 1963.
Prévost, Antoine-François: Histoire générale des Voyages, ou Nouvelle Collection de toutes les relations de voyages par mer et par terre qui ont été publiées jusqu'à présent dans les différentes langues de toutes les nations connues [...] pour former un système complet d'histoire et de géographie moderne, qui représentera l'état actuel de toutes les nations [...], 80 vol., Paris 1746–1789.
Pross, Harry: Literatur und Politik. Geschichte und Programme der politisch-literarischen Zeitschriften im deutschen Sprachgebiet seit 1870, Freiburg 1963.
Proust, Marcel: Im Schatten junger Mädchenblüte, 2 Bde., Frankfurt/M. 1981.
Prutz: Gottfried von Bouillon, in: Allgemeine Deutsche Biographie, Berlin 1879.
Pütz, Heinz Peter: Die Kunst als Funktion des Lebens, in: ders., Kunst und Künstlerexistenz bei Nietzsche und Thomas Mann. Zum Problem des ästhetischen Perspektivismus in der Moderne, Bonn 1963.

Quaritsch, Helmut (Hrsg.): Complexio Oppositorum. Über Carl Schmitt, Berlin 1988.
Quaritsch, Helmut: Positionen und Begriffe Carl Schmitts, Berlin 1989.

Ramseger, Georg: Literarische Zeitschriften um die Jahrhundertwende, Berlin 1941.
Raphael, Max: Raumgestaltungen. Der Beginn der modernen Kunst im Kubismus und im Werk von Georges Braque, Frankfurt/M. – New York 1986.
Rathenau, Walther: Physiologie des Kunstempfindens, in: Die Zukunft, 37/1901, S. 34–48.
Rathenau, Walther: Von neuzeitlicher Malkunst, in: Die Zukunft, 1/1905, S. 11–25.
Rathenau, Walther: Kritik der Zeit, Berlin 1912.
Rathenau, Walther: Ungeschriebene Schriften, in: Kunstwart Bücherei. Walther Rathenau – Aesthetik, München 1923.
Rathenau, Walther: Gesamtausgabe, hrsg. von Ernst Schulin, München – Heidelberg 1977ff.
Raulff, Ulrich (Hrsg.): Ein Mann vieler Eigenschaften. Walther Rathenau und die Kultur der Moderne, Berlin 1990.
Raynal, Maurice: Picasso, München 1921.

Reinhardt, Max: Etwas über meine Methode (1911), in: Knut Boeser/Renata Vatková (Hrsg.), Max Reinhardt in Berlin, Berlin 1984. S. 12.
Reinicke, Helmut: Maschinen und Räume. Mentalitätsformen der Technikbegeisterung in der Entwicklung der Aviation, in: Sociologica internationalis, 30. Bd./1992.
Reiß, Gunter: Herrenrecht. Bemerkungen zum Syndrom des Autoritären in Thomas Manns frühen Erzählungen, in: Rolf Wiecker (Hrsg.), Gedenkschrift für Thomas Mann, 1875–1975, Kopenhagen 1975, S. 67–94.
Remak, Henry H. H.: Theorie und Praxis der Novelle: Gottfried Keller, in: Albert Fuchs/ Helmut Motekat (Hrsg.), Stoffe, Formen, Strukturen. Studien zur deutschen Literatur, München 1962, S. 424–439.
Richert, Fritz: Der organisierte Poet, in: Jochen Kelter/Jürgen P. Wallmann (Hrsg.), Ich bin nur in Wörtern. Johannes Poethen zum sechzigsten Geburtstag, Warmbronn 1988.
Richter, Raoul: Richard Dehmels „Zwei Menschen" als Epos des modernen Pantheismus, Leipzig 1913.
Rietzschel, Thomas: Theodor Däubler, Leipzig 1988.
Rainer Maria Rilke und Katharina Kippenberg, Briefwechsel, Wiesbaden 1954.
Röhl, John C. G.: Kaiser, Hof und Staat. Wilhelm II. und die deutsche Politik, München 1987.
Rosenbaum, Eduard: Anreisser im Schatten, in: Die Aktion, 3. Jg./1913, S. 301f.
Ross, Ronald J.: Beleaguered Tower: The Dilemma of Political Catholicism in Wilhelmine Germany, London 1976.
Roth, Eugen: Simplicissimus. Ein Rückblick auf die satirische Zeitschrift, Hannover 1954.
Rougerie, Jacques: Procès des Communards, Paris 1964.
Ruprecht, Erich (Hrsg.): Literarische Manifeste des Naturalismus 1880–1892, Stuttgart 1962.
Rüsen, Jörn: Ästhetik als Geschichtstheorie, in: ders., Ästhetik und Geschichte. Geschichtstheoretische Untersuchungen zum Begründungszusammenhang von Kunst, Gesellschaft und Wissenschaft, Stuttgart 1976, S. 63–88.
Rüttgers, Severin: Über die literarische Erziehung als ein Problem der Arbeitsschule, Leipzig – Berlin 1910.

Sacher-Masoch, Leopold von: Soziale Schattenbilder, Halle 1873; neu hrsg. von Karl Emmerich, Berlin o. J.
Sänger, Eugen: Das Bild des Übermenschen in der modernen Technik, in: Ernst Benz (Hrsg.), Der Übermensch, Zürich – Stuttgart 1961, S. 415–448.
Schade, Hans: Die Idee der Repräsentation. Ein Beitrag zur Behandlung des Problems der Repräsentation in der deutschen Staatslehre, in: Die Philosophie des Als Ob und das Leben. Festschrift zu Hans Vaihingers 80. Geburtstag, Berlin 1932.
Schäfer, Wilhelm: Mannsleut. Westerwälder Bauerngeschichten, Elberfeld o. J. [1894].
Schäfer, Wilhelm: Fritz und Paul auf der Bürgerschule, Berlin 1894.
Schäfer, Wilhelm: Gottlieb Mangold. Der Mann in der Käseglocke, Berlin 1901.
Schäfer, Wilhelm: Reflexionen, in: Die Rheinlande 16/1908, S. 31.
Schäfer, Wilhelm: Der Jüngling zu Mehlem, in: ders., Rheinsagen, Berlin 1908, S. 93ff.
Schäfer, Wilhelm: Die Mißgeschickten (1909), München 1932.

Schäfer, Wilhelm: Wie entstanden meine Anekdoten?, in: Mitteilungen der Literarhistorischen Gesellschaft Bonn, 5. Jg., 1910, S. 203–228.
Schäfer, Wilhelm: Der Schriftsteller, Frankfurt/M. 1911.
Schäfer, Wilhelm: Karl Stauffers Lebensgang, München – Leipzig 1912; München 1923.
Schäfer, Wilhelm: Wider die Humanisten. Eine Rede, München 1943.
Schäfer, Wilhelm: Rechenschaft, Kempen 1948.
Schaffner, Paul: Gottfried Keller als Maler, Stuttgart – Berlin 1923.
Scheffler, Karl: Deutsches Kunstgewerbe, in: Die neue Rundschau, 23. Jg., Bd. 2/1912, S. 983–994.
Scheffler, Karl: Die Architektur der Großstadt, Berlin 1913.
Scheibe, Wolfgang: Die Reformpädagogische Bewegung, Basel 1977.
Schieder, Theodor: Das Deutsche Kaiserreich von 1871 als Nationalstaat, Köln – Opladen 1961.
Schieder, Theodor: Staat und Gesellschaft im Wandel unserer Zeit, München 1970.
Schillerpreis, in: Das litterarische Echo, 4. Bd., 1901/02, S. 325.
Schlaf, Johannes: Theodor Däubler, in: Der Brenner, Bd. 5, 3. Jg., 1912/13, S. 120–127.
Schlegel, Friedrich: Vom Wesen der Kritik, Leipzig 1804.
Schlegel, Friedrich: Schriften zur Literatur, München 1972.
Schleicher, August S.: Die Darwinsche Theorie und die Sprachwissenschaft, Weimar 1863; 3. Aufl. 1873.
Schmidt, H.: Die Gründung des Deutschen Monistenbundes, in: Das Monistische Jahrhundert, Heft 22/1913.
Schmidt, Heinrich: Ernst Haeckel, Jena 1934.
Schinzinger, Francesca: Die Kolonien und das Deutsche Reich, Stuttgart 1984.
Schnee, Heinrich: Die Nobilitierung der ersten Hoffaktoren, in: Archiv für Kulturgeschichte, 43. Bd., 1961, S. 88ff.
Schneider, Peter: Ausnahmezustand und Norm. Studie zur Rechtslehre von Carl Schmitt, Stuttgart 1957.
Schneider, Reinhold: Anton Kippenberg zum Gedächtnis, Frankfurt/M. o. J.
Schnur, Roman: Aufklärung. Bemerkungen zu einem Sammelband mit Studien über Carl Schmitt, in: Der Staat, 27. Jg., 1988, S. 437–452.
Schnürer, G.: Lamprechts Deutsche Geschichte, in: Historisches Jahrbuch der Görresgesellschaft, 18/1897, S. 88–116.
Schön, Eduard: Anatole France, in: La vie littéraire, Hamburg 1911.
Schorn-Schütte, Louise: Karl Lamprecht. Kulturgeschichtsschreibung zwischen Wissenschaft und Politik, Göttingen 1984.
Schorn-Schütte, Louise: Karl Lamprecht und die Internationale Geschichtswissenschaft an der Jahrhundertwende, in: Archiv für Kulturgeschichte, 67/1985, S. 417–464.
Schröter, Klaus (Hrsg.): Thomas Mann im Urteil seiner Zeit. Dokumente 1891–1955, Hamburg 1969.
Schubert-Soldern: Die Borgias und ihre Zeit, Dresden 1902.
Schulin, Ernst: Rathenau im Gespräch oder Über die Seltenheit guter Gesprächsaufzeichnungen, in: Neue Rundschau, 88. Jg./1977, S. 386–395.

Schulin, Ernst: Traditionskritik und Rekonstruktionsversuch. Studien zur Entwicklung von Geschichtswissenschaft und historischem Denken, Göttingen 1979.
Schulte, Eduard (Hrsg.): Der Kulturkampf in Münster. Aufzeichnungen des Kreisgerichtsrates Ludwig Ficker, Bd. V der Quellen und Forschungen zur Geschichte der Stadt Münster i.W., Münster 1928.
Schultze, Ernst: Literarische Ehrenpreise, in: Germanisch-romanische Monatsschrift, 4/1912, S. 521–536.
Schumann, Wolfgang: Dalcroze, in: Kunstwart, 25. Jg., Juli bis September 1912, S. 154–160.
Schuster, Peter-Klaus: Leben wie ein Dichter. Richard Dehmel und die bildenden Künste, in: Ideengeschichte und Kunstwissenschaft. Philosophie und bildende Kunst im Kaiserreich, hrsg. von Ekkehard Mai, Stephan Waetzold und Gerd Wolandt, Berlin 1983, S. 71–98.
Schwerte, Hans: Deutsche Literatur im Wilhelminischen Zeitalter, in: Deutsche Literatur der Jahrhundertwende, hrsg. von Viktor Žmegač, Hanstein 1981, S. 2–17.
Schwierskott, Hans-Joachim: Arthur Moeller van den Bruck und die Anfänge des Jungkonservativismus. Eine Studie über Geschichte und Ideologie des revolutionären Nationalismus, Diss. Erlangen 1960.
Seidel, A. (Hrsg.): Die Philosophie des Als Ob und das Leben. Festschrift zu Hans Vaihingers 80. Geburtstag, Berlin 1932.
Seifert, Friedrich: Der Streit um Karl Lamprechts Geschichtsphilosophie, Augsburg 1925.
Simon, Heinrich: Apollon und Dionysos. Betrachtungen über Walther Rathenaus Beziehungen zur Kunst, in: Frankfurter Zeitung vom 1. Mai 1927.
Slochower, Harry: Richard Dehmel, Dresden 1928.
Söhn, Gerhard: Literaten hinter Masken. Eine Betrachtung über das Pseudonym in der Literatur, Berlin 1974.
Sombart, Werner: Das europäische Wirtschaftsleben im Zeitalter des Frühkapitalismus, 1903–08; 2. Aufl., Berlin – Leipzig 1916.
Söntgerath, A.: Pädagogik und Dichtung. Das Kind in der Literatur des 20. Jahrhunderts, o. O. 1967.
Sowa, Wolfgang: Der Staat und das Drama. Der Preußische Schillerpreis 1859–1918, Frankfurt/M. u. a. 1988.
Ssymank, Paul: Es gellt wie Trommelklang, in: Velhagen & Klasings Monatshefte, Heft 9, Mai 1935, S. 262ff.
Stach, Reiner: 100 Jahre S. Fischer Verlag 1886–1986. Kleine Verlagsgeschichte, Frankfurt/M. 1986.
Staff, Ilse: Staatsdenken im Italien des 20. Jahrhunderts. Ein Beitrag zur Carl Schmitt-Rezeption, Baden-Baden 1991.
Stammler, Rudolf: Theorie der Rechtswissenschaft, Halle 1911.
Stapel, Wilhelm: Die drei Stände. Versuch einer Morphologie des deutschen Volkes, Hamburg 1941.
Starobinski, Jean: Das Leben der Augen, Frankfurt/M. 1984.
Stefanescu-Goanga, Florian: Experimentelle Untersuchungen zur Gefühlsbetonung der Farben, Bd. 7, o. O. 1912.
Steiner, Wendy: The Colors of Rhetoric. Problems in the Relation Between Modern Literature and Painting, Chicago – London 1982.

Steins, Martin: Das Bild des Schwarzen in der europäischen Kolonialliteratur 1870–1918, Frankfurt/M. 1972.

Stern, Fritz: Kulturpessimismus als politische Gefahr. Eine Analyse nationaler Ideologie in Deutschland, München 1986.

Stieger, Franz (Hrsg.): Opernlexikon, Bd. 3: Librettisten, Tutzing 1979.

Stoecker, Helmuth: Die wirtschaftliche Bedeutung des deutschen Kolonialreiches, in: ders., Drang nach Afrika. Die deutsche Expansionspolitik und Herrschaft in Afrika von den Anfängen bis zum Verlust der Kolonien, Berlin 1991.

Striebing, Lothar: Wilhelm Ostwald und das Philosophieren der Naturwissenschaftler, in: Karl-Marx-Universität Leipzig 1409–1959. Beiträge zu ihrer Geschichte, Bd. 1, Leipzig 1960, S. 492–504.

Strindberg, August: Ein Gerichtshof über Weltliteratur, in: Zukunft, 45/1903, S. 103–105.

Stuckert, Franz: Wilhelm Schäfer. Ein Volksdichter unserer Zeit, München 1935.

Sybel, Heinrich von: Geschichte des ersten Kreuzzuges, Düsseldorf 1841.

Sybel, Ludwig von: Weltgeschichte der Kunst bis zur Erbauung der Sophienkirche, Marburg 1888.

Taubes, Jacob: Die Welt als Fiktion und Vorstellung, in: Dieter Henrich/Wolfgang Iser (Hrsg.), Funktionen des Fiktiven, Bd. X: Poetik und Hermeneutik, München 1983.

Thalheimer, Siegfried (Hrsg.): Die Affäre Dreyfus, München 1963.

Thissen, Frank: „Edle Arznei für den Alltag“. Herbert Eulenbergs Düsseldorfer Morgenfeiern und die Romantikrezeption um 1900, Köln u. a. 1990.

Thomas, Edith: Les „Pétroleuses“, Paris 1963.

Thomas, Johannes: Anatole France, der Mensch der Vergangenheit, in: Das Hochland, 22. Jg./1925, Bd. 1, S. 491–495.

Thürlemann, Felix: Grün – die verstoßene Vierte. Zur Genealogie des modernen Farbpurismus, in: Bernhard Bürgi (Hrsg.), Rot, Gelb, Blau. Die Primärfarben in der Kunst des 20. Jahrhunderts, Stuttgart 1988.

Tommissen, Piet: Une ridiculisation pre-surrealiste d'Anatole France, in: Gradiva. Symbolisme, surrealisme, poesie, 1. Jg., Nr. 4/1973.

Tommissen, Piet (Hrsg.): Schmittiana I, Brussel 1988.

Tommissen, Piet (Hrsg.): Schmittiana II, Brussel 1990.

Tommissen, Piet (Hrsg.): Schmittiana III, Brussel 1991.

Tommissen, Piet: Über die satirischen Texte Carl Schmitts, in: Volker Beismann/Markus Josef Klein (Hrsg.), Politische Lageanalyse. Festschrift für Hans-Joachim Arndt zum 70. Geburtstag am 15. Januar 1993, Bruchsal 1993, S. 339–380.

Ungern-Sternberg, Wolfgang: Zur Geschichte des Volksschillerpreises (1902–1918), in: Buchhandelsgeschichte 1985–1987, hrsg. von der historischen Kommission des Börsenvereins des Deutschen Buchhandels, Frankfurt/M. 1987, S. 104–113.

Uxküll, L. Gräfin von: „Cäsar Borgia“. Ein dramatisches Charakterbild, Berlin 1907.

Vaihinger, Hans: Die Philosophie des Als ob. System der theoretischen, praktischen und religiösen Fiktionen der Menschheit auf Grund eines idealistischen Positivismus. Mit einem Anhang über Kant und Nietzsche, Berlin 1911.

van Laak, Dirk: Gespräche in der Sicherheit des Schweigens. Carl Schmitt in der politischen Geistesgeschichte der frühen Bundesrepublik, Berlin 1993.

Vietta, Silvio: Expressionismus, Tübingen 1975.

Vietta, Silvio: Lyrik des Expressionismus, Tübingen 1976.

Viikari, Matti: Die Krise der „Historischen" Geschichtsschreibung und die Geschichtsmethodologie Karl Lamprechts, Helsinki 1977.

Villinger, Ingeborg: Politische Fiktionen. Carl Schmitts literarische Experimente, in: Bernhard J. Dotzler (Hrsg.), Technopathologien, München 1992, S. 191–222.

Villinger, Ingeborg: Shakespeare als politischer Denker: Prosperos „Sturm", in: Der Staat, 29. Bd., Heft 4/1990, S. 545–564.

Vitzthum, Wolfgang: Der Dichter und der Staat, in: Walter Jens/ders., Dichter und Staat. Über Geist und Macht in Deutschland, Berlin – New York 1991.

Vitzthum, Wolfgang: Hermann Broch und Carl Schmitt, in: Wege in die Zeitgeschichte. Festschrift für G. Schulz, Berlin 1989, S. 69–100.

Völker, Klaus (Hrsg.): Von Werwölfen und anderen Tiermenschen. Dichtungen und Dokumente, München 1972.

Volkmann, Ernst: Dr. h.c. Wilhelm Schäfer, in: Imprimatur, Heft XI/1952/53, S. 208–210.

Warnke, Martin: Ein Motiv aus der politischen Ästhetik, in: Jürgen Kocka (Hrsg.), Bürger und Bürgerlichkeit im 19. Jahrhundert, Göttingen 1987, S. 227–238.

Warstat, W.: Die Grundlagen des Expressionismus, in: Die Grenzboten. Zeitschrift für Politik, Literatur und Kunst, 73. Jg., Nr. 20/1914, S. 312–318.

Wattler, Theo: Sozialpolitik der Zentrumsfraktion zwischen 1877 und 1899, Diss. Köln 1978.

Weber, Max: „Energetische" Kulturtheorien. Besprechung von Wilhelm Ostwald, Energetische Grundlagen der Kulturwissenschaft, Leipzig 1909, in: Archiv für Sozialwissenschaft und Sozialpolitik, 29. Band, Heft 1/1909, S. 575–598.

Wegener, Hannelore: Gehalt und Form von Theodor Däublers dichterischer Bildwelt, Diss. Bensberg-Dürscheid 1962.

Wehberg, Hans: Wie stellt sich Düsseldorf zu den Reformbestrebungen seines Schauspielhauses? Ein Beitrag zur modernen Decadence und der Geistesfreiheit der katholischen Kirche, Köln 1907.

Wehler, Hans-Ulrich: Bismarck und der Imperialismus, Köln – Berlin 1969.

Wehler, Hans-Ulrich: Von den „Reichsfeinden" zur „Reichskristallnacht": Polenpolitik im Deutschen Kaiserreich 1871–1918, in: Krisenherde des Kaiserreichs 1871–1918, Göttingen 1970.

Wehler, Hans-Ulrich: Probleme des Imperialismus, in: Das deutsche Kaiserreich 1871–1918, Göttingen 1973.

Weigend/Baumunk/Brune: Keine Ruhe im Kyffhäuser. Das Nachleben der Staufer. Ein Lesebuch zur deutschen Geschichte, Stuttgart – Aalen 1978.

Weiler, Gershon (Hrsg.): Fritz Mauthner. Sprache und Leben, Salzburg – Wien 1986.

Wellek, Albert: Das Laut-Sinn-Problem und die Entwicklungspsychologie der Sprache, in: Phonetica. Internationale Zeitschrift für Phonetik, Supplementum ad Vol. 4/1959, S. 59–73.

Weller, Emil: Repertorium der falschen und fingierten Druckorte, Leipzig 1864.
Wellershof, Dieter: Fiktion und Praxis, in: Akademie der Wissenschaften und Literatur. Abhandlungen der Klasse Literatur, Nr. 1/1969, S. 3–16.
Weltmann, Lutz: Die Stunde des Rudolf Pannwitz, in: Preußische Jahrbücher, 224. Bd./1931, S. 283–296.
Wendel, Günter: Die Kaiser-Wilhelm-Gesellschaft 1911–1914. Zur Anatomie einer imperialistischen Forschungsgesellschaft, Berlin 1975.
Westphal, Wilfried: Geschichte der Deutschen Kolonien, München 1984.
Whittle, Tyler: Kaiser Wilhelm II., München 1979.
Wiegler, Paul: Anatole France, München 1920.
Winston, Richard: Der junge Thomas Mann. Das Werden eines Künstlers 1875 bis 1911, Frankfurt/M. – Berlin 1987.
Wittkop, Justus F.: Unter der schwarzen Fahne, hrsg. von Dietmar Dahlmann, Frankfurt/M. 1989.
Wolffheim, Hans: Rudolf Pannwitz. Einleitung in sein dichterisches Werk, in: Akademie der Wissenschaften und der Literatur. Abhandlungen der Klasse Literatur, Jg. 1960, Nr. 2, Wiesbaden 1960.
Wundt, Wilhelm: Gustav Theodor Fechner. Rede zur Feier seines hundertjährigen Geburtstages, Leipzig 1901.
Wundt, Wilhelm/Klinger, Max: Karl Lamprecht. Ein Gedenkblatt, Leipzig 1915.
Wustmann, Gustav: Apelles. Leben und Werke, Leipzig 1870.
Wysling, Hans: Archivalisches Gewühle, in: Paul Scherrer/Hans Wysling (Hrsg.), Quellenkritische Studien zum Werk Thomas Manns, Bern – München 1967, S. 234–257.

Zeller, Bernhard: Die Insel. Eine Ausstellung zur Geschichte des Verlages unter Anton und Katharina Kippenberg, Stuttgart 1965.
Zilsel, Edgar: Die Geniereligion. Ein kritischer Versuch über das moderne Persönlichkeitsideal, mit einer historischen Begründung, hrsg. und eingel. von Johann Dvořak, Frankfurt/M. 1989.
Zimmer, Felix: Studien zur Romantechnik des Abbé Prevost, Coburg 1912.
Zmarzlik, Hans-Günter: Der Sozialdarwinismus in Deutschland. Ein Beitrag zur Vorgeschichte des Dritten Reiches, Freiburg 1961.
Zobelitz, Fedor von: Ludwig Fulda, in: Velhagen & Klasings Monatshefte, Jg. 1898/99, II. Bd., S. 331f.

Namenverzeichnis